Manantiales en el desierto

Edición revisada

Compilado por la
Señora de C. E. Cowman

Traducido por
Antonio Serrano

*Entonces. . . aguas irrumpirán en el desierto,
y torrentes en el Arabá. La arena candente se
convertirá en laguna; y el sequedal,
en manantiales de agua. . . (Isa. 35:6, 7)*

EDITORIAL MUNDO HISPANO

EDITORIAL MUNDO HISPANO

Apartado Postal 4256, El Paso, TX 79914 EE. UU. de A.

Agencias de Distribución

ARGENTINA: Rivadavia 3474, 1203 Buenos Aires. **BOLIVIA:** Casilla 2516, Santa Cruz. **COLOMBIA:** Apartado Aéreo 55294, Bogotá 2, D.C. **COSTA RICA:** Apartado 285, San Pedro Montes de Oca, San José. **CHILE:** Casilla 1253, Santiago. **ECUADOR:** Casilla 3236, Guayaquil. **EL SALVADOR:** Apartado 2506, San Salvador. **ESPAÑA:** Padre Méndez #142-B, 46900 Torrente, Valencia. **ESTADOS UNIDOS:** 7000 Alabama, El Paso, TX 79904, Tel.: (915)566-9656, Fax: (915)565-9008; 960 Chelsea Street, El Paso TX 79903, Tel.: (915)778-9191; 3725 Montana, El Paso, TX 79903, Tel.: (915)565-6234, Fax: (915)726-8432; 312 N. Azusa Ave., Azusa, CA 91702, Tel.: 1-800-321-6633, Fax: (818)334-5842; 1360 N.W. 88th Ave., Miami, FL 33172, Tel.: (305)592-6136, Fax: (305)592-0087; 8385 N.W. 56th Street, Miami, FL 33166, Tel.: (305)592-2219, Fax: (305)592-3004. **GUATEMALA:** Apartado 1135, Guatemala 01901. **HONDURAS:** Apartado 279, Tegucigalpa. **MEXICO:** Vizcaínas Ote. 16, Col. Centro, 06080 México, D.F.; Apartado 113-182, 03300 México, D.F.; Madero 62, Col. Centro, 06000 México, D.F.; Independencia 36-B, Col. Centro, 06050 México, D.F.; Matamoros 344 Pte., 27000 Torreón, Coahuila; Hidalgo 713, 44290 Guadalajara. Jalisco; Félix U. Gómez 302 Nte., Monterrey, N. L. **NICARAGUA:** Apartado 2340, Managua. **PANAMA:** Apartado E Balboa, Ancon. **PARAGUAY:** Casilla 1415, Asunción. **PERU:** Apartado 3177, Lima. **PUERTO RICO:** Calle 13 S.O. #824, Capparra Terrace; Calle San Alejandro 1825, Urb. San Ignacio, Río Piedras. **REPUBLICA DOMINICANA:** Apartado 880, Santo Domingo. **URUGUAY:** Casilla 14052, Montevideo 11700. **VENEZUELA:** Apartado 3653, El Trigal 2002 A, Valencia, Edo. Carabobo.

La presente revisión fue realizada por José Luis y Violeta Martínez, del Departamento de Libros Generales, de Editorial Mundo Hispano.

Excepto que se indique otra cosa, las citas bíblicas que aparecen en esta edición revisada de *Manantiales en el Desierto* son tomadas de la versión de la Biblia Reina-Valera Actualizada © Copyright 1989, Editorial Mundo Hispano.

Ediciones: C.B.P.: 1973, 1974, 1975;
E.M.H. 1976, 1977, 1978, 1979, 1981,
1982, 1983, 1984, 1986, 1987, 1988,
1989, 1990; (revisada) 1991, 1994, 1996
Vigésima edición: 1997

Clasificación Decimal Dewey: 242.2

Temas: 1. Literatura piadosa,
2. Meditaciones

ISBN: 0-311-40055-8
E.M.H. Art. No. 40055

4 M 6 97

Printed in U.S.A.

A modo de presentación de la edición revisada

Uno de los privilegios más grandes que un editor puede tener es el de trabajar con obras que alcanzan la categoría de *clásicas*. Son esas obras que perduran y que tienen aceptación universal. Al emprender la tarea no podemos evitar hacerlo con emoción y reverencia. Con la misma admiración que los antiguos escribas sentían cuando copiaban las obras clásicas que tanto les habían impactado. *Manantiales en el desierto* es ya un clásico de la literatura devocional cristiana.

La gran mayoría de los libros que se publican no pasan de la primera edición ni son traducidos a otras lenguas. Eso indica que no tienen valores intrínsicos suficientes para sobrevivir a la novedad del momento, o que el tema o la forma de tratarlo tienen un enfoque muy local, o que adolecen de otras deficiencias literarias. *Manantiales en el desierto* sí que tiene valores que lo llevan a perdurar. Si no, ¿cómo explicar que lleve más de sesenta años publicándose ininterrumpidamente, que se haya traducido a varios idiomas, que se hayan vendido más de 3.100.000 de ejemplares en inglés, y más de 300.000 en castellano? Sin duda, *Manantiales en el desierto* tiene ese algo especial que atrae y gusta a gente de diferente raza, idioma, cultura y nivel social.

Quizá sea debido a que, como los Salmos, habla en forma tierna, directa e inspiradora al alma humana que camina cansada y atribulada por este mundo. Y como ahí nos encontramos muchos, más veces de las que quisiéramos, terminamos echando mano de aquello que la experiencia nos dice que es medicina auténtica y no un mero sucedáneo.

Animados por estos valores de permanencia y amplia aceptación, nos lanzamos en Editorial Mundo Hispano a preparar esta edición revisada y de tipo más legible, con el fin de servir mejor a personas que lo prefieren así. Asegurando a nuestros lectores que el mensaje y el sabor tan propios de esta obra han quedado intactos.

El propósito de la revisión ha sido el de poder presentar al lector una obra clásica y amada con un texto limpio de errores tipográficos y de estilo actualizado; y de sustituir aquí y allá términos que no ayudaban mucho en el conjunto de países hispanos, por otros de sentido más claro y de uso más común. También aprovechamos para sustituir las referencias bíblicas que correspondían a la versión de la Biblia Reina-Valera de 1909, por el texto de la Reina-Valera Actualizada 1989, que comunica mejor hoy en el habla del pueblo.

Confiamos haber satisfecho así la necesidad de muchos que habían expresado su deseo de disfrutar del *Manantiales*. . . de siempre en una edición revisada y de letra más legible.

José Luis y Violeta Martínez

4

Prólogo

"Como ansía el venado !as corrientes de las aguas, así te ansía a ti, oh Dios, el alma mía." Este grito de angustia y de dolor con que el salmista expresa el deseo de su alma por el Dios verdadero, es un grito que hoy día oímos por doquier. Los dioses falsos que en el transcurso de los siglos ha creado y adorado la humanidad, no sólo han carecido de poder para consolar y saciar el alma abatida y sedienta, sino que, por el contrario, nos han dividido y lanzado para devorarnos los unos a los otros. Por tierra, mar y aire estamos tratando de abrasarnos continuamente. Los cimientos que hasta aquí han sostenido a la sociedad y en los cuales habíamos puesto nuestras esperanzas, se hallan carcomidos y podridos. Al ver que apenas si podemos respirar y que el mundo se nos viene encima y amenaza con destruirnos, muchos son los seres desesperados que angustiados gritan: "Mi alma tiene sed de Dios, del Dios vivo." Tenía razón el poeta cuando dijo: "El alma es un vaso que sólo se llena con eternidad" y esta eternidad solamente podemos obtenerla en el Dios vivo.

La autora de este libro es un vaso escogido de Dios, a quien él llenó y satisfizo con su santo y divino Espíritu y está utilizando de una manera maravillosa por medio de su pluma, su vida y su palabra para guiar a millares de personas a aquel que es todo amor y en cuya comunión sólo puede saciarse el alma atormentada.

Aquellos que conocemos íntimamente la vida de mi buena y respetada amiga la señora Cowman sabemos que constantemente tiene que enfrentarse con dificultades como montañas y que su corazón ha sido traspasado en no pocas ocasiones con sufrimientos indecibles. No obstante, como ella dice en el prefacio a la primera edición de este libro: "Dios me guardó, juntamente con mi esposo, en sus brazos fuertes y amorosos en todos aquellos años de pruebas tan difíciles, hasta que llegamos a amar nuestro 'desierto' por causa de su maravillosa presencia con nosotros.

"Nuestro sufrimiento sirvió para atraer a nuestra casa a cientos de almas angustiadas, las cuales tratamos de consolar 'con el consuelo con que nosotros fuimos consolados por Dios'.

"Por tres años se publicaron en una revista los mensajes que nos habían ayudado y el gran número de peticiones para que se publicaran en un libro nos guió a presentarlos en el libro en inglés *Streams in the Desert*, (Manantiales en el desierto). La bendición del Señor sobre este libro hizo nacer en nuestro corazón el deseo de ofrecerlo también al pueblo de habla castellana, lo cual hacemos ahora con la sincera oración de que muchos cansados y agobiados viajeros en esta peregrinación terrestre beban en estos manantiales y sacien su sed."

A. Serrano

Prefacio

Tuvimos el privilegio de pasar unos años en los campos misioneros del Oriente, en el Japón y en Corea, pero la inestabilidad del clima y las tensiones ocasionadas por el exceso de trabajo, hicieron que la salud de mi querido esposo se resintiera, y nos vimos obligados a regresar a nuestra patria, donde durante seis años ha tenido que librar una batalla entre la vida y la muerte.

"Entonces venía Satanás", tentándonos a desmayar ante las presiones, pero todas las veces, cuando las pruebas se hacían más duras, Dios nos enviaba la luz de algún texto viejo y familiar, o caía providencialmente en nuestras manos algún libro o tratado que nos servía de ayuda, el cual contenía el mensaje exacto que necesitábamos en ese preciso momento.

Un día, mientras caminábamos por la playa, casi ya preguntándonos si acaso Dios nos había dejado de su gracia, un pequeño folleto cayó a nuestros pies. Lo levantamos y leímos: "Dios sonríe a sus hijos en medio de la tormenta", y vimos nuevamente la mirada de amor de su rostro.

"Sus bendiciones más grandes están reservadas para nuestros descorazonamientos más profundos," y hemos estado sostenidos en sus brazos fuertes y amorosos todos estos años de prueba, hasta que hemos aprendido a amar nuestro desierto, porque su presencia maravillosa está con nosotros.

Nuestro propio problema nos ha acercado a miles de corazones angustiados y siempre hemos tratado de "confortarlos con el mismo amor con que hemos sido confortados por Dios".

Por un período de tres años hemos entregado diariamente estos mensajes a los lectores de *God's Revivalist* (Evangelista de Dios), y el número de pedidos que hemos tenido para que los pongamos en forma de libro, nos han conducido a la publicación de *Streams in the Desert* (Manantiales en el desierto). Se publica el libro con la oración de que muchos viajeros cansados y angustiados puedan beber allí y sentirse refrescados.

7

Dedicado

A mis amados hermanos
de habla hispana
en todo el mundo.

MANANTIALES EN EL DESIERTO

1 de ENERO

La tierra a la cual cruzas para tomarla en posesión es una tierra de montes y de valles, que bebe el agua de la lluvia del cielo; una tierra de la cual cuida Jehovah tu Dios. Los ojos de Jehovah tu Dios están siempre sobre ella, desde el principio del año hasta el final de él (Deut. 11:11, 12).

Queridos amigos, hoy nos encontramos sobre el borde de lo desconocido. El año nuevo está delante de nosotros y vamos a poseerlo. ¿Quién puede adivinar lo que hallaremos? ¿Por qué nuevas experiencias y cambios pasaremos y con qué nuevas necesidades nos enfrentaremos? He aquí un mensaje de nuestro Padre celestial que nos alienta, conforta y anima. "El Señor tu Dios cuida de ello. Sus ojos están sobre tus necesidades y turbaciones hasta el fin del año."

El Señor proveerá todo aquello que necesitamos. El nos surtirá con manantiales que jamás han de secarse, con fuentes y ríos que permanecerán para siempre. Preocupado: aquí tienes la promesa maravillosa del Padre eterno. Si él es la fuente de nuestras misericordias, éstas jamás podrán faltarnos. Ni el calor, ni la sequedad podrán extinguir aquel río "cuyas corrientes alegran la ciudad de Dios".

La tierra es un terreno de montañas y valles. No todo es llanura, ni pendientes. Si la vida no fuese susceptible de cambios, su monotonía nos oprimiría. En la vida necesitamos también montes y valles. Las montañas recogen las lluvias que ayudan grandemente a centenares de valles fructíferos. Lo mismo sucede con nosotros. Las dificultades, como montañas que encontramos en la vida, son las que nos conducen al trono de la gracia y nos proporcionan la lluvia. ¡Cuántos han perecido en el desierto y han sido enterrados bajo sus áureas arenas, que hubieran vivido y prosperado en el campo montañoso! Si no hubiese sido por la firmeza y lo escarpado de las montañas que son tan difíciles de escalar, cuántos no hubiesen muerto por la helada y marchitado por el viento. ¡Cuántas desolaciones de árboles y fruto se han evitado debido a las montañas! Las montañas de Dios son una protección divina para su pueblo contra sus enemigos. No podemos decir qué es lo que la pérdida, el dolor y la prueba están obrando. El Padre se acerca hoy a nosotros para tomarnos por la mano y conducirnos por nuestro camino. Este será un año bueno y bendito.

2 de ENERO

Y en todas las cumbres áridas estarán sus pastizales (Isa. 49:9).

No debemos permanecer en medio del valle cuando la cima del Tabor nos espera. ¡Cuán puro es el rocío de las colinas, qué fresco es el aire de la montaña, cuán admirable es la vida de los que habitan en las alturas y cuyas ventanas miran hacia la nueva Jerusalén!

Muchos cristianos se contentan viviendo como los mineros de las minas de carbón que no ven el sol. Sus caras están dañadas por las lágrimas, cuando muy bien pudieran ungirlas con aceite celestial. Estoy cierto que muchos creyentes se consumen en un calabozo teniendo la oportunidad de andar por los tejados de palacios y regocijarse en el paisaje de la bella tierra y del Líbano. ¡Levántate, creyente, de tu baja condición! Arroja tu pereza, tu letargo, tu frialdad o cualquier otra cosa que pueda interferir en tu amor casto y puro hacia Cristo. Hazle a él la fuente, el centro y la circunferencia de los deleites de tu alma. No permanezcas por un momento más satisfecho con lo poco que has alcanzado. Aspira a una vida más noble, más elevada y más completa. ¡Hacia el cielo!

C. H. Spurgeon

Muchos de nosotros no vivimos lo mejor que podemos. Nos quedamos en tierras bajas porque tememos trepar por las montañas. Los precipicios y escarpaduras nos aterrorizan de tal modo que preferimos quedarnos en los valles nebulosos y no aprendemos el misterio de las montañas. No sabemos lo que perdemos con nuestra propia indulgencia. Si tuviéramos valor para trepar las colinas y dirigirnos por el país montañoso de Dios, podríamos tener la dicha de ver la gloria que allí nos espera y de recibir innumerables bendiciones.   *J.R.M.*

Los que edifican debajo de las estrellas, construyen muy bajo.

3 de ENERO

Yo avanzaré como convenga, al paso del ganado que va delante de mí y al paso de los niños (Gén. 33:14).

¡Qué cuadro tan magnífico nos presenta Jacob con el cuidado que tuvo con el ganado y con los niños! El no permitía que se les forzase a marchar más de lo que podían, ni aun por un sólo día. El no los conducía con la misma rapidez que un hombre fuerte como Esaú podía caminar, sino que esperaba que ellos caminasen solamente lo que podían soportar. El sabía con exactitud la distancia que podían recorrer durante el día, y se pasaba las horas pensando y meditando en el arreglo de las marchas.

Jacob había hecho este mismo viaje algunos años antes y conocía todo lo referente a su aspereza, calor y distancia por experiencia personal. Y así, él dijo: *Yo avanzaré como convenga* (Gén. 33:14). "Porque vosotros no habéis pasado antes por este camino" (Jos. 3:4).

Es cierto que no hemos pasado antes por este camino, pero el Señor Jesús, sí. Para nosotros es terreno que está sin pisar y que desconocemos, pero él conoce todo por experiencia personal. Los tramos de pendiente que nos cortan la respiración cuando caminamos por ellos, el terreno pedregoso que lastima nuestros pies, los lugares calurosos que recorremos y nos consumen porque no hay ni una sombra en la que ampararse; los ríos impetuosos que atravesamos. Por todo esto ha pasado Jesús antes que nosotros. "El estaba cansado del camino." Sobre él pasaron, no algunas, sino toda clase de mareas, pero esto no consiguió apagar su amor. Por medio de lo mucho que sufrió, se hizo un perfecto Guía. "El conoce nuestra condición; se acuerda de que somos polvo." Piensa sobre esto cuando estés tentado a inquirir sobre la dulzura con que él nos guía. El siempre está recordando, y no permitirá que vayas un paso más allá de lo que tu pie pueda soportar. No te importe si crees que no has de poder dar el próximo paso; porque una de dos, o él te fortalecerá para que lo des, o te mandará que hagas un alto inmediato, y no tendrás necesidad de darlo.

Frances Ridley Havergal

4 de ENERO

Jesús le dijo: "Vé, tu hijo vive." El hombre creyó la palabra que Jesús le dijo y se puso en camino (Juan 4:50).
Todo por lo cual oráis y pedís, creed (Mar. 11:24).

Cuando tengas un asunto que requiera oración definida, ora hasta que creas a Dios, hasta que con sinceridad en tus labios le des las gracias por la respuesta. Si la contestación tarda exteriormente, no ores de tal manera que se vea que es evidente que no crees en ello. Tal oración, en vez de una ayuda será un obstáculo y cuando termines de orar te encontrarás con que tu fe se ha perdido o debilitado. La urgencia que sientes en ofrecer esta clase de oración procede bien de tu yo o de Satanás. Puede ser que el mencionar dicho asunto varias veces en tus oraciones no sea equivocado, si él quiere que esperes, pero al hacer esto debes estar seguro de que lo haces con fe. No ores sin fe. Puedes decir a Dios que estás esperando y que aún le crees y que por lo tanto le alabas por la respuesta. No hay nada que afirme tanto la fe como el estar tan seguro de la respuesta que ya das gracias a Dios por ella. Las oraciones que hacemos sin fe niegan la promesa de Dios en su Palabra y el susurro de su "sí" que sentimos en nuestros corazones. Tales oraciones son la expresión de la inquietud del corazón, e inquietud implica incredulidad con referencia a la respuesta en la oración. *Pero los que hemos creído sí entramos en el reposo* (Heb. 4:3). Frecuentemente, la oración que hacemos sin fe proviene de fijar nuestros pensamientos en la dificultad más bien que en la promesa de Dios. Abraham "tuvo muy en cuenta su cuerpo ya muerto. . . Pero no dudó de la promesa de Dios" (Rom. 4:19, 20). Velemos y oremos para que no caigamos en la tentación de orar sin fe.

C.H.P.

Fe no es un vestido, ni es algo visible ni razonable. Fe es "confianza en la Palabra de Dios".

Evans

El principio de la inquietud es el fin de la fe, y el comienzo de la verdadera fe es el fin de la inquietud. *George Mueller*

Nunca aprenderás el significado de la fe en lugares cómodos. Dios nos da las promesas en tiempos de paz y sella nuestros pactos con palabras divinas y favorables. Después se retira y espera para ver lo que creemos; entonces permite que venga Satanás y la prueba parece ser que contradice todo lo que él nos había dicho. En este estado es cuando la fe gana su corona. Es el tiempo de mirar a través de la tormenta y entre el grito de los marineros temblorosos y asustados, declarar: "Creo, Dios, que será como se me había dicho."

5 de ENERO

Ayúdanos, oh Jehovah, Dios nuestro, porque en ti nos apoyamos y en tu nombre vamos contra esta multitud (2 Crón. 14:11).

Recuérdale a Dios su gran responsabilidad. Hay una traducción que lo expresa con estas palabras: "No hay ningún otro, excepto tú, que ayude." Las ventajas contra Asa eran enormes. Había un millón de hombres en armas contra él y además trescientos carruajes. Parecía imposible que él pudiera defenderse contra aquella multitud. No tenía ningún aliado que pudiera venir en su ayuda; por lo tanto, su sola esperanza estaba en Dios. Puede ser que tus dificultades hayan llegado a tal extremo que te hayas visto obligado a renunciar a la ayuda de aquellos a quienes recurriste en pruebas menores y vengas en busca del Amigo Todopoderoso.

Pon a Dios entre ti y el enemigo. Por la fe de Asa parece ser que Dios se interpuso entre él y el poder de Zera. El no estaba equivocado. Se nos dice que los etíopes fueron destruidos delante de Dios y delante de su ejército, como si combatientes celestiales se hubiesen arrojado contra el enemigo ayudando a Israel y haciendo huir a la mayor parte del ejército, así que Israel sólo tuvo que perseguirlo y recoger los despojos. Nuestro Dios es Jehová de los ejércitos, quien puede en cualquier momento reunir refuerzos inesperados para ayudar a su pueblo. Cree que él está entre ti y tu dificultad y lo que a ti puede vencerte huirá de delante de él, como las nubes delante del viento fresco.   *F. B. Meyer*

Abraham creyó a Dios. El prefirió más caminar por fe que por vista. A la vista dijo: "¡Ponte atrás!"; a las leyes naturales: "¡Guardad paz!" y a un corazón dudoso: "¡Silencio, tentador mentiroso!" El creyó a Dios.   *Joseph Parker*

Cuando hemos oído la voz de Dios, podemos contestar a toda voz, circunstancia, o ley contraria a su palabra como contestó Abraham: "¡Silencio, tentador mentiroso!"

6 de ENERO ————————————————————————

Cuando pases por las aguas. . . y cuando pases por los ríos, no te inundarán (Isa. 43:2).

Dios no nos abre el camino con antelación a nuestra llegada. No promete ayuda hasta que la ayuda se necesita. No quita los obstáculos de nuestro camino hasta que no los encontramos. No obstante, cuando estamos al borde de la necesidad, Dios nos extiende su mano.

Muchas personas olvidan esto y siempre están angustiándose acerca de las dificultades que preven en el futuro. Esperan que Dios va a abrirles el camino de par en par y prepararles kilómetros y kilómetros por adelantado, cuando Dios solamente ha prometido hacer esto paso a paso y a medida que la necesidad se les presente. Antes de pedir que se cumpla la promesa es necesario que estés dentro del agua y sus inundaciones. Muchas personas se aterrorizan de la muerte y se lamentan de no poseer "la gracia mortal". Es natural que no posean "la gracia mortal" cuando gozan de buena salud, en medio de los deberes que la vida impone y muy lejos de la muerte. ¿Por qué deben tener esta gracia? Lo que entonces necesitan es la gracia para cumplir con sus deberes, la gracia vital; la gracia mortal la necesitan sólo cuando están junto a la muerte.

J. R. M.

No habrán de anegarte las olas del mar
Si a aguas profundas te ordeno salir;
Pues siempre contigo estaré en tus angustias
Y en todas tus penas te podré bendecir.

La llama no puede dañarte jamás
Si por en medio del fuego te ordeno pasar,
El oro de tu alma más puro será,
Pues sólo la escoria se habrá de quemar.

7 de ENERO

He aprendido a contentarme cualquiera que sea mi situación (Fil. 4:11, RVR 1960).

Estas palabras las escribió Pablo desde una prisión, estando rodeado de dificultades y careciendo de toda comodidad.

Se cuenta la historia de un rey que una mañana fue a su jardín y se encontró con que todo estaba secándose y muriendo. Preguntó a un roble que estaba plantado junto a la puerta del cercado cuál era la causa. Se encontró con que el roble estaba hastiado de la vida y decidido a morir porque no era alto y hermoso como el pino. El pino estaba descorazonado porque no podía producir uvas como la vid. La vid iba a suicidarse porque no podía mantenerse derecha y tener frutos tan hermosos como los del melocotonero. El geránio estaba enojado porque no era alto y fragante como la lila, y, en fin, esta era la situación de todo lo que había en el jardín. Al llegar a un pensamiento vio que su cara estaba tan brillante y tan contenta como siempre. "Bueno, pensamiento, me alegro de encontrar en medio de tanto desaliento una florecilla valiente. Tú no pareces estar desanimado en lo más mínimo." "No, yo no soy de mucha importancia, pero pensé que si usted desease un roble, un pino, un melocotonero o una lila, los habría plantado; pero como sabía que usted deseaba un pensamiento, me he propuesto poner de mi parte todo cuanto pueda para ser tan buen pensamiento como me sea posible."

Puede ser que otros hagan un trabajo mayor que el tuyo, pero tú tienes una cierta labor que hacer, "y ninguna otra persona puede realizarla tan bien como tú".

Los que se entregan a Dios sin reservas se encuentran contentos en todas sus situaciones, porque solamente quieren lo que él quiere, y desean hacer por él lo que él quiere que hagan. Ellos se despojan de todo y en tal desnudez encuentran restauradas todas las cosas en un céntuplo.

15

Haré descender la lluvia a su tiempo; serán lluvias de bendición (Eze. 34:26).

Hagamos hoy la siguiente pregunta a nuestras almas: ¿En qué clase de situación o estado te encuentras? ¿Te hallas, por así decir, en un estado de sequía espiritual? ¿Te encuentras en un tiempo de opresión y adversidad? Entonces, es el tiempo para las lluvias. "Como tu día así será tu fortaleza." "Te daré las lluvias de bendición." La palabra está en plural. Dios enviará toda clase de bendiciones. Todas las bendiciones de Dios van unidas, lo mismo que los eslabones en una cadena de oro. Si él nos concede la gracia que convierte, también nos dará la gracia consoladora. El te enviará "lluvias de bendiciones". Planta marchitada, eleva tu mirada y abre tus hojas y flores para recibir el riego celestial. *C. H. Spurgeon*

Permite que tu corazón se convierta en un valle profundo y Dios hará que la lluvia descienda sobre él hasta que rebose.

Señor, tú puedes transformar mi espina en una flor y deseo que esto me acontezca. Job obtuvo la claridad del sol después de la lluvia, pero, ¿se ha desperdiciado toda la lluvia? Job deseaba saber, como yo también deseo, si la lluvia no tenía nada que ver con la claridad. Y tú puedes decírmelo. Tu cruz puede decírmelo. Tú has coronado tu sufrimiento. ¡Qué esta sea mi corona, Señor! Solamente triunfo en ti cuando he aprendido del esplendor de la lluvia.

George Matheson

La vida fructífera busca las lluvias tanto como la claridad del sol.

Porque considero que los padecimientos del tiempo presente no son dignos de comparar con la gloria que pronto nos ha de ser revelada (Rom. 8:18).

Durante un año aproximadamente guardé el capullo de una "mariposa emperadora". Su construcción es muy peculiar. En una de sus extremidades tiene una abertura muy estrecha por la cual el insecto fuerza su salida. Es una maravilla el ver que cuando el gusano sale del capullo, éste permanece tan completo como cuando contenía al insecto, y no se nota rotura alguna en sus fibras entretejidas cuando sale el gusano. La gran desproporción que existe entre la anchura de la salida y el grosor del insecto aprisionado le hace a uno creer que la salida es imposible, la cual el gusano siempre realiza con gran trabajo y dificultad. Se supone que la presión a que el insecto se halla sometido al pasar por una abertura tan estrecha, es una provisión de la naturaleza para forzar los jugos en las vasijas de las alas, las cuales en el período de salida de la crisálida están menos desarrolladas que en otros insectos.

Observé los primeros esfuerzos que mi gusano aprisionado hizo para escapar de su largo encarcelamiento. Me paré toda una mañana, observando con paciencia de vez en cuando los esfuerzos y la lucha que el insecto realizaba para salir del capullo. Parecía no poder ir más allá de un cierto punto, hasta que por fin se me terminó la paciencia. Muy probablemente las fibras de su confinamiento estaban más secas y eran menos elásticas que si se hubiese dejado el capullo durante todo el invierno en el lugar que la naturaleza lo había colocado. De cualquier forma, yo creí ser más sabio y compasivo que su Hacedor y decidí echarle una mano. Con las puntas de mis tijeras corté los hilos aprisionadores para facilitarle la salida sin tanta dificultad. Inmediatamente, mi gusano salió con gran facilidad arrastrando su cuerpo hinchado y sus alitas arrugadas. En vano esperé ver el maravilloso proceso y la gran rapidez con que estos insectos se desarrollan a la vista de uno. Al fijarme en los muchos y diversos lunares de diferentes colores que el insecto poseía en miniatura, anhelaba que estos asumiesen sus debidas proporciones y que el insecto apareciese en toda su belleza. Pero todo fue en vano. Mi falso sentimiento causó su ruina y él no llegó a ser otra cosa sino un aborto sin desarrollo, que pasó su breve vida arrastrándose penosamente, en vez de habérsela pasado volando por los aires con sus alas preciosas.

Con mucha frecuencia me he acordado de esto cuando he observado con lástima a aquellos que luchan con el dolor, el sufrimiento y la calamidad. De buena gana hubiese cortado su disciplina y los hubiese rescatado. Pero, ¡pobre miope! ¿Cómo puedo yo saber que estos dolores o gemidos son innecesarios? La visión del amor perfecto que busca la perfección de su objeto no se acorta débilmente por el sufrimiento presente y pasajero. El amor de nuestro Padre es demasiado verdadero para debilitarse. Porque él ama a sus hijos, los disciplina para que participen de su santidad. Mirando este glorioso porvenir, él permite que sufran. Haciéndonos perfectos por medio del sufrimiento como lo fue el Hermano Mayor, los hijos de Dios son entrenados para la obediencia y llevados a la gloria por medio de mucha tribulación.

De un folleto

10 de ENERO ─────────────────────────────

Porque les fue prohibido por el Espíritu Santo hablar la palabra en Asia (Hech. 16:6).

Es interesante estudiar los métodos que el Espíritu usó para guiar a estos primeros heraldos de la cruz. Principalmente consistieron en prohibiciones cuando ellos trataron de ir por un camino que no debían. Cuando ellos desearon voltear a la izquierda para ir a Asia, él los detuvo. Cuando quisieron girar hacia la derecha para Betania, él los paró nuevamente. Aunque algunos años después Pablo iba a llevar a cabo en aquella misma región uno de los trabajos más grandiosos de su vida, no obstante, en aquella hora las puertas fueron cerradas para él por el Espíritu Santo. El tiempo no era aún apropiado para el ataque sobre estas fortificaciones, aparentemente inconquistables, del reino de Satanás. Apolo tenía que ir allí para hacer trabajo de exploración. Pablo y Bernabé eran necesarios con más urgencia en otras partes y antes de empezar un trabajo de tanta responsabilidad tenían que recibir otro entrenamiento.

Mi buen amigo, cuando tengas duda con respecto al rumbo que debes de seguir, somete tu decisión en absoluto al Espíritu de Dios, y pídele a él que te cierre todas las puertas excepto la que conviene para su gloria, y di:

"Espíritu divino, en ti pongo la responsabilidad de que me cierres todo camino que no sea de Dios. Permíteme que oiga tu voz detrás de mí cuando quieras que marche a la derecha o a la izquierda."

Mientras tanto continúa por el sendero que ya has pisado. Permanece en el llamamiento en que has sido llamado, a menos que se te haya pedido el hacer otra cosa. Peregrino, el espíritu de

Jesús desea ser para ti lo que él fue para Pablo. Solamente ten mucho cuidado en obedecer aun su prohibición más pequeña, y después que has orado creyendo que no hay ningún obstáculo, marcha hacia adelante con el corazón ensanchado. No te sorprenda si recibes la respuesta con puertas cerradas. Porque cuando las puertas de la derecha y de la izquierda están cerradas, ten la seguridad de que un camino abierto conduce a Troas. Allí espera Lucas, y las visiones señalarán el camino donde permanecen abiertas grandes oportunidades y esperan amigos fieles.

De *Pablo*, por Meyer

¿Has dado a Dios la oportunidad de contestar la oración de fe?

11 de ENERO

"¡Consolad, consolad a mi pueblo!", dice vuestro Dios (Isa. 40:1).

Abastécete de consuelo. Esta era la misión del profeta. El mundo está lleno de corazones afligidos, y antes de que puedas ser útil para este sublime ministerio debes de estar entrenado. Tu entrenamiento será muy costoso, porque para que sea perfecto tú también debes pasar por las mismas aflicciones que están oprimiendo a innumerables corazones con lágrimas y sangre. Así que tu propia vida tiene que convertirse en una sala de hospital, donde se te enseñará el arte divino del consuelo. Tú estás herido para que, al vendarte el gran Médico, puedas aprender a ayudar al herido en todas partes. ¿Te preguntas el porqué estás atravesando por alguna aflicción especial? Espera que pasen diez años y encontrarás a otros muchos afligidos como tú. Entonces, en verdad podrás decirles cómo has sufrido y has sido consolado, y revelarles la historia de cómo Dios en una ocasión te aplicó la medicina que necesitabas y te sacó de la desesperación en que se encontraba tu alma, y además *sabrás por qué* has sido afligido y bendecirás a Dios por la disciplina que recibió tu vida con tal fondo de experiencia y utilidad.

Seleccionado

"El Dios de toda consolación, quien nos consuela en todas nuestras tribulaciones. De esta manera, con la consolación con que nosotros mismos somos consolados por Dios también nosotros podemos consolar a los que están en cualquier tribulación" (2 Cor. 1:3, 4).

Dios no nos consuela para que vivamos una vida cómoda, sino para que seamos consoladores de otros.   *Jowett*

12 de ENERO

Tenedlo por sumo gozo cuando os encontréis en diversas pruebas, sabiendo que la prueba de vuestra fe produce paciencia (Stg. 1:2, 3).

Dios cerca a los suyos para poder preservarlos, pero con frecuencia ellos ven solamente la parte mala del cerco e interpretan erróneamente su forma de proceder. Así sucedió con Job (Job 3:23). ¡Ah! pero Satanás conocía el valor de aquel cerco. Ved su testimonio en el capítulo 1:10. A través de cada prueba existen grietas que son atravesadas por los rayos del sol para que den luz espiritual a los que se hallan en tinieblas. Las espinas no se te hincan a no ser que te inclines sobre ellas, y nadie las toca sin su conocimiento. Las palabras que te hieren, la carta que te causó pena, la gran herida de tu querido amigo, la carencia de dinero cuando se necesitaba, todas estas cosas las sabe él, quien simpatiza con nosotros como ningún otro y nos observa para ver si a pesar de todo nos atrevemos a confiar en él por completo.

El que cree en él jamás será avergonzado (1 Ped. 2:6).

Bienaventurada la que creyó, porque se cumplirá lo que le ha sido dicho de parte del Señor (Luc. 1:45).

13 de ENERO

En todas estas cosas somos más que vencedores por medio de aquel que nos amó (Rom. 8:37).

Esto es más que una victoria. Es un triunfo tan completo que no solamente hemos escapado de la derrota y la destrucción, sino

20

que hemos destruido a nuestros enemigos y ganado despojos tan ricos y valiosos que tenemos que dar gracias a Dios por habernos tenido que enfrentar con la batalla. ¿Cómo podemos ser más que vencedores? Podemos sacar del conflicto una disciplina espiritual que fortalecerá en gran manera nuestra fe y establecerá nuestro carácter espiritual. La tentación es necesaria para afianzarnos y confirmarnos en la vida espiritual. Es como el fuego que quema en los colores de la pintura mineral, o como el viento que hace golpear contra el suelo a los cedros opulentos de las montañas. Nuestros conflictos espirituales se encuentran entre nuestras bendiciones más selectas y nuestro mayor adversario es utilizado para entrenarnos en su derrota final.

Existe una leyenda acerca de los antiguos pergianos que dice que cada vez que conquistaban un enemigo, el conquistador absorbía la fortaleza física de su víctima y la añadía a la suya y a su valor. Así también, cuando salimos victoriosos de la tentación duplicamos nuestra fuerza espiritual y nuestras armas para la lucha. Nos es posible no solamente el derrotar a nuestro enemigo, sino capturarle y hacerle luchar en nuestras filas.

El profeta Isaías habla de volar sobre los hombros de los filisteos (Isa. 11:14). Estos filisteos eran sus enemigos mortales, pero la figura sugiere que ellos podrían no solamente conquistar a los filisteos, sino que los utilizarían también para llevar a los conquistadores sobre sus hombros para obtener otras victorias. De la misma manera que el marinero juicioso puede utilizar el viento contrario para que le lleve hacia adelante, virando y aprovechándose de su fuerza empujadora, así también nos es posible en nuestra vida espiritual, por medio de la gracia conquistadora de Dios, el usar las cosas que nos parecen más adversas y desfavorables para nuestro bien y para su gloria. Nosotros podemos decir continuamente: "Las cosas que estaban contra mí han acontecido para la extensión del evangelio." *De Life More Abundantly*

Un científico afamado observó que los primeros navegantes se imaginaron que los animales del edificio coral construyeron instintivamente los grandes círculos de las Islas Atoll para protegerse en su interior. Dicho científico refutó tal creencia probando que los insectos constructores solamente pueden vivir y prosperar afrontando la plena mar y en la espuma altamente elevada de sus olas irresistibles. Así también, se ha creído comúnmente que la comodidad protegida es la condición más favorable de la vida.

Empero las vidas más fuertes y más nobles dan prueba de que lo contrario es la verdad y que la perseverancia en medio de la opresión es lo que desarrolla el carácter noble y a la vez distingue la mera existencia y la vitalidad vigorosa. La opresión forma el carácter.

Seleccionado

"Pero gracias a Dios, que hace que siempre triunfemos en Cristo y que manifiesta en todo lugar el olor de su conocimiento por medio de nosotros" (2 Cor. 2:14).

14 de ENERO

Y cuando saca fuera a todas las suyas, va delante de ellas; y las ovejas le siguen, porque conocen su voz (Juan 10:4).

Este es un trabajo bastante penoso para él y para nosotros. Es penoso para nosotros el salir, pero es igualmente penoso para él el tener que causarnos sufrimiento; no obstante, esto tiene que hacerse. No sería bueno para nuestro verdadero bienestar el permanecer siempre en una posición feliz y cómoda. El, por lo tanto, nos saca afuera. Al rebaño se le saca afuera para que las ovejas puedan ir de acá para allá por las montañas agradables. Los labradores tienen que ser empujados para la cosecha, de lo contrario el grano dorado se desperdiciaría.

Toma aliento. No puede ser mejor el permanecer donde estamos cuando él decide otra cosa; y si la mano amorosa de nuestro Señor nos saca, debe ser para nuestro bien. Marcha adelante en su nombre, hacia los pastos verdes, las aguas apacibles y las montañas elevadas. *El va delante de ti.* Cualquier cosa que nos espere la encuentra él primero. El ojo de la fe siempre puede discernir su presencia majestuosa por delante, y cuando no puede verse es peligroso continuar marchando. Ten el consuelo en tu corazón de que el Salvador ha probado todas las experiencias por las cuales te pide que pases y no te hubiese pedido que las atravesases si no tuviese la seguridad de que no son demasiado difíciles para tus pies o demasiado penosas para tu fortaleza.

La vida santa consiste no en inquietarse por ver lo que hay demasiado lejos, no en preocuparse acerca del próximo paso, no en estar deseoso en escoger el camino, ni en cargarse con las responsabilidades del futuro, sino en seguir calladamente, paso a paso, detrás del Pastor. Dios está enfrente de nosotros. El está en la mañana. El mañana es justamente lo que atemoriza a los hombres. *Dios está allí.* Todas las mañanas de nuestras vidas tienen que pasar por él antes de que lleguen a nosotros.

Dios está en cada mañana; por lo tanto, puedo vivir contento y confiado hoy, teniendo la seguridad de que al salir el sol él será mi guía y fortaleza en el camino, poder en la lucha, esperanza en la prueba; consuelo, claridad y gozo en todo.

15 de ENERO

Y aquella noche se le apareció Jehovah (Gén. 26:24).

Se le apareció la misma noche, la noche en que fue a Beerseba. ¿Crees que esta revelación fue una casualidad? ¿Crees que el tiempo en que ocurrió también lo fue? ¿Crees que podía haber acontecido en otra noche cualquiera lo mismo que en ésta? Si es así, has cometido una falta muy grave. ¿Por qué le aconteció a Isaac en la noche en que llegó a Beerseba? Porque fue en la noche en que halló descanso. En su antigua localidad había estado atormentado. Hubo una serie de riñas pequeñas sobre la posesión de ciertos pozos mezquinos. No hay molestias tan grandes como las pequeñas inquietudes, especialmente si existe una acumulación de ellas. Isaac se dio cuenta de esto. Aún después de haber pasado la contienda, el lugar dejó un recuerdo desagradable. El decidió marcharse. Buscó un cambio de escena. Quitó su tienda del sitio en que tuvo lugar la contienda. Aquella misma noche tuvo la revelación. Dios le habló cuando no tenía ninguna tormenta interior. El no podía hablar cuando tenía la mente irritada. Su voz reclama el silencio del alma. Solamente en el silencio del espíritu fue como Isaac pudo oír el susurro de la voz de Dios. Su noche silenciosa fue su noche estrellada.

Alma mía, ¿has pensado sobre las palabras: "Está quieto y conoce"? En la hora de la perturbación no puedes oír la contestación a tus oraciones. ¡Con cuánta frecuencia te habrá parecido que has recibido la respuesta con mucho retraso! El corazón no tiene respuesta en el momento de su clamor, de su trueno, de su temblor de tierra y de su fuego. Pero cuando cesa el clamor, cuando viene la calma, cuando tu mano deja de llamar en la puerta de hierro, cuando tu interés por las vidas de *otros* rompe la tragedia de la tuya, entonces aparece la respuesta tan retardada. Debes tener paz si quieres obtener el deseo de tu corazón. La pulsación de tus necesidades tampoco deben de alterarse. Esconde la tempestad de tu turbación personal detrás del altar de una tribulación común y esa misma noche el Señor se te aparecerá. El arco iris se extenderá por el lugar de la inundación calmada, y en tu quietud oirás la música eterna. *George Matheson*

Las lecciones más grandes de la vida son las que aprendemos, no en los colegios ni en las universidades, sino en el silencio del alma, en la presencia de Dios.

16 de ENERO ————————————————————————

Entonces se levantó una gran tempestad (Mar. 4:37).

Algunas de las tempestades de la vida ocurren *rápidamente*: una gran aflicción, un disgusto desagradable, una derrota aplastante. Otras vienen *paulatinamente*. Aparecen sobre los bordes andrajosos del horizonte, con un tamaño inferior al de la mano de un hombre, pero la opresión que parece tan insignificante se extiende hasta llegar a cubrir el cielo y abrumarnos.

Sin embargo, en la tempestad es donde Dios nos equipa para el servicio. Cuando Dios desea un roble, él lo planta en un lugar donde las tormentas lo castigan y la lluvia cae sobre él, y es en medio de la batalla con los elementos donde el roble gana sus fuertes y magníficas fibras y se convierte en el rey del bosque.

Cuando Dios quiere hacer un hombre, él lo coloca en medio de alguna tormenta. La historia del género humano siempre es brusca y tempestuosa. Ningún hombre se ha formado por completo hasta que no se ha sumergido en el fondo de la tormenta y ha hallado el cumplimiento sublime de la oración: "Oh Dios, tómame, quebrántame, hazme."

Un francés pintó un cuadro de un genio universal. En él aparecen oradores, filósofos y mártires; es decir, todos aquellos que han hecho algo prominente en alguna fase de la vida. El hecho extraordinario en el cuadro es éste: Que todo hombre que es prominente por su habilidad ha sido primero prominente en el sufrimiento. En el primer plano está el hombre a quien se le negó la tierra prometida, Moisés. A su lado hay otro sintiendo su camino, el ciego Homero. Milton está también allí ciego y descorazonado. También está la figura de UNO que se eleva sobre todos los demás. ¿Cuál es su característica? Su rostro está desfigurado más que el de ningún otro hombre. El artista podía muy bien haber escrito debajo de aquel gran cuadro, "La tempestad".

La belleza de la naturaleza se produce después de la tempestad. La belleza abrupta de la montaña nace de la tormenta, y los héroes de la vida son aquellos que llevan las señales de la batalla y han sido limpiados por la tormenta.

Tú has estado entre las tempestades y has sido tocado por los vientos. ¿Te han dejado quebrantado, fatigado y golpeado en el valle, o te han elevado a las cumbres solares de una visibilidad más rica, más profunda y más estable? *Seleccionado*

El viento rudo matar no puede
El árbol por Dios sembrado.
Sopla el viento por doquier,
Sus raíces se afirman más,
Sus ramas se extienden más,
Dios suple toda su necesidad.

La tempestad furiosa dañar no puede
Al árbol por Dios cuidado;
Ni rayo, ni aguas, ni huracán.
Cuando cesan ya sus furias,
Queda el árbol por Dios cuidado,
Y de día en día crece su hermosura.

17 de ENERO

¡Oh Daniel, siervo del Dios viviente! (Dan. 6:20).

Con mucha frecuencia encontramos esta expresión en las Escrituras y, sin embargo, es esta mismísima cosa la que estamos inclinados a perder de vista. Sabemos que está escrito "el Dios viviente"; pero en nuestros quehaceres diarios apenas si hay otra cosa que olvidemos con tanta frecuencia como el hecho de que Dios *es el Dios viviente*. Que él es ahora lo que fue hace tres o cuatro mil años; que él posee el mismo poder soberano, el mismo amor salvador, hacia aquellos que le aman y sirven, que siempre tuvo, y hará por ellos ahora lo que hizo por otros hace tres o cuatro mil años, simplemente porque él es el Dios viviente, el que no cambia. ¡Oh, con cuánta confianza debiéramos arrojarnos en sus brazos, y en los momentos más difíciles nunca debiéramos perder de vista el hecho de que él es aún y siempre será el Dios viviente! Ten confianza si andas con él y mírale. Espera de él ayuda, él nunca te fallará. Un hermano de una edad avanzada que ha conocido al Señor durante cuarenta y cuatro años es quien escribe esto, y te dice para alentarte que él nunca le ha fallado. "Ni en las mayores dificultades, ni en las pruebas más profundas, o en las mayores necesidades y pobreza. El jamás me ha fallado. Por medio de su gracia yo he podido confiar en él y él siempre ha aparecido para ayudarme. Yo me gozo en hablar bien de su nombre."

George Mueller

En una ocasión de gran peligro y temor, en la que Lutero tenía necesidad de una gran fortaleza sobrenatural, se le vio que estaba sentado abstraído y trazó con su dedo sobre la mesa las siguientes palabras, "¡Vivit, vivit!" (¡El vive, él vive!). El es la esperanza para nosotros, para su verdad, y para el género humano. Los hombres vienen a este mundo y después desaparecen. Los líderes, maestros y pensadores hablan y trabajan durante un cierto período, después enmudecen y llegan a ser impotentes. Pero él permanece. Ellos mueren, pero él vive. Ellos son velas encendidas que más tarde o más temprano se consumen; pero él es la luz verdadera de la cual ellos obtienen todo su resplandor y él resplandece para siempre.

Alexander Maclaren

"Un día llegué a conocer al doctor John Douglas Adam", escribe C. G. Trumbull. "Supe por él que lo que consideraba como su mayor haber espiritual era su *conocimiento permanente de la presencia actual de Jesús*. En nada gozaba tanto, decía, como en saber que Jesús *siempre* le acompañaba y que esto era tan independiente de sus sentimiento, de su soledad y de sus mismas opiniones como la manera en que manifestaría su presencia.

"Dijo también que Jesús era la morada de sus pensamientos. Siempre que su mente estaba libre de otros asuntos, él acudía a Cristo y le hablaba en voz alta cuando estaba solo, en la calle o en

26

otra parte cualquiera, con la misma facilidad y sencillez que a un amigo personal. Tan verdadera era para él la *presencia de Jesús*."

─────────────────────────────

Pero gracias a Dios, que hace que siempre triunfemos en Cristo (2 Cor. 2:14).

Dios obtiene sus mayores victorias en las derrotas aparentes. Con frecuencia parece ser que el enemigo triunfa por un corto tiempo y Dios permite que así suceda; pero después él aparece y trastorna toda la labor del enemigo, derriba la victoria aparente y como dice la Biblia, "pone patas arriba el camino del malvado". De esta manera concede una victoria muchísimo mayor que jamás hubiésemos conocido si él no hubiese permitido al enemigo triunfar primero aparentemente.

La historia de los tres jóvenes hebreos arrojados en el horno de fuego nos es familiar. Aquí encontramos una victoria aparente para el enemigo. Parecía que los siervos del Dios vivo iban a ser derrotados terriblemente. Todos hemos estado colocados en posiciones en las que parecía que estábamos derrotados y el enemigo se gozaba en ello. Podemos imaginar la derrota tan completa que aparentemente iba a realizarse. Los jóvenes fueron arrojados en las llamas y sus enemigos los observaban para verlos arder en aquel fuego tan terrible. Su sorpresa no tuvo límites cuando los vieron andar por el fuego con gozo. Nabucodonosor les dijo que saliesen de en medio del fuego y ni un sólo cabello había sido chamuscado, ni se notó siquiera el olor del humo en sus vestidos, "porque no hay ningún otro Dios que pueda librar de esta manera".

Esta derrota aparente terminó en una victoria maravillosa.

Suponed que estos tres hombres hubiesen perdido su fe y valor y se hubiesen quejado diciendo: "¿Por qué no nos guardó Dios fuera del horno?" Hubiesen sido quemados y Dios no habría sido glorificado. Si estás atravesando hoy por alguna prueba grave no la consideres como una derrota, sino continúa con fe pidiendo la victoria por medio de aquel que puede hacerte más que vencedor y pronto obtendrás una victoria gloriosa. Aprendamos que en todos los lugares difíciles en que Dios nos coloca, él nos da oportunidades para que ejercitemos la fe en él y podamos obtener resultados benditos y glorificar grandemente su nombre.

De Vida de alabanza

19 de ENERO

La necesidad de orar siempre y no desmayar (Luc. 18:1).

"Observa a la hormiga." Tammerlane acostumbraba a contar a sus amigos una anécdota de su juventud. "Una vez", dijo, "me vi obligado por mis enemigos a guarecerme en un edificio arruinado, donde permanecí sentado durante muchas horas. Deseando desviar mi mente de mi condición desesperada fijé mi vista en una hormiga que intentaba subir por una pared llevando un grano de trigo más grande que ella. Observé los esfuerzos que realizó para conseguir lo que deseaba. El grano cayó a tierra sesenta y nueve veces, pero el insecto perseveró y, por fin, a la setenta vez pudo llegar a lo alto. Esto me alentó grandemente en aquellos momentos y jamás he olvidado la lección."

De The King's Business

La persona que piense que las oraciones pasadas no han sido contestadas y permite que este pensamiento le cause languidez en su actitud de oración deja de hacer la oración de fe. Para la oración de fe el hecho de que ciertas oraciones quedan sin contestar es una evidencia de que el momento de la respuesta está mucho más cerca. Desde el principio hasta el fin, todos los ejemplos y lecciones de nuestro Señor nos dicen que la persona que no puede perseverar y hacer su petición con insistencia y renovarla una y otra vez, y ganar fuerza en las súplicas anteriores, no es la persona que ha de prevalecer y vencer por medio de la oración.

William Arthur

El gran músico Rubenstein dijo en una ocasión: "Si dejo de practicar un día, lo noto; si dos días, lo notan mis amigos; si dejo de practicar tres días lo nota el público." Es un dicho antiguo el que dice que "La perfección se obtiene con la práctica." Debemos continuar creyendo, continuar haciendo su voluntad. Supón que en cualquier arte uno dejase de practicar, todos sabemos cuál sería el resultado. Si utilizásemos el mismo sentido común en nuestra religión que usamos en nuestros quehaceres cotidianos, nos dirigiríamos hacia la perfección.

El lema de David Livingstone se encuentra en las siguientes palabras: "Me propuse no parar jamás hasta llegar al fin y haber terminado mi cometido." El triunfó por su inquebrantable perseverancia y fe en Dios.

20 de ENERO

Mejor es el pesar que la risa, porque con la tristeza del rostro se enmienda el corazón (Ecl. 7:3).

Cuando la aflicción nos visita bajo el poder de la gracia divina, obra en nuestras vidas un servicio magnífico. La aflicción revela profundidades ignoradas que existen en el alma y aptitudes desconocidas de experiencia y servicio. Las personas alegres y frívolas siempre son superficiales y nunca sospechan la diminuta mezquindad de su naturaleza. La aflicción es el arado con el que Dios remueve y labra las profundidades del alma para que produzca una cosecha más abundante. Si jamás hubiésemos caído, o si estuviésemos en un estado glorificado, entonces la fuerza poderosa del gozo divino sería el poder moral que abriría todas las aptitudes de nuestra alma; pero en un mundo pecador, la aflicción, juntamente con la desesperación, es el poder escogido para revelarnos nosotros a nosotros mismos. De aquí que la aflicción nos hace pensar mucho y con mucha profundidad y seriedad.

La aflicción nos hace que marchemos más despacio y juiciosamente, y examina nuestras tendencias e inclinaciones. Es la aflicción la que abre en nuestro interior las aptitudes para la vida celestial y la que nos dispone a lanzar nuestras aptitudes en un mar de servicio sin límites para Dios y para los que nos rodean.

Podemos imaginar a una cierta clase de personas indolentes, que viven en una gran extensión de terreno al pie de una montaña y que nunca se atrevieron a explorar los valles y cañadas de la otra parte de la montaña; y un día una tormenta atronadora les aparece y convierte los valles ocultos en trompetas resonantes, y les revela los escondrijos interiores del valle, lo mismo que las enroscaduras de una grandísima corteza. Será entonces que dichos habitantes se sorprenderán de los laberintos y los valles sin explorar que hay en una región tan cercana a la suya y que les es poco conocida. Así sucede también con muchas almas descuidadas que viven en el borde exterior, por así decir, de su naturaleza, hasta que una grandísima tormenta de aflicción les revela profundidades ocultas interiores, que hasta entonces no sabían que existieran.

Dios nunca utiliza a una persona en gran escala hasta que primero no ha destrozado su yo por completo. José fue más afligido que todos los otros hijos de Jacob y ello le condujo a un ministerio de alimentar a todas las naciones. Por esta razón dijo el Espíritu Santo acerca de él: "José es un reto; fructífero. . . sus ramas trepan sobre el muro" (Gén. 49:22). El ensanchar el alma cuesta bastante aflicción.   *De La vida celestial*

Cada persona y cada nación debe recibir lecciones en la escuela de la adversidad de Dios. Podemos decir: "Bendita es la noche porque nos revela a las estrellas." De la misma manera podemos decir: "Bendita la aflicción, porque revela el consuelo de Dios." Las inundaciones se llevaron la casa, el molino y todo lo que un pobre hombre tenía en el mundo. Cuando las aguas se calmaron el hombre estaba descorazonado y sin aliento, en el lugar donde sufrió la pérdida, cuando vio que por las orillas brillaba algo que las aguas habían descubierto. Desde lejos parecía oro. Se acercó a ello y era oro en verdad. La inundación que le había empobrecido, lo enriqueció. Así sucede muy a menudo en la vida.

H. C. Trumbull

21 de ENERO

Pero de ninguna cosa hago caso (Hech. 20:24 RVR 1960).

Leemos en el libro de Samuel que en el momento en que David fue coronado en Hebrón *todos los filisteos subieron en busca de David.* Y en el momento en que recibimos algo del Señor que es digno de contender por ello, entonces viene el diablo a buscarnos.

Cuando el enemigo nos encuentra en el umbral de algún trabajo grande para Dios, debemos de recibirlo como "una señal de salvación" y reclamar una doble bendición y victoria y un doble poder. El poder se desarrolla por medio de la resistencia. El cañón arroja sus balas a tanta distancia porque la pólvora disparada tiene que hallar su salida por medio de la resistencia. La manera como se obtiene la electricidad en los lugares en que se produce es por medio de los roces agudos de las ruedas giratorias. Y así hallaremos algún día que Satanás ha sido el medio por el que hemos obtenido bendiciones de Dios.   De *Días celestiales sobre la tierra*

Los héroes nobles no se alimentan con dulces. La tribulación es el camino para el triunfo. El camino del valle conduce al camino real. La marca de la tribulación es una gran cosa en todos. *Las coronas se moldean en los crisoles.* Las cadenas de carácter que serpentean bajo los pies de nuestro Dios se han forjado en las llamas terrenales. Ningún hombre es un gran vencedor hasta que no ha pisoteado el lugar del dolor. Con señales de profunda angustia sobre su frente, el "Varón de dolores" dijo: "En el mundo tendréis aflicción", pero después de este suspiro, viene la promesa: "¡Tened valor, yo he vencido al mundo!" Las huellas son visibles en todas partes. Los escalones que conducen a los tronos están manchados con señales de sangre. Las cicatrices son el precio de los cetros. Nuestras coronas serán arrebatadas de los gigantes que conquistamos. La porción de la grandeza siempre ha sido el dolor, lo cual es un secreto a voces.

La tribulación siempre ha señalado las huellas del verdadero reformador. Es la historia de Pablo, Lutero, Savonarola, Knox, Wesley y todos los demás que pertenecen al ejército poderoso. Ellos llegaron a sus puestos de poder por medio de gran tribulación.

Cualquier libro grandioso siempre se ha escrito con la sangre del autor. "Estos son aquellos que han pasado por gran tribulación." ¿Quién fue el poeta incomparable de los griegos? Homero. Pero aquel ilustre cantor estaba ciego. ¿Quién escribió el sueño eterno de "El Peregrino"? ¿Un príncipe con púrpura real sentado sobre un cómodo sillón? No. El rastro esplendoroso de aquella visión iluminó las sucias paredes de la antigua prisión de Bedford, mientras que John Bunyan, un prisionero noble, un genio glorioso, hizo una transcripción fiel de la escena.   *Seleccionado*

---

22 de ENERO ─────────────────────────────

A un lugar desierto y apartado (Mat. 14:13).

En una pausa no hay música, pero la música se produce con ella. En la melodía de toda nuestra vida, la música se interrumpe aquí y allá por las "pausas" y pensamos tontamente que hemos llegado al fin de la melodía. Dios nos envía un tiempo de desocupación forzosa, una enfermedad, la frustración de ciertos planes, o la anulación de esfuerzos y hace una pausa repentina en el himno coral de nuestras vidas. Nosotros lamentamos el silencio de nuestras voces y la falta de nuestra intervención en la música que se eleva al oído del Creador. ¿Cómo lee el músico la "pausa"? Mírale mover el compás con un cálculo invariable y pasar a la nota próxima con tal precisión y firmeza como si no hubiese habido interrupción alguna.

Dios no escribe sin un propósito la música de nuestras vidas. El nuestro debe ser el aprender la melodía y no desmayar en las "pausas". Ellas no existen para ser pasadas ligeramente por alto, ni ser omitidas, ni para destruir la melodía ni cambiar la nota tónica. Si elevamos nuestra mirada, el mismo Dios moverá el compás para nosotros. Con la mirada puesta en él podremos pasar a la próxima nota de una manera clara y plena. Si nos decimos con tristeza: No hay música en una pausa, no olvidemos que con ella se produce. El hacer música es un proceso lento y penoso en esta vida. ¡Con cuánta paciencia obra Dios para enseñarnos! ¡Cuánto tiempo espera él para que aprendamos la lección!   *Ruskin*

Dejo el mundo y voy con Cristo,
Su amor me bastará,
Todo pasa en este siglo
Sólo Cristo durará.
El es solo luz y paz;
Sin su amparo y sin su fuerza
Para nada soy capaz.

Dejo el mundo y voy con Cristo,
Su hermosura para ver,
Brille en mí su luz divina
Como Cristo quiero ser.
En su muerte fiaré. . .
Hasta que en su suma gloria
Coronado le veré.

32

Jehovah, ¿por qué te mantienes lejos? (Sal. 10:1).

Dios es una verdadera ayuda, presente en la tribulación. Pero él permite que la tribulación nos persiga como si él fuese indiferente a nuestra presión abrumadora, para que agotemos nuestros recursos y descubramos el tesoro que encierra la obscuridad, las riquezas valiosas de la tribulación. Podemos tener la seguridad de que él permite la tribulación, toma parte con nosotros en ella. Puede ser que le veamos solamente cuando la prueba está desapareciendo; pero debemos atrevernos a creer que él jamás abandona el crisol. Muchas veces estamos cegados y no podemos contemplar a aquel que ama a nuestras almas. Nos hallamos en la obscuridad y el vendaje nos ciega de tal manera que no podemos ver la figura de nuestro Sumo Sacerdote; pero él está allí sintiendo profundamente todo lo que nos acontece. No confiemos en sentimentalismo, sino tengamos fe en su fidelidad inquebrantable y, aunque no le veamos, hablemos con él. Cuando hablamos directamente a Jesús como si estuviese presente, aunque su presencia está oculta, no obstante oímos una voz que nos responde y nos muestra que él está en la sombra velando por lo suyo. Tu Padre se halla tan cerca de ti cuando viajas por un túnel obscuro, como cuando viajas a la luz del día bajo el cielo.

De *Diccionario diario devocional*

Cierto cristiano que estaba pasando por una prueba que no podía comprender, acudió a su pastor. El ministro oyó su historia y preguntó si había pasado alguna vez por un túnel en el tren. Cuando recibió la respuesta afirmativa le hizo otra pregunta. "¿Salió usted del túnel a su debido tiempo?" "¡Claro que sí!" A continuación volvió a preguntarle el siervo de Dios: "¿Cuando salió de ese túnel llegó a su destino a la hora que debía?" Otra vez la contestación que recibió fue afirmativa. Entonces le pidió que meditase si no pudieran haber algunos túneles espirituales por los cuales nos conviniera pasar. Aquel creyente en el crisol de la prueba salió de esta entrevista gozando con el conocimiento de que su Dios sí cuidaba de su alma y de todo su ser mientras pasaba por la obscuridad del túnel, y, además, sabiendo que los túneles de Dios nos acercan a él y a nuestro hogar celestial.

La paloma no halló donde asentar la planta de su pie y volvió a él. . . La paloma volvió a él al atardecer, y he aquí que traía una hoja verde de olivo en el pico (Gén. 8:9, 11).

Dios sabe el tiempo oportuno en el que debe quitarnos cualquier señal visible de aliento y cuándo enviárnosla. ¡Cuánto vale el saber que podemos confiar en él de cualquier modo! Cuando desaparece todo lo visible que nos prueba que él se acuerda de nosotros, es mejor para nosotros. El quiere que aprendamos que su Palabra, el recuerdo de su promesa, es de un valor muy superior a cualquier evidencia de nuestros sentidos. Es también de gran valor el que él envíe su prueba visible; pero la apreciamos mucho más después que hemos confiado en él sin ella. Los que están más dispuestos a confiar en Dios sin ninguna otra evidencia que su Palabra, siempre reciben el mayor número de evidencias visibles de su amor. *G. C. Trumbull*

Salvador, a tu mandato
Lanzo mi nave atrevido,
Y navego hacia mi patria
Por tu diestra protegido.

¿Qué son mares procelosos
Y las olas encrespadas?
¿Qué son todos mis furores
Si en ti pongo mi confianza?

Por la fe ya el puerto miro
De descanso, paz y calma.
Y llegar con ansia anhelo
A sus celestiales playas.

Cuando cesen las tormentas
Y mi nave esté calmada,
Oh, Jesús, mi puerto eterno,
Será eterna mi alabanza.

Tu vara y tu cayado me infundirán aliento (Sal. 23:4).

En la casa de campo de mi padre hay un pequeño gabinete junto al rincón de la chimenea donde se guardan los bastones y garrotas de paseo de varias generaciones de mi familia. Durante mis visitas a esta casa tan antigua, y cuando salgo con mi padre de paseo, a menudo voy a la bastonera y cojo los bastones más apropiados para la ocasión. Al hacer esto, con mucha frecuencia me he acordado de que la Palabra de Dios es como un cayado.

Durante la guerra, cuando el tiempo de desaliento y el peligro amenazador se ceñían sobre nuestras cabezas, el versículo: "De las malas noticias no tendrá temor; su corazón está firme, confiado en Jehová" (Sal. 112:7), fue como un cayado que ayudó a muchos a caminar por días muy negros.

Cuando la muerte arrebató a nuestro hijo y nos dejó casi descorazonados, encontré otro cayado en la promesa que dice: "Por la noche dura el llanto, pero al amanecer vendrá la alegría" (Sal. 30:5).

Cuando con mi salud quebrantada fui desterrado durante un año sin saber si me sería permitido el regresar a casa y volver a trabajar, tomé conmigo este cayado, el cual nunca me ha fallado. "Porque yo sé los planes que tengo acerca de vosotros, dice Jehová, planes de bienestar y no de mal" (Jer. 29:11).

En tiempos de algún peligro especial o duda, cuando el juicio humano ha probado ser ineficaz, he encontrado fácil el caminar hacia adelante con este cayado: "En la quietud y en la confianza estará vuestra fortaleza" (Isa. 30:15). Y en las necesidades urgentes, cuando no he tenido tiempo para deliberar, nunca he encontrado que me haya fallado este cayado, "El que crea no se apresure" (Isa. 28:16). De *The Outlook*, de Benjamin Vaughan Abbott

"Nunca hubiese sabido", decía la esposa de Martín Lutero, "lo que tales y tales cosas querían decir en tales y tales salmos, ni el significado de ciertas obras del espíritu; ni jamás hubiese comprendido la práctica de los deberes cristianos si Dios no me hubiese hecho pasar por la aflicción." Es cierto que la vara de Dios es como el puntero del maestro para el niño, que señala la letra para poderla percibir mejor; de la misma manera él nos señala muchas buenas lecciones que no hubiésemos aprendido de otra manera.

Seleccionado

Dios siempre envía su cayado con su vara.

"De hierro y bronce sean tus cerrojos, y tu fuerza sea como tus días" (Deut. 33:25).

Cada uno de nosotros podemos estar seguros de que si Dios nos envía por terreno pedregoso, él nos proveerá con calzado fuerte y no nos mandará hacer ningún viaje sin equiparnos bien.

Maclaren

26 de ENERO

Yo he comenzado a entregar. . . Comienza a tomar posesión (Deut. 2:31).

En la Biblia se nos habla mucho acerca de esperar en Dios, pero nunca se enfatiza esta lección lo suficiente. Con mucha facilidad nos impacientamos de la tardanza de Dios. Muchos de nuestros disgustos en la vida provienen de nuestras inquietudes y algunas veces del descuido o de la prisa. No *esperamos* que madure el fruto, sino que insistimos en arrancarlo cuando está verde. No podemos *esperar* las respuestas a nuestras oraciones, aunque las cosas que pedimos requieran largos años para prepararnos. Se nos exhorta para que caminemos con Dios, pero a menudo Dios camina muy despacio y muy *frecuentemente Dios nos espera a nosotros.*

Muchas veces dejamos de recibir la bendición que él nos tiene preparada porque no vamos hacia adelante con él. De la misma manera que perdemos mucho bueno por no esperar a Dios, también perdemos mucho por *esperar demasiado.* Hay ocasiones cuando nuestra fortaleza consiste en sentarnos calladamente, pero hay otras cuando debemos marchar con paso firme hacia adelante.

Muchas de las promesas divinas están condicionadas a que empecemos a realizar alguna acción por nuestra parte. Cuando empezamos a obedecer, Dios empieza a bendecirnos. A Abraham le fueron prometidas grandes cosas, pero, ni una sóla hubiese podido obtener esperando en Caldea. El tuvo que dejar casa, amigos, país, salir por rumbos desconocidos y perseverar con obediencia inquebrantable, con el fin de recibir las promesas. A los diez leprosos se les dijo que se presentasen al sacerdote y "mientras iban, fueron limpiados". Si hubiesen esperado para ver cómo venía a ellos la limpieza de su carne antes de marchar para ser limpios, jamás la habrían visto. Dios esperaba para limpiarlos y en el momento en que la fe de ellos empezó a obrar, recibieron la bendición.

Cuando los israelitas fueron acorralados en el mar Rojo por el ejército que les perseguía, se les ordenó "marchar hacia adelante". Su deber no era el continuar esperando por más tiempo, sino el levantarse de sus rodillas inclinadas y marchar de frente por el camino heróico de la fe. También se les pidió que mostrasen su fe en otra ocasión empezando su marcha por el Jordán, cuando el río rebosaba por sus orillas. Ellos tenían en sus manos la llave para abrir la puerta de la tierra prometida, y la puerta no abriría su cerradura hasta que se acercasen a ella y la abriesen. Aquella llave era la fe. Nosotros estamos determinados a luchar ciertas batallas. Decimos que nunca podremos ser vencedores, que nunca podremos conquistar a estos enemigos, pero cuando empezamos la lucha uno viene y lucha por nosotros, y por medio de él somos más que vencedores. Si hubiésemos esperado con temor y temblor a que viniese nuestra ayuda antes de meternos en la batalla, entonces habríamos esperado en vano. Esto habría sido la *espera con exceso* de la incredulidad. Dios espera para derramar sobre ti ricas bendiciones. Marcha hacia adelante con valentía y confianza y toma lo que es tuyo. *Yo he comenzado a entregar, comienza a tomar posesión.*   *J.R. Miller*

27 de ENERO ───────────────────────────────

El Dios de toda gracia. . . os restaurará, os afirmará, os fortalecerá y os establecerá (1 Ped. 5:10).

Al entrar en alguna nueva relación con Cristo, primeramente debemos poseer la luz espiritual suficiente para satisfacer nuestra mente de que tenemos el derecho de permanecer en tal estado. La menor sombra de duda destruirá nuestra confianza. Después de habernos dado cuenta de esto debemos arriesgarnos, tener confianza, hacer nuestra elección y ocupar nuestro lugar tan definitivamente como el árbol plantado en el suelo, o como la novia que se entrega en el altar del casamiento. Debemos adoptar esta actitud y entregarnos una vez para siempre, sin reservas, sin volverse atrás.

Después, hay un período de confirmación, afianzamiento y prueba, durante el cual debemos *permanecer firmes* hasta que el nuevo estado se fije de tal manera que llegue a convertirse en un nuevo hábito. Sucede exactamente lo mismo que cuando el médico compone un hueso quebrado: Lo coloca en las tablillas para evitar que vibre. Así también Dios posee sus tablillas espirituales, las cuales desea colocar a sus hijos para que permanezcan sin moverse hasta que hayan pasado por el primer estado de la fe. Para nosotros no es siempre fácil el obrar, pero "el Dios de toda gracia, quien os ha llamado a su eterna gloria en Cristo Jesús, él mismo os restaurará, os confirmará, os fortalecerá y os establecerá". *A. B. Simpson*

Tanto en el pecado como en la enfermedad existe una ley natural, y si nos dejamos llevar y sumergir en la dirección de las circunstancias, nos hundiremos bajo el poder del tentador. Pero hay otra ley de vida espiritual y vida física en Cristo Jesús, a la cual podemos elevarnos y por medio de la cual podemos contrarrestar y vencer a la otra ley que trata de arruinarnos.

El hacer esto requiere verdadera energía espiritual, un propósito determinado, una disposición segura y un hábito de fe. Sucede lo mismo que cuando se utiliza el poder eléctrico en la fábrica. Para ello es necesario conectar la correa de transmisión y mantenerla en movimiento. El poder está allí, pero tenemos que mantener el contacto y de esta manera toda la maquinaria realizará su cometido.

Hay una ley espiritual de elección, creencia, perseverancia y firme posesión en nuestro caminar con Dios, la cual es esencial para que el Espíritu Santo obre en nuestra santificación o curación.

De Días celestiales sobre la tierra

---

28 de ENERO

Porque os celo con celo de Dios (2 Cor. 11:2).

¡De qué manera tan cariñosa trata el arpista anciano su arpa! La acaricia y mima como si fuese un niño recostado sobre su pecho. Su vida está unida a ella. Mira cómo la templa. La agarra con firmeza, sacude una cuerda con golpe rápido y punzante y, mientras ésta tiembla como si se condoliese, él se inclina cuidadosamente sobre ella para obtener la primera nota que se produce. La nota es mala y desagradable como él se temía. Estira la cuerda con el tornillo torturador y, aunque parece que va a estallar a causa de la tensión, la sacude nuevamente y se inclina con suavidad para oírla como antes, hasta que, al final, es posible ver una sonrisa en su rostro, cuando templa la primera y verdadera nota.

Puede ser que Dios esté obrando contigo de la misma manera. Amándote mucho más que el arpista ama a su arpa, él puede encontrarte como si fueras un conjunto de cuerdas disonantes. El toca las fibras de tu corazón torturándote un poco, se inclina sobre ti con amor golpeando y escuchando y, al oír solamente una voz áspera de queja, vuelve a tocar mientras que su corazón sangra por ti, esperando ansiosamente aquella tirantez —*No se haga mi voluntad, sino la tuya*— la cual es una melodía tan dulce a sus oídos como la de los mismos ángeles. El no cesará de tocar hasta que tu alma purificada por la aflicción se haya mezclado con todas las armonías puras e infinitas de su propia existencia. *Seleccionado*

Alma impaciente, espera con paciencia hasta que tu Señor amoroso te haya afinado como un arpa de voz dulce y melodiosa y, entonces, cantarás con profundo gozo un himno de armonía celestial.

29 de ENERO ─────────────────────────────────

Dios está en medio de ella; no será movida. Dios la ayudará al clarear la mañana (Sal. 46:5).

"**N**o será conmovida." ¡Qué declaración tan inspiradora! ¿Es posible que nosotros que somos tan fácilmente movidos por las cosas terrenales, podamos llegar a un lugar donde nada pueda derribarnos o perturbar nuestra calma? Sí, es posible, y el apóstol Pablo lo sabía. Cuando se hallaba en camino hacia Jerusalén, donde pudo prever que le esperaban "ligaduras y aflicciones", pudo decir victoriosamente: "Pero ninguna de estas cosas me hace cambiar." En la vida y experiencia de Pablo todo lo que podía abandonarse lo había abandonado, y en lo sucesivo perdió el amor por su vida como por las demás cosas de este mundo. Y si nosotros permitimos que Dios obre en nuestras vidas, podemos llegar al mismo lugar donde no podrán movernos enojo, ni rasguños, ni las pruebas grandes y pesadas en este mundo tendrán poder para quitarnos la paz de Dios que sobrepasa todo entendimiento, la cual se considera que pertenece a todos aquellos que han aprendido a confiar en Dios solamente.

"Al que venza lo convertiré en una columna para el templo de mi Dios; y no volverá a salir." El ser tan inamovible como una columna en la casa de nuestro Dios es un fin por el que debiéramos estar dispuestos a sufrir y a dar lo que poseemos.

Hannah Whitall Smith

Cuando Dios está en medio de un reino o ciudad, él la hace tan firme como el monte de Sión, para que no pueda ser cambiada. Cuando él mora en un alma, aunque todas las calamidades se arrojen sobre ella y rujan como las olas del mar, no obstante hay una calma interior y constante, y una paz que el mundo no puede dar ni quitar. ¿Qué es lo que hace a los hombres temblar como las hojas al menor soplo de peligro? El tener al mundo en sus corazones en vez de tener a Dios en sus almas.

Arzobispo Leighton

Los que confían en el Señor son como el monte de Sión, que no se derrumba sino que está firme para siempre.

30 de ENERO

Seré a Israel como el rocío (Ose. 14:5).

El rocío es una fuente de frescura, es la provisión de la naturaleza para renovar la superficie de la tierra. Cae de noche y si no fuese por él moriría la vegetación. Este gran valor del rocío es el que se reconoce con mucha frecuencia en las Escrituras y se usa como símbolo de refrigerio espiritual. Lo mismo que la naturaleza está bañada de rocío, así también el Señor renueva a los suyos. En Tito 3:5, el mismo pensamiento de refrigerio espiritual lo encontramos relacionado con el ministerio del Espíritu Santo, o "la renovación del Espíritu Santo".

Muchos cristianos no se dan cuenta de la importancia del rocío celestial en sus vidas y, como consecuencia, carecen de frescura y vigor. Sus espíritus desfallecen por falta de él.

Querido lector, tú reconoces la locura del obrero que trata de trabajar sin comer. ¿Reconoces también la locura del siervo de Dios que trata de ministrar sin haber comido del maná celestial? No es suficiente el que tomes alimento espiritual de vez en cuando. Diariamente debes recibir la renovación del Espíritu Santo. Tú sabes cuándo toda tu existencia se mueve con el vigor y frescura de la vida divina y cuándo te sientes cansado y consumido. La quietud y la absorción traen el rocío. Por la noche cuando la hoja y la brizna reposan, los poros de los vegetales se abren para recibir el baño refrigerador y fortaleciente, así también el rocío espiritual viene a nosotros cuando permanecemos quietos por un cierto tiempo en la presencia del Maestro. La prisa te impedirá que recibas el rocío. Espera delante de Dios hasta que te sientas saturado con su presencia y después marcha a cumplir con tu próximo deber con el nuevo frescor y vigor de Cristo. *Pardington*

Mientras hay calor o viento el rocío nunca se junta. Para ello la temperatura debe disminuir, el viento debe cesar y el aire tiene que llegar a un cierto estado de frescura y reposo, de un reposo absoluto, por así decir, antes de que pueda dar sus partículas invisibles de jugosidad para rociar la hierba o la flor. De la misma manera, la gracia de Dios no llega a consolar el alma del hombre hasta que no ha alcanzado serenamente y por completo el *estado de reposo* que debe.

31 de ENERO

Y Jehovah les dio reposo (Jos. 21:44).

Reposo en medio del ruido de la tempestad. Aún navegamos con él por el lago, y al alejarnos de la tierra y encontrarnos en medio de sus aguas bajo cielos obscuros, de repente nos sorprende una gran tormenta, la tierra y el infierno se han unido en contra de nosotros y cada ola amenaza con destruirnos. Entonces él despierta de su sueño y reprende a los vientos y a las olas. Su mano bendice y derrama reposo sobre la ira de los elementos enfurecidos. Su voz es oída por encima del bramido de los vientos en el conflicto de las olas, "Paz, guardad silencio." ¿No puedes oirla? Inmediatamente hay una gran calma. "El da reposo." *Reposo en medio de la pérdida del consuelo interior.* A veces él nos priva de éste porque abusamos de él. Estamos inclinados a mirar a nuestro gozo, nuestro éxtasis, nuestros embelesamientos y nuestras visiones con una complacencia demasiado grande. Entonces el amor, por causa del mismo amor, lo retira. Pero por medio de su gracia él nos hace distinguir entre nuestra paz interior y él mismo. El se acerca y nos susurra la certeza de su presencia. Y así llega a nosotros una paz infinita para guardar nuestra mente y nuestro corazón. "El da reposo."

Oh, Hermano mayor, tus pies que han pisado nuestra senda de dolor y tus manos que han sostenido la carga de nuestras tristezas, en nuestras pérdidas hallamos nuestra ganancia infinita. De todos tus consuelos sin número te pido éste solamente: Que en cada hora de tribulación oiga tu voz suave sobrepujando todo el tumulto de mi alma perturbada. Todos los quehaceres no inquietarán mi alma cuando ella more en el ambiente puro de la fe. El dolor no me hará titubear si camino junto a ti, con mi mano en la tuya. Estaré en esta vida contento y tranquilo sabiendo que vendrá el día cuando todo dolor y prueba cesará. ¿Quién podrá inquietarme cuando tú das reposo?

JESUS dijo: "Venid a mí, todos los que estáis fatigados y cargados, y yo os haré descansar" (Mat. 11:28).

1 de FEBRERO

De parte mía ha sucedido esto (1 Rey. 12:24).

"**L**os contratiempos de la vida son los mandatos ocultos del amor."
                                                                    C. A. Fox

Hijo mío, hoy tengo un mensaje para ti, permíteme que lo susurre a tu oído para que pueda adornar con gloria las nubes de cualquier tormenta que pueda levantársete y suavizar los lugares abruptos que tengas que pisar. Es muy corto, consiste solamente en seis palabras, pero deja que se introduzcan en el fondo de tu alma; úsalas como almohada para que descanse tu cabeza fatigada. *De parte mía ha sucedido esto.*

¿Has pensado alguna vez que todo lo que a ti te afecta me afecta a mí también? "Porque el que os toca, toca la niña de su ojo " (Zac. 2:8). "Puesto que ante mis ojos tú eres de gran estima " (Isa. 43:4). Por tanto, mi gozo especial es el educarte.

Quiero que aprendas que cuando las tentaciones te asaltan y el "enemigo aparece como una inundación", esto procede de mí, que tu debilidad necesita mi poder y tu salvación está en dejarme que luche en tu lugar.

¿Te encuentras en circunstancias difíciles, rodeado de personas que no te comprenden, que nunca te piden tu parecer y que te colocan en el último lugar? Esto procede de mí. Yo soy el Dios de las circunstancias. Tú no estás en ese lugar por casualidad, es el lugar que Dios quiso para ti.

¿No has pedido el ser hecho humilde? Yo te he colocado precisamente en la escuela donde se enseña esa lección; la atmósfera que te rodea y tus compañeros solamente están haciendo mi voluntad.

¿Te encuentras con dificultades de dinero? Esto proviene de mí, porque yo soy el portador de tu bolsa y tú dependes de mí. Mis provisiones no tienen límites (Fil. 4:19). Quiero probarte mis promesas. No permitas que se diga acerca de ti "aun con esto no creísteis a Jehovah vuestro Dios" (Deut. 1:32).

¿Estás atravesando una noche de tribulación? *De parte mía ha sucedido esto.* Yo soy el varón de dolores y estoy familiarizado con la aflicción. He permitido que fracasen los consuelos terrenales para que volviéndote a mí puedas obtener un consuelo eterno (2 Tes. 2:16, 17). ¿Has anhelado hacer algún gran trabajo para mí y en vez de esto te has visto obligado a guardar cama y sufrir grandemente? Esto procede de mí. No pude llamar tu atención cuando estabas tan ocupado con tus quehaceres y yo deseo enseñarte mis lecciones más profundas. También sirven aquellos que solamente permanecen de pie y esperan. Algunos de mis mejores trabajadores son los que se encuentran parados en el servicio activo, para que puedan aprender a empuñar el arma de toda oración.

Hoy coloco en tu mano esta vasija de aceite bendito. Utilízala libremente, hijo mío. Unge con este aceite todas las circunstancias que se te presenten, cualquier palabra que te hiera, cualquier interrupción que te impaciente, cualquier revelación de tus debilidades. El aguijón desaparecerá a medida que aprendas a verme en todas las cosas.

Laura A. Barter Snow

Me cubrió con la sombra de su mano. Hizo de mí una flecha afilada; me guardó en su aljaba (Isa. 49:2).

"Con la sombra." Todos debemos de ir allí algunas veces. El deslumbramiento de la luz del día es demasiado brillante; nuestros ojos se lastiman y no pueden distinguir las sombras delicadas del color o apreciar el tinte neutral de la habitación obscurecida por la enfermedad, la sombra del dolor que cubre la casa o la sombra que cubre la vida de quien ha desaparecido la luz del sol.

Pero no temas. Es la sombra de la mano de Dios. El te está guiando. Hay lecciones que sólo pueden aprenderse allí.

La fotografía de su rostro sólo puede obtenerse en la cámara obscura. Pero no pienses que él te ha arrojado a un lado. Tú aún estás en su rebaño. El no se ha desprendido de ti como si tú fueses una cosa indigna.

El está guardándote de cerca, hasta que llegue el momento en que pueda enviarte con rapidez y certeza para llevar algún mensaje con el que él sea glorificado. Recordad los que os encontrais solitarios y cubiertos por alguna sombra amarga de la vida, lo cerca que se encuentra la espada del guerrero. Puede alcanzarse fácilmente con la mano y está guardada con gran celo.

De Cristo en Isaías, de Meyer

En algunas esferas de la vida, el mayor crecimiento se produce por medio de la sombra. El grano magnífico de la India nunca crece con tanta rapidez como en la sombra de una noche cálida de verano. El sol arruga las hojas con el bochorno del mediodía, pero inmediatamente se estiran si pasa una nube por el cielo. La sombra presta un servicio que no se encuentra en la luz. Cuando mejor puede percibirse la belleza del cielo estrellado es cuando las sombras de la noche se deslizan por el firmamento. Hay bellezas que florecen en la sombra, que jamás florecerían en el sol. En los países en los que abunda la niebla, las nubes y las sombras, hay también mucho verdor. El florista tiene "glorias nocturnas", como también "glorias matutinas". La "gloria nocturna" no brilla con el esplendor del mediodía, pero cuando parece más bella es cuando la envuelven las sombras de la noche.

En seguida, el Espíritu le impulsó al desierto (Mar. 1:12).

Parecía una prueba extraña de la gracia divina. "En seguida." ¿En seguida, después de qué? Después de que los cielos fueron abiertos y la paz en forma de paloma y la voz de la bendición del Padre: "Tu eres mi Hijo amado, en ti tengo complacencia." No es una experiencia anormal. Alma mía tú también has pasado por ella. ¿No es en los momentos de tus más profundos abatimientos cuando siguen tus vuelos más elevados? Ayer te elevabas lejanamente en el firmamento y cantabas en el esplendor de la mañana. Hoy tus alas están plegadas y tu voz ha enmudecido. Al mediodía te gozabas en el sol de la sonrisa de un Padre; por la tarde decías en el desierto: "Mi camino está escondido del Señor."

No, alma mía, la misma precipitación del cambio es una prueba de que no es revolucionario.

¿Has examinado el consuelo de aquella palabra, "en seguida"? ¿Por qué viene tan pronto después de la bendición? Precisamente para mostrar que es la consecuencia de la bendición. Dios resplandece sobre ti para hacerte apto en los lugares desiertos de la vida, para sus Getsemaníes y sus Calvarios. El te eleva con el fin de fortalecerte para que vayas más allá; él te ilumina para poder enviarte por la noche, para convertirte en una ayuda para los desamparados.

No en todas las ocasiones eres digno del desierto; solamente eres digno después de los esplendores del Jordán. Ninguna otra cosa que no sea la visión del Hijo puede proveerte para la carta del Espíritu; solamente la gloria de aquel bautismo puede soportar el hambre de aquel desierto.   *George Matheson*

Después de la bendición viene la batalla.
El tiempo de prueba que señala y enriquece poderosamente la carrera espiritual de un alma no es un tiempo cualquiera, sino un período en el que el infierno parece estar suelto, un tiempo en el que nos damos cuenta de que nuestras almas se hallan en una celada, cuando sabemos que Dios está permitiendo que nos encontremos en la mano del diablo. Pero es un período que siempre termina con algún triunfo para aquellos que han depositado sus almas en él, un período maravilloso "no obstante después" de utilidad abundante.   *Aphra White*

Yo te haré cabalgar sobre las alturas de la tierra (Isa. 58:14).

Los que vuelan por los aires en las naves aéreas nos dicen que una de las primeras reglas que tienen que aprender es el girar su nave hacia el viento y volar contra el mismo. El viento eleva la nave a las alturas más elevadas. ¿Dónde han aprendido eso? Lo han aprendido de los pájaros. Si un pájaro vuela por placer, sigue la dirección del viento. Pero si el pájaro encuentra peligro, gira hacia un lado y se enfrenta con el viento para que lo eleve más y vuela hacia el mismo sol.

Los vientos de Dios son los sufrimientos y sus vientos contrarios son algunas veces sus vientos fuertes. Son los huracanes de Dios, pero ellos toman la vida humana y la elevan a niveles más altos y hacia los cielos de Dios.

¿Has pasado por alguno de esos días de verano en los que la atmósfera era tan opresiva que apenas si podías respirar? Pero después aparecía una nube en el horizonte del oeste, la cual aumentaba y arrojaba grandes bendiciones para el mundo. Se desató la tormenta, relució el relámpago y resonó el trueno. La tormenta cubrió el universo y la atmósfera se esclareció; en el aire hubo una nueva vida y el mundo cambió.

Con la vida humana sucede exactamente lo mismo. Cuando viene la tormenta cambia la atmósfera, se aclara y llena con una nueva vida, y una parte celestial desciende a la tierra.

Seleccionado

Las dificultades deben hacernos cantar. El viento produce su sonido no cuando se precipita por plena mar, sino cuando es obstaculizado por las ramas estiradas del pino o cortado por las cuerdas finas de un arpa aeoliana. Entonces produce canciones bellísimas. Coloca tu alma a través de los obstáculos de la vida, en los bosques terribles del dolor, aun contra las más pequeñas dificultades y enojos que utiliza el amor, y ella también producirá música celestial.

Seleccionado

Pues no saldréis con apresuramiento (Isa. 52:12).

No creo que hayamos empezado a comprender el poder maravilloso que existe en la calma. Vivimos tan apresuradamente que corremos el peligro de no dar a Dios una oportunidad para que obre. Tú puedes confiar en que Dios nunca nos dice: "Permaneced quietos", o "Sentaos y no moveros", o "Estad quietos", a menos que él vaya a hacer algo.

Esta es nuestra dificultad con respecto a nuestra vida cristiana; *nosotros queremos hacer algo para ser cristianos, cuando tenemos necesidad de que él obre en nosotros.* ¿Sabes lo quieto que tienes que estar cuando el fotógrafo te está retratando?

Dios tiene un propósito eterno hacia nosotros, el cual consiste en que *seamos semejantes a su Hijo,* y para esto lo que tenemos que hacer es guardar una actitud pasiva. En ocasiones oímos demasiado acerca de la actividad, puede ser que también necesitemos saber qué significa permanecer quietos.　　　　*Crumbs*

Volvió el mar en seco; por el río pasaron a pie. Allí en él nos alegramos (Sal. 66:6, RVR 1960).

Es una afirmación sorprendente, "por el río" (el lugar en donde no podíamos haber esperado otra cosa sino temblor, terror, angustias y desmayo), "allí", dice el salmista, "en él nos alegramos".

Hay muchas personas que pueden repetir esto como su propia experiencia; aquel "allí" quiere decir que en sus tiempos de calamidad y tristeza pudieron triunfar y regocijarse como jamás les fue posible antes.

¡Qué cerca estaba su Dios como consecuencia del pacto, y qué claramente brillan sus promesas! En los días de prosperidad no podemos ver la brillantez de éstas. Lo mismo que cuando el sol al mediodía oculta las estrellas de la vista y las hace indiscernibles; pero cuando la noche aparece y alcanza su profunda y obscura aflicción, de ella salen infinidad de estrellas, constelaciones benditas de esperanza bíblica y promesas de consuelo.

Nos sucede lo mismo que a Jacob en Jaboc, cuando perdemos el sol terrenal es cuando se nos aparece el Angel divino, luchamos con él y prevalecemos.

Fue por la noche cuando Amón encendió las lámparas más resplandecientes del creyente.

En su soledad y destierro fue donde Juan tuvo aquella visión gloriosa del Redentor. Aún hay muchos Patmos en el mundo cuyos recuerdos más brillantes son los de la presencia de Dios, los de su gracia protectora y donde su amor se nos ha manifestado.

¡Cuántos peregrinos que aún están pasando por medio de estos mares Rojos y Jordanes de aflicción terrenal, podrán decir cuando recuerden en la eternidad las muchas formas en que Dios les manifestó su amor: "Nosotros pasamos a pie por medio de las inundaciones, allí, allí, con aquellas experiencias tan difíciles, con las olas embravecidas por todas partes, un abismo llamando a otro abismo, el Jordán, como cuando Israel lo cruzó en el tiempo 'de la inundación', allí nos gozamos en él!" *Macduff*

"Y desde allí le daré sus viñas, y el valle de Acor (aflicción) será como puerta de esperanza. Allí me responderá" (Ose. 2:15).

7 de FEBRERO ⎯⎯⎯⎯⎯⎯⎯⎯⎯⎯⎯⎯⎯⎯⎯⎯⎯⎯

¿Por qué te abates, oh alma mía? (Sal 43:5).

¿Hay alguna razón para estar abatido? Hay dos razones y sólo dos. Si sentimos que no somos convertidos, hay razón para sentirse uno abatido; o si habiendo sido convertidos vivimos una vida de pecado.

Pero aparte de estas dos razones no hay motivos para abatirse porque todo lo demás podemos ponerlo delante de Dios en la oración con súplica y acción de gracias. Y con respecto a todas nuestras necesidades, dificultades y pruebas, podemos ejercitar la fe con el poder y el amor de Dios.

"La esperanza está en Dios." Recuerda esto. No hay tiempo en el que no podamos confiar en Dios. Cualquiera que sean nuestras necesidades, por muy grandes que sean nuestras dificultades y aunque parezca que la ayuda es imposible, no obstante, nuestro deber es el confiar en Dios. Si hacemos esto, hallaremos que no lo hemos hecho en vano. En el tiempo que el Señor lo juzgue oportuno obtendremos la ayuda. ¡Cuántos centenares y millares de veces he experimentado esto durante los setenta años y cuatro meses pasados! Cuando parecía imposible que pudiese recibir ayuda, la ayuda venía; porque Dios posee sus propios recursos. El no tiene límites. Dios puede ayudarnos en diez mil diferentes maneras y en diez mil ocasiones distintas. Lo que nosotros tenemos que hacer es poner nuestros asuntos delante de Dios y con simplicidad infantil derramar lo que tengamos en nuestro corazón delante de él, diciendo: "Yo no merezco que me oigas ni contestes mis peticiones, pero por amor de mi bendito Señor Jesús; por su causa, contesta mi oración y concédeme tu gracia para que espere pacientemente hasta que a ti te plazca contestar mi oración. Porque creo que tú lo harás en tu propio tiempo y manera." "Porque aún yo lo alabaré." Oremos más, ejercitemos más nuestra fe, esperemos con más paciencia y el resultado será una bendición y una bendición abundante. Porque así lo he experimentado centenares de veces es por lo que me digo constantemente: "Confía en Dios."   *George Mueller*

8 de FEBRERO ————————————————————————

He aquí, yo estoy con vosotros todos los días, hasta el fin del mundo (Mat. 28:20).

No mires con temor a los cambios y oportunidades venideras de esta vida, sino míralas con la confianza de que cuando se te presenten, el Dios a quien tú perteneces te socorrerá en ellas. Hasta aquí él te ha guardado; lo que tú tienes que hacer es asirte fuertemente de su mano querida y él te guiará sin peligro por medio de todas las cosas, y cuando no puedas tenerte en pie, él te llevará en sus brazos.

No pienses en lo que puede suceder mañana. El mismo Padre eterno que cuida de ti hoy, te cuidará mañana y todos los días. El te defenderá en el sufrimiento o te dará una fortaleza infalible para sobrellevarla. Por lo tanto, ten paz y destierra todas tus preocupaciones.   *Francisco de Sales*

El Señor es mi pastor.
No *era,* ni *puede ser,* ni *será.* "El Señor *es* mi pastor," lo *es* en domingo, lo *es* el lunes y lo *es* todos los días de la semana; lo *es* en enero, lo *es* en diciembre y en todos los meses del año; lo *es* en la casa y lo *es* en China; lo *es* en paz y lo *es* en guerra; en la abundancia y en la pobreza.   *J. Hudson Taylor*

Lo que nuestra fe dice que Dios es, él será.

9 de FEBRERO ————————————————————————

Pero él no le respondía palabra (Mat. 15:23). *Callará de amor (Sof. 3:17, RVR 1960).*

P uede ser que algún hijo de Dios que está leyendo estas palabras haya pasado por alguna terrible aflicción, alguna desilusión amarga y haya recibido algún descorazonamiento de alguna parte completamente inesperada. Puede ser que estés deseando que la voz del Maestro te diga: "Aliéntate", pero en vez de esto sólo te encuentras con el silencio y en un estado de miseria y misterio: "El no le respondía palabra."

La ternura del corazón de Dios debe ser herida al escuchar las tristes quejas que se elevan de nuestros corazones débiles e impacientes; porque no nos damos cuenta de que si él no nos contesta es por nuestro bien y para nuestro bienestar espiritual.

El silencio de Jesús es tan elocuente como su palabra y puede ser no una señal de rechazamiento, sino de aprobación y de un profundo propósito de bendición para ti.

"¿Por qué te abates, oh. . . alma?" Aún le alabarás, incluso por su silencio. Presta atención a una antigua historia muy interesante, que nos relata la forma en como una cristiana vio a otras tres cristianas en postura de oración. Al arrodillarse, el Maestro se acercó a ellas.

Cuando se aproximó a la primera, se inclinó hacia ella con mucha gracia y ternura y con una sonrisa llena de su esplendoroso amor le habló con el acento más puro y melodioso.

Al dejarla, pasó a la segunda y lo único que hizo fue colocar su mano sobre su inclinada cabeza, y darle una mirada de aprobación amorosa.

Por la tercera pasó precipitadamente, sin detenerse para mirarla, ni para decirle ni una sóla palabra. La mujer se dijo en su sueño: "Cuánto debe amar a la primera, a la segunda le dio su aprobación, pero no las señales de amor que dio a la primera. La tercera debe de haberlo afligido profundamente, porque no le dedicó ni una sola palabra, ni la miró al pasar."

Se preguntó qué es lo que ella habría hecho y por qué hizo él tanta diferencia entre las tres. Al tratar de dar razones por la forma de actuar de su Señor, él mismo se puso a su lado y dijo: "¡Oh mujer, qué erróneamente me has interpretado! La primera cristiana arrodillada tiene necesidad de todo el peso de mi amor y mi cuidado para guardar sus pies por mi sendero estrecho. Ella necesita mi amor, mis pensamientos y mi ayuda a cada momento del día. Sin ello, fracasaría y caería.

"La segunda tiene una fe más robusta y un amor más profundo y puedo confiar en que ella confía en mí, suceda lo que suceda, y haga la gente lo que haga.

"La tercera, a quien parecía que no percibí y descuidé, posee una fe y un amor de la cualidad más refinada, y la estoy entrenando por medio de procesos rápidos y drásticos para el servicio más elevado y santo.

"Ella me conoce tan íntimamente y confía tan por completo en mí, que no tiene necesidad de palabras, miradas o insinuaciones exteriores para mi aprobación. Ella no desmaya, ni se desalienta por ninguna circunstancia que yo le prepare para que la atraviese. Ella confía en mí cuando el sentido, la razón y el instinto más fino del corazón se rebela; ella sabe que obro en ella para la eternidad y que aunque ahora no sabe la explicación de lo que hago, lo comprenderá después.

"Yo guardo silencio en mi amor, porque amo más de lo que las palabras pueden expresar, o de lo que el corazón humano puede comprender y también por amor hacia vosotros, para que aprendáis a amarme y confiar en mí como enseña el Espíritu. Para que respondáis espontáneamente a mi amor sin el estímulo de ninguna señal exterior."

El "obrará maravillas" si aprendes el misterio de su silencio y le alabas cada vez que te retira sus dádivas, para que conozcas mejor al dador.   *Seleccionado*

Amados, no os venguéis vosotros mismos (Rom. 12:19).

Hay tiempos en los que el permanecer quietos requiere una fortaleza mucho mayor que el actuar. La quietud es frecuentemente el resultado más elevado de poder. A las calumnias más viles y mortales, Jesús respondió con un silencio tan profundo e inquebrantable que despertó la admiración del juez y de los espectadores. A los insultos más groseros, al tratamiento más cruel y a la burla que podía haber indignado aun al corazón más débil, él respondió con una calma muda y complaciente. Aquellos que han sido acusados injustamente y han sido maltratados sin motivo, saben la fortaleza tan grande que es necesario poseer para guardar silencio ante Dios.

El apóstol Pablo dijo: "Ninguna de estas cosas me conmueve." (Hech. 20:24, Versión Inglesa).

El no dijo: ninguna de estas cosas me *hiere*. El estar herido es una cosa enteramente diferente al estar conmovido. Pablo tenía un corazón muy sensible. No leemos que ningún otro apóstol haya clamado como lo hizo Pablo. A un hombre fuerte le cuesta trabajo el clamar. Jesús lloró y él ha sido el hombre más viril que ha existido. Así que no dice ninguna de estas cosas me han herido. Pero el apóstol estaba dispuesto a no cambiar en aquello que él consideraba recto y justo. El no contaba como nosotros estamos dispuestos a contar, él no se preocupó por la comodidad, a él no le preocupó esta vida mortal. El solamente se preocupó por una cosa, el ser leal a Cristo, el tener su sonrisa. Para Pablo más que para ningún otro hombre, la obra de Cristo era salario y su sonrisa era el cielo.   *Margaret Bottome*

Y cuando las plantas de los pies de los sacerdotes. . . se posen en las aguas. . . las aguas del Jordán se cortarán (Jos. 3:13).

La gente no tenía que esperar en sus campamentos hasta que se abriese camino, tenían que caminar por fe. Tenían que levantar el campamento, empaquetar sus pertenencias, formar en fila para marchar y llegar hasta la misma orilla, antes de que se abriese el río. Si hubiesen descendido al borde del río y hubiesen esperado que se dividiese antes de meterse en él, su espera habría sido en vano. Antes de que el río se abriese tenían que dar un paso dentro de las aguas.

Debemos aprender a confiar en la Palabra de Dios y marchar hacia delante en cumplimiento de nuestro deber, aunque no veamos ningún camino enfrente para caminar. La razón por la que frecuentemente somos contrariados en las dificultades es porque esperamos que éstas desaparezcan antes de tratar de pasar por medio de ellas.

Si nos dirigiésemos directamente, con fe, el camino se nos abriría. Permanecemos sin movernos, esperando que aparezca el obstáculo, cuando debiéramos caminar hacia delante como si no existiesen tales obstáculos.

¡Qué lección tan grande de perseverancia dio Colón al mundo, con las tremendas dificultades con que se enfrentó!

La fe que camina hacia delante, triunfa.

12 de FEBRERO

Vuestro Padre que está en los cielos sabe (Mat. 6:32).

En una escuela de sordomudos un visitante escribía preguntas en la pizarra para los niños. Una y otra vez escribió la pregunta siguiente: ¿Por qué me ha hecho Dios para que oiga y hable y a vosotros os ha hecho sordos y mudos?

Esta horrible pregunta fue un golpe tremendo para los niños. Se sentaron y palidecieron delante de aquel terrible "Por qué".

De pronto se levantó una niña pequeña. Sus labios estaban temblorosos. Sus ojos nadaban en lágrimas. Se dirigió directamente hacia la pizarra y cogiendo un trozo de tiza escribió con mano firme estas preciosas palabras: "Así, Padre, porque así te agradó." ¡Qué respuesta! Ella expresa e implica una verdad eterna sobre la cual pueden descansar tanto el creyente más maduro como el más joven. La verdad de que Dios es tu Padre.

¿Quieres decir en verdad eso? ¿Crees por completo eso que dices? Cuando lo creas, la paloma de tu fe no vagará sin descanso de un sitio para otro, sino que se posará para siempre en su lugar eterno de paz.

Aun puedo creer que ha de llegar un día para todos, por lejano que pueda estar, cuando podremos comprender; cuando estas tragedias que ahora ennegrecen y ocultan hasta el aire de nuestro cielo tomarán sus respectivos lugares en un plan tan augusto, tan magnífico y tan alegre, en el que nunca cesaremos de admirarnos y regocijarnos. *Arthur Christopher Bacon*

13 de FEBRERO

Sino que la región montañosa será vuestra (Jos. 17:18).

Siempre hay lugar en las partes más elevadas. Cuando los valles están llenos de cananitas cuyos carros de hierro te impiden progresar, súbete a los montes y ocupa los espacios más elevados. Si ya no puedes trabajar más para Dios, ora por aquellos que pueden. Si no puedes mover al mundo con tu palabra, puedes mover el cielo. Si el desarrollo de la vida en los declives más inferiores es imposible a causa de las limitaciones de servicio, de la necesidad de mantener a otros y de otras restricciones semejantes, permite que ello te abra camino hacia lo invisible, lo eterno, lo divino.

La fe puede cortar bosques. Aunque las tribus se hubiesen dado cuenta de los tesoros que yacían por encima de ellas, difícilmente se habrían atrevido a pensar en la posibilidad de quitar de la montaña el bosque que en ella crecía. Pero como Dios les señaló su tarea, él les recordó que tenía poder suficiente. Las visiones de las cosas que parecen imposible se nos presentan como estas pendientes cubiertas por el bosque, no para burlarse de nosotros, sino para estimular nuestras hazañas espirituales, las cuales serían imposible si Dios no hubiese provisto nuestro interior con el propio poder de su Espíritu.

Las dificultades se nos envían para revelarnos lo que Dios puede hacer en respuesta a la fe que ora y trabaja. ¿Te encuentras en estrecheces en los valles? Márchate a las montañas y vive allí; saca miel de la roca y obtén riquezas de los terraplenes que ahora se hallan escondidos en el bosque.

De *Comentario diario devocional*

14 de FEBRERO

Otra vez os digo: ¡Regocijaos! (Fil. 4:4).

E s una buena cosa gozarse en el Señor. Quizá tú has tratado de hacer esto y la primera vez te pareció un fracaso. No importa, continúa, y cuando no puedas *sentir* ningún gozo ni veas señales de consuelo y aliento, no obstante gózate y *cuéntalo todo con gozo.* Aún cuando caigas en diversas tentaciones, cuéntalas como gozo y deleite, y Dios hará que tus cálculos salgan bien.

¿Puedes suponer que tu Padre te permita llevar la bandera de su victoria y alegría al frente de batalla y que después te abandone fríamente y te vea capturado o apaleado por el enemigo? ¡Nunca! El Espíritu Santo te sostendrá en tu valeroso avance y llenará tu corazón con alegría y alabanza, y tú encontrarás tu corazón gozando y refrescado por su plenitud interior. Señor, enséñame a gozarme en ti y a "gozarme para siempre". *Seleccionado*

"Sed llenos del Espíritu. . . cantando y alabando al Señor en vuestros corazones" (Ef. 5:18, 19).

Así el apóstol recomienda el canto como una de las ayudas inspiradoras en la vida espiritual. El aconseja a sus lectores no buscar sus estímulos por medio del cuerpo, sino por medio del espíritu; no por el avivamiento de la carne, sino por la elevación del alma.

Cantemos aunque nuestro estado de ánimo no esté dispuesto para ello, porque así podemos dar vuelos a nuestros pies de plomo y convertir nuestro cansancio en fortaleza. *J. H. Jowett*

"Como a medianoche, Pablo y Silas estaban orando y cantando himnos a Dios, y los presos los escuchaban" (Hech. 16:25).

"Pablo, cuán maravilloso es tu ejemplo para los que te siguen, los cuales pueden gloriarse llevando en el cuerpo, como tú lo hiciste, 'las señales del Señor Jesús'. Señales de haber sido apedreado hasta la muerte, de haber sido tres veces golpeado con cordeles, de aquellos ciento noventa y cinco azotes que te dieron los judíos y de los azotes que recibiste en aquella cárcel de Filipo donde derramaste tu sangre. Ciertamente la gracia que te ayudó a cantar alabanzas bajo tales sufrimientos es una gracia que suple toda necesidad." *J. Roach*

"Si miras las vidas resplandecientes —no las que expresan gozo hoy y mañana están en el desaliento, sino las que siempre resplandecen con gozo—, verás que son personas que emplean mucho tiempo en oración a solas con Dios. Dios es la fuente de todo gozo y si hacemos contacto verdadero y real con él, su gozo infinito se derrama en nuestras vidas."   *Seleccionado*

15 de FEBRERO

No te impacientes (Sal. 37:1).

No te acalores peligrosamente a causa de lo que pueda acontecer. Si la impaciencia pudo justificarse alguna vez, fue seguramente bajo las circunstancias que el salmo nos bosqueja. Los obradores de iniquidad se paseaban vestidos con púrpura y lino fino y comían y bebían suntuosamente todos los días. "Obradores de iniquidad" estaban escalando los puestos principales del poder y tiranizaban a sus hermanos menos afortunados. Hombres y mujeres pecaminosos se paseaban orgullosamente por el país y se soleaban en el esplendor y comodidad de gran prosperidad y, como resultado, los hombres buenos se acaloraban e impacientaban.

"No te impacientes." No te acalores sin necesidad. Mantente en buen estado de ánimo. Aun con causa justificada, la indignación no es una ayuda sabia. La indignación sólo calienta el exterior, no produce el vapor. A un tren no le ayuda nada el que se calienten los ejes de sus ruedas; su calor es solamente una dificultad. Cuando los ejes se calientan es a consecuencia de una fricción innecesaria. Hay superficies secas que se destruyen entre sí, cuando debieran mantenerse cooperando suavemente por medio de un cojín delicado de aceite.

Cuando nos enojamos, cierta clase de arena que podemos llamar desilusión, ingratitud, descortesía, se introduce en nuestra situación y refrena el trabajo y movimiento de la vida. El rozamiento engendra calor y con el calor se producen las condiciones de mayor peligro.

No te acalores a causa de tu situación. Permite que el aceite de Dios te refresque, para que no seas incluido entre los obradores de maldad a causa de un calor impío.   De *The Silver Lining*

56

"No te impacientes a causa de los malhechores, ni tengas envidia de los que hacen iniquidad. Porque como la hierba pronto se secan y se marchitan como el pasto verde. Confía en Jehovah y haz el bien. Habita en la tierra y apaciéntate de la fidelidad. Deléitate en Jehovah, y él te concederá los anhelos de tu corazón. Encomienda a Jehovah tu camino; confía en él, y él hará" (Sal. 37:1-5).

16 de FEBRERO

Y aunque yo te haya afligido, no te afligiré más (Nah. 1:12).

La aflicción tiene su límite. Dios la envía y la retira. Suspiras y dices: "¿Cuándo se terminará?" Esperemos calladamente y perseveremos con paciencia en la voluntad del Señor, hasta que él venga. Nuestro Padre quita la aflicción cuando su propósito en usarla se ha cumplido. Si la aflicción nos ha sido enviada para probarnos y para que nuestros dones puedan glorificar a Dios, entonces terminará cuando el Señor nos haya hecho testificar de su alabanza.

Nosotros no desearíamos que nos abandonase la aflicción hasta que el Señor haya obtenido de nosotros todo el honor que podemos darle. Hoy puede venir una "calma extraordinaria". ¿Quién sabe la rapidez con que esas olas embravecidas cederán su puesto a un mar apacible, donde los pájaros acuáticos se posarán sobre las olas suaves?

Después de una larga tribulación se cuelga el mayal, y el trigo se queda en el granero. Dentro de muy pocas horas podemos sentirnos tan felices como lo estamos afligidos ahora.

Para el Señor no es difícil cambiar la noche en día. El que envía las nubes puede esclarecer el horizonte con la misma facilidad. Confiemos y estemos contentos. *Cantemos el aleluya por anticipado.* C. H. Spurgeon

El Labrador divino no está siempre trillando. La prueba sólo dura un cierto período. Los chaparrones pasan pronto. El llanto sólo puede durar unas pocas horas de la noche corta de verano; debe desaparecer al amanecer. Nuestra pequeña aflicción es sólo para unos momentos. La prueba tiene un propósito.

El hecho mismo de la aflicción prueba que hay en nosotros algo muy valioso para nuestro Señor; de otra manera él no gastaría tanto tiempo, ni sufriría tanto por nosotros. Cristo no nos probaría si no viese en nuestra naturaleza la ganga valiosa de la fe mezclada con el quijo endurecido. Es para purificarnos y limpiarnos por lo que él nos prueba con tanta rigurosidad.

Afligido, ten paciencia. Al final seremos más que recompensados por todas nuestras aflicciones. Entonces veremos que ellas han contribuido de una forma extraordinaria a la elevación de su gloria y nuestro bienestar espiritual. El recibir una palabra de alabanza de parte de Dios, el ser honrado delante de sus benditos ángeles, el ser glorificado en Cristo para poder reflejar su gloria, recompensará con creces por todo. De *Probado en el fuego*

De la misma manera que se necesitan las pesas para el reloj de pared o el lastre en el buque para poder manejarlos debidamente, así también se necesita la aflicción para la vida del alma. Los perfumes más olorosos se obtienen solamente por medio de una grandísima presión. Las flores más bellas crecen en medio de las nevadas soledades alpinas. Las piedras más preciosas son aquellas que más han sufrido en la máquina talladora. Las estatuas más majestuosas son las que han recibido el mayor número de golpes del cincel. Sin embargo, todas están bajo la ley. Nada acontece que no haya sido previsto y señalado con grandísimo cuidado. De *Comentario diario devocional*

17 de FEBRERO

La tierra que yo doy a los hijos de Israel (Jos. 1:2).

Dios habla aquí en presente inmediato. No es algo que él va a hacer, sino algo que él hace en ese momento. Así habla siempre la fe. Así da siempre Dios. Así te está él visitando en este mismo momento. Esta es la prueba de la fe. Mientras tú aguardas, esperas o buscas una cosa, no estás creyendo. Puede ser esperanza, un deseo vehemente, pero no es fe. "La fe es la constancia de las cosas que se esperan, y la comprobación de los hechos que no se ven." El mandamiento con respecto a la oración que cree está en el tiempo presente. "Todo por lo cual oráis y pedís, creed que lo habéis recibido, y os será hecho." ¿Hemos llegado a ese estado o momento? ¿Hemos encontrado a Dios en su eterno *ahora*?

Joshua, por Simpson

La fe verdadera confía en Dios y cree antes de ver. Es natural que deseemos alguna prueba de que nuestra petición está concedida antes de creer; pero cuando caminamos por fe no necesitamos ninguna otra prueba, sino la Palabra de Dios. El ha hablado y se nos responderá en conformidad con nuestra fe. Veremos porque hemos creído, y esta fe nos sostiene en los lugares más opresivos, cuando a nuestro alrededor todo parece contradecir la Palabra de Dios.

El salmista dice: "Hubiera yo desmayado, si no creyere que veré la bondad de Jehovah en la tierra de los vivientes" (Sal. 27:13 RVR 1960). El no vio la respuesta del Señor a sus oraciones, pero él *creyó que veía*; y esto le impidió desmayar.

Si poseemos la fe que cree en que veremos, ésta nos guardará para que no nos desalentemos. Nos reiremos de las imposibilidades. Velaremos con gran gozo para ver cómo Dios nos abre un camino por medio del mar Rojo cuando no hay medio humano que nos libere de la dificultad. Es precisamente en ocasiones con pruebas tan severas cuando nuestra fe crece y se fortalece.

Mi afligido y querido amigo, ¿has esperado a Dios durante noches largas y días de cansancio y temes que se haya olvidado de ti? No, eleva tu cabeza y empieza a alabarle en este mismo momento por el rescate que para ti se encuentra de camino.

De *Vida de alabanza*

18 de FEBRERO

Todo por lo cual oráis y pedís, creed que lo habéis recibido, y os será hecho (Mar. 11:24).

Cuando mi hijo iba a cumplir los diez años, su abuela le prometió un álbum de sellos de correo para las Navidades. Llegaron éstas, pero no recibió ni el álbum ni una sóla palabra de la abuela. Acerca de esto no se dijo nada, pero cuando sus compañeros de juego vinieron a ver sus regalos, yo quedé sorprendido cuando después de haber hablado de éste y de aquel regalo, el niño añadió: "Y un álbum de sellos de mi abuelita."

Habiéndole oído decir esto varias veces, le llamé aparte y le dije:

—Jorge, tú no has recibido el álbum de la abuela, ¿por qué dices eso?

Hubo una muestra de sorpresa en su rostro, como si se extrañara de que le hiciese tal pregunta, y contestó:

—Está bien, mamá, la abuelita lo dijo y es lo mismo que si lo hubiese recibido.

No repliqué una palabra por no lastimar su fe.

Pasó un mes y no se oyó nada acerca del álbum. Por fin un día, para probar su fe y al mismo tiempo extrañándome de que no se le hubiese enviado el álbum, le dije:

—Jorge, me parece que la abuela ha olvidado su promesa.

—No, mamá —replicó con voz firme— ella no se ha olvidado.

Observé por un rato aquella cara querida y confiada, la cual parecía desafiar las posibilidades que yo había sugerido. Finalmente, un rayo de luz pasó por su cara y dijo:

—Mamá, ¿crees que sería conveniente que le escribiese dándole las gracias por el álbum?

—No sé —le dije—, pero podías tratar de hacerlo.

Una gran verdad espiritual empezó a nacer en mí. En unos minutos la carta fue escrita y echada al correo. Al poco tiempo recibió la respuesta, que decía:

"Mi querido Jorge: No he olvidado la promesa que te hice del álbum. Traté de adquirir uno como lo deseabas, pero no pude encontrarlo de esa clase; así que envié por él a Nueva York. No lo recibí hasta después de las Navidades y, después de todo, no era la clase que tú querías, así que encargué otro, y como aún no ha llegado, te envío tres dólares para que compres uno en Chicago. Tu abuela que mucho te quiere."

Al leer la carta, su rostro parecía el de un conquistador.

—¿No te decía, mamá? —fueron las palabras que salieron de la profundidad de un corazón que nunca dudó, que "contra esperanza, creyó en esperanza" que el álbum llegaría.

Mientras confiaba, la abuela estaba obrando, y en el tiempo oportuno la fe se hizo visible. La falta de vista es una cosa muy humana cuando miramos a las promesas de Dios, pero nuestro Salvador dijo a Tomás y a un gran número de personas que desde entonces le han seguido e imitado en la duda: "Bienaventurados los que no ven y creen." Señora Rounds

Toda rama que está llevando fruto, la limpia para que lleve más fruto (Juan 15:2).

Cierta cristiana estaba sorprendida por la variedad de aflicciones de las cuales ella parecía ser el blanco. Al pasar por una viña una magnífica tarde otoñal, notó que ésta parecía estar sin podar y que las ramas estaban llenas de hojas, el terreno estaba enmarañado con hierba y maleza, y todo aquel lugar parecía completamente descuidado. Estaba reflexionando sobre esto cuando el divino Jardinero susurró un mensaje tan instructivo que ella sintió el deseo de transmitirlo a los demás: "Hija mía, ¿estás pensando acerca de las tribulaciones de tu vida? Contempla aquella viña y aprende de ella. El jardinero cesa de arreglarla, podarla, pasar el rastrillo o arrancar el fruto, solamente cuando no espera nada más de la viña durante aquella estación. Se la abandona porque ya ha pasado la época del fruto y todos los esfuerzos que en ella se invirtieran serían ahora infructuosos. El deseo de liberarse del sufrimiento es una verdadera inutilidad. ¿Quieres entonces que cese de podar tu vida? ¿Deseas que te deje sola." Y el corazón fortalecido gritó: "¡No!"

Homera Homer-Dixon

La rama es la que lleva el fruto, y siente la cortadura del cuchillo cuando se le poda para que el fruto y el crecimiento sean mayores.

Mi cuerpo, vida y alma
Mis lágrimas, mi duelo,
Son del Autor del cielo,
Del mar y de la luz.

Son suyos mis cuidados,
Y son en cambio míos
Las dulces alegrías
De mi Señor Jesús.

En los amantes brazos
De Dios que me perdona,
Mi alma se abandona
Con fe, esperanza, amor.

Nada os será imposible (Mat. 17:20).

*E*s *posible* para aquellos que verdaderamente estén dispuestos a contar con el poder del Señor para su preservación y victoria, vivir una vida en la cual sus promesas se reciben tal como son y se ve que son verdaderas.

Es posible arrojar sobre él todas nuestras preocupaciones diariamente y gozar de una paz profunda en hacerlo.

Es posible purificar todos los pensamientos e ideas de nuestros corazones en el sentido más significativo de la palabra.

Es posible ver la voluntad de Dios en todo y recibirla no suspirando sino cantando.

Es posible aumentar más y más nuestra fortaleza si nos refugiamos por completo en el poder divino. Si hacemos esto experimentaremos que aquellas cosas que nos debilitaban y trastornaban nuestras buenas resoluciones de ser pacientes, puros y humildes, hoy nos proporcionan la oportunidad por medio de aquel que nos amó, y obra en nosotros de acuerdo con su voluntad y un sentido bendito de su presencia y poder para hacer que el pecado no nos venza.

Estas cosas son POSIBILIDADES DIVINAS, y porque proceden de él, su verdadera experiencia hará que cada vez nos inclinemos más a sus pies y aprendamos a anhelar y desear más.

No es posible que podamos satisfacernos con nada menos, cada día, cada hora, cada momento en Cristo, por medio del poder del Santo Espíritu, que CAMINAR CON DIOS.

H. C. G. Moule

De Dios podemos obtener lo que deseemos. Cristo pone en nuestra mano la llave de la habitación en la que se encuentra el tesoro y nos manda que tomemos todo lo que queramos. Si a un hombre se le permite entrar en la caja fuerte donde se guarda el oro de un banco y se le dice que coja lo que quiera, y sale con sólo un céntimo, ¿quién es el culpable de que sea pobre? ¿Quién tiene la culpa de que los cristianos tengan generalmente tal escasez de las riquezas gratuitas de Dios?

McLaren

Guarda silencio ante el Señor; espera con paciencia (Sal. 37:7, VP).

¿Has orado una y otra vez y esperado por largos períodos, y aún no ves ninguna señal? ¿Estás cansado de esperar y no ver que acontezca algo? ¿Estás a punto de abandonarlo todo? Quizá no has esperado como debías. Esto te ha conducido fuera del verdadero lugar, el lugar donde él puede encontrarte. "Espera con paciencia" (Rom. 8:25 RVR 1960). La paciencia destierra el cansancio. El dijo que vendría y su promesa es equivalente a su presencia. La paciencia hace que desaparezca tu *llanto*. ¿Por qué te entristeces y desesperas? El sabe mejor que tú cuál es tu necesidad, y su propósito en esperar no es otro que el sacar, de todo, la mayor gloria. La paciencia termina con las obras *personales*. El trabajo que él desea es que "creas" (Juan 6:29), y cuando crees, entonces puedes comprender que todo está bien. La paciencia quita todo *deseo*. Quizá es mayor tu deseo por lo que quieres que tu deseo en que se cumpla la voluntad de Dios. La paciencia destierra toda *debilidad*. En vez de tardar o dejar que pase el tiempo, sabe que Dios está preparando una provisión mayor, y que debe tenerte a ti también preparado. La paciencia hace que desaparezca la *vacilación*. "El me tocó y me puso en pie" (Dan. 8:18). Los cimientos de Dios son firmes y cuando su paciencia está dentro de ellos, permanecemos firmes mientras esperamos. La paciencia se dedica a la adoración. Algunas veces la paciencia de alabanza "tolera el sufrimiento con gozo" (Col. 1:11). Esto es lo mejor de ella. "Pero que (todas estas fases de) la paciencia tenga su obra completa" (Stg. 1:4), mientras esperas y encontrarás un gran enriquecimiento. *C. H. P.*

Jesús le dijo: ¿"Si puedes. . ."? ¡Al que cree todo le es posible! (Mar. 9:23).

Raramente hemos oído una definición mejor de la fe que la que dio una pobre anciana en una de nuestras reuniones, al contestar a la pregunta de un joven acerca de *la manera en que podemos entender que Dios nos ayuda en nuestras necesidades.* En su forma característica y señalando con su dedo hacia él, dijo con gran énfasis: "Lo que hay que hacer es creer que él ya ha hecho lo que le pedimos, y está hecho." El gran peligro con la mayoría de nosotros es que después de que le pedimos al Señor que haga algo por nosotros, no creemos que lo ha hecho y continuamos tratando de ayudarle, y haciendo que otros le ayuden, y esperamos ver cómo él va a hacerlo.

La fe añade su "Amén" al "Sí" de Dios, y deja de intervenir para que Dios termine su obra. Su lenguaje es: "Encomienda a Jehovah tus obras y tus pensamientos serán afirmados."

De Días celestiales sobre la tierra

Lo que hago es solamente creer en su Palabra. Le alabo porque mi oración ha sido oída y pido al Señor mi respuesta. Yo recibo, él obra.

Una fe activa puede dar gracias a Dios por una promesa, aunque aún no se haya cumplido; porque sabe que las obligaciones de Dios valen tanto como el dinero en circulación.

Matthew Henry

La fe pasiva acepta la palabra y afirma que es verdad.

La fe activa inmediatamente empieza a arreglar su vida conforme al cumplimiento de la promesa dada.

La fe pasiva dice: "Creo que cada palabra de Dios es verdad. Bien sé que él no ha prometido lo que no puede realizar. El ha dado el mandamiento: 'Marcha adelante', pero el camino está aún cerrado. Cuando vea ya las aguas del Jordán partidas y el camino a la Tierra Prometida abierto, entonces conoceré que pronto estaré en Canaán. Creo que Dios es poderoso y cumplirá toda su palabra. Algún día espero ver cada promesa del bendito Libro cumplida para mí."

La fe activa dice: "Creo que la promesa es verdad; ahora la recibo, sabiendo que cuando la recibo Dios la confirma en realidad. Mi pie afirmo en las aguas y hallo camino abierto, y así avanzando, entro en la tierra de Canaán."

La fe pasiva canta alabanzas en el día a la luz del sol.

La fe activa canta alabanzas durante la noche, en la obscuridad de amarga prueba.

¿Qué fe es la tuya?

Y venía un león (1 Sam. 17:34).

Es una fuente de inspiración y fortaleza el conocer la gran confianza del joven David en Dios. Con su fe en Dios venció a un león, un oso y derrotó al poderoso Goliat. El león que iba a arrebatar al ganado vino como una gran *oportunidad* para David. Si él hubiese fracasado o sido débil habría perdido la oportunidad de Dios para él y probablemente jamás hubiese llegado a ser el escogido de Dios, rey de Israel. "Y venía un león." Uno no podría pensar que un león era una bendición especial de Dios, sino una ocasión de alarma. El león era la *oportunidad de Dios disfrazada.* Todas las dificultades que se nos presentan, si las recibimos como debemos, son oportunidades que Dios nos envía. Toda tentación que atravesamos es una oportunidad de Dios.

Cuando viene el "león" debes reconocerlo como una oportunidad de Dios sin importarte su feroz apariencia. El mismo tabernáculo de Dios estaba cubierto con pieles de tejón y pelos de cabra; uno no podía pensar que allí hubiese gloria alguna. La gloria de Dios era manifiesta bajo aquella clase de cubierta. Pidamos a Dios que abra nuestros ojos para que le veamos bien en las tentaciones, pruebas, peligros o desgracias. *C. H. P.*

Juan. . . ninguna señal hizo; pero todo lo que Juan dijo de éste era verdad (Juan 10:41).

Puede ser que estés descontento contigo mismo; bien porque no eres un genio, o no posees grandes dones, o porque no eres prominente en ninguna habilidad. La mediocridad es la ley de tu existencia. Tus días sólo son notables por su identidad e insipidez. No obstante, tú puedes vivir una gran vida.

Juan no hizo ningún milagro, pero Jesús dijo que entre los nacidos de mujer no había aparecido ninguno que fuese mayor que él.

La misión principal de Juan era el dar testimonio de la luz, puede ser que ésta también sea la tuya y la mía. Juan estaba contento con ser solamente una voz, si con esto los hombres pensaban acerca de Cristo.

Disponte a ser solamente una voz, oída pero no vista; un espejo cuya superficie se pierde a la vista porque refleja la gloria deslumbrante del sol; una brisa que aparece antes que la luz del día y dice: "¡La aurora! ¡La aurora!" y después desaparece. Haz las cosas más comunes y pequeñas como si estuvieses bajo su mirada. Si estás obligado a vivir con personas con quienes no congenias, disponte a ganarlas con amor. Si has cometido una gran falta en tu vida, no permitas que se obscurezca; sino encierra el secreto en tu pecho y oblígale a producir dulzura y fortaleza.

Hacemos más bien que el que conocemos cuando sembramos ciertas simientes, empezamos arroyuelos, llevamos a otros pensamientos verdaderos sobre Cristo, a los cuales se referirán un día por ser lo primero que les hizo pensar acerca de él. Por mi parte estaré muy satisfecho si no se levanta ningún mausoleo sobre mi tumba, con tal de que las almas sencillas se reúnan allí cuando deje este mundo y digan:

"Era un buen hombre; no hizo milagros, pero habló de Cristo y esto me guió para conocerle por mí mismo."

George Matheson

Dios llama a sus obreros más preciados de entre la multitud desconocida (Luc. 14:23).

25 de FEBRERO ────────────────────────────

Yo os he dado. . . todo lugar que pise la planta de vuestro pie (Jos. 1:3).

Al lado del terreno desocupado para Cristo existe el territorio sin reclamar y sin pisar de las *promesas divinas,* ¿Qué dijo Dios a Josué? "Yo os he dado. . . todo lugar que pise la planta de vuestro pie." Después él describe la tierra prometida, toda para ellos, bajo una condición: *tenían que marchar por lo largo y ancho de la tierra y medirla con sus propios pies.*

Ellos solamente cubrieron una tercera parte de la promesa y, por consiguiente, nunca *obtuvieron* más de esa tercera parte; consiguieron exactamente lo que midieron, pero no más.

En la segunda epístola de Pedro leemos acerca de la "tierra prometida" que está abierta para nosotros y que es la voluntad de Dios, por así decir, que midamos ese territorio con los pies de la fe obediente y de la obediencia que cree, porque reclamándola y apropiándonosla así la hacemos nuestra.

¿Cuántos de nosotros hemos tomado alguna vez posesión de las promesas de Dios en el nombre de Cristo?

He aquí un territorio magnífico que la fe puede poseer y por cuya largura y anchura puede caminar, y, sin embargo, aún no lo ha hecho.

Entremos en toda nuestra herencia. Elevemos nuestra mirada al norte, sur, este y oeste, y oigámosle a él decir: "Toda la tierra que ves te daré."

A. T. Pierson

Dondequiera que Judá pusiese su pie, le pertenecería; dondequiera que Benjamín asentase su pie, aquello sería suyo. Cada uno obtendría su herencia al poner su pie sobre ella. ¿No crees que cuando alguno de ellos pusiese su pie sobre algún territorio no sentiría instintiva e instantáneamente el deseo de decir: "Esto es mío"?

A cierto anciano muy pobre que tenía una experiencia grandiosa de la gracia divina, se le preguntó:

—Daniel, ¿por qué encuentras tanto gozo en la fe cristiana?

—Oh, señor —respondió— porque me arrojo de plano sobre las benditas promesas y cojo lo que hay en ellas.

El que se lanza sobre las promesas siente que todo lo que tiene le pertenece.

De Faith Papers

26 de FEBRERO

Bástate mi gracia (2 Cor. 12:9).

La otra noche marché a casa después de un día de trabajo bastante duro. Me sentía muy fatigado y deprimido, cuando, con la rapidez de un relámpago, vino a mí aquel texto "Bástate mi gracia." Llegué a casa, miré en el original y, por último, lo comprendí de esta manera: "mi gracia es suficiente para ti" y dije: "Señor, creo que lo es", y me reí a carcajadas. Nunca hasta entonces comprendí por completo el significado de la risa santa de Abraham. Ello convirtió la incredulidad en una gran absurdidad. Fue como si algún pececillo estando muy sediento, temiese secar el río Amazonas, y el río dijese: "Bebe pececillo, mi corriente te basta." O como si después de siete años de abundancia, un ratón temiese morir de hambre y José dijese: "Anímate ratoncillo, mis graneros te bastan." También me imaginé a un hombre en lo alto de una montaña diciendo: "Es tanto lo que respiro todos los años que temo agotar el oxígeno atmosférico", y la tierra le dijera: "Respira, hombre, llena tus pulmones, mi atmósfera te basta." Hermanos, sed grandes creyentes. La poca fe elevará vuestras almas al cielo, pero una fe grande, hará que el cielo descienda a vuestras almas.   *C. H. Spurgeon*

En el banco celestial siempre tenemos un gran balance a nuestro favor esperando que ejerzamos nuestra fe para sacar de él. Saca grandes cantidades de su fondo.

27 de FEBRERO

Jacob se quedó solo, y un hombre luchó con él hasta que rayaba el alba (Gén. 32:24).

¡Dejado solo! Qué sensaciones tan diferentes evocan esas palabras en cada uno de nosotros. Para algunos significan soledad y desolación, para otros descanso y reposo. El ser dejado solo *sin* Dios sería demasiado terrible para expresarlo en palabras, pero el quedarse a solas *con* él es un gozo celestial por anticipado. Si sus seguidores pasasen más tiempo a solas con él, tendríamos nuevamente gigantes espirituales.

El Maestro nos dio un ejemplo. Nota la frecuencia con que él fue a *estar a solas con Dios*; y él tenía un propósito poderoso detrás del mandamiento: "Cuando ores, entra en tu habitación, cierra la puerta y ora."

Los mayores milagros de Elías y Eliseo se realizaron cuando estaban a solas con Dios. A solas con Dios fue como llegó Jacob a ser un príncipe; y es exactamente de la misma manera como nosotros también podemos llegar a ser príncipes. Josué estaba solo cuando el Señor vino a él (Jos. 1:1); Gedeón y Jefté estaban solos cuando fueron comisionados para salvar a Israel (Jue. 6:11 y 11:29); Moisés andaba solitario por el desierto (Exo. 3:1-5); Cornelio estaba orando a solas cuando el ángel vino a él (Hech.

10:2). Nadie estaba con Pedro en lo alto de la casa cuando fue instruido para que fuese con los gentiles (Hech. 10:9); Juan el Bautista estaba solo en el desierto (Luc. 1:80); y Juan, el discípulo amado, estaba solo en Patmos cuando se sintió más cerca de Dios (Apoc. 1:9).

Codicia el estar a solas con Dios. Si descuidamos esto no solamente nos robaremos a nosotros mismos, sino que también privaremos a otros de la bendición; porque cuando hemos sido bendecidos podemos ser un medio de bendición para otros.

El estar a solas con Dios en oración nunca puede enfatizarse demasiado.

"Si los hombres escogidos nunca hubiesen estado a solas en el silencio más profundo con Dios, no se hubiese soñado o hecho nada grandioso."

28 de FEBRERO —————————————————————————

Ofrezcamos siempre a Dios sacrificio de alabanza (Heb. 13:15).

Un misionero de cierta ciudad, al tropezar sobre la basura que se encontraba en una entrada oscura, oyó una voz que decía: "¿Quién anda por ahí?" Encendió una cerilla y contempló un cuadro grandioso de sufrimiento y necesidad, de confianza santa y de paz. Sobre una cama andrajosa yacía una pobre viejita con su cara famélica y arrugada. Era una noche bastante fría del mes de febrero, y ella carecía de fuego, combustible y luz. Todavía no había tomado desayuno, comida ni cena. Parecía no tener otra cosa sino reumatismo y fe en Dios. Carecía de todo lo agradable que el mundo puede ofrecer, pero a pesar de sus circunstancias, la canción favorita de esta pobre anciana era la siguiente:

> Nadie sabe lo que sufro,
> Nadie, excepto Jesús,
> Nadie sabe lo que hago,
> Nadie conoce mis penas
> Gloria, aleluya.

Y su última estrofa terminó con estas palabras:

> Nadie sabe el gozo que poseo,
> Nadie lo sabe, excepto Jesús.

"Atribulados en todo, pero no angustiados; perplejos, pero no desesperados; perseguidos, pero no desamparados; abatidos pero no destruidos." Se necesitan muchas palabras de la Biblia para expresar el buen ánimo de aquella pobre mujer.

Recuerda a Lutero cuando yacía enfermo en su lecho. Entre sus gemidos y aflicciones pudo predicar de esta manera: "Aquí estos dolores y sufrimientos son como las letras que colocan los impresores; como ahora aparecen hay que leerlas al revés, y parece que no tienen sentido o significado alguno; pero allá arriba, cuando el Señor Dios nos imprima en la vida venidera encontraremos que contienen un significado magnífico." Esto es así aunque no tenemos necesidad de esperar hasta entonces.

Recuerda a Pablo en cubierta, en medio de aquel mar embravecido, y alentando a la tripulación atemorizada: "No temáis". Recuerda a Lutero, y a la pobre anciana, ellos son ejemplos grandiosos.   *Wm. C. Garnett*

29 de FEBRERO ───────────────────────────────

Boga mar adentro (Luc. 5:4).

El no nos dice la profundidad. La profundidad a que nos lancemos dependerá de cuanto nos alejemos de la playa, de nuestra necesidad y de la comprensión de nuestras posibilidades. Al pez hay que buscarlo en la profundidad y no en las aguas superficiales.

Así sucede con nosotros, nuestras necesidades tenemos que satisfacerlas en lo profundo de Dios. Tenemos que arrojarnos en la profundidad de la Palabra de Dios, la cual puede abrirnos el Espíritu con un significado insondable, tan claro que las mismas palabras que aceptamos en tiempos pasados y apenas podíamos comprender, ahora contienen un mar sin fondo de significado para nosotros.

Lancémonos en la profundidad de la propiciación, hasta que la sangre preciosa de Cristo esté iluminada de tal manera por el Espíritu, que llegue a convertirse en un bálsamo poderoso y en alimento y medicina para el alma y el cuerpo.

Lancémonos en lo profundo de la voluntad del Padre, hasta que la comprendamos en su infinita bondad y anhelo para proveernos y cuidar de nosotros aún en lo más íntimo de nuestras vidas.

Lancémonos en la profundidad del Espíritu Santo, hasta que él llegue a ser una respuesta clara y maravillosa de la oración, la guía más delicada y apacible, la anticipación más juiciosa de nuestras necesidades, la concepción más exacta y sobrenatural de nuestros acontecimientos.

Lancémonos en la profundidad de los designios de Dios y su reino venidero, hasta que la venida del Señor y el reino de su milenio se nos abra de par en par; y además de esto, las edades entrantes y esplendorosas se nos revelen hasta que la vista material se deslumbre con el brillo y el corazón se alborote por anticipado con un gozo indecible de Jesús y la gloria que ha de manifestarse.

Jesús nos manda que nos lancemos en lo profundo de todas estas cosas. El nos hizo como también hizo a la profundidad, y ha adaptado nuestros deseos y capacidad a sus abismos insondables.

Soul Food

Las aguas profundas del Espíritu Santo siempre son accesibles, porque siempre están manando. ¿No deseas pedir nuevamente en este día el ser metido y empapado en estas aguas de vida? Las aguas en la visión de Ezequiel, antes que nada corrieron por debajo de las puertas del templo. Después el hombre las midió y halló que el agua le llegaba hasta los tobillos. Al medirla nuevamente el agua le llegaba hasta la cintura. Después había tanta cantidad de agua, que se podía nadar en ella y, por último, las aguas se convirtieron en un río que no se podía cruzar (Eze. 47). ¿Cuánto hemos avanzado en este río de la vida? No solamente debemos meternos hasta el tobillo o la cintura, sino que debemos meternos por completo en el bautismo del Espíritu Santo.   *J. G. M.*

1 de MARZO _____

Considera la obra de Dios. Porque, ¿quién podrá enderezar lo que él ha torcido? (Ecl. 7:13).

Con cierta frecuencia parece ser que Dios coloca a sus hijos en situaciones bastante difíciles, las cuales les conducen a un callejón sin salida. Si con anterioridad a ello se hubiese consultado al juicio humano, éste no habría permitido que tales cosas

71

sucediesen. Quizá tú te encuentres en dicha situación en estos momentos.

Parece ser confuso y grave hasta lo sumo, y, sin embargo, es perfectamente correcto. El final hará más que justificar a aquel que te llevó allí. Es una plataforma para la manifestación de su poderosa gracia y su poder soberano.

No solamente te librará él de esto, sino que al hacerlo te dará tal lección que jamás la olvidarás, la cual te ayudará grandemente en tu futuro. Nunca darás a Dios las gracias suficientes por haber hecho contigo lo que él ha hecho. *Seleccionado*

"Cuando estuve cercado, tú me libertaste, y esto muchas veces" (Sal. 4:1, traducción literal).

Es algo muy bueno para nosotros el estar colocados en un rincón sin salida. El ser empujado y cargado hasta que te encuentres con tu espalda contra la pared, y con enemigos en frente y a cada mano —eso es bueno. Porque es precisamente en ese lugar en donde mejor oirás la voz de tu Señor. La misma opresión de tal experiencia nos pone en mayor comunión con nuestro Señor, y allí encontramos cuán precioso Amigo él es. Los Salmos de David son producto de tales experiencias, y ellos han alentado a miles de almas en cada siglo. *S. D. Gordon*

Es fácil confiar en el Señor cuando podemos ver que todo contribuye a nuestro bien; pero el confiar en él cuando estamos cercados por cada lado y no es posible ver ninguna manera de escapar, esto sí es agradable a nuestro Padre. Esa fue la fe de Abraham, el padre de la fe.

2 de MARZO ─────────────────────────────

Prepárate para la mañana, sube. . . y preséntate allí delante de mí sobre la cumbre del monte (Exo. 34:2).

El velar por la mañana es esencial. No debes mirar al día hasta que no hayas mirado a Dios, ni mirar el rostro de otros hasta que no hayas mirado al suyo.

No puedes esperar vencer si comienzas el día con tu propia fortaleza. Enfréntate con tu labor cotidiana después de haber pasado unos momentos de meditación a solas con tu Dios. No busques a ninguna persona, ni aún a los que habitan bajo tu mismo techo, hasta que no hayas buscado primero al gran Huésped y Compañero de honor de tu vida —Cristo Jesús.

Búscale a solas. Encuéntrate con él con regularidad. Ve a su encuentro con su Libro de consejos delante de ti y acomete tus deberes diarios con la influencia de su personalidad controlando por entero todos tus actos.

Los hombres que más han hecho por Dios en este mundo se han encontrado muy de mañana sobre sus rodillas.

La Biblia contiene la mejor historia de la obra poderosa realizada por la oración.

El siervo de Abraham ora y aparece Rebeca, esposa de Isaac (Gén. 24:12-16).

Jacob ora y el ángel de Dios concede su petición, y la venganza de su hermano Esaú se cambia en amor fraternal (Gén. 32:24, 32; 33:4).

Moisés ora y los amalecitas son vencidos (Exo. 17:8-14).

Josué ora y el sol se para en su curso (Jos. 10:12-15).

David ora y Ajitofel se mata (2 Sam. 15:31; 17:23).

Asa ora e Israel gana una victoria gloriosa (2 Crón. 14:11- 15).

Josafat ora y la ira de Dios se cambia en cariño (2 Crón. 20:6-17).

Elías ora y aparece una pequeña nube y pronto cae la lluvia (1 Rey. 18:42-45).

Eliseo ora y las aguas del Jordán se dividen (2 Rey. 2:14). Ora otra vez y un niño muerto vuelve a la vida (2 Rey. 4:32-36).

Daniel ora y un sueño olvidado le es revelado con su interpretación (Dan. 2:16-23).

Isaías y Ezequías oran y ciento ochenta y cinco mil asirios mueren (2 Rey. 19:15-35).

Nehemías ora y el corazón del rey se suaviza (Neh. 1:4-11; 2:1-8).

La iglesia ora y Pedro es libertado de la cárcel (Hech. 12:5-18).

Pablo y Silas oran y un terremoto conmueve los cimientos de su cárcel y las cadenas de todos se sueltan (Hech. 16:25-29).

Entonces, clamando y desgarrándole con violencia, el espíritu salió (Mar. 9:26).

La maldad nunca suelta su presa sin una gran lucha. Nunca obtenemos una herencia espiritual por medio de ejercicios agradables y deliciosos, sino siempre por medio de la terrible contienda de la batalla. Así sucede en el reino secreto del alma. Toda facultad que gana su libertad espiritual lo hace con el precio de la sangre. La maldad nos acecha en cada rincón que encontramos en el camino de la vida, y el progreso que hagamos tenemos que inscribirlo con sangre y lágrimas. Debemos de recordar esto, o de lo contrario añadiremos a todas las demás cargas de la vida la bilis de la mala interpretación. Nosotros no "nacemos de nuevo" en medio de niñeras apacibles y protectoras, sino en medio del campo, al aire libre de donde obtenemos nuestra fortaleza en el mismo terror de la tempestad. "Debemos entrar en el reino de Dios por medio de mucha tribulación." *J. H. Jowett*

Aún vive la fe de nuestros antepasados, a pesar de la prisión, del fuego y de la espada que la combatieron. ¡Con cuánto gozo laten nuestros corazones dondequiera que oímos nombrar la fe santa de nuestros antepasados! ¡Te seremos fieles hasta la muerte!

Aunque nuestros antepasados estuvieron encadenados en obscuras prisiones, no obstante, sus corazones y conciencias estaban libres. ¡Cuán grandioso sería el destino de sus hijos, si éstos, a semejanza de los padres, pudieran morir por el Señor!

Puedo aún creer que vendrá el día cuando veremos todas las razones por nuestros sufrimientos y que en aquel día nos reiremos con gozo santo al ver la grandeza de la obra realizada por las pruebas de estos días presentes.

4 de MARZO

Imitadores de los que por la fe y la paciencia heredan las promesas (Heb. 6:12).

Aquellos héroes de la fe nos están llamando desde las alturas que han ganado y nos están diciendo que lo que el hombre hizo una vez, puede hacerse nuevamente. Ellos no solamente nos recuerdan la necesidad de la fe, sino también la paciencia con que la fe realiza su obra perfecta. Temamos el apartarnos de las manos de nuestro Guía celestial o de perder una sóla lección de su disciplina amorosa a causa del desaliento o de la duda.

"Hay solamente una cosa que yo temo", dijo el herrero de una aldea, "y es el ser arrojado a la basura.

"Cuando estoy templando un trozo de acero, primero lo caliento, después empiezo a forjarlo, e inmediatamente lo meto en este cubo de agua fría. Muy pronto me doy cuenta de si el acero tomará el temple, o si quedará inservible en el proceso. Cuando después de probarlo una o dos veces noto que no puede templarse, entonces lo arrojo a la basura y lo vendo a céntimo el kilo.

"Así hallo que el Señor me prueba a mí también con fuego, agua y grandes golpes con su martillo, y si no estoy dispuesto a sobrellevar la prueba o a probar que soy una persona apta para el proceso de su temple, temo que él pueda arrojarme al montón de la basura."

Cuando el fuego está muy caliente, persevera aún, porque después habrá una bendición; y podremos decir con Job: "Cuando él me haya probado seré como oro." *Seleccionado*

La santidad se desarrolla en el sufrimiento. Para afinar un piano se necesitan once toneladas de presión. Dios te pondrá en armonía con el coro celestial si puedes resistir la prueba.

Las cosas que lastiman y al parecer dañan transforman al hombre para que cante el himno de perfecta alabanza. Golpes, tribulaciones y dificultades son, frecuentemente, mejores amigos que la paz y tranquilidad exteriores.

5 de MARZO

Porque hemos llegado a ser participantes de Cristo, si de veras retenemos el principio de nuestra confianza hasta el fin (Heb. 3:14).

El último paso es el que gana; y no hay lugar en El Progreso del Peregrino en donde acechen tantos peligros como en la región que se encuentra junto a los portales de la Ciudad Celestial. Allí estaba situado el Castillo de la Duda. Allí fue donde el terreno encantado engañó al cansado viajero con un sueño fatal. Cuando las sublimidades celestiales se encuentran a la vista, entonces es cuando la puerta del infierno es más persistente y contiene más peligro mortal. "No nos cansemos, pues, de hacer el bien, porque a su tiempo cosecharemos, *si no desmayamos.*" "Así que corred, para que podáis recibir."

Castillo fuerte es nuestro Dios,
Defensa y buen escudo.
Con su poder nos librará
En este trance agudo.
Con furia y con afán
Acósanos Satán;
Por armas deja ver
Astucia y gran poder,
Cual él no hay en la tierra.

Nuestro valor es nada aquí
Con él todo es perdido.
Mas por nosotros luchará
De Dios el Escogido.
¿Sabéis quién es? Jesús
El que venció en la cruz
Señor y Salvador,
Y siendo él solo Dios,
El triunfa en la batalla.

6 de MARZO

Nosotros esperábamos (Luc. 24:21).

Siempre he sentido una gran pena de que en el camino a Emaús los discípulos no hubiesen dicho a Jesús "Nosotros aún confiamos"; en vez de "Nosotros esperábamos". Esto es muy triste porque se refiere al pasado.

Ellos debieron haber dicho: "Todo está contra nuestra esperanza, parece ser que nuestra confianza fue en vano, pero no por esto desistimos; creemos que volveremos a verle." Pero en vez de esto caminaban a su lado declarando la pérdida de su fe, y él tuvo que decirles: "¡Oh, necios y tardos de corazón para creer!"

¿No nos encontramos en el mismo peligro de que se nos digan estas palabras? Nosotros podemos soportar perder algo o todo, con tal de que no perdamos nuestra fe en el Dios de amor y de verdad.

No pongamos nuestra fe, como lo hicieron estos discípulos, en un tiempo pasado: "Nosotros esperábamos", sino que digamos eternamente: "Yo confío." *Crumbs*

Con cánticos, Señor,
Mi corazón y voz
Te adoran con fervor
¡Oh Trino, Santo Dios!
En tu mansión yo te veré,
Y paz eterna gozaré.

Tú eres, ¡oh Señor!
Mi sumo, todo bien;
Mil lenguas tu amor
Cantando siempre estén,
En tu mansión yo te veré,
Y paz eterna gozaré.

7 de MARZO

En todo fuimos atribulados (2 Cor. 7:5).

¿Por qué nos conduce Dios de ese modo y permite que la tribulación sea tan dura y constante? Bien, en primer lugar, porque muestra la suficiencia de su poder y gracia mucho mejor que si hubiéramos estado exentos de la tribulación y de la prueba. "El tesoro se encuentra en vasos de barro, para que la excelencia del poder sea de Dios y no de nosotros."

Esto nos hace más conscientes de que dependemos de él. Dios está constantemente tratando de enseñarnos de quién dependemos, y nos coge por entero en su mano y nos pone bajo su cuidado.

Este fue el lugar en donde Jesús estuvo y donde él quiere que estemos nosotros, no sostenidos por nosotros mismos, sino con una mano siempre apoyada sobre la suya y con una confianza que no se atreve a dar un paso a solas. Esto nos enseña confianza.

No hay otro modo de aprender la fe sino por medio de la prueba. Es la escuela de la fe de Dios, y es mucho mejor para nosotros el aprender a confiar en Dios que el gozar de la vida. La lección de fe, una vez aprendida, es una adquisición eterna y una fortuna que se hace para siempre; sin confianza aun las mismas riquezas nos dejarán pobres.

De *Días celestiales sobre la tierra*

¿Por qué debo llorar cuando otros cantan?
Para probar las amarguras del sufrimiento.
¿Por qué debo trabajar mientras otros descansan?
Para gastar mi fortaleza cuando Dios lo manda.
¿Por qué debo perder cuando otros ganan?
Para comprender el dolor agudo de la derrota.
¿Por qué debe pertenecerme esta vida
cuando la tuya es mucho mejor?
Porque Dios sabe los planes que han
de florecer para mí en la eternidad.

8 de MARZO

Haz tal como has dicho. Sea firme y engrandecido tu nombre para siempre (1 Crón. 17:23, 24).

Esta es una fase bendita de la oración verdadera. Muchas veces pedimos cosas que no están absolutamente prometidas. Por lo tanto, hasta que no hemos perseverado por algún tiempo no estamos seguros de si nuestras peticiones están en los planes de Dios o no. Hay otras ocasiones, como lo fue en la vida de David, cuando estamos convencidos por completo de que lo que pedimos está en conformidad con la Palabra de Dios. Por medio de las Escrituras a veces nos sentimos movidos a clamar por alguna promesa, bajo la impresión especial de que contiene un mensaje para nosotros. En tales ocasiones decimos con la fe que confía: "Haz como has dicho." Difícilmente puede encontrarse una actitud más bella, fuerte o segura que el colocar el dedo sobre alguna promesa de la Palabra divina y reclamarla. No hay necesidad de impacientarse, de disputa ni lucha; simplemente lo que tenemos que hacer es presentar el cheque y pedir el cambio, señalar la promesa y pedir su cumplimiento; tampoco puede haber duda alguna con respecto a su emisión. La oración tendría mucha virtud si fuésemos más explícitos. Es mucho mejor el pedir unas pocas cosas claramente, que el pedir muchas con vaguedad.

F. B. Meyer

Cada promesa de la Biblia es un escrito de Dios, la cual puede reclamarse delante de él con esta razonable súplica: "Haz como has dicho." El Creador no puede engañar a sus criaturas, las cuales dependen de su verdad; y mucho más el Padre celestial no puede faltar a su Palabra con sus propios hijos.

"Recuerda la palabra que has dado a tu siervo, en la cual me has hecho confiar", es una alegación de las más sobresalientes. Es un argumento doble: es tu Palabra. ¿No la guardarás? ¿Por qué la has dado si no la cumplirás? Tú me has hecho confiar en ella. ¿Frustrarás la esperanza que tú has engendrado en mí?

C. H. Spurgeon

"Plenamente convencidos de que Dios, quien había prometido, era poderoso para hacerlo" (Rom. 4:21).

La fidelidad eterna de Dios es lo que hace a una promesa de la Biblia "magnífica y preciosa". Con mucha frecuencia las promesas humanas son indignas. El incumplimiento de muchas promesas han quebrantado muchos corazones. Pero desde la creación del mundo Dios jamás ha dejado de cumplir una sola promesa que haya hecho a sus hijos.

Es muy triste para un cristiano el permanecer a la puerta de la promesa durante la noche terrible de la aflicción sin atreverse a llamar, cuando debiera entrar valientemente en el cobijo, lo mismo que entra el niño en la casa de su padre.   *Gurnal*

Cada promesa se halla sobre cuatro columnas: *La justicia de Dios y su santidad*, las cuales no le permiten engañar; *su gracia o bondad*, la cual no le permite olvidar; *su verdad*, la cual no le permite cambiar y le habilita para que cumpla.   *Seleccionado*

9 de MARZO ⸻⸻⸻⸻⸻⸻⸻⸻⸻⸻

Mira desde la cumbre (Cant. 4:8, RVR 1960).

Los pesos abrumadores conceden alas al cristiano. Parece una contradicción en términos, pero es una verdad bendita. David después de una experiencia amarga gritó: "¡Quién me diese alas como de paloma! Volaría y hallaría reposo." Pero antes de haber terminado esta meditación parece ser que se dio cuenta de que su deseo de tener alas era realizable. Porque él dice: "Echa tu carga sobre Jehovah, y él te sostendrá."

La palabra "carga" se traduce también "lo que él (Jehovah) te ha dado". Las cargas de los santos son dádivas de Dios, y ellas conducen a "esperar en Jehovah". Una vez hecho esto, por medio de la magia de la confianza, la "carga" se convierte en un par de alas, y el peso "se eleva con las alas como las águilas".

De *Sunday School Times*

Me elevo a ti siguiendo
Del Mediador las huellas,
Clavando siempre en ellas
El vacilante pie.

¿Qué más seguro guía,
En áspero camino
Pudiera apetecer?

"Mi paz os dejo, mi paz os doy." —Jesús.

En el seno de mi alma una dulce quietud
Se difunde embargando mi ser,
Una calma infinita que sólo podrán
Los amados de Dios comprender.
Esta paz inefable consuelo me da
Y en el fondo del alma ha de estar
Tan segura que nadie quitarla podrá
Mientras miro los años pasar.

V. Mendoza

10 de MARZO

Pero el justo vivirá por la fe (Rom. 1:17).

Con mucha frecuencia las apariencias y la sensibilidad son sustitutos de la fe. Las emociones agradables y las experiencias que nos satisfacen profundamente son parte de la vida cristiana, pero no lo son todo. Los conflictos, sufrimientos, batallas y pruebas que se encuentran en el camino no deben considerarse como desgracias, sino como una parte de la disciplina que necesitamos. En todas estas diferentes experiencias debemos contar con Cristo morando en nuestros corazones, sin basarnos en nuestro estado de ánimo para caminar con obediencia delante de él. Aquí es donde muchos encuentran turbaciones, porque tratan de andar por sus sentimientos en vez de caminar por fe.

Una creyente nos dice que parecía como si Dios la hubiera abandonado. Su misericordia *parecía* haber desaparecido. Su desolación duró seis semanas y entonces el Padre celestial pareció decir:

"Catalina, tú me has buscado fuera, en el mundo de los sentidos, pero yo he estado dentro durante todo el tiempo, esperándote. Encuéntrame en el interior de tu espíritu, porque allí *estoy yo.*"

Distingue entre el hecho de la presencia de Dios y el hecho de la *emoción*. Cuando el alma parece estar abandonada y desierta es un gozo si nuestra fe puede decir: "No te veo, no te siento, pero ciertamente tú estás aquí, donde yo estoy." Dí una y otra vez: "Tú estás aquí: aunque parece que el arbusto no arde con fuego, *es cierto que arde.* Me quitaré los zapatos de mis pies, porque el lugar en que me encuentro, tierra santa es." De *London Christian*

Cree más en la Palabra y poder de Dios que en tus propios sentimientos y experiencias. Cristo es tu Roca y no es la roca quien sube y baja en la marea, sino tu océano. *Samuel Rutherford*

Mantén tu ojo fijo en la grandeza infinita de la obra realizada por Cristo y su justicia. Mira a Jesús y cree, mira a Jesús y vive. No sólo esto, sino también al mirarle eleva tus velas y lucha valientemente contra el mar de la vida. No permanezcas al abrigo de la desconfianza, o durmiendo en un reposo inactivo, o permitiendo que tu cuerpo y tus sentimientos se balanceen de una parte a otra, como el barco que permanece sin hacer nada anclado en un puerto. La vida religiosa no consiste en cavilar sobre las emociones, o en arrojar la quilla de la fe sobre las superficies, o en arrastrar el áncora de la esperanza por el barro cenagoso como si se tuviese miedo de encontrar la brisa saludable. Extiende tu vela a los vientos confiando en aquel que gobierna la furia de las aguas.

La salvación de los pájaros de colores está en sus vuelos. Si su nido está cerca del suelo y vuela bajo, se expone a ser cogido por el cazador o a caer en su trampa. Si permanecemos arrastrándonos por el terreno bajo del sentimiento y la emoción, nos encontraremos enmarañados dentro de mil mallas de duda, desaliento, tentación e incredulidad. "Ciertamente en vano se tiende la red ante los ojos de toda ave" (Prov. 1:17). Confía en Dios.

J. R. Macduff

Cuando no puedo gozar la fe de la seguridad, vivo por la fe de la adhesión.

Matthew Henry

11 de MARZO —————————————————————————

> *Aconteció después de la muerte de Moisés, siervo de Jehovah, que Jehovah habló a Josué hijo de Nun, ayudante de Moisés, diciendo: Mi siervo Moisés ha muerto. Ahora levántate, pasa el Jordán tú con todo este pueblo (Jos. 1:1, 2).*

Ayer te visitó la aflicción y desalojó tu morada. Ahora tu primer impulso es el ceder y sentarte desesperado en medio de la destrucción de tus esperanzas. Pero no te atreves a hacerlo. Te encuentras en la línea de batalla y la crisis se acerca. El dudar por un momento sería poner en peligro algún interés sagrado. Otras vidas sufrirían a causa de tu interrupción, intereses sagrados peligrarían si tus manos estuviesen enmarañadas. Tú no debes de detenerte ni aun para aliviar tu dolor.

Un distinguido general contó este patético incidente de su experiencia personal en tiempo de guerra. El hijo del general era un teniente de batería. Se estaba preparando un asalto. El padre estaba dirigiendo su división en un ataque, al avanzar por el campo su mirada fue atraída repentinamente por el cadáver de un oficial de batería que yacía delante de él. Una mirada le bastó para reconocer que era su propio hijo. Su impulso fue el detenerse y desahogar su dolor, pero su deber le exigía en aquel momento apretar en el ataque; así que besando los labios del difunto se marchó precipitadamente y dirigió el asalto.

El llorar desconsoladamente al lado de una tumba jamás puede devolver el tesoro amado que hemos perdido, ni podemos obtener bendición alguna con tal tristeza. La aflicción deja huellas profundas; escribe su recuerdo de una forma imborrable en el corazón del que sufre. Verdaderamente nunca nos despojamos de nuestras grandes penas por completo; jamás volvemos a ser enteramente lo mismo que antes, después que hemos pasado por ellas. No obstante, hay una influencia humanizante y fertilizadora en la aflicción que ha sido aceptada rectamente y sobrellevada con gozo. Es cierto, por supuesto, que aquellos que no han sufrido y no poseen ninguna señal del dolor, son seres pobres. El gozo que tenemos delante de nosotros debiera brillar sobre nuestros dolores, lo mismo que el sol brilla por medio de las nubes, glorificándolas. Dios ha dispuesto que al apresurarnos en el cumplimiento del deber, encontraremos el consuelo más rico y verdadero para nosotros. Si nos ponemos a meditar sobre nuestras aflicciones, nuestras adversidades se hacen más profundas, se introducen en nuestro corazón y convierten nuestra fortaleza en debilidad. Pero si en vez de esto desechamos nuestra melancolía y esperamos a cumplir con la tarea y el deber que Dios nos ha dado, recobraremos nuestro gozo y nos fortaleceremos. *J. R. Miller*

12 de MARZO

Jehovah trajo un viento del oriente sobre el país, todo aquel día y toda aquella noche. . . Jehovah hizo soplar un fortísimo viento del occidente. . . Y Jehovah hizo que el mar se retirase con un fuerte viento del oriente que sopló toda aquella noche (Exo. 10:13, 19; 14:21).

Piensa cómo en los tiempos pasados, cuando el Señor luchó por Israel contra el cruel Faraón, los *vientos tempestuosos* efectuaron su rescate; y otra vez en aquella gran manifestación de poder —el último golpe que Dios dio al desafío orgulloso de Egipto. A Israel debió parecerle una cosa extraña y casi cruel el estar rodeado por aquella enorme serie de peligros. Por el frente los desafiaba el mar embravecido, a diestra y siniestra las alturas rocosas les quitaban toda esperanza de escape y una noche tempestuosa se cernía sobre sus cabezas. Parecía que aquel rescate les había conducido a una muerte más segura. Cuando el terror era completo se oyó un grito: "¡Los egipcios están encima de nosotros!" Cuando

83

parecía que habían caído en una trampa tendida por el enemigo, entonces vino el triunfo glorioso. Sopló el *viento tempestuoso* que hizo retroceder a las olas y las tribus de Israel marcharon hacia adelante por un sendero profundo, cubierto con el arco majestuoso del amor protector de Dios.

A una y otra parte se hallaban las paredes cristalinas brillando con la luz de la gloria del Señor; y por lo alto pasaba el trueno de la tormenta. Así continuó durante toda la noche, hasta que al amanecer del día siguiente, el último de las tribus de Israel puso su pie en la otra parte de la costa, terminándose de esta manera el cometido del *viento tempestuoso*.

Entonces Israel cantó una canción al Señor acerca "del cumplimiento de la palabra por viento tempestuoso".

El enemigo dijo: "Lo perseguiré, lo alcanzaré, y dividiré el botín..." Tú soplaste con tu viento, el mar los cubrió; ellos se hundieron como el plomo en medio de las aguas poderosas.

Por medio de la gran misericordia de Dios nosotros también nos encontraremos un día en el mar de cristal, con las arpas de Dios. Entonces cantaremos la canción de Moisés, el siervo del Señor, y la canción del Cordero: "Justos y verdaderos son tus caminos, Rey de los santos." Entonces sabremos la manera en que el viento tempestuoso obró nuestro rescate.

Ahora tú ves solamente el misterio de esta grande aflicción; entonces verás cómo fue barrido el enemigo en la noche terrible de espanto y de dolor.

Ahora tú te fijas solamente en la pérdida; entonces verás cómo la misma destrozó al mal que había empezado a afianzarse con sus cadenas.

Ahora tú te encoges y tu alma tiembla frente a los vientos tempestuosos y los truenos, entonces verás cómo éstos vencieron las aguas destructoras y te abrieron el camino a la tierra prometida.

Mark Guy Pearse

13 de MARZO

Justos y verdaderos son tus caminos, Rey de las naciones (Apoc. 15:3).

La señora de Charles Spurgeon, quien durante más de un cuarto de siglo sufrió grandemente, nos relata el siguiente incidente:

"Al final de un día obscuro y melancólico, me eché a descansar sobre mi lecho. Aunque todo estaba claro dentro de mi cómoda habitación, parecía que parte de la obscuridad exterior había entrado en mi alma y obscurecido mi visión espiritual. En vano traté de ver la mano que yo sabía cogía la mía y guiaba mis pies cubiertos por la niebla a través del sendero, pendiente y escurridizo, del sufrimiento. Con gran pena en mi corazón pregunté: "¿Por qué obra mi Señor así con su hija? ¿Por qué manda para que me visite tan frecuentemente un dolor tan agudo y tan amargo? ¿Por qué permite que la debilidad consumidora me impida prestar el servicio que deseo para sus pobres siervos?

"Estas preguntas de enojo fueron contestadas inmediatamente por medio de un lenguaje muy extraño; no necesité ningún intérprete sino el susurro consciente de mi corazón.

"El silencio reinó por un poco de tiempo, interrumpido solamente por el crujido de los trozos de roble que ardían en el fuego. De repente oí un sonido suave y delicado como si fuese una nota clara musical del trino delicioso de un pitirrojo cantando bajo mi ventana.

"¿Qué podrá ser? De seguro que ningún pájaro puede estar cantando fuera en este tiempo del año y a estas horas de la noche.

"Nuevamente se oyeron las notas débiles y lastimosas, tan dulces, tan melodiosas y no obstante lo suficiente misteriosas para provocar nuestro asombro. Entonces mi amiga exclamó:

"'¡Proceden de los trozos de madera que hay en el fuego! ¡El fuego está liberando la música que se hallaba aprisionada en lo íntimo del corazón del viejo roble!'

"Quizá él había almacenado esta canción en los días en que todo le iba bien, cuando los pájaros gorjeaban alegremente sobre sus ramas, y la luz suave del sol doraba sus tiernas ramas. Pero desde entonces él había envejecido y se había endurecido. Un círculo de crecimiento calloso había sellado la melodía por tanto tiempo olvidada, hasta que las lenguas feroces de las llamas vinieron a consumir su dureza y el corazón impetuoso del fuego arrancó de él inmediatamente una canción y un sacrificio. Entonces pensé: Cuando el fuego de la aflicción saca de nosotros canciones de alabanza, entonces verdaderamente hemos sido purificados y nuestro Dios es glorificado.

"Quizás algunos de nosotros somos como el trozo de este viejo roble, fríos, duros, insensibles. Si no fuese por el fuego que arde a nuestro alrededor no produciríamos sonidos melodiosos ni saldrían de nuestro ser notas de confianza en él y de sumisión alegre a su voluntad.

"Al meditar, el fuego ardía y mi alma halló un gran consuelo en la parábola que tan extrañamente había sido puesta delante de mí. "¡Cantando en el fuego! ¡Sí! ¡Con la ayuda de Dios! Y si esa es la única manera para obtener armonía de los corazones duros y apáticos, dejad que el horno se caliente siete veces más que antes."

14 de MARZO

Moisés se acercó a la densa oscuridad donde estaba Dios (Exo. 20:21).

Dios aún tiene sus tesoros escondidos, ocultos de los sabios y los prudentes. No les tengas miedo; conténtate en aceptar las cosas que no puedes comprender; espera con paciencia. El no tardará en revelarte los tesoros de la obscuridad, las riquezas de la gloria del misterio. El misterio es solamente el velo que cubre, por así decir, el rostro de Dios.

No tengas miedo de entrar en la nube que se está introduciendo en tu vida. Dios se encuentra en la misma. Por la parte que tú no ves ahora está brillando su gloria. "Amados, no os sorprendáis por el fuego que arde entre vosotros para poneros a prueba, como si os aconteciera cosa extraña. Antes bien, gozaos a medida que participáis de las aflicciones de Cristo." Cuando parece que estás más solo y olvidado, Dios está junto a ti. El está en la negrura que te envuelve. Lánzate sin falta en la negrura de su obscuridad y hallarás que Dios está esperándote bajo el lienzo de su bandera protectora.

Seleccionado

¿Estás débil y cargado
De cuidados y temor?
A Jesús, refugio eterno,
Muéstraselo en oración.

¿Te desprecian tus amigos?
Muéstraselo en oración:
En sus brazos de amor tierno
Paz tendrá tu corazón.

Estaba el doctor C. en una cima de las montañas Rocosas observando una terrible tormenta que había debajo del lugar en el que se encontraba, cuando un águila surgió de entre las nubes, se remontó hacia el sol y las gotas de agua sobre su cuerpo relucieron a la luz del sol como si fuesen diamantes. Si no hubiese sido por la tormenta el águila habría permanecido en el valle. Las aflicciones y tormentas de la vida hacen también que nos elevemos hacia Dios.

15 de MARZO

No temas, gusanito de Jacob. . . yo te he puesto como trillo, como rastrillo nuevo lleno de dientes (Isa. 41:14, 15).

¿Entre qué otras dos cosas puede haber un contraste mayor que entre un gusano y un instrumento de dientes? El gusano es delicado, se magulla con la piedra, se machaca con la rueda pasajera; un instrumento con dientes, por el contrario, puede romper y no ser roto, puede, incluso, grabar sus huellas sobre la roca. Y el Dios Todopoderoso puede convertir al uno en el otro. El puede coger a un hombre o a una nación tan impotente como el gusano y, al vigorizarle con su propio Espíritu, puede dotarle con tal fortaleza que ha de dejar una huella noble en la historia de la humanidad.

Así que el "gusano" puede tomar aliento. Nuestro Dios omnipotente puede hacernos más poderosos que nuestras circunstancias. El puede dirigir todas ellas hacia nuestro bien. Con el poder de Dios podemos hacer que todas rindan tributo a nuestras almas. Podemos aun enfrentarnos con una gran adversidad y, al vencerla, extraer de ella alguna gran joya de la gracia. Cuando Dios nos da una voluntad de hierro, podemos atravesar y soportar las dificultades lo mismo que el hierro resiste y pasa por la rudeza del terreno. "Yo te he puesto. . ." ¿No lo hará él?   *Doctor Jowett*

Dios está edificando su reino con los materiales quebrantados de la tierra. Por el contrario, los hombres para construir sus reinos desean solamente lo fuerte, lo que tiene éxito, lo victorioso, lo que se halla sin quebrantar; pero Dios es el Dios de los que han fracasado, de los que no han tenido éxito. El cielo está llenándose con vidas terrenales quebrantadas y no hay caña magullada que Cristo no pueda tomar y convertir en una bendición bella y gloriosa. El puede coger la vida amilanada por el dolor o la aflicción, y convertirla en un arpa cuya música produzca alabanza solamente. El puede elevar el fracaso terrenal más lamentable, a la gloria celestial. *J. R. Miller*

Sígueme y yo haré
Que hables mis palabras con poder,
Te convertiré en canales de mi misericordia
Y haré que seas útil a todas horas.

Sígueme y te haré
Lo que tú no puedes ser,
Te haré fiel, justo, amante,
Te haré semejante a mí.

L. S. P.

16 de MARZO ———————————————————————

El nos disciplina para bien (Heb. 12:10).

En uno de sus libros Ralph Connor relata la historia de una joven llamada Gwen. Dicha joven era tosca, obstinada y había estado acostumbrada a hacer siempre su voluntad. Un día, como consecuencia de un accidente, se quedó imposibilitada para siempre. Se volvió muy rebelde y constantemente murmuraba. Un misionero conocido entre los montañeses como "el piloto del cielo", la visitó.

Se acercó a ella y le contó la siguiente parábola del desfiladero: "Al principio no había desfiladeros, sino solamente la pradera amplia y abierta. Cierto día en que el Dueño de la pradera andaba sobre sus prados donde sólo había hierba, preguntó a la pradera:

—¿Dónde están tus flores?
Y la pradera respondió:
—Señor, no tengo simientes.

"Entonces él habló a los pájaros y ellos llevaron simiente de toda clase de flores y las esparcieron a lo largo y ancho. Muy pronto

88

en la pradera florecieron lirios rojos, rosas, girasoles y muchas otras bellísimas flores. Entonces volvió el Dueño y se puso muy contento, pero echó de menos las flores que más le gustaban y dijo a la pradera:

—¿Dónde están las amapolas y el colombino, las violetas preciosas, las anémonas y todos los helechos y arbustos floridos? "Nuevamente habló a los pájaros y trajeron toda clase de simientes, las cuales rociaron por todas partes. Pero cuando el Dueño volvió tampoco pudo hallar esta vez las flores que él más amaba, y dijo:

—¿Dónde están mis mejores flores?

Y la pradera respondió con gran pena:

—Oh, Señor, no puedo conservar las flores porque el viento sopla fuerte, el sol me castiga constantemente, y las flores se secan y desaparecen.

"Entonces el Dueño habló al rayo, y con un golpe rapidísimo el rayo partió la pradera por el corazón. La pradera se balanceó y gimió con gran agonía, y durante muchos días se lamentó amargamente de la terrible herida que había quedado sin cerrar.

"Pero el río derramó sus aguas sobre la grandísima grieta que se había abierto en la pradera, arrastrando consigo la rica tierra negra. Los pájaros volvieron y esparcieron las simientes por el desfiladero. Y después de largo tiempo las ásperas rocas se vieron adornadas con musgos suaves y viñas enmarañadas y todos los rinconcitos estaban cubiertos con las clemátides y el colombino. Grandísimos olmos levantaban sus elevadas alturas a la luz del sol y por debajo de sus pies se arracimaban los cedros cortos y los bálsamos. Por todas partes crecieron y florecieron violetas, anémonas y otras muchas flores, hasta que el desfiladero se convirtió en el lugar favorito de Señor, para descanso, paz y gozo."

Entonces, el piloto del cielo le leyó: "El fruto —leeré las 'flores'— del Espíritu es amor, gozo, paz, mansedumbre, templanza; y algunas de esas solamente crecen en el desfiladero."

—¿Cuáles son las flores del desfiladero? —preguntó Gwen con dulzura.

Y el piloto contestó:

—Bondad, mansedumbre, templanza; pero aunque las otras, amor, gozo, paz, florecen al aire libre, nunca tienen un perfume tan delicioso, ni florecen tan ricamente como en el desfiladero.

Gwen permaneció callada durante un buen rato, y después, con labios temblorosos, dijo con tristeza:

—En mi desfiladero no hay flores, sino solamente ásperas rocas.

—Algún día florecerán, querida Gwen, el Maestro las hallará y nosotros también las veremos. .

Amado, cuando entres en *tu* desfiladero, ¡recuerda!

17 de MARZO

Quédate allá hasta que yo te diga (Mat. 2:13).

Padre celestial, estaré donde tú me has puesto aunque deseaba marchar. Anhelaba caminar con la tropa y guiarla. Tú sabes que yo quería hacer esto. Había pensado guardar el paso al sonido de la música, aplaudir cuando la bandera se desplegase, permanecer en medio de la lucha, firme y con orgullo; pero permaneceré donde tú me has puesto.

Me quedaré donde tú me has colocado, mi buen Dios, aunque mi esfera sea estrecha y pequeña, aunque el terreno esté barbechado, lleno con multitud de piedras y parezca que no hay vida.

El terreno es tuyo, solamente te pido la simiente para sembrarla sin temor alguno. Labraré el terreno seco mientras espero la lluvia y me regocijaré cuando aparezcan las hojas verdes. Trabajaré donde tú me has puesto.

Donde tú me has colocado, allí, mi buen Señor, me quedaré. Confiando en ti enteramente soportaré la carga del día como también el calor. Cuando llegue la noche colocaré a tus pies gavillas valiosas. Entonces, cuando mi trabajo en la tierra esté hecho y terminado y todo el recuerdo de la vida haya desaparecido, hallaré con toda certeza, a la luz del resplandor eterno, que fue mejor el quedarme que el marchar. Permaneceré donde tú me has puesto.

Oh, corazón agitado, que te golpeas contra los hierros de la prisión de las circunstancias anhelando una esfera de mayor utilidad. Deja que Dios ordene lo que tienes que hacer en tu vida. Ten paciencia y confía. En medio de lo desagradable de la rutina de la vida es donde obtendrás la mejor preparación para soportar con valentía la lucha y los combates que te sobrevengan en la gran oportunidad que Dios pueda darte alguna vez.

El lugar donde estás es el lugar donde él te ha puesto, y es el único lugar donde ahora puedes glorificar a tu Redentor y Dios. Glorifícale, pues, allí.

18 de MARZO

Pero Jesús aun con eso no respondió nada (Mar. 15:5).

En toda la Biblia no hay espectáculo tan sublime como el silencio que el Señor mostró ante aquellos hombres que le perjudicaban y a quienes podía haber postrado a sus pies con una mirada de poder divino o con una palabra de rechazo. Pero él les permitió que dijesen e hiciesen lo peor que podían decir y hacer, y él permaneció con el poder del silencio —el silencioso y santo Cordero de Dios.

Hay una cierta clase de silencio que permite que Dios obre por nosotros y nos mantiene callados. Es el silencio que cesa de planear y justificar nuestros actos y permite que Dios provea y conteste a las grandes dificultades con su amor infalible y fiel.

Con mucha frecuencia impedimos la intervención de Dios, por tomar el asunto en nuestras manos y tratar de defendernos a nosotros mismos. ¡Dios nos da el poder del silencio, ese gran espíritu conquistador! Después que el calor y la contienda de la tierra hayan cesado, entonces los hombres nos recordarán como nosotros recordamos el rocío de la mañana, la luz apacible, la luz del sol, la brisa nocturna, el Cordero del Calvario y la Paloma santa celestial.   *A. B. Simpson*

Dios, nuestro apoyo en los pasados siglos,
Nuestra esperanza en años venideros,
Nuestro refugio en la tormenta
Y nuestro hogar eterno.

Bajo la sombra de tu augusto trono,
En dulce paz tus santos residieron;
Tu brazo sólo a defendernos basta.
Y nuestro amparo es cierto.
Tú conviertes, Señor, al hombre en polvo,
El mismo polvo del que brotó primero
Y cuando lanzas la palabra "Vuelve",
Te obedece al momento.

"Con vosotros estoy", el Señor dice;
"Mis santos gozarán seguro puerto;
No abandono jamás al que es mío,
Por quien yo mismo he muerto."
Dios, nuestro apoyo en los pasados siglos,
Nuestra esperanza en años venideros,
Sé tú nuestra defensa en esta vida,
Y nuestro hogar eterno.

19 de MARZO

Amados, no os sorprendáis por el fuego que arde entre vosotros para poneros a prueba... antes bien, gozaos a medida que participáis de las aflicciones de Cristo (1 Ped. 4:12, 13).

Para enriquecer el arpa de David se necesitaron muchas horas de espera, y muchas horas de espera en el desierto nos proveerán con un salmo de "acción de gracias y la voz de la melodía", para alentar en este mundo los corazones de los que desfallecen y para alegrar en el cielo la casa de nuestro Padre.

¿Cuál fue la preparación del hijo de Isaí para aquellas canciones como jamás se han oído otras semejantes en este mundo?

El ultraje del malvado que hizo que David elevase clamores pidiendo la ayuda de Dios. Entonces, la esperanza debilitada floreció con el amor de Dios en una canción de gozo por sus poderosos rescates y abundante misericordia. Cada aflicción era una cuerda más para su arpa, cada rescate un nuevo tema para alabanza.

¡Qué tremenda hubiese sido nuestra pérdida en aquella salmodia estremecedora en la que los hijos de Dios hoy hallan la expresión de sus penas y alabanzas, si se hubiese evitado un estremecimiento de dolor, o se hubiese dejado de señalar una sola bendición, o se hubiese evadido una dificultad o un peligro!

El esperar en Dios y aceptar su voluntad es conocerle y obedecerle. Esto requiere que entremos en "la participación de sus padecimientos en conformidad a su muerte". Si tenemos que aumentar nuestros sufrimientos para llegar a una comprensión espiritual, no por eso debemos de asustarnos. La capacidad divina que se compadece del dolor tendrá una esfera de acción mayor. El soplo del Espíritu Santo en la nueva creación jamás hizo un estóico, sino por el contrario, el corazón en que se introdujo se hizo más afectuoso, más sensible y verdadero. *Anna Shipton*

"El me probó antes que él me confió" (1 Tim. 1:12, Traducción de Way).

20 de MARZO

Como entristecidos, pero siempre gozosos (2 Cor. 6:10).

E l estóico desprecia derramar una lágrima; al cristiano no se le prohíbe el llorar. El alma puede enmudecer con un dolor indecible, cuando las tijeras del esquilador pasan por la carne temblorosa, o cuando el corazón está a punto de quebrantarse bajo el encuentro con las olas de la prueba. El que sufre puede buscar consuelo gritando con una gran voz. *Pero hay algo aún mejor.*

Se dice que hay manantiales de agua dulce extendiéndose en medio de las salmueras de los mares salados; que las flores alpinas más bellas florecen en los pasos más salvajes y abruptos de las montañas; que los salmos más notables fueron el resultado de la agonía más profunda del alma.

Podemos decir con gran fundamento que, en medio de las muchas pruebas, las almas que aman a Dios encuentran razones suficientes para saltar de gozo. Aunque un abismo llame a otro abismo, no obstante la voz del Señor se oirá por la noche y nos confortará. Aún en las *horas más difíciles de nuestra vida* es posible bendecir al Dios y Padre de nuestro Señor Jesucristo. ¿No has aprendido aún esta lección de no meramente perseverar en la voluntad de Dios, no solamente escogerla, sino regocijarte con un gozo indecible y rebosante de gloria?   *De Tried as by Fire*

Librarme de penar,
Jesús me prometió
Y en él espero yo,
Tranquilo reposar.

93

Más dulce que la miel
Es para mí
¡Oh Salvador!
El esperar en ti.

Sin miedo ni dolor,
Con Cristo gozaré,
Y en él satisfaré,
Mi viva sed de amor.

Mi débil corazón
Feliz palpitará,
Eterna bendición.
Que Dios me guarde allá

21 de MARZO

Conforme a vuestra fe os sea hecho (Mat. 9:29).

Podemos decir que la verdadera oración es aquella que se hace con fe plena y, aún cuando se está orando, se llega a tener la certeza de que uno ha sido aceptado y oído. Dicha certeza es tal que uno se da cuenta con gran anticipación de que va a recibir aquello que pide.

Recordemos que no hay circunstancias terrenales que puedan impedir el cumplimiento de su Palabra si miramos con firmeza a la inmutabilidad de esa Palabra y no a la incertidumbre de este mundo variable.

Dios quiere que creamos su Palabra sin ninguna otra prueba y *entonces* él está dispuesto a darnos "según nuestra fe".

Un ancla tenemos,
Que el hinchado mar
Por mucho que ruja
No puede quebrar;
La dulce esperanza
Que infunde Jesús,
Legada en su muerte
De angustia en la cruz.

Y cuanto más ruja
Tormenta cruel,
Más firmes cojamos
El cable de la fe:
Que furia de vientos
Ni embates del mar,
Del puerto no pueden
La entrada vedar.

La oración en la era pentecostal de la iglesia cristiana era semejante a un cheque firmado, endosado y escrito sobre un banco inquebrantable, presto a ser pagado en la moneda actual.

"Dijo Dios. . . y fue así" (Gén. 1:9).

22 de MARZO

Cuarenta años después, un ángel le apareció en el desierto del monte Sinaí, en la llama de fuego de una zarza. . . le vino la voz del Señor:. . . He mirado atentamente la aflicción de mi pueblo en Egipto. He oído el gemido de ellos y he descendido para librarlos. Ahora, pues, ven, y te enviaré a Egipto (Hech. 7:30, 31 y 34).

Aquella fue una larga espera en preparación para una gran misión. Cuando Dios tarda, él no está inactivo. El está preparando sus instrumentos, madurando nuestras facultades, y en el momento señalado nos levantaremos con el poder que necesitamos para nuestra tarea. Aún Jesús de Nazaret permaneció oculto durante treinta años, creciendo en sabiduría antes de que comenzara su obra.   *Jowett*

Dios nunca hace las cosas de prisa, por el contrario, invierte muchos años en todos aquellos que espera utilizar para un gran trabajo. El nunca piensa que los días de preparación son demasiado largos o penosos.

A veces el ingrediente más difícil de soportar en el sufrimiento es el *tiempo*. Un dolor agudo que dura poco tiempo se sobrelleva fácilmente; pero cuando la aflicción nos atormenta constantemente

95

durante muchos años de la misma manera y con la misma rutina de desesperación agonizante, el corazón llega a perder su fortaleza y sin la gracia de Dios, con toda seguridad, nos hundiríamos en el mal humor de la desesperación.

La prueba de José duró mucho tiempo. A menudo Dios tiene que quemar sus lecciones en lo profundo de nuestra existencia con el fuego de dolores prolongados. "El se sentará como un refinador y purificador de plata," pero sabe por cuánto tiempo y, lo mismo que un verdadero artífice, para el fuego en el momento que ve su imagen en el metal reluciente. Quizá no veamos ahora el resultado del bellísimo plan que Dios está escondiendo en la sombra de su mano; puede aún estar escondido por mucho tiempo; pero la fe puede estar segura de que él está sentado en el trono esperando con calma la hora cuando con un éxtasis de oración diremos: "Todas las cosas ayudan para bien a los que le aman." Lo mismo que José, tengamos más cuidado en aprender todas las lecciones en la escuela de la aflicción, que estar deseosos de que nos llegue la hora del rescate. Cada lección "necesita" un tiempo de espera, y una vez que estamos preparados, podemos tener por seguro que llega nuestro rescate. Después nos daremos cuenta de que si no hubiese sido por las lecciones que nos enseñaron durante nuestras pruebas, no habríamos podido ocupar un lugar elevado para rendir un gran servicio. Dios nos está educando para el futuro, para un servicio más elevado y para obtener mayores bendiciones. Si poseemos las cualidades que nos capacitan para ocupar un trono, no habrá nada que pueda impedirlo cuando llegue el tiempo elegido por Dios. No robes el mañana de las manos de Dios. Da tiempo a Dios para que te hable y revele su voluntad. El nunca obra demasiado tarde; aprende a esperar.

Seleccionado

"El nunca llega demasiado tarde; él sabe lo que es mejor. No te molestes en vano, descansa hasta que él venga."

No corras de una manera impetuosa delante del Señor, aprende a esperar el tiempo que él te indica y en el cual quiere que actúes.

Las habían consagrado de las batallas y del botín, para mantener la casa de Jehovah (1 Crón. 26:27).

En las entrañas de la tierra hay poder físico almacenado en las minas de carbón. Este se originó con el calor ardiente, el cual quemó grandes bosques en tiempos remotos; de la misma manera el poder espiritual se halla almacenado en lo profundo de nuestra existencia por medio del gran sufrimiento que nosotros no podemos comprender.

Llegará un día en que veremos que los despojos que hemos ganado en nuestras pruebas nos estaban preparando para convertirnos en los verdaderos "Corazones Grandes" de El Progreso del Peregrino, y para conducir victoriosamente a nuestros compañeros peregrinos por medio de la prueba a la ciudad del Rey.

No olvidemos jamás que la fuente para ayudar a otras personas debe ser el sufrimiento victorioso. El llanto y la lamentación no favorece a nadie.

Pablo no llevó consigo un cementerio, sino un coro de alabanza victoriosa; y cuanto mayor era la prueba, más confió y se gozó gritando desde el mismo altar del sacrificio. El dijo: "Aunque haya de ser derramado como libación sobre el sacrificio y servicio de vuestra fe, me gozo y me regocijo con todos vosotros."

¡Señor, ayúdame en este día a sacar fortaleza de todo lo que me sobrevenga! *De Días celestiales sobre la tierra*

Luego dijo Jacob: "Dios de mi padre Abraham, Dios de mi padre Isaac, oh Jehovah, que me dijiste: 'Vuelve a tu tierra y a tu parentela, y yo te prosperaré. . .' Líbrame" (Gén. 32:9 y 11).

En esa oración hay muchos síntomas saludables. En algunos aspectos puede servirnos como un molde en el cual podemos derramar nuestros espíritus cuando se hallan derretidos en el horno abrasador de la aflicción.

El empezó citando la promesa de Dios: "Tú dijiste." El hizo

esto dos veces (vv. 9 y 12). El tenía a Dios en su poder. El mismo Dios se pone a nuestro alcance en sus promesas; y cuando podemos decirle: "Tú dijiste", él no puede decir "no". Necesariamente tiene que hacer lo que ha dicho. Si Herodes era tan particular a causa de su juramento, ¿qué no será Dios? Está seguro en la oración y afiánzate en la promesa, eso te dará la fortaleza suficiente para forzar las puertas del cielo y entrar en él por la fuerza.

De *Porciones prácticas para la vida de oración*

Jesús quiere que seamos claros en nuestras peticiones y que pidamos alguna cosa especial. "¿Qué queréis que os haga?", es la pregunta que él hace a cada uno de los que acuden a él en estado de aflicción o cuando son probados. Haz tus peticiones con un celo determinado si deseas recibir respuestas claras. El no tener objetivo ni ser claro en la oración es la causa de tantas oraciones aparentemente sin contestar. Sé claro en tu petición. Rellena tu cheque para algo determinado, y se te pagará en el banco del cielo cuando se presente en el nombre de Jesús. *Atrévete a ser claro con Dios.*

Seleccionado

La señorita Havergal ha dicho: "Cada año, y aun podría decir cada día que vivo, me parece que veo más claramente cómo todo el reposo, la alegría y el poder de la vida cristiana, giran alrededor de una cosa: recibir la Palabra de Dios, creer que Jesús *hace exactamente* lo que dice, y en aceptar las mismas palabras en las que él revela su bondad y gracia, sin sustituir dichas palabras por otras o alterar los modos y tiempos que él ha creído conveniente usar."

Trae contigo la Palabra de Cristo, su promesa, su sacrificio, y su sangre y ni una sola de las bendiciones celestiales se te negarán.

Adam Clarke

25 de MARZO ⎯⎯⎯⎯⎯⎯⎯⎯⎯⎯⎯⎯⎯⎯⎯⎯

Y sin fe es imposible agradar a Dios, porque es necesario que el que se acerca a Dios crea que él existe y que es galardonador de los que le buscan (Heb. 11:6).

La fe para los días de desesperación.
La Biblia está llena de tales días. Su historia está compuesta con

los mismos, sus canciones están inspiradas por ellos, su profecía se refiere a ellos y su revelación ha venido por medio de ellos.

Los días de desesperación son las piedras que se colocan en el sendero de la luz. Parece que han sido la oportunidad de Dios y la escuela de sabiduría del hombre.

En el Salmo 107 hay una historia de una fiesta de amor del Antiguo Testamento. Es un himno de alabanza y gratitud, y revela, como en todas las historias de rescate, que el punto culminante de la desesperación siempre dio a Dios una oportunidad para intervenir. Cuando en la desesperación se llega a no saber qué hacer, entonces es cuando Dios empieza a obrar. Recuerda la promesa de la simiente semejante a las estrellas del cielo y a la arena de la mar, que Dios dio a una pareja que se acercaba a los últimos días de su vida. Lee nuevamente la historia del mar Rojo y su rescate, y la del Jordán con su arca permaneciendo en medio de la corriente. Estudia una vez más las oraciones de Asa, Josafat y Ezequías cuando estaban dolorosamente afligidos y no sabían qué hacer. Lee la historia de Nehemías, Daniel, Oseas y Habacuc. Permanece con reverencia en la obscuridad de Getsemaní y detente junto a la tumba en el jardín de José en medio de aquellos días tan terribles. Llama a los testigos de la iglesia primitiva y pregunta a los apóstoles la historia de sus días de desesperación.

La desesperación es mejor que desesperar.

La fe no hizo nuestros días de desesperación. Su función es el mantenernos y librarnos de perplejidades. La única alternativa para una fe desesperada es la desesperación, mas la fe persevera y prevalece.

No hay ejemplo más heroico de la fe desesperada que el de los tres jóvenes hebreos. La situación era sin esperanza, pero ellos contestaron valientemente: "Nuestro Dios, a quien rendimos culto, puede librarnos del horno de fuego ardiendo; y de tu mano, oh rey, nos librará. Y si no, que sea de tu conocimiento, oh rey, que no hemos de rendir culto a tu dios ni tampoco hemos de dar homenaje a la estatua que has levantado." La expresión "Y si no" me gusta muchísimo.

Solamente tengo espacio para mencionar Getsemaní. Reflexiona profundamente sobre estas palabras: "Padre mío, *de ser posible, pase* de mí esta copa. *Pero, no sea como yo quiero, sino como tú.*" Una negrura profunda se había introducido en el alma de nuestro Señor. Medita sobre sus palabras. "Si es posible pase esto, no obstante, tu voluntad, Padre mío."

R. S. Chadwick

Alza tus ojos y mira desde el lugar donde estás, hacia el norte, el sur, el este y el oeste. Porque toda la tierra que ves te la daré (Gén. 13:14, 15).

El Espíritu Santo no puede poner en ti ningún otro instinto que no sea el que él se propone cumplir. Por lo tanto, deja que tu fe se levante y remonte y reclame toda la tierra que puedas descubrir.

S. A. Keen

Todo cuanto puedas abarcar en la visión de la fe es tuyo. Mira tan lejos como te sea posible, porque todo te pertenece. Todo lo que desees ser como cristiano, todo cuanto desees hacer para Dios, está dentro de las posibilidades de la fe.

Por lo tanto, acércate aún más y con tu Biblia delante de ti y tu alma abierta para la influencia del Espíritu, permite que todo tu ser reciba el bautismo de su presencia, y cuando él abra tu entendimiento para que veas toda su plenitud, cree que él tiene todo para ti. Acepta por ti mismo todas las promesas de su Palabra, todos los deseos que él despierta en ti, todas las posibilidades de lo que tú puedes ser como un seguidor de Jesús. Toda la tierra que ves, a ti se te ha concedido.

Las provisiones actuales de su gracia proceden de la visión interior. El que pone el instinto en el seno del pájaro para que cruce el continente en busca de la luz del sol de verano en los climas meridionales, es demasiado bueno para engañarlo. Y con la misma certeza que él ha colocado tal instinto, así también ha colocado la brisa suave y la luz del sol más allá para encontrarle a su llegada.

Aquel que infunde en nuestros corazones la esperanza celestial no nos engañará ni nos faltará cuando empujemos hacia adelante para obtener su cumplimiento.

Seleccionado

"Y hallaron como les había dicho" (Luc. 22:13).

Porque considero que los padecimientos del tiempo presente no son dignos de comparar con la gloria que pronto nos ha de ser revelada (Rom. 8:18).

Recientemente ocurrió un incidente muy notable en una boda en Inglaterra. Un joven rico y de posición social muy elevada, quien a consecuencia de un accidente se había quedado ciego a los diez años de edad, y que a pesar de su ceguera había ganado matrículas de honor en su carrera universitaria, también ganó el corazón de una bellísima novia, aunque nunca había podido ver su cara. Un poco antes de su casamiento se sometió a un tratamiento bajo la dirección de varios especialistas y su culminación llegó el mismo día de su boda.

Por fin llegó el día tan señalado, y los regalos y convidados. Entre los invitados había ministros del gobierno, generales, obispos y hombres y mujeres muy notables y famosos. El novio se vistió para la boda, con sus ojos aún cubiertos con una venda, y marchó a la iglesia en automóvil, acompañado de su padre. El famoso oculista que lo había estado curando los encontró en la sacristía.

La novia entró en el templo cogida del brazo de su padre. Estaba tan emocionada que apenas podía hablar. ¿Vería su prometido al fin su cara tan admirada por otros y que él sólo conocía por la yema de sus delicados dedos?

Cuando ella se acercaba al altar, mientras el gentío que había en la iglesia se movía de una parte para otra, sus ojos se fijaron en un grupo algo extraño.

El padre estaba allí con su hijo. Delante del joven se encontraba el gran oculista en el acto de cortar el último vendaje. El dio un paso hacia adelante con la incertidumbre espasmódica de una persona que no puede creer que está despierta. Un rayo de luz de color de rosa procedente de una de las vidrieras le dió en su rostro, pero sin poder verlo.

¿Vio algo? Sí. En un instante recobró la firmeza de su semblante, y con una dignidad y gozo que jamás se había visto antes en su rostro, marchó adelante para encontrar a su prometida. Se miraron a los ojos el uno al otro, y uno podía llegar a pensar que sus ojos jamás iban a apartarse del rostro de ella.

"¡Por fin!" dijo ella. "¡Por fin!" repitió él inclinando su cabeza. Aquella fue una escena de un gran poder dramático y, sin duda alguna, de gran gozo, pero no es nada más que una mera sugestión de lo que actualmente sucede en el cielo cuando el cristiano que ha estado caminando por este mundo de pruebas y aflicciones ve cara a cara a su Señor y Salvador.   *Seleccionado*

28 de MARZO

Y cuando las plantas de los pies de los sacerdotes que llevan el arca de Jehová, Señor de toda la tierra, se posen en las aguas del Jordán, las aguas del Jordán se cortarán, porque las aguas que descienden de arriba se detendrán como en un embalse (Jos. 3:13).

¡Valientes levitas! ¿Quién puede dejar de admirarlos? Porque las aguas no se dividirían hasta que sus pies se metiesen en ellas (v. 15). Dios no había prometido otra cosa. Dios honra la fe: "La fe obstinada" que ve la PROMESA y "no mira a otra cosa". Podéis imaginar cómo observaría la gente a estos hombres santos cuando marchaban. Algunos de los que estaban por allí dirían: "¡Lo que es a mí no me cogerían para correr ese peligro, esas aguas fuertes se van a llevar el arca!" Pero no fue así. "Los sacerdotes permanecieron firmes en tierra seca." No debemos de mirar por encima el hecho de que la fe, por nuestra parte, ayuda a Dios a llevar a cabo sus planes.

El Arca tenía unos palos para poder ser transportada sobre los hombros. El Arca no se movió por sí misma, sino que tuvo que ser llevada. Cuando Dios es el arquitecto, los hombres son los obreros y albañiles. La fe ayuda a Dios. Puede detener la boca de los leones y extinguir la violencia del fuego. Y aún, honra a Dios y Dios honra la fe. Pidamos al Señor esa fe que deja a Dios que cumpla sus promesas cuando él lo juzga oportuno. Compañeros levitas, llevemos nuestra carga y no pensemos o imaginemos que llevamos el ataúd de nuestras mejores esperanzas. ¡Es el Arca del Dios vivo! Canta al marchar hacia el diluvio.   *Thomas Champnes*

Una de las características especiales del Espíritu Santo en la iglesia apostólica fue el espíritu de valor. Una de las cualidades más esenciales de la fe que procura grandes cosas para Dios y espera grandes cosas de él es la audacia santa. Donde tratamos con una existencia sobrenatural y tomamos de ella cosas que humanamente son imposibles, es más fácil tomar mucho que poco; es más fácil permanecer en una posición de confianza atrevida, que en un estado de precaución, tímidos y junto a una orilla. Intentemos hoy grandes cosas para Dios; toma su fe y en la vida de la fe hallarás que con Dios todas las cosas son posibles para el que cree. Intentemos hoy grandes cosas para Dios; toma su fe y su fortaleza y cree que puedes realizarlas.

De *Días celestiales sobre la tierra*

29 de MARZO ————————————————————

Mirad los lirios del campo, cómo crecen (Mat. 6:28).

Un monje de los tiempos pasados dijo: "Necesito aceite", así que plantó un renuevo. Oró y en su oración pidió: "Señor, para que sus tiernas raíces puedan nutrirse y desarrollarse necesitan lluvia. Envía lloviznas apacibles." Y el Señor envió lluvia. "Señor", oró el monje, "mi olivo necesita sol. Te ruego que lo envíes." Y el sol resplandeció y doró las nubes goteantes. "Ahora, Señor, envía una helada para que se afirmen sus tejidos," suplicó el monje. La helada vino y el arbolito estuvo resplandeciendo con el color de la nieve, pero por la noche esto le costó la vida.

El monje buscó en una celda a uno de los hermanos de la comunidad y le contó la experiencia tan rara que había tenido. Entonces su amigo le dijo: "Yo también planté un arbolito, el cual se desarrolló admirablemente. Pero yo confié mi árbol a Dios. Aquel que lo hizo sabe mucho mejor que yo lo que él necesitaba. No establecí condición alguna, ni fijé maneras ni formas de cómo criarlo, lo que hice fue plantarlo y decir: 'Señor, envía lo que necesite, tormenta o sol, viento, lluvia o helada, tú lo has hecho, y tú sabes lo que necesita.'"

> Todo a Cristo yo me rindo,
> Con el fin de serle fiel;
> Para siempre quiero amarle,
> Y agradarle sólo a él.

103

Todo a Cristo yo me rindo,
Sí, de todo corazón;
Yo le entrego alma y cuerpo,
Busco hoy su santa unción.

Todo a Cristo he rendido,
Siento el fuego de su amor;
¡Oh, qué gozo hay en mi alma!
¡Gloria, gloria, a mi Señor!

30 de MARZO

Pero he aquí que todos vosotros encendéis el fuego y prendéis las antorchas. ¡Andad a la luz de vuestro propio fuego, y de las antorchas que habéis encendido! De mi mano os vendrá esto: ¡Acabaréis por yacer en el lugar del tormento! (Isa. 50:11).

Qué aviso tan solemne para aquellos que andan en tinieblas y no obstante tratan de ayudarse por sí mismos para salir a la luz. Ellos están representados como encendiendo un fuego y cercándose con centellas. ¿Qué significa esto? Significa que cuando estamos en tinieblas, la tentación trata de hallar una salida sin confiar en el Señor o contar con él. En vez de dejar que él nos ayude a salir de nuestro apuro, tratamos de ayudarnos a nosotros mismos. Buscamos la luz natural y pedimos el consejo de nuestros amigos. Intentamos aplicar las conclusiones de nuestra razón y casi podemos estar tentados a aceptar una forma de rescate que no fuese la de Dios.

Todos estos son fuegos encendidos por nosotros; luces tempestuosas que nos conducirán al abismo. Dios permitirá que andemos en la luz de esas centellas, pero el fin será aflicción.

Amigo querido, no trates de salir de un lugar difícil excepto en el tiempo que Dios señala y de la manera que él quiere. El tiempo de la tribulación es para enseñarte lecciones que necesitas con mucha urgencia.

El rescate prematuro puede frustrar la obra de gracia que Dios puede operar en tu vida. Encomiéndale tu situación a él por completo. Disponte a permanecer en medio de las adversidades mientras posees su presencia. Recuerda que es mucho mejor andar en la obscuridad con Dios, que andar a solas por la luz.

De *The Still Small Voice*

Cesa de entremeterte en los planes y en la voluntad de Dios. Cuando tocas algo de lo suyo echas a perder el trabajo o la obra realizada. Tú puedes mover las manecillas de un reloj a tu gusto, pero no puedes por esto cambiar el tiempo; tú puedes precipitar la revelación de la voluntad de Dios, pero lo que haces con esto es dañar y no ayudar la obra en nada.

Tú puedes abrir el capullo de una rosa, pero echas a perder la flor. Déjale a él, él sabe mejor. Aparta tus manos. Hágase su voluntad y no la tuya.

Stephen Merrit

31 de MARZO

El viento era contrario (Mat. 14:24).

Con mucha frecuencia los vientos de marzo son muy tempestuosos y desagradables. ¿No representan de cierta forma las tormentas que he sufrido en mi vida? No obstante, debo de alegrarme por haber conocido ciertos contratiempos. Es mucho mejor que descienda la lluvia y venga el diluvio que el permanecer perpetuamente en la tierra de Loto, donde parece que solamente existe la tarde; o que el estar en el valle de Avilión, donde jamás sopla el viento fuerte. Las tempestades de la tentación parecen muy crueles, pero, ¿no aumentan intensamente el deseo de orar? ¿No me obligan a que me agarre más fuertemente a las promesas? ¿No me dejan después con un carácter refinado?

Las tormentas ocasionadas por la pérdida son muy agudas, pero son, también, un medio que el Padre utiliza para conducirme a él, con el fin de poder hablar a mi corazón en el secreto de su presencia, de una forma apacible y cariñosa. El Maestro posee una clase de gloria, la cual solamente puede verse cuando el viento es contrario y el barco se balancea con las olas.

Jesucristo no es una seguridad *contra* las tormentas, sino que él es la perfecta seguridad *en* las tormentas. El nunca te ha prometido una travesía fácil, sino *un desembarco seguro.*

¡Maestro, se encrespan las aguas!
¡Y ruge la tempestad!
Los grandes abismos del cielo
Se llenan de obscuridad;
¿No ves que aquí perecemos?
¿Puedes dormir así;
Cuando el mar agitado nos abre
Profundo sepulcro aquí?

Maestro, mi ser angustiado
Te busca con ansiedad;
De mi alma en los antros profundos
Se libra cruel tempestad;
Pasa el pecado a torrentes
Sobre mi frágil ser
¡Y perezco, perezco, Maestro!
¡Oh, quiéreme socorrer!

Los vientos, las ondas oirán tu voz,
"¡Sea la paz!"
Calmas las iras del negro mar,
Las luchas del alma las haces cesar,
Y así la barquilla do va el Señor,
Hundirse no puede en el mar traidor.
Doquier se cumple tu voluntad,
"¡Sea la paz! ¡Sea la paz!"

Tu voz resuene en la inmensidad,
"¡Sea la paz! ¡Sea la paz!"

Maestro, pasó la tormenta,
Los vientos no rugen ya,
Y sobre el cristal de las aguas
El sol resplandecerá;
Maestro, prolonga esta calma,
No me abandones más,
Cruzaré los abismos contigo,
Gozando bendita paz.

H. R. Palmer

106

Aunque él me mate, en él he de esperar (Job 13:15).
Porque yo sé a quién he creído (2 Tim. 1:12).

"Cuando las tormentas son peligrosas —dijo un marinero anciano—, lo mejor que podemos hacer es colocar el barco en una cierta posición y dejarlo así."

Cristiano, eso es lo que tú también tienes que hacer. Algunas veces te sucederá lo mismo que a Pablo, no verás ni sol ni estrellas y te encontrarás rodeado de grandes tormentas, entonces solamente podrás hacer una cosa.

La razón no podrá ayudarte; las experiencias pasadas no te darán luz alguna. Aun en la misma oración no hallarás consuelo. Solamente te queda una cosa que hacer: Debes colocar tu alma en una cierta posición y guardarla así.

Tú tienes que confiar y esperar en el Señor, y venga lo que venga, ya sean tormentas, rayos o truenos, debes lanzarte al timón y colocar por entero tu confianza en la fidelidad de Dios y en su eterno amor en Jesucristo.

Richard Fuller

¡Creyente, nada contra el mar fuerte!
¡Surca! que airada viene la muerte.
¡Sé vigilante, sé confiado;
Sigue adelante firme y osado!

¡Corre, creyente! Dios no abandona;
¡Lucha, creyente! Luz te corona;
Dios se te muestra desde su gloria;
Tendrá tu diestra plena victoria.

¡Firme, creyente, en la hora aquella!
¡Valor, creyente! tu gloria es bella;
De Cristo el brazo fuerte te alienta
Su fuerte brazo bien te sustenta.

Miraron. . . y he aquí, la gloria de Jehovah se apareció en la nube (Exo. 16:10).

Acostúmbrate a buscar el color plateado de la nube y una vez que lo has hallado continúa mirándolo, más que al color gris de plomo que hay en el centro.

No te desalientes por muy oprimido y sitiado que puedas encontrarte. El alma que se desalienta no puede hacer nada. Ni puede resistir la astucia del enemigo cuando se encuentra en tal estado, ni puede prevalecer rogando por otros.

Huye de este mortal enemigo como huirías de una víbora, y no tardes en volverle la espalda a no ser que quieras morder el polvo de una derrota desastrosa.

Busca las promesas de Dios y dí en voz alta de cada una de ellas: "Esta promesa es mía." Si aún experimentas un cierto sentimiento de duda y desaliento, derrama tu corazón en Dios y pídele que reprenda al adversario que te está haciendo sufrir tan despiadadamente.

En el mismo instante en que te desprendas de todo síntoma de desconfianza y desaliento, el bendito Espíritu Santo vivificará tu fe y alentará tu alma con fortaleza divina.

Al principio no te darás cuenta de esto, pero una vez que te propongas "rechazar" resueltamente y sin compromiso alguno cualquier tendencia de duda y abatimiento que te asalte, entonces reconocerás que el poder de las tinieblas va decayendo.

Si nuestra vista pudiese contemplar la legión tan sólida de fortaleza y poder que existe detrás de cada revuelta en que se hallan los ejércitos de tinieblas, entonces prestaríamos muy poca atención a los esfuerzos que realiza el astuto enemigo para afligirnos, abatirnos y desalentarnos.

Todos los atributos maravillosos de la divinidad están a disposición del creyente debilitado, que en el nombre de Cristo y con una confianza sencilla semejante a la de un niño, se entrega a Dios y acude a él implorando su ayuda y guía. *Seleccionado*

Cierto día de otoño vi un águila mortalmente herida a consecuencia de un tiro de escopeta. Sus ojos aún brillaban como un círculo luminoso. Haciendo un esfuerzo volvió su cabeza y dio una mirada más hacia el firmamento. Ella había revoloteado frecuentemente por aquellos espacios estrellados. El bellísimo firmamento era la morada de su corazón. Millones de veces había realizado hazañas por allí con su espléndida fortaleza. En aquellas alturas lejanas había jugado con el relámpago y corrido con los vientos. Y ahora, alejadísima de casa, yacía moribunda porque una vez se olvidó y voló demasiado bajo. Esa águila es el alma. Este mundo no es su casa. No debe perder de vista su mirada hacia el cielo. Debemos de guardar a Cristo en nuestros corazones. Si no vamos a ser valientes, marchémonos a tiempo del campo de batalla. El alma no tiene tiempo para los estampidos. ¡Alma mía, no quites tu mirada del firmamento!

"Nunca veremos el sol naciente si mantenemos la vista en el poniente."   De *Proverbio japonés*

3 de ABRIL ———————————————————————

Glorificad a Jehovah en los fuegos (Isa. 24:15, traducción libre).

Subraya la pequeña "en". Tenemos que honrarle en la tribulación, en lo que verdaderamente es una aflicción, y aunque han habido casos en los que Dios no ha permitido a sus santos sentir el fuego, no obstante, ordinariamente el fuego daña.

Pero aquí es donde tenemos que glorificarle por medio de nuestra fe, por haber permitido en su amor y bondad que esto nos sobrevenga.

Y aún más, debemos de creer que de nuestra situación presente ha de surgir algo más para su alabanza, que de otra forma no hubiese surgido.

Sólo con una gran fe podemos pasar por medio de algunos fuegos; la fe pequeña fracasará. Tenemos que obtener la victoria *en* el horno.   *Margaret Bottome*

La religión que una persona posee es la que puede mostrar en tiempos de tribulación. Los jóvenes que fueron arrojados al horno de fuego salieron como entraron, excepto sin sus *ligaduras* (Dan. 3:21-27).

¡Con cuánta frecuencia Dios corta las *ligaduras* en el horno de la aflicción! Sus cuerpos no sufrieron daño alguno y en su piel no había ni una sola ampolla. Sus cabellos no fueron chamuscados, ni sus vestidos se quemaron, y tampoco se notaba el olor del fuego en ellos. Esa es la manera en como los cristianos deben salir del horno de las aflicciones, libertados de sus ligaduras, pero sin ser tocados por las llamas.

"Habiendo triunfado sobre ellos en la cruz" (Col. 2:15).

Ese es el triunfo verdadero, triunfando sobre la enfermedad *por medio de* ella; triunfando sobre la muerte, *muriendo*; triunfando sobre las circunstancias adversas, *por medio* de ellas. Creed que hay un poder que puede hacernos victoriosos en la contienda. Tenemos que alcanzar alturas desde donde podemos mirar para abajo y sobre el camino que hemos venido y cantar nuestra canción de triunfo en esta parte del cielo. Podemos hacer que otros nos consideren como ricos mientras somos pobres, y enriquecer a muchos con nuestra pobreza. El triunfo de Cristo estuvo en su humillación. También es posible que manifestemos nuestro triunfo en lo que a otros les parece ser una humillación.

Margaret Bottome

¿No hay algo que nos cautiva en la persona cargada por el peso de la tribulación y, no obstante, verla con un corazón gozoso? ¿No hay algo contagiosamente valeroso en la visión de uno que es tentado en gran manera, y es *más que vencedor*? ¿No es alentador el ver a un peregrino con su cuerpo quebrantado y sin perder su paciencia? ¡Qué testimonio tan grandioso ofrece todo esto a los dotes de su gracia!

J. H. Jowett

Cuando todo apoyo terrenal fracasa, ¿puedes tú entonces aún confiar y, con esa confianza, glorificar a tu Señor? O, ¿es tu fe de las que sólo pueden creer cuando todo está bien? Cuando todo ande mal recuerda que aún hay Dios, y él es Todopoderoso. Aquella es la hora para creer.

4 de ABRIL _____

Entonces Eliseo oró diciendo: "Te ruego, oh Jehová, que abras sus ojos para que vea" (2 Rey. 6:17).

Esta es la clase de oración que necesitamos hacer por nosotros y por lo demás. "Señor, abre nuestros ojos para que podamos ver"; porque el mundo que nos rodea está lleno de caballos y carrozas que pertenecen a Dios, esperando para llevarnos a lugares de una gloriosa victoria. Cuando nuestros ojos estén abiertos así, entonces veremos en todos los acontecimientos de la vida, tanto grandes como pequeños, alegres o tristes, una "carroza" para nuestras almas.

Todo lo que nos sobreviene puede convertirse en una carroza, en el momento en que lo tratemos como tal; por otra parte, aun la prueba más pequeña puede aplastarnos y conducirnos a la desesperación si le damos mucha importancia. *Está en nosotros y no en lo que nos sobreviene, el que seamos perjudicados o beneficiados.* Si permitimos ser pisoteados y aplastados por lo que nos acontezca, entonces seremos afligidos en gran manera, pero si saltamos sobre nuestras aflicciones y adversidades como si fuesen un carro de victoria y hacemos que nos transporten triunfalmente hacia arriba y adelante, entonces ellas se convertirán en las carrozas de Dios. *Hannah Whitall Smith*

El Señor no puede hacer mucho con un alma amilanada, de aquí que el enemigo trata de lanzar a la desesperación a los que pertenecen al Señor. Se ha dicho muy a menudo que un ejército desanimado va a la batalla con la certeza de ser derrotado. Recientemente oímos decir a una misionera que estaba anulada porque su espíritu había languidecido, y esto también afectaba a su cuerpo. Necesitamos saber más acerca de los ataques que el enemigo lanza a nuestros espíritus, y cómo resistirlos. Si el enemigo puede desalojarnos de la posición que ocupamos, entonces tratará de extenuarnos, sitiándonos durante un largo período, hasta que por fin, a causa de una gran debilidad, le dejemos pronunciar el grito de la victoria.

5 de ABRIL ————————————————————————

Cierra la puerta detrás de ti y de tus hijos (2 Rey. 4:4).

Era preciso que ellos estuviesen a solas con Dios, porque no iban a tratar con las leyes de la naturaleza, ni con el gobierno humano, ni con la iglesia, ni con el sacerdocio, ni aún con el mismo profeta de Dios; pero tenían necesidad de estar aislados de todas las criaturas, de todas las circunstancias, de todo apoyo de la razón humana, y tenían que lanzarse en el espacio y quedarse colgados en Dios solamente.

He aquí una parte del programa que nos indica la forma en que Dios obra, una habitación secreta de aislamiento para la oración y la fe en la que toda alma debe de entrar para que sea realmente fructífera.

Hay tiempos y lugares en los que Dios nos cerca con una pared misteriosa, y nos separa de toda ayuda y modos ordinarios en que hacemos las cosas, y nos encierra para hacer algo divino que es completamente nuevo e inesperado. Algo a lo que no se adaptan las antiguas circunstancias ni sabemos lo que ha de acontecer. En aquel lugar secreto Dios moldea nuestras vidas en un nuevo modelo y hace que las dirijamos hacia él.

La vida de la mayor parte de las personas religiosas consiste en una monotonía de la repetición de los mismos actos y cosas. Esto hace que ellas puedan calcular casi todo lo que ha de acontecerles, pero aquellas almas que Dios guía y encierra a solas con él, lo único que saben es que Dios está con ellas, obrando en ellas, y ello tiene por resultado que pongan su esperanza solamente en él.

Lo mismo que esta viuda, debemos separarnos de las cosas *exteriores y unirnos interiormente sólo al Señor*, con el fin de ver sus maravillas.   De *Soul Food*

A menudo Dios nos da las revelaciones más maravillosas de sí mismo en medio de las pruebas más amargas.   De *Gems*

Algunas veces Dios tiene que cerrar la puerta sobre nosotros para poder hablarnos, quizá por medio del dolor y el sufrimiento. Muchas veces es así, y solamente así, como él puede darnos un secreto divino precioso.

6 de ABRIL ─────────────────────────────────

En mi guardia estaré de pie y sobre la fortaleza estaré firme. Vigilaré para ver qué dirá y qué tiene que responder a mi queja (Hab. 2:1).

Si por nuestra parte no esperamos y velamos, no recibiremos ayuda alguna de Dios. Si algunas veces no obtenemos fortaleza y protección de él es porque no prestamos la vigilancia suficiente. Mucha de la ayuda que se nos ha ofrecido del cielo ha pasado desapercibida de nosotros porque no hemos estado vigilando sobre la fortaleza para percibir las señales lejanas de su acercamiento, y abrir de par en par las puertas de nuestros corazones para que entre. Aquel cuya expectación no le prepara para estar alerta para su llegada, recibirá muy poco. Está alerta con Dios en los acontecimientos de tu vida.

Hay un cierto proverbio que dice: "A aquellos que velan por la Providencia nunca les faltará una providencia que vele por ellos," ahora podemos poner esta frase al revés y decir: "Los que no velan por la Providencia nunca tendrán una providencia que vele por ellos." Si no pones tus baldes para recoger la lluvia cuando llueve, entonces no recogerás agua alguna.

Cuando pedimos a Dios que cumpla sus promesas debemos usar nuestro sentido común. Si tú vas a un banco y ves a un hombre que entra y coloca un trozo de papel sobre la mesa y luego lo recoge y sale sin hacer ninguna otra cosa, ¿qué le sucedería a dicho hombre si repitiese lo mismo varias veces durante el día? Supongo que pronto se darían órdenes para ponerle en la calle y que no entrase más en el banco.

Aquellas personas que van al banco para cambiar un cheque esperan hasta que reciben el cambio y después se marchan; pero no sin haber hecho antes las transacciones que requería el asunto.

Dichas personas no van al banco para hablar sobre la excelencia de la firma y discutir sobre su magnífico documento, sino que lo que desean es su dinero y no se contentan sin él. Estas son las personas que siempre son bien recibidas en los bancos, y no los necios. Por desgracia, muchas personas pierden el tiempo cuando oran. No esperan que Dios les conteste, y no son otra cosa sino tontos. Nuestro Padre celestial quiere que hagamos verdaderos negocios con él cuando oramos.

C. H. Spurgeon

"Porque es necesario que el que se acerca a Dios crea que él existe y que es galardonador de los que le buscan" (Heb. 11:6).

113

Su fortaleza estaría en sentarse y permanecer quietos (Isa. 30:7, Versión Antigua).

Para conocer verdaderamente a Dios, la *quietud interior* es absolutamente necesaria. Recuerdo cuando aprendí esto por vez primera. En una ocasión me vi enfrentado con una necesidad urgente y todo mi ser parecía palpitar de inquietud. Mi necesidad requería una acción inmediata y rigurosa, pero las circunstancias en que me encontraba eran tales que no podía hacer nada y la persona que podía no se movía para hacerlo.

Durante un cierto tiempo parecía que iba a destrozarme, cuando de repente una voz queda y apacible susurró en la profundidad de mi alma: "Estad quietos y reconoced que yo soy Dios " (Sal. 46:10). La palabra tenía poder y yo escuché. Hice que todo mi ser se calmase y esperé; entonces supe que era Dios, Dios que había venido a ayudarme en aquella grandísima necesidad y a darme paz y descanso. Fue una experiencia tal que no la cambiaría por nada de este mundo, y puedo también añadir que de dicha calma surgió tal poder para tratar con la necesidad, que en muy poco tiempo terminó con ella de una forma victoriosa. Entonces aprendí que, efectivamente, mi "fortaleza estaba en sentarme y permanecer quieto". *Hannah Whitall Smith*

Hay una pasividad perfecta que no es indolencia. Es una *quietud viva que nace de la confianza.* La tensión calmada no es confianza, es simplemente *inquietud comprimida.*

> En Jesús mi esperanza reposa,
> Mi placer es tan sólo Jesús,
> Y mi vida por él es gloriosa,
> Cual gloriosa su muerte de cruz.
> Alma pura que al cielo se eleva
> Que palpita del hombre en amor,
> En Jesús mi gozar se renueva,
> Porque en él se templó mi dolor.
>
> Yo sufrí mil pesares del mundo,
> Yo las dichas del alma perdí,
> Era acíbar mi llanto profundo,

Era inmenso el dolor que sufrí;
Pero luego en Jesús la mirada
Con amor entrañable fijé,
Y mi alma quedó consolada,
Porque en él mis venturas hallé.

8 de ABRIL

Por eso me complazco en las debilidades, afrentas, necesidades, persecuciones y angustias por la causa de Cristo; porque cuando soy débil, entonces soy fuerte (2 Cor. 12:10).

La traducción literal de este versículo le da un énfasis tan estremecedor y le hace hablar por sí mismo con tal poder como probablemente jamás nos hubiésemos dado cuenta. Helo aquí: "Por lo cual me gozo en estar sin fuerza, en los insultos, en estar apretado, en las persecuciones, en ser encarcelado a causa de Cristo, porque cuando estoy sin fuerza, *entonces mi poder no tiene límites.*"

He aquí el secreto divino para bastarte en todo: el agotar todo lo que tenemos de nuestras propias fuerzas y todo lo que hay en nuestras circunstancias que nos puede ayudar. Cuando alcancemos dicho estado y dejemos de pedir consuelo en nuestra situación difícil o mal tratamiento, y reconozcamos que estas cosas son los medios necesarios para nuestra bendición y que Dios ha utilizado para que acudamos a él, entonces podremos por la fe acogernos a su poder que basta en todo. "Entonces", dice Pablo, "mi poder no tiene límites, porque es el mismo poder de Dios."

A. B. Simpson

El bien conocido predicador ciego de Escocia, George Matheson, que no hace mucho marchó con el Señor, dijo: "Dios mío, nunca te he dado gracias por mi espina. Millares de veces te he dado gracias por mis rosas, pero ni una sola vez por mi espina. He estado anhelando por un mundo donde recibiría compensación por mi cruz; pero nunca pensé que mi misma cruz fuese una gloria presente. Enséñame la gloria de mi cruz, enséñame el valor de mi espina, enséñame que he ascendido a ti por el sendero del dolor. Muéstrame que mis lágrimas han formado mi arco iris."

Aquel que nunca ha visto la gloria del Señor por medio del sufrimiento, ha perdido el gozo más profundo de esta vida terrenal.

9 de ABRIL

¡Contra mí son todas estas cosas! (Gén. 42:36).
Y sabemos que Dios hace que todas las cosas ayuden para bien a los que le aman (Rom. 8:28).

Muchas personas desean poder. Pero, ¿cómo se produce el poder? El otro día visitamos una de esas fábricas grandiosas en las que se produce electricidad para las maquinarias. Oímos el zumbido y ruido de una infinidad de ruedas y preguntamos a un amigo:

—¿Cómo producen el poder?

El respondió:

—Por medio del movimiento giratorio de las ruedas y la fricción que producen. El rozamiento produce la corriente eléctrica.

Del mismo modo, cuando Dios quiere infundir más poder en tu vida, él ejerce una presión mayor. El engendra la fuerza espiritual por medio de una dura fricción. A algunas personas les desagrada esto y huyen de la presión en vez de obtener el poder y utilizarlo para elevarse por encima de las causas que producen el dolor.

Para que exista un verdadero equilibrio de fuerza, la oposición es una cosa esencial. Las fuerzas centrípeta y centrífuga que actúan en oposición la una de la otra son las que mantienen a nuestro planeta en su órbita. La una impeliendo y la otra repeliendo, actúan de tal modo que nuestro planeta sigue su misma órbita alrededor de su centro solar.

También Dios guía nuestras vidas de esa manera. No es suficiente el tener una fuerza que impele, tenemos la misma necesidad de una fuerza que repele, y de esta manera, él nos robustece y mantiene por medio de las dificultades de la vida, la presión de la prueba, la tentación y aquellas cosas que parecen actuar contra nosotros, pero verdaderamente lo que dichas adversidades hacen es el adelantar nuestro camino y ayudarnos en nuestro bien espiritual.

Demos gracias a Dios tanto por nuestras adversidades como por nuestras alegrías. Tomemos nuestra carga lo mismo que nuestras alas y divinamente impulsados, empujemos con fe y paciencia en nuestro elevado llamamiento celestial.

A. B. Simpson

10 de ABRIL

Hazme entender por qué contiendes conmigo (Job. 10:2).

Alma atribulada, quizá Dios obra contigo de esa manera porque desea desarrollar tus dones espirituales. Si no hubiese sido por las pruebas que has atravesado, nunca habrías *descubierto* algunos de tus mejores dones. ¿No sabes que nunca parece tan grande tu fe en tiempo de verano como en invierno? Muy a menudo el amor es semejante a un gusano de luz que, a no ser que se encuentre en medio de la obscuridad, da muy poca luz. La esperanza es como una estrella, no es visible en la luz del sol de la prosperidad; sólo se descubre en la noche de la adversidad. Con frecuencia las aflicciones son, por así decir, los pliegues de vestidos negros en las que Dios coloca las joyas de los dones espirituales de sus hijos para hacer que resplandezcan mejor.

No hace mucho que estabas arrodillado y decías: "Temo que no tengo fe; permíteme saber que sí la tengo."

Aunque de una forma inconsciente, ¿no es esto verdaderamente el orar por querer atravesar por pruebas? Porque, ¿cómo puedes saber que tienes fe hasta que no la ejercitas? Confía en esto, a menudo Dios nos envía pruebas para que nuestros dones sean descubiertos y para que seamos confirmados de su existencia. Además, esto no es meramente un descubrimiento, el *verdadero crecimiento en gracia*, es el resultado de luchas santificadas.

Dios entrena a sus soldados no en tiendas de gran comodidad y lujuria, sino por medio de marchas forzadas y servicios difíciles. El les hace que atraviesen arroyos, que naden por los ríos, que escalen montañas y recorran muchas millas con las mochilas sobre sus espaldas. Pues bien, cristiano, ¿no te dice esto algo sobre las tribulaciones que estás atravesando? ¿No es esta la razón por la que él está contendiendo contigo?

C. H. Spurgeon

El ser dejado sin que Satanás le moleste a uno, no es una señal de bendición.

117

Lo que os digo en privado, decidlo en público (Mat. 10:27).

Nuestro Señor nos lleva constantemente a la obscuridad para poder hablarnos. A la obscuridad de la casa desolada donde la pérdida de seres queridos nos ha desconsolado; a la obscuridad de alguna vida solitaria, donde alguna enfermedad nos ha privado de la luz y tumulto de la vida; a la obscuridad de alguna aflicción y terrible disgusto.

El entonces nos dice sus secretos grandes, maravillosos, eternos e infinitos. El hace que el ojo que ha sido deslumbrado por el brillo de la tierra contemple las constelaciones celestiales; y al oído que reconozca el sonido de su voz, la cual se ahoga a menudo entre el tumulto de los gritos estridentes de la tierra.

Pero tales revelaciones implican una responsabilidad de nuestra parte, "que lo *digamos* a la luz, que lo *proclamemos* por todas partes y en todo tiempo".

Esto no quiere decir que siempre tenemos que estar metidos en la obscuridad o encerrados en una habitación; después se nos citará para que ocupemos nuestro puesto en la lucha y tormentas de la vida; y cuando llegue ese momento tenemos que estar dispuestos para decir y proclamar lo que hemos aprendido. Esto hace que tengamos un nuevo concepto del sufrimiento y propósitos del mismo. Muy a menudo oímos decir: "¡Qué inútil soy!" "¿Qué estoy haciendo para el bienestar de los demás?"

Tales son los lamentos del que sufre de una forma desesperada. Pero Dios tiene un propósito en todo. El ha retirado a su hijo a las altitudes más elevadas de camaradería, para que pueda oír a Dios hablándole cara a cara, y para que lleve el mensaje a sus compañeros al pie de la montaña.

¿Se desperdiciaron los cuarenta días que Moisés pasó en el monte, o el tiempo que Elías estuvo en Horeb, o los años que Pablo pasó en Arabia?

No hay período de tiempo que se invierta en la vida de fe, que no contribuya al mejoramiento de una vida santa y victoriosa. Tenemos necesidad de pasar a solas con Dios ciertos períodos de meditación y comunión. El que nuestras almas se comuniquen con Dios y descansen separadas del alboroto de la vida es tan necesario para ellas como el alimento para nuestros cuerpos.

A solas, el sentimiento de la presencia se convierte en la posesión establecida para el alma y la habilita para decir una y otra vez con el salmista: "¡Oh, Dios, tú estás cerca!" *F. B. Meyer*

"Algunos corazones, lo mismo que algunas flores nocturnas, se abren más primorosamente en las sombras de la vida."

12 DE ABRIL

Entonces Jesús, lleno del Espíritu Santo, volvió del Jordán y fue llevado por el Espíritu al desierto, por cuarenta días, y era tentado por el diablo (Luc. 4:1, 2).

Jesús, a pesar de estar lleno del Espíritu Santo, fue tentado. Frecuentemente, cuando mayor es la santidad de una persona y más cerca se halla de Dios, es cuando con más frecuencia le asalta la tentación. Como alguien dijo: "El diablo apunta alto." A un apóstol le hizo decir que no conocía a Cristo.

Es menester que las personas que van a hacer temblar el reino del infierno tengan grandes conflictos con el diablo. Mirad los conflictos de Juan Bunyan. Su libro "El progreso del peregrino" nació en su prueba más profunda y hoy se lee en centenares de idiomas.

Si una persona está poseída en gran manera del Espíritu de Dios, tendrá que sostener grandes conflictos con Satanás. Dios permite la tentación porque hace con nosotros lo que las tormentas con los robles, nos arraiga y fortalece. La tentación nos causa el mismo efecto que el fuego con las pinturas en la porcelana, las hace permanentes.

Nunca sabe uno mejor que está bien agarrado a Cristo, o que Cristo lo tiene a uno bien cogido, que cuando el diablo utiliza toda su astucia y poder para separarle de él; entonces sentimos que Cristo estira con su mano derecha. *Seleccionado*

Las aflicciones extraordinarias no son siempre el castigo de pecados extraordinarios, sino a veces son las pruebas de dones extraordinarios. Dios tiene muchos instrumentos cortantes y limas para pulimentar sus joyas; y aquellas que él más ama y quiere hacer más resplandecientes son sobre las que él hace pasar sus instrumentos con más frecuencia. *Archbishop Leighton*

Doy mi testimonio con mucho placer de que, en el taller de mi Señor, tengo que estar más agradecido al fuego, al martillo y a la lima, que a ninguna otra cosa. A veces me pregunto si he aprendido algo que no haya sido mediante tribulación. Cuando la habitación de mi escuela está obscurecida es cuando más veo.

C. H. Spurgeon

13 de ABRIL ─────────────────────────────────

Entonces vino allí sobre mí la mano de Jehovah y me dijo: "Levántate, vete al valle, y allí hablaré contigo" (Eze. 3:22).

Desde que Pablo fue enviado por tres años al desierto de Arabia, donde debió de estar ardiendo por esparcir las buenas nuevas, hasta nuestros días, ¿habéis oído de alguna persona que Cristo haya utilizado en gran manera y que no haya tenido que pasar por algún tiempo *especial* de espera, o que todos sus planes hayan sido primero trastornados por completo?

Vosotros esperábais contar acerca de vuestra confianza en Jesús en Siria; pero ahora él dice: "Yo quiero que manifestéis lo que significa confiar en mí sin esperar ir a Siria."

Mi situación, aunque menos severa, era lo mismo en principio. Yo creía que las puertas estaban abiertas de par en par para mí para emprender trabajo literario. Pero mi médico se adelantó y dijo: "Eso nunca. Ella tiene que escoger entre escribir y vivir; no puede hacer ambas cosas."

Esto aconteció en 1860. Pero cuando salí de mi encierro en 1869 y publiqué "El ministerio del canto", pude ver y comprender la gran sabiduría de haber estado esperando guardada durante aquellos nueve años. El amor de Dios no cambia, él ama de la misma manera, aún cuando no vemos ni sentimos su amor. Su amor y soberanía también son iguales y universales; así que él detiene el gozo y el progreso consciente, porque sabe mejor lo que verdaderamente madura y favorece su obra en nosotros.

De Memoria de Francis Ridley Havergal

No juzguéis al Señor por los sentidos;
Confiad en su gracia, que es inmensa;
Y tras de su indignado ceño esconde
Plácida faz que al corazón serena.

Ciega incredulidad yerra el camino,
Y su obra en vano adivinar intenta;
Dios es su propio intérprete, y al cabo
Todo lo ha de explicar al que en él crea.

Dios provee tanto con lugares de
descanso, como con lugares de trabajo.
Descansa y sé agradecido cuando él te
lleve a un lugar de reposo.

Seleccionado

14 de ABRIL _____

Porque el Señor mismo descenderá del cielo con aclamación, con voz de arcángel y con trompeta de Dios; y los muertos en Cristo resucitarán primero. Luego nosotros, los que vivimos y habremos quedado, seremos arrebatados juntamente con ellos en las nubes, para el encuentro con el Señor en el aire; y así estaremos siempre con el Señor (1 Tes. 4:16, 17).

Era "muy temprano en la mañana", aún "había obscuridad", cuando Jesús resucitó de los muertos. No el sol, sino solamente la estrella de la mañana resplandeció sobre su tumba abierta. Las sombras no habían desaparecido, ni los ciudadanos de Jerusalén habían despertado. Aún era de noche, era la hora de dormir y había obscuridad cuando él resucitó. Su resurrección no hizo que despertasen los que dormitaban en la ciudad. Del mismo modo, será "muy temprano en la mañana cuando aún esté obscurecido" y sólo brillará la estrella de la mañana, cuando el cuerpo de Cristo, la iglesia, resucitará. A semejanza de él, sus santos despertarán mientras los hijos de la noche y las tinieblas aún duermen su sueño de muerte. En su resurrección no perturbarán a nadie. El mundo no oirá la voz que los cita. Con la misma quietud con que Jesús colocó

121

a cada uno para que descansasen en su tumba, como se coloca a los niños en los brazos de sus madres, de la misma manera, cuando llegue la hora él los despertará. A ellos se les habla con aquellas palabras vivificadoras de Isaías 26:19, "¡Despertad y cantad, oh moradores del polvo!" Los rayos de gloria que primero aparezcan hallarán sus tumbas. Ellos se nutrirán con los primeros fulgores de la mañana, aún cuando las nubes del este den señales muy pequeñas de retirarse. Su fragancia genial, la quietud de su calma, la frescura que posee, la dulzura de su soledad, la quietud de su pureza, todo esto tan solemne y al mismo tiempo tan lleno de esperanza, les pertenece a ellos.

¡Qué contraste tan grande existe entre estas cosas y la noche obscura por la que han atravesado! ¡Qué contraste contemplamos entre dichas cosas y la tumba de donde han salido!

Y cuando ellos se desprendan del césped que los cubre, arrojen su mortalidad a un lado, y resuciten con sus cuerpos glorificados para encontrar a su Señor en el aire, serán iluminados y guiados hacia arriba, a través del sendero sin pisar, por los rayos de luz de aquella Estrella de la mañana, la cual los conducirá, como la estrella de Belén, a la presencia del Rey. "El llanto puede durar una noche, pero el gozo aparece a la mañana siguiente."

Horatius Bonar

Despertad, despertad, ¡oh cristianos!
Vuestro sueño funesto dejad,
Que el cruel enemigo os acecha
Y cautivos os quiere llevar.

15 de ABRIL

Porque en tu palabra he confiado (Sal. 119:42).

La debilidad o fortaleza de nuestra fe se halla en proporción con la creencia que tenemos en que Dios hará lo que ha dicho. La fe es independiente de sentimentalismo, impresiones, improbabilidades y apariencias exteriores. Cuando confundimos estas cosas con la fe, dejamos de apoyarnos en la Palabra de Dios, porque la fe no tiene necesidad de ninguna de las cosas mencionadas. *La fe confía solamente en la Palabra de Dios.* Cuando creemos en su Palabra, nuestro corazón halla paz.

Dios se complace en el ejercicio de la fe, primero bendiciendo nuestras propias almas, después bendiciendo a la iglesia en general y también bendiciendo a aquellos que se hallen fuera de la iglesia. Cuando las pruebas nos visitan debiéramos decir: "Padre celestial, pon este vaso de prueba en mis manos, para que después pueda hacer algo que tú quieres que haga." *Las pruebas son el alimento de la fe.* Arrojémonos en los brazos de nuestro Padre celestial. El mayor gozo de su corazón es el hacer bien a todos sus hijos.

Pero las pruebas y las dificultades no son los únicos medios por los cuales se ejercita y aumenta la fe. *Por medio de la lectura de las Escrituras podemos conocer a Dios como él se ha revelado en su Palabra.*

Por lo que sabes acerca de Dios, ¿puedes decir que él es un ser amoroso? En caso contrario, permíteme que te suplique que pidas a Dios que él te haga comprender esto, con el fin de que puedas admirar su dulzura y bondad y te sea posible hablar de su amor y el placer que Dios habla en su corazón al hacer el bien a sus hijos.

Cuanto más nos aproximamos a este estado en lo profundo de nuestras almas, más dispuestos estamos a arrojarnos en sus brazos, satisfechos de la forma en que ha obrado con nosotros y cuando las pruebas nos asalten diremos:

"Esperaré para ver el bien que Dios va a hacerme por medio de ella, con la certeza de que él lo hará." De esta manera daremos un testimonio honorable delante del mundo y fortaleceremos las manos de otros.   *George Mueller*

16 de ABRIL ⸻⸻⸻⸻⸻⸻⸻⸻⸻⸻⸻⸻

Por la fe Abraham, cuando fue llamado, obedeció para salir al lugar que había de recibir por herencia (Heb. 11:8).

El no sabía a dónde iba, pero le bastaba con saber que iba con Dios. El no confió tanto en las promesas como en el que prometía. El no pensó en las dificultades de su empresa, sino en el Rey eterno, inmortal, invisible, en el único Dios sabio que se había dignado señalar su curso y con toda certeza se vindicaría a sí mismo. ¡Fe gloriosa! Esta es tu obra, estas son tus posibilidades;

contentamiento para marchar en cualquier dirección con órdenes selladas a causa de una confianza firme en la sabiduría del Señor; el estar dispuesto a levantarse, abandonarlo todo y seguir a Cristo con la alegre seguridad de que lo mejor de la tierra no puede compararse con la cosa más diminuta del cielo. *F. B. M.*

De ningún modo es lo suficiente el emprender una aventura de fe con tu Dios. Tienes que romper todos los planes que para ello tengas preparados. Tu Guía te llevará por un sendero sin pisar. El te conducirá por un camino que jamás podrías soñar que tus ojos iban a ver. El no conoce el temor y espera que tú no temas mientras está contigo.

Cuando nos embarcamos con el Señor estamos obligados a navegar bajo sus órdenes y con su protección y fortaleza, aunque no podamos comprender la razón por todas las cosas que nos sobrevengan. En esta vida es preciso guardar con celo nuestra fe y confianza en nuestro Señor y Guía.

17 de ABRIL ——————————————————————————————

La mano de Jehovah ha hecho esto (Job 12:9).

Hace varios años que fue encontrado en una mina africana el diamante más magnífico que recuerda la historia del mundo. Fue regalado al rey de Inglaterra para que resplandeciese en su corona real. El rey lo envió a Amsterdam para que lo cortasen y de esto se encargó un lapidario muy experto. ¿Qué crees que hizo con el diamante?

Tomó la valiosa joya e hizo una ranura en la misma. Después le dio un golpe fuerte con su instrumento y aquella joya soberbia cayó en sus manos partida en dos trozos. Muchos dirán, ¡qué barbaridad! ¡Qué desperdicio! ¡Qué descuido tan criminal!

Pero no fue descuido ni mala intención el hacer esto. Durante muchos días y semanas se había estudiado y planeado aquel golpe. Se habían hecho dibujos y modelos de la joya. Su calidad, sus defectos y sus líneas de partición habían sido estudiadas con grandísimo cuidado. El hombre a quien se le había encomendado el trabajo era uno de los lapidarios más diestros del mundo.

¿Dices tú que aquel golpe fue una gran equivocación? No, fue el clímax de la pericia del lapidario. Cuando él dio aquel golpe, lo que hizo fue perfeccionar la forma, la brillantez y el esplendor de la joya. Aquel golpe que pareció arruinar aquella piedra soberbia y preciosa lo que hizo fue devolverle su perfecta redención. Porque de aquellas dos mitades se hicieron las dos magníficas joyas que el ojo práctico del lapidario vio escondidas en la tosquedad de la piedra sin cortar que había salido de la mina.

Así también, algunas veces Dios permite que recibas en la vida algún golpe punzante. La sangre brota, los nervios se retuercen y el alma grita en agonía. A ti te parece que dicho golpe fue un gran error. Pero no es así porque, para Dios, tú eres la joya más valiosa del mundo y él es el lapidario más diestro del universo.

Algún día tú tienes que resplandecer en la corona del Rey. El sabe la forma en como tiene que obrar contigo. No se permitirá que ningún golpe caiga sobre tu alma abatida, sino sólo lo que el amor de Dios permita, y esto contribuirá para bendecirte y enriquecerte espiritualmente de una manera que tú no te puedes imaginar.

J. H. McC.

En uno de los libros de George MacDonald se halla el siguiente diálogo:

—No sé por qué me ha hecho Dios —dijo amargamente la señora Faber—, estoy segura de que no sé el beneficio que puedo prestar con habérseme hecho.

—Quizá no es mucho ahora —dijo Dorothy—, pero él no te ha terminado aún. El te está haciendo ahora y tú te estás quejando del proceso.

Si los hombres creyesen solamente que se encuentran en un proceso creativo y consintiesen en ser terminados; si permitiesen que el Hacedor los manejase como el alfarero hace con su arcilla, no tardarían mucho en dar la bienvenida a la presión de su mano aunque sintiesen dolor; y algunas veces no sólo creerían, sino que reconocerían el propósito divino que hay en ello.

18 de ABRIL ——————————————————————————

Confía en él, y él hará (Sal. 37:5).

Anteriormente yo creía que después de haber orado tenía el deber de hacer todo lo que pudiese para obtener la respuesta. El Señor me enseñó un método mucho mejor, y me mostró que lo único que hacían mis esfuerzos eran dificultar su obra. También me dijo que cuando orase y creyese definitivamente en él, quería que esperase con el espíritu de alabanza, y que hiciese solamente lo que él me mandase. El sentarse sin hacer otra cosa que confiar en el Señor parece muy inseguro; y la tentación que tenemos de tomar el asunto en nuestras manos y luchar la batalla es tremenda. Todos sabemos que es casi imposible rescatar a un hombre que se está ahogando y trata de ayudar al que va a salvarle. La misma imposibilidad encuentra el Señor con nosotros para luchar nuestras batallas cuando insistimos en lucharlas nosotros mismos. No es que él no quiera, sino que nuestra intervención dificulta el que él obre. *C. H. P.*

Las fuerzas espirituales no pueden obrar mientras actúan las fuerzas terrenales.

Dios emplea tiempo para contestar nuestras oraciones. Con frecuencia fracasamos al no dar a Dios una oportunidad a este respecto. Para dar el colorido a una rosa, Dios emplea cierto tiempo y lo mismo para darle el crecimiento a un roble. Para hacer el pan de los campos de trigo, Dios emplea un cierto tiempo. El toma la tierra, la pulveriza, ablanda, enriquece, la moja y humedece con la lluvia y el rocío, y le da vida. El da la hoja, el tallo, el grano, y por último el pan para el hambriento.

Todo esto lleva tiempo. Por lo tanto nosotros sembremos, labremos, esperemos y confiemos hasta que Dios haya llevado a cabo todos los planes. En todas estas cosas demos a Dios una oportunidad en lo que se refiere al tiempo. En nuestra vida de oración debemos de aprender esta misma lección. Para contestar a nuestras oraciones, Dios emplea cierto tiempo. *J. H. M.*

19 de ABRIL ──────────────────────────────

¡No temáis! Estad firmes y veréis la liberación que Jehovah hará a vuestro favor (Exo. 14:13).

Estas palabras contienen el mandamiento de Dios para el creyente cuando se haya reducido a grandes estrecheces y se halle en una posición de dificultades extraordinarias. El no puede retirarse; no puede marchar hacia adelante; está cercado a diestra y siniestra. ¿Qué va a hacer?

La palabra del Maestro para él es ésta: "Permanece quieto." Será un gran bien para él si escucha solamente la palabra del Maestro en tales ocasiones, porque hay muchos malos consejeros que acuden para hacer malas sugestiones. La *Desesperación* susurra: "Tiéndete y muere; dalo todo por perdido." Pero Dios quiere que tengamos un valor alentador y aún en los peores tiempos nos gocemos en su amor y fidelidad.

La *Cobardía* dice: "Retrocede, vuelve a los métodos mundanos de acción; tú no puedes cumplir con tus preceptos cristianos; son demasiado difíciles. Abandona tus principios." Pero, por mucho que Satanás te urja para que tomes ese camino, tú no puedes seguirlo si eres un hijo de Dios. Su mandato divino, absoluto, te pide que marches de fortaleza en fortaleza y ni la muerte, ni el infierno, harán que te desvíes de tu camino. Si se te pide que te detengas un poco es para que renueves tu fortaleza para hacer un avance mayor en el tiempo apropiado."

La *Precipitación* grita: "Haz algo, muévete, el permanecer quieto y el esperar es una pura holgazanería." Debemos hacer algo inmediatamente; debemos hacerlo, así pensamos nosotros, en lugar de mirar al Señor, quien no solamente hará algo sino que lo hará todo.

La *Presunción* se jacta y dice: "Si el mar está frente a ti, métete dentro y espera un milagro." Pero la fe ni presta oído a la Presunción, ni a la Desesperación, ni a la Cobardía, ni a la Precipitación, sino que sólo oye decir a Dios: "Permanece quieto", y se queda tan inmovible como una roca.

"Permanece quieto", guarda la postura de un hombre de pie derecho, dispuesto para la acción, esperando órdenes, aguardando con gozo y paciencia la voz de mando; y no se tardará mucho en que Dios te diga tan distintamente como Moisés dijo al pueblo de Israel, "marcha adelante".

C. H. Spurgeon

Espera en tiempos de inseguridad. Siempre que tengas alguna duda, espera. No te esfuerces para ninguna acción si tienes refrenamiento en tu espíritu, espera hasta que todo esté esclarecido y no vayas contra ello.

No con ejército, ni con fuerza, sino con mi Espíritu, ha dicho Jehováh de los Ejércitos (Zac. 4:6).

En cierta ocasión me encontraba en un camino que conducía hacia una colina. Al pie de la misma vi a un muchacho montado en bicicleta que se esforzaba en subir por la colina contra la corriente de aire. Evidentemente el esfuerzo que tenía que hacer era tremendo. Cuando mayores eran sus fatigas apareció, afortunadamente, un autobús que subía la colina en la misma dirección. Su marcha no era muy acelerada y el muchacho pudo agarrarse con una mano a uno de los barrotes de subida de la parte trasera del autobús. El lector puede imaginarse lo que sucedió. El muchacho subió la cuesta a las mil maravillas. Entonces me pregunté:

"¿Por qué soy semejante a ese muchacho en mis flaquezas y fatigas? Constantemente estoy pedaleando cuesta arriba contra toda clase de oposición y me encuentro casi extenuado por dicha tarea. Pero, gracias a Dios, tengo a mano un poder disponible, la fortaleza del Señor Jesús.

"Lo único que tengo que hacer es ponerme en contacto y mantener comunión con él, aunque no sea nada más que con un pequeño hilo de fe. Esto me bastará para utilizar su poder en este pequeño servicio que ahora me parece demasiado para mí." Esto me ayudó para desterrar mis molestias y darme cuenta de dicha verdad.   De *The Life of Fuller Purpose*

Ven alma que lloras, ven al Salvador;
En tus tristes horas, dile tu dolor,
Dile sí tu duelo; ven tal como estás;
Habla sin recelo y no llores más.

Toda tu amargura, di al amigo fiel;
Penas y tristura, deposita en él.
En su tierno seno, asilo hallarás;
Ven que al pobre es bueno, y no llores más.

Tú mismo al cansado, enseña la cruz,
Guía al angustiado, hacia el buen Jesús,
La bendita nueva, de celeste paz,
A los triste lleva, y no llores más.

Plenamente convencido de que Dios, quien había prometido, era poderoso para hacerlo (Rom. 4:21).

Se nos dice que Abraham podía mirar a su propio cuerpo y considerarlo como muerto, sin que por esto se desalentase, porque él no se miraba a sí mismo, sino al Todopoderoso. El no vaciló en la promesa, sino que permaneció de pie firme, debajo de su carga poderosa de bendición. En vez de debilitarse aumentó su fe y se fortaleció cuando las dificultades se hacían más aparentes. Glorificó a Dios en todo por medio de su suficiencia, estando "plenamente convencido", que "quien había prometido" no es que meramente pudiese, sino como dice literalmente, es "poderoso para hacerlo", porque tiene una infinidad de recursos muy superiores a las necesidades.

El es el Dios de los recursos sin límite. La limitación solamente existe de nuestra parte. Nuestras peticiones, pensamientos y oraciones son demasiado pequeñas; lo que esperamos es muy limitado. El trata de elevarnos a una concepción más elevada y nos incita a que esperemos cosas mayores. ¿Nos vamos a mofar de él? No hay límites que podemos pedir y esperar de nuestro glorioso El-Shaddai; y solamente se nos ha dado una medida para su bendición y es la siguiente: "Según el poder que obra en nosotros."

A. B. Simpson

Trepa a la casa donde se guardan los tesoros de bendición, por la escalera divina de las promesas. Abre con una promesa, como si fuese una llave, la puerta en donde se hallan las riquezas de la gracia de tu Dios.

El conoce el camino en que ando; cuando él me haya probado, saldré como oro (Job 23:10).

Creyente, ¡qué seguridad tan gloriosa! Tu camino, aunque sea un camino torcido, misterioso, embrollado, de pruebas y lágrimas, "él lo conoce". El horno que fue calentado siete veces, él lo encendió. Hay un guía omnipotente que conoce y dirige nuestros pasos, bien hacia el estanque de Marah, o al gozo y refrigerio de Elim.

Aquel camino obscuro para los Egipcios posee su columna de nube y fuego para su propio Israel. El horno está ardiendo, pero no solamente podemos confiar en la mano del que lo enciende, sino que tenemos la seguridad de que el fuego no está encendido para consumir, sino para refinar; y una vez que se ha terminado el proceso de refinamiento, él saca a los suyos puros y limpios como el oro.

Cuando pensamos que se encuentra más lejos, a menudo es cuando está más cerca. *"Cuando* mi espíritu está desmayado dentro de mí, tú conoces mi senda" (Sal. 142:3).

¿Conocemos a uno que brilla más que la luz del sol y visita nuestra cámara cuando aparecen los primeros rayos vespertinos? ¿Hemos apreciado esta mirada de ternura y compasión infinita que nos sigue durante el día y sabe el camino que tomamos?

El mundo, en la hora de la adversidad, habla de la "Providencia". "La voluntad de la Providencia", "los golpes de la Providencia". ¿Qué es eso?

¿Por qué destronar a un Dios vivo que dirige desde la soberanía de su propia tierra? ¿Por qué substituir a un Jehovah personal que actúa y controla por una abstracción inanimada y como muerta?

De qué manera tan prodigiosa se nos sacaría el aguijón aun de la mayor prueba si solamente viésemos como vio Job, ninguna otra mano sino la mano divina. El vio aquella mano detrás de las espadas relucientes de los sabeos; la vio detrás de la luz del rayo; la vio dando vuelos a la tempestad; la vio en el terrible silencio de su casa saqueada.

"Jehovah dio, y Jehovah quitó. ¡Sea bendito el nombre de Jehovah!" (Job 1:21).

Viendo de esta manera a Dios en todas partes, su fe alcanzó su clímax cuando sentado sobre su lecho de cenizas podía decir: "He aquí, aunque él me mate, en él he de esperar" (Job 13:15).

Macduff

130

Aunque yo camine en medio de la angustia, tú me preservarás la vida (Sal. 138:7).

E l significado de este versículo en hebreo es, "marcha al centro de la tribulación". ¡Qué palabras tan significativas! Hemos acudido a Dios en el día de la tribulación; hemos rogado por su promesa de rescate y no hemos recibido liberación alguna; el enemigo ha continuado oprimiéndonos hasta que estábamos en lo peor de la lucha, en el centro de la tribulación. Entonces, ¿por qué importunar más al Maestro?

Cuando Marta dijo: "Señor, si tú hubieses estado aquí mi hermano no habría muerto," nuestro Señor llenó su falta de fe con esta otra promesa: "Tu hermano resucitará otra vez." Y, cuando andamos "en el centro de la tribulación" y somos tentados a pensar como Marta que ya ha pasado el tiempo de poder ser liberados, él también nos alienta con una promesa de su Palabra. "Aunque anduviere en medio de la tribulación, tú me vivificarás."

Aunque haya tardado tanto su respuesta, aunque aún podamos "continuar" en medio de la tribulación, "el centro de la aflicción" *es el lugar donde él vivifica, y no el sitio donde él nos falta.*

En el mismo lugar y momento de la desesperación es cuando él extenderá su mano contra la ira de nuestros enemigos y perfeccionará lo que se refiere a nosotros, en ese mismo momento es cuando él hará que el ataque cese, fracase y termine. ¿Para qué desfallecer entonces?   *Aphra White*

Alma mía, no delires,
Ni suspires de dolor,
Que posees en el cielo,
Tu consuelo, tu Señor.
Jesucristo, del pecado
Te ha librado en la cruz,
Y derrama sobre el alma
Gozo, calma, paz y luz.

El conoce tu conciencia,
Tu dolencia y frenesí,

Y con ansia te bendice
Y te dice: "Ven a mí."
No más llanto, no más penas,
Tus cadenas romperás,
Y en el seno de tu Dueño
Dulce sueño dormirás.

24 de ABRIL

Fe es... la comprobación de los hechos que no se ven (Heb. 11:1).

La fe verdadera coloca su carta en el buzón del correo y la deja que marche. La desconfianza se detiene y duda si ha de recibir respuesta alguna. Tengo en mi mesa varias cartas que escribí hace algunas semanas; pero, a causa de cierta duda sobre la dirección o el contenido, aún no las he echado al correo. Ni a mí ni a nadie han hecho aún bien alguno. Nunca harán nada hasta que me desprenda de ellas y las confíe al cartero y al correo. Esta es la forma en como actúa la fe verdadera. Envíe su caso a Dios y entonces él obra. En el Salmo 37:5 hay un magnífico consejo que dice: "Encomienda a Jehovah tu camino; confía en él, y él hará." Pero él nunca obra hasta que nosotros nos encomendamos. La fe es un recibir, o mejor dicho, un tomar de los dones ofrecidos por Dios. Podemos creer, venir y encomendar, pero no nos daremos cuenta por completo de toda nuestra bendición hasta que empecemos a recibir y alcancemos la actitud de morar y tomar.

De Days of Heaven upon Earth

El doctor Payson escribió en su juventud a una madre anciana que estaba muy apesadumbrada a causa del estado de su hijo, de la forma siguiente: "Usted se impacienta y sufre demasiado acerca de él. Una vez que ha orado por él, como ya lo ha hecho, y lo ha encomendado a Dios, ¿no debiera de cesar su inquietud acerca de él? El mandamiento,'por nada estéis afanosos', no tiene límites; y lo mismo puede decirse de la expresión, 'Echad sobre él toda vuestra ansiedad.' Si arrojamos nuestras cargas sobre otro, ¿pueden continuar oprimiéndonos? Con respecto a mí mismo, yo he hecho esta prueba en mis oraciones; si después de haber encomendado alguna cosa a Dios puedo permanecer lo mismo que Ana sin dolores de cabeza y sin inquietarme, sin sufrir dolores de corazón, entonces considero esto como una prueba de que he orado con fe; pero si continúo con la misma carga y pesar, entonces pienso que no he ejercitado mi fe."

25 de ABRIL

Estaban allí María Magdalena y la otra María, sentadas delante del sepulcro (Mat. 27:61).

Qué cosa tan extraña es el desaliento. Ni aprende, ni conoce, ni quiere aprender o saber. Cuando las afligidas mujeres se sentaron junto a la puerta del sepulcro de Jesús, ¿vieron los dos mil años de triunfo que han transcurrido? Ellas no vieron otra cosa sino esto: "Nuestro Cristo no está aquí."

Tu Cristo y mi Cristo vino de aquella pérdida y de su resurrección. Millares de corazones angustiados han obtenido su resurrección en medio de su tribulación; y, no obstante, los observadores entristecidos que miraban y esperaban este resultado no vieron nada. Lo que ellos consideraron como el fin de la vida fue la preparación para la coronación, porque Cristo permanecía en silencio, para que él pudiese vivir otra vez con un poder más grande.

Ellas no vieron esto. Se afligieron, lloraron, se marcharon y sus corazones las condujeron nuevamente al sepulcro, el cual continuaba silencioso y obscuro.

Así acontece también con nosotros. Cada hombre se sienta en su jardín contra el sepulcro y dice: "Este dolor es irremediable. En ello no veo beneficio alguno. Con ello no he de consolarme." Y, no obstante, en lo más profundo y peor de nuestras desventuras, a menudo yace nuestro Cristo esperando resucitar.

Donde parece que está nuestra muerte, allí está nuestro Salvador. Donde se halla el fin de las esperanzas, allí está el principio más resplandeciente del placer. Donde la obscuridad es más espesa, el rayo de luz resplandeciente que nunca se apaga está a punto de salir. Cuando nuestra experiencia se ha perfeccionado, entonces nos damos cuenta de que un jardín no se desfigura con un sepulcro. Nuestras alegrías se forman mucho mejor si hay tribulación en medio de las mismas. Y nuestras aflicciones son más resplandecientes a causa de los goces que Dios ha plantado a su alrededor. Las flores quizás no nos agraden pero son flores del corazón, de amor, esperanza, fe, gozo y paz. Estas son flores que se hallan plantadas alrededor de cada tumba sumergida en el corazón del cristiano.

Como el grano de semilla
En la tierra debe entrar,
Vuestros cuerpos igualmente
En la tumba habrán de estar,
Esperando del gran día
En las nubes la señal,
Y que la final trompeta
Llame a todos por igual.

26 de ABRIL

Y aun más: Considero como pérdida todas las cosas, en comparación con lo incomparable que es conocer a Cristo Jesús mi Señor (Fil. 3:8).

La luz siempre es costosa. La luz se produce solamente al costo de lo que la produce. Una vela sin quemar no produce luz. El fuego vino antes que la luz. Sin que nos cueste algo no podemos ser útiles a otros. El quemar sugiere sufrimiento. Nosotros huímos del dolor.

Somos formados de tal manera que sentimos que hacemos el mayor bien por el mundo cuando somos fuertes y aptos para el deber activo, y cuando nuestros corazones y nuestras manos están ocupadas con un buen servicio.

Cuando por el contrario se nos llama aparte y lo único que podemos hacer es sufrir; cuando estamos enfermos o consumidos por el dolor; cuando nos hemos visto obigados a abandonar todas nuestras actividades, sentimos que ya no servimos para nada y que no hacemos nada.

Pero si tenemos paciencia y somos sumisos, podemos estar casi seguros de que somos una bendición mucho mayor para el mundo en nuestros tiempos de sufrimiento y de dolor que lo fuimos en aquellos días en que creíamos que estábamos haciendo el mejor uso de nuestro trabajo. Ahora estamos ardiendo, y brillamos porque ardemos. *De Evening Thoughts*

"La gloria de mañana está arraigada en los sufrimientos de hoy."

Hay muchos que desean la gloria sin la cruz, el brillar sin el fuego, pero la crucifixión precede a la coronación.

Eleva el pensamiento,
Al cielo sube,
Por nada te acongojes,
Nada te turbe.

A Jesucristo sigue,
Ven, no desmayes;
Y venga lo que venga,
Nada te espante.

27 de ABRIL

Yo soy... el que vive. Estuve muerto, y he aquí que vivo por los siglos de los siglos (Apoc. 1:17, 18).

¡Flores! ¡Lirios de pascua de resurrección! Contadme esta mañana la misma lección antigua de inmortalidad que habéis estado contando a tantas almas afligidas.

¡Antiguo y sabio Libro! Permite que lea nuevamente en tus páginas de firme certeza que el morir es ganancia.

¡Poetas! Recitadme vuestros versos que en cada línea repiten el evangelio de vida eterna.

¡Cantores! Romped una vez más en canciones de gozo; permitidme que oiga los salmos bien conocidos de la resurrección.

El árbol, la flor, el pájaro, el mar, el cielo y el viento lo susurran, lo hacen sonar de nuevo, lo gorjean, lo hacen resonar y latir a través de todo átomo y partícula; deja que el aire se empape con ello.

Permite que se relate una y otra vez, hasta que la esperanza se convierta en convicción, y la convicción en conocimiento de certidumbre; hasta que a semejanza de Pablo, aunque nos

135

dirijamos a la misma muerte, caminemos con aire de triunfo, con fe firme, y con rostros apacibles y brillantes.

El dormir en Jesús es cesar
El trabajo, cesar de gemir;
Es con Cristo Jesús reposar,
Y empezar, sin dolor a vivir.

Es morir hacia Cristo volar,
Es morir hacia el cielo subir,
Es morir en Jesús habitar,
Es morir empezar a vivir.

Es sentir una dicha sin par
Es legar al regazo de Dios
Es la célica brisa aspirar,
Es beber en la fuente de amor.

Creemos que de cada tumba brota un lirio de pascua de resurrección, y que en cada tumba se sienta un ángel. Creemos en un Señor resucitado. No volvamos nuestros rostros al pasado para adorar solamente en su tumba, sino hacia arriba e interiormente, para que podamos adorar al Cristo viviente. Y porque él vive, nosotros también viviremos.   *Abbott*

¡Aleluya! ¡Aleluya!
El Señor resucitó;
¡Aleluya! ¡Aleluya!
A la muerte ya venció.

No pudieron las entrañas
Del sepulcro aterrador
Retener entre sus sombras
A Jesús, el Salvador.

Vencedores también somos
Por el mártir de la cruz,
Somos suyos, y por siempre
Viviremos en su luz.

¡Eres digno de alabanza,
Victorioso Redentor,
Nuestra vida te ofrecemos,
Nuestros cantos, nuestro amor!

¡Aleluya! ¡Aleluya!
El Señor resucitó;
¡Aleluya! ¡Aleluya!
A la muerte ya venció.

Vicente Mendoza

28 de ABRIL

Pero cuando los hijos de Israel clamaron a Jehová, Jehová levantó un libertador... quien los libró. Este fue Otoniel hijo de Quenaz, hermano menor de Caleb. El Espíritu de Jehová vino sobre él (Jue. 3:9, 10).

Dios prepara a sus héroes y cuando llega la oportunidad coloca a cada uno en su puesto. El mundo se extraña de ello y se pregunta de dónde han podido salir.

Querido amigo, deja que el Espíritu Santo te prepare por medio de la disciplina de la vida.

Llegará un día cuando nosotros juzgaremos también a las naciones lo mismo que Otoniel y gobernaremos y reinaremos con Cristo en el milenio terrenal. Pero antes de que llegue ese día tan glorioso debemos dejar a Dios que nos prepare como él preparó a Otoniel en Quiriat-Sefer, por medio de las tribulaciones de nuestra vida presente y las victorias pequeñas, en cuyo significado soñamos muy poco. Por lo menos estemos seguros de esto, si el Espíritu Santo tiene preparado un Otoniel, el Señor del cielo y de la tierra tiene preparado un trono para él.   *A. B. Simpson*

"La fortaleza y grandeza humana no brotan de una vida cómoda. Los héroes tienen que ser algo más que trozos de madera flotando sobre una mar sin fluctuaciones."

"Todo camino principal de la vida humana tiene sus caídas y sus elevaciones. Cada hombre tiene que atravesar el túnel de la tribulación antes de que pueda viajar por el camino elevado del triunfo."

Elías era un hombre sujeto a pasiones, igual que nosotros (Stg. 5:17).

Gracias a Dios por eso. Elías se sentó debajo de un árbol como tú y yo hemos hecho con frecuencia; se quejó, murmuró, como a menudo nosotros hemos hecho; fue incrédulo como tú y yo también lo hemos sido. Pero no fue esta su condición cuando verdaderamente se puso en contacto con Dios. Aunque "era un hombre sujeto a pasiones, igual que nosotros, pero oró con insistencia". El texto original es verdaderamente sublime, no dice "ardientemente", sino "oró con insistencia". El se mantuvo orando. ¿Qué lección aprendemos aquí? Que tú y yo debemos *orar continuamente.*

Sube a lo alto del Carmelo y contempla la parábola tan extraordinaria de fe y vista. No era el descendimiento del fuego lo que estaba siendo necesario en aquel momento, sino el descendimiento del agua; y el hombre que tiene poder para mandar al fuego, también tiene poder para mandar al agua por los mismos medios y métodos. Se nos dice que él se inclinó a tierra con su rostro entre sus rodillas; es decir, evitando toda clase de vista y ruido. El se estaba colocando en una posición en la que no podía ver ni oír debajo de su capa lo que estaba sucediendo más allá.

Y dijo a su siervo: "Ve y observa si sucede algo." El fue y cuando volvió dijo una sóla palabra, "¡nada!"

Al rato volvió y dijo: "Hay una nube pequeña semejante a la mano de un hombre." La mano de un hombre se había levantado suplicando e inmediatamente vino la lluvia. Acab aún tuvo tiempo de volver a las puertas de Samaria con sus veloces caballos. Esta es una parábola de fe y vista. La fe misma encerrándose con Dios; la vista, observando y no viendo nada. La fe marchando hacia adelante, y "suplicando en oración" a pesar de la información tan desalentadora que le daba la vista.

¿Sabes cómo orar y prevalecer en tales ocasiones? Deja que la vista te informe de un modo desalentador, pero no prestes a ello atención alguna. El Dios vivo aún está en los cielos, y el tardar podemos considerarlo como parte de su bondad.

Arthur T. Pierson

Tres muchachos dieron una definición de la fe, la cual es una ilustración de la tenacidad de la misma. El primero de los muchachos dijo: "Es el tomar posesión de Cristo"; el segundo, "el guardar la posesión"; y el tercero, "no dejarle marchar".

30 de ABRIL ————————————————————————

Las vacas de mal aspecto y flacas de carne devoraron a las siete vacas de hermoso aspecto y gordas... Las espigas delgadas devoraron a las siete espigas gruesas y llenas (Gén. 41:4, 7).

En aquel ensueño hay un gran aviso para nosotros. Es posible que los mejores años de nuestra vida, nuestras mejores experiencias, las mejores victorias que hemos ganado y los mejores servicios que hemos prestado sean destruidos por los fracasos, la derrota, el deshonor y la inutilidad en el reino. Las vidas de algunos hombres de gran valía y hechos extraordinarios han terminado de esta manera. Es terrible pensar en esto, pero ello es cierto. *No obstante, nunca es necesario que esto suceda.*

S. D. Gordon ha dicho que la única salvación contra tal tragedia es "un nuevo contacto diario y a cada hora con Dios". Las benditas experiencias, fructíferas y victoriosas de ayer, no solamente no me sirven hoy para nada, sino que serán devoradas y trastornadas por los fracasos de hoy, *a no ser* que sirvan hoy de incentivo para experiencias más ricas y mejores.

"Un nuevo contacto con Dios", permaneciendo en comunión con Cristo, impedirá que las vacas flacas y el mal grano se acerquen a nuestra vida.   De *Messages for the Morning Watch*

1 de MAYO ————————————————————————

Dios que no miente prometió (Tit. 1:2).

La fe no consiste en formar por medio del poder de la voluntad una cierta clase de certeza de que algo va a suceder, sino que ve como un hecho real lo que Dios ha dicho que sucederá, cree que ello es verdad, se regocija por saber que es cierto y lo espera porque

Dios lo ha dicho. Entonces descansa en la fidelidad y el poder de Dios.

La fe convierte la promesa en una profecía. Mientras que es meramente una promesa, depende de nuestra cooperación. Pero cuando la fe lo reclama se convierte en una profecía y sentimos que es algo que necesariamente tiene que hacerse porque Dios no puede mentir. *De Días celestiales sobre la tierra*

En todas partes oigo a los hombres orar por más fe, pero cuando les escucho cuidadosamente y voy al fondo de la oración, con frecuencia hallo que no es fe lo que desean, sino un cambio de la fe en cosas visibles.

La fe no dice: "Dios debe haberme mandado esto porque es bueno para mí", sino, "Dios me lo ha mandado, así que necesariamente es bueno para mí."

La fe caminando con Dios en la obscuridad sólo le pide a él que coja su mano más estrechamente.   *Phillips Brooks*

> Nada te turbe;
> Nada te espante;
> Todo se pasa;
> Dios no se muda,
> La paciencia todo lo alcanza.
> Quien a Dios tiene,
> Nada le falta;
> Sólo Dios basta.
>
> *Teresa de Jesús*

2 de MAYO

Jehovah estableció en los cielos su trono, y su reino domina sobre todo (Sal. 103:19).

Hace algún tiempo, al principio de la primavera, iba a salir a la puerta cuando de la vuelta de la esquina vino un soplo de aire del este, desafiador, cruel, fiero y seco, trayendo una nube de polvo delante de la puerta.

Al acabar de quitar el llavín de la puerta, dije con cierta impaciencia:

"Por qué no", iba a decir, "cambiará este viento."

Pero la palabra se me cortó y no terminé la frase. A medida que caminaba, el incidente llegó a ser para mí una parábola. Entonces vino un ángel con una llave y dijo:

—Mi Maestro te envía su amor y me ha pedido que te entregue esto.

—¿Qué es eso? —pregunté con cierta duda.

—La llave de los vientos —respondió el ángel y desapareció.

Ahora sí que voy a ser feliz. Me apresuré hacia las alturas de donde los vientos procedían y permanecí entre las cavernas.

"Terminaré de la manera que sea con este dichoso viento del este, para que no nos moleste más."

Alcé la voz y llamando a aquel viento enemigo cerré la puerta, pero el ruido de sus ecos podía oírse resonar en las oquedades. Entonces di una vuelta a la llave con cierto aire de triunfo y dije:

"Por fin hemos acabado de una vez con este viento."

"¿Con qué lo sustituiré?" me pregunté, mirando a mi alrededor. "El viento del sur es muy agradable" y me acordé de los corderitos, de la juventud de todas partes y de las flores que habían empezado a adornar los setos vivos. Pero, al ir a poner la llave en la cerradura, noté que me quemaba la mano.

"¿Qué es lo que estoy haciendo?", grité. "¿Quién puede saber el mal que voy a causar con mi acción? ¿Cómo puedo yo saber lo que los campos necesitan? Voy a causar miles de males con mi estúpido deseo."

Aturdido y avergonzado levanté mis ojos y rogué al Señor que volviese a enviar su ángel por la llave, y prometí que jamás volvería a sentir deseo de tenerla.

Pero, he aquí que el Señor mismo estaba junto a mí. Extendió su mano para tomar la llave y, al dársela, vi que la colocó sobre las señales de las heridas grandes.

Sentí un profundo dolor por haber murmurado contra algo que él hizo y que lleva las señales sagradas de su amor. Entonces él tomó la llave y la colgó en su cintura.

—¿Guardas la llave de los vientos? —le pregunté.

—Sí, hijo mío —me contestó con mucha ternura.

Lo miré nuevamente y vi colgadas todas las llaves de toda mi vida. El vio mi mirada de espanto y me preguntó:

—¿Ignorabas, hijo mío, que mi reino domina sobre todos?

—¡Sobre todos Señor! —contesté—. Entonces, no puedo obtener ninguna seguridad murmurando.

Colocando su mano sobre mí me dijo con mucho cariño,
—Hijo, tu única seguridad en todo está en que ames, confíes y alabes.

Mark Guy Pearse

3 de MAYO

Y sucederá que cualquiera que invoque el nombre de Jehovah será salvo (Joel 2:32).

Hallo que a menudo me conviene hacer estas preguntas: ¿Por qué no invoco su nombre? ¿Por qué voy corriendo a este vecino cuando Dios está tan cerca y dispuesto a oír mi más débil llamamiento? ¿Por qué me siento para hacer proyectos e inventar planes? ¿Por qué no arrojo de una vez mi carga y mi persona en los brazos del Señor?

El mejor corredor camina en línea recta hacia adelante. ¿Por qué no corro de la misma manera hacia el Dios vivo? Será en vano que busque mi rescate en cualquier otra parte; pero con Dios lo hallaré, porque su promesa me lo asegura.

No tengo necesidad de preguntar si me está permitido o no el llamar en su nombre, porque la palabra "cualquiera" es bastante clara y comprensiva. Cualquiera quiere decir yo, porque significa todos y se refiere a todos aquellos que invocan su nombre.

Mi caso es urgente y no veo la manera en cómo voy a ser librado, pero mi cometido no es éste. El que ha hecho la promesa encontrará modos y medios para guardarla. Lo que debo hacer es obedecer sus mandamientos y no dirigir sus consejos. Yo soy su siervo y no su procurador. Si llamo en su nombre, él me librará.

C. H. Spurgeon

4 de MAYO

Porque él hace doler, pero también venda; él golpea, pero sus manos sanan (Job 5:18).

Cuando pasamos junto a las colinas que han sido agitadas por los terremotos y destrozadas por la convulsión, encontramos que períodos de perfecto reposo han sucedido a los destructivos. Debajo de sus rocas caídas hay charcos de agua apacible y clara; los lirios acuáticos resplandecen y las cañas susurran entre las sombras. La aldea vuelve a levantarse entre las olvidadas sepulturas y la torre de la iglesia, que entre la tormenta y la obscuridad aparece emblanquecida, clama nuevamente para que le proteja aquel "en cuyas manos están las profundidades de la tierra; y las alturas de los montes son suyas".   *Ruskin*

Ya viene a mi alma un son
Un coro de gozo y paz;
Lo canto con grato amor;
Dulce paz, el don de mi Dios.

Por Cristo en la cruz vino paz,
Mi deuda por él se pagó;
Otra base no hay sino él,
Para paz, el don de mi Dios.

¡Paz, paz, dulce paz!
¡Don precioso de Dios!
¡Oh, paz, maravilla de paz!
El don de amor de mi Dios.

Peter Bilhorn

5 de MAYO ⸺⸺⸺⸺⸺⸺⸺⸺⸺⸺⸺⸺

Cuando comenzaron el canto y la alabanza, Jehovah puso emboscadas (a sus enemigos). . . y fueron derrotados (2 Crón. 20:22).

¡Ojalá que razonásemos menos acerca de nuestras turbaciones y cantásemos y alabásemos más! Hay millares de cosas que llevamos como si fuesen grilletes y que si supiésemos utilizarlas podríamos usarlas como instrumentos musicales.

Los hombres que reflexionan, meditan, se ocupan seriamente de los asuntos de la vida, estudian el desarrollo misterioso de la providencia de Dios y se preguntan si es justo que ellos estén

143

agobiados, contrariados y avergonzados. ¡Qué diferentes y cuánto más dichosos serían si en lugar de estar siempre tratando de favorecerse y pensando interiormente, cogiesen y elevasen al Señor diariamente sus preocupaciones y alabasen a Dios por las mismas! Cantando podemos desechar más fácilmente nuestras preocupaciones que razonando acerca de ellas. Canta por la mañana. Los pájaros son los que cantan más temprano y no conozco a nadie que tenga menos preocupaciones que ellos. Canta por la noche. Cantar es la última cosa que los petirrojos hacen. Al terminar su labor cotidiana y después de dar su último vuelo y comer su último bocado, entonces en la parte más elevada de una ramita, cantan una canción de alabanza.

¡Oh, cantemos por la mañana y por la tarde, y que la primera nota de cada canto de alabanza y gratitud se junte al eco del himno anterior!

Seleccionado

6 de MAYO ————————————————————————————

El secreto de Jehovah es para los que le temen (Sal. 25:14).

La Providencia tiene secretos que los amados hijos de Dios pueden aprender. La forma en que él los usa puede parecer a menudo, al que mira sólo superficialmente, algo duro y terrible. La fe mira más profundamente y dice: "Este es un secreto de Dios. Tú sólo te fijas en el exterior, yo puedo mirar en el interior y descifrar el significado escondido."

Algunas veces los diamantes se envuelven en paquetes toscos para que no se pueda ver su valor. Cuando el tabernáculo se construyó en el desierto no tenía nada valioso en su apariencia exterior. Todas las cosas de valor estaban dentro y su cubierta exterior de tosco cuero de tejón no daba la impresión de las cosas tan valiosas que contenía.

Queridos amigos, Dios puede enviarnos paquetes bastante valiosos. Si los recibís con una envoltura tosca, no os angustiéis. Podéis estar seguros de que dentro de ellos hay escondidos tesoros de amor, bondad y sabiduría. Si tomamos lo que él nos envía y *confiamos en él*, podremos aprender, aun en las mayores dificultades, el significado de los secretos de la Providencia.

A. B. Simpson

El que ha sido conquistado por Cristo es maestro en toda clase de circunstancias. ¿Te oprime demasiado esta o aquella circunstancia? No trates de quitártela de encima, porque es la mano del Alfarero. Tu maestría has de conseguirla no interrumpiendo su curso, sino perseverando en su disciplina, porque ella no consiste solamente en forjarte al estilo de un vaso de honor y hermosura, sino también en hacer útiles todos tus recursos.

Cuando Cristo domine tu vida entera, tú dominarás todas tus circunstancias.

7 de MAYO ─────────────────────────────────

Les refirió también una parábola acerca de la necesidad de orar siempre y no desmayar (Luc. 18:1).

La tentación más común en la vida de intercesión es la falta de perseverancia. Empezamos a orar por cualquier cosa; hacemos nuestras peticiones un día, una semana, un mes, y si no recibimos una respuesta definitiva, inmediatamente desmayamos y cesamos de orar por aquello.

Esto es una falta mortal. Es simplemente la trampa de empezar muchas cosas y no terminar ninguna. Esto es desastroso en todas las esferas de la vida. El hombre que adquiere la costumbre de empezar las cosas y dejarlas sin terminar, forma el hábito del fracaso. El hombre que empieza a orar por una cosa y no persiste hasta obtener la respuesta que desea, ha formado el mismo hábito en la oración. Desmayar es fracasar. Entonces la derrota engendra desaliento e incredulidad en la realidad de la oración, lo cual es fatal para obtener cualquier éxito.

Algunos dicen: "¿Durante cuánto tiempo tenemos que orar?" "¿No existe un momento cuando podemos cesar de orar y dejar el asunto en las manos de Dios?"

Sólo hay una respuesta: *Ora hasta que aquello que pides se te haya concedido, o hasta tener la seguridad en tu corazón de que se te concederá.* Cuando tenemos esta convicción es cuando podemos cesar de orar; porque la oración no consiste solamente en hablar con Dios, sino que es también una lucha con Satanás. Y puesto que Dios usa nuestra intercesión como un factor poderoso en la victoria de esa lucha, él sólo, y no nosotros, debe decidir cuándo podemos cesar de hacer nuestras peticiones. Así que no debemos osar el dejar nuestra oración hasta que *recibamos* la respuesta o tengamos la certeza de que *vamos* a recibirla. En el primer caso cesamos de orar porque podemos ver que es una realidad. En el segundo caso no continuamos orando porque creemos y la fe de nuestro corazón nos da la misma seguridad de que lo que esperamos es tan cierto como si lo estuviésemos viendo. A medida que progresamos en la vida de oración llegamos a experimentar y reconocer más y más la seguridad que Dios nos da y a conocer cuándo debemos reposar tranquilamente en la misma, o continuar haciendo nuestra petición hasta recibirla.

De *La práctica de orar*

8 de MAYO ───────────────────────────────

Se pasean en medio del fuego (Dan. 3:25).

El fuego no impidió que ellos se moviesen; ellos andaban en medio del mismo. Esa era una de las calles que les conducía a su destino. El consuelo de la revelación de Cristo no nos enseña a emanciparnos *del* sufrimiento, sino a emanciparnos *por medio* del sufrimiento.

Padre celestial, enséñame que cuando me hallo rodeado de dificultades, me encuentro solamente, por así decir, como en un túnel. Me basta con saber que algún día todo ha de arreglarse.

Me dicen que me quedaré sobre los picos del Olivar, en las alturas de la gloriosa resurrección. Pero yo deseo más, Padre mío; yo quiero que el Calvario sea el que me conduzca a él. Deseo saber que las obscuridades de este mundo son las sombras de una avenida, la entrada de la casa de mi Padre. ¡Díme que solamente estoy obligado a trepar porque tu casa está sobre la colina! Aunque camine por medio del fuego, sé que el sufrimiento no ha de herirme.

George Matheson

En medio del mortal dolor,
La cruenta cruz yo vi;
Y allí raudal de gracia hallé,
Bastante para mí.

Sufriendo fue mi corazón,
Y apenas pude allí
Creer que gracia habría de hallar
Bastante para mí.

En la cruz fluye sin cesar,
Insondable cual el mar,
Bastante para mí.
Esta gracia que brotó allí

V. Mendoza

9 de MAYO

Abraham quedó todavía delante de Jehovah (Gén. 18:22).

E l amigo de Dios puede suplicarle por otros. Quizá parezca que la gran fe de Abraham y su amistad están mucho más allá de nuestras pequeñas posibilidades. No debemos de desalentarnos. Abraham aumentó su fe como también nosotros podemos aumentarla. El fue paso a paso y no a grandes saltos.

El hombre cuya fe ha sido profundamente probada y ha escapado victorioso, es el hombre a quien forzosamente tienen que venirle pruebas supremas.

Las joyas mejores se cortan y pulen con mucho cuidado. Los metales más preciados se prueban con los fuegos más fuertes. Si Abraham no hubiese sido probado hasta lo sumo, nunca se le habría llamado "El padre de la fe" (lee Génesis 22).

"Toma a tu hijo, a tu único, a Isaac a quien amas." ¡Vedle cómo camina hacia las alturas del Moriah; apenado, pensativo, pero con el corazón obediente y abatido. Con el ídolo de su corazón a su lado para sacrificarlo, por habérselo mandado su Dios a quien él ha amado y servido fielmente!

Esta debe ser una gran represión para nosotros, por preguntar, dudar, quejarnos y no aceptar con la paciencia de la fe lo que él nos manda. Este es un ejemplo que ha de servir como lección en todos los tiempos.

¿Permanecerá para siempre la fe de este hombre para fortalecer y ayudar al pueblo de Dios? ¿Podrá saberse por medio de

147

él que la fe que no duda siempre prueba la fidelidad de Dios? Sí, y cuando la fe ha sobrellevado victoriosamente su mayor prueba, entonces el ángel del Señor, el Señor Jesús, Jehovah, aquel en quien "todas las promesas de Dios son sí y amén", le habló diciendo: "Ahora sé que tú temes a Dios. Tú has confiado en mí hasta lo último. Yo confiaré en ti; tú serás mi amigo para siempre, te bendeciré y haré de ti una bendición."

Así es siempre, y siempre ha de ser así. "Los que tienen fe, serán bendecidos con el fiel Abraham." *Seleccionado*

No es cosa de pequeña importancia estar en términos de relación amistosa con Dios.

10 de MAYO

Hubiera yo desmayado, si no... (Sal. 27:13, RVR 1960).

¡**N**o desmayes!

¡Cuán grande es la tentación en estas circunstancias! ¡Cómo se deprime el alma, enferma el corazón y vacila la fe ante las grandes pruebas con que nos enfrentamos en esta vida en tiempos de pérdidas y sufrimientos especiales!

Entonces decimos: "Ya no puedo soportar esto por más tiempo; estoy desfalleciendo." ¿Qué haré? Dios me dice que no desmaye, pero, ¿qué es lo que puede hacer uno cuando está desfalleciendo? ¿Qué es lo que haces cuando estás a punto de desmayarte físicamente? Tú no puedes hacer nada. En tu desfallecimiento caes sobre el hombro de algún amigo fuerte y querido. Te apoyas firmemente sobre él, descansas y continúas apoyado y confiado.

Esto es lo que nos sucede cuando estamos tentados a caer bajo la aflicción. El mensaje de Dios para con nosotros no es: "¡Esforzaos y sed valientes!", porque él sabe que hemos perdido nuestra fortaleza y valor; sino, aquellas palabras cariñosas: "Estad quietos y conoced que yo soy Dios."

Hudson Taylor se encontraba tan debilitado en los últimos meses de su vida que escribió a un amigo diciendo: "Estoy tan débil que no puedo escribir, ni leer la Biblia, ni siquiera puedo orar.

Lo único que puedo hacer es continuar apoyado en los brazos de Dios, como un niño pequeño, y confiar."

Este hombre tan extraordinario, con todo su poder espiritual, llegó a tal estado de sufrimiento físico y debilidad, que lo único que podía hacer era reposar y confiar, y esto es lo que Dios pide a todos sus amados hijos cuando sus debilidades aumentan con el cruel fuego de la tribulación. No trates de ser fuerte, sino estate *quieto y conoce que él es Dios y él te sostendrá y ayudará*.

Dios guarda sus mejores remedios consoladores para los desmayos más profundos.

"Esfuérzate, y aliéntese tu corazón" (Sal. 27:14).

11 de MAYO

Pasamos por el fuego y por el agua, pero luego nos sacaste a abundancia (Sal. 66:12).

Aunque parezca paradógico, solamente tiene descanso el hombre que lo obtiene por medio de la lucha. Esta paz que nace del conflicto no es como el silencio mortal que precede a la tormenta, sino como la calma serena, pura y aireada que le sigue.

No es el hombre acomodado que nunca ha conocido la angustia y el dolor el que es fuerte y firme y tiene la paz interior. Su calidad no ha sido probada y no sabe cómo enfrentarse con la más insignificante dificultad. Ni es el marinero más seguro el que nunca ha visto la tormenta. Durante el buen tiempo puede ser útil en su servicio, pero cuando viene la tempestad, sólo se coloca en el puesto más importante al hombre que ya ha luchado contra ella, que conoce el barco y todo lo que con él se relaciona y su áncora es capaz de agarrarse a las entrañas de la tierra.

Cuando viene la primera aflicción sobre nosotros parece ser que todo nos abandona. Perdemos nuestras mayores y más tiernas esperanzas y nuestro corazón yace postrado como el sarmiento que ha sido cortado por la tormenta. Pero cuando hemos librado el primer combate y podemos mirar y decir: "Es el Señor", la fe eleva una vez más nuestras quebrantadas esperanzas y las pone inmediatamente a los pies de Dios. Así, el fin es confianza, seguridad y paz.

Seleccionado

En las olas inmensas del embravecido mar,
Que asaltan de mi alma la pobre embarcación,
De rodillas a Cristo clamé, y el huracán
Deshecho fue al instante a la voz de Dios.

Es Cristo la Roca, el ancla de mi fe;
Los males, lamentos y ayes de temor,
Terminarán por siempre con mi supremo Rey;
Es Jesucristo mi refugio.

12 de MAYO

¡Al que cree todo le es posible! (Mar. 9:23).

Esto no quiere decir que simplemente con pedir "todo es posible", por la razón de que Dios siempre está obrando para enseñarnos el camino de la fe y en nuestro entrenamiento de la vida de la fe hay espacio para el examen de fe, la disciplina de la fe, la paciencia de la fe, el valor de la fe; y muchas veces tenemos que pasar por muchos estados antes de darnos verdaderamente cuenta de lo que es el fin de la fe; a saber, la victoria de la fe.

La fibra moral se desarrolla por medio de la disciplina de la fe. Cuando has hecho tu petición a Dios y no has recibido la respuesta, ¿qué piensas hacer?

Cree en la Palabra de Dios. No dejes de creerla aunque veas lo que veas y sientas lo que sientas. Permaneciendo firme desarrollarás una gran experiencia y un mayor poder. El hecho de ver la contradicción aparente de la Palabra de Dios y que tu fe permanece inalterada te hace que seas poderoso en todas las demás cosas.

Con frecuencia Dios, intencionadamente, tarda en contestarnos, pero su tardanza es tanto una respuesta a nuestras oraciones como lo es el mismo cumplimiento de la petición cuando ésta llega.

En las vidas de todos los personajes bíblicos Dios obró de esta manera. Abraham, Moisés y Elías no fueron grandes hombres al principio, sino que fueron hechos grandes por medio de la disciplina de su fe y sólo de esta manera pudieron ponerse en condiciones para ser aptos para los cargos a que Dios los había llamado.

Por ejemplo, en el caso de José, a quien el Señor había estado preparando para el trono de Egipto, leemos en el Salmo 105:19, (RVR 1960). "El dicho (la palabra) de Jehová le probó." No fue la vida de la prisión con su cama endurecida y el mal alimento lo que lo probó, sino que fue la palabra de Dios que habló a su corazón en los primeros años referente a que su elevación y honor sería mayor que el que sus hermanos iban a recibir. Esto fue lo que él siempre tenía delante de sí, cuando cada paso en su carrera parecía cada vez más imposible que esto se cumpliese, hasta que se le encarceló inocentemente mientras libertaban a otros que quizá estaban con justicia encarcelados y a él le dejaban allí languidecer solo.

Estas fueron horas que probaron su alma, pero horas de crecimiento y desarrollo espiritual "cuando su palabra vino" (la palabra libertadora), lo encontró en condiciones para la delicada tarea de tratar a sus perversos hermanos con un amor y paciencia excedido solamente por Dios.

Ninguna clase de persecución puede probarnos como estas experiencias. Cuando Dios dice que va a realizar sus propósitos y pasan los días sin llevarlos a cabo, verdaderamente esto es duro para nosotros, pero es una disciplina para nuestra fe que ha de traernos conocimiento de Dios, que nos sería imposible poder adquirir de otra manera.

13 de MAYO

Porque cómo debiéramos orar, no lo sabemos (Rom. 8:26).

Mucho de lo que en nuestra experiencia nos confunde no es otra cosa sino la respuesta a nuestras oraciones. Oramos por paciencia y nuestro Padre nos envía a aquellos que nos oprimen hasta lo último, porque "la tribulación produce paciencia".

Oramos por sumisión y Dios nos envía sufrimientos, porque "la obediencia la aprendemos por medio de las cosas que sufrimos".

Oramos que Dios nos conceda ser desinteresados y él nos da oportunidades para que nos sacrifiquemos pensando en las cosas de otros, y ofreciendo nuestras vidas por las de nuestros hermanos.

Oramos por fortaleza y humildad y algún mensajero de

151

Satanás nos atormenta de tal manera que caemos gritando en el polvo y pidiendo que nos libre de esto.

Oramos diciendo: "Señor, aumenta nuestra fe", y perdemos el dinero que poseemos, o nuestros hijos caen gravemente enfermos, o nos visita alguna otra prueba hasta ahora desconocida, y para lo cual precisamos ejercitar cierta cantidad de fe, que hasta ahora no habíamos necesitado.

Oramos por poder vivir la vida del Cordero de Dios, y él nos proporciona la oportunidad de vivir humildemente, o de ser injuriados y no debemos de buscar la venganza; porque "como un cordero fue llevado al matadero. . . tampoco él abrió su boca" (Isa. 53:7).

Oramos por suavidad de carácter y somos asaltados por una verdadera tormenta de aspereza e irritabilidad.

Oramos por tranquilidad y todos nuestros nervios se atirantan hasta lo sumo, con el fin de que al acudir a él podamos aprender que la tranquilidad que él concede nada puede perturbarla.

Oramos por amor y Dios nos envía cierta clase de sufrimientos y nos coloca entre personas a las cuales aparentemente no es posible amar, y les permite que digan cosas que crispan nuestros nervios y laceran nuestro corazón; porque el amor sufre y es benigno, el amor no es descortés, no es provocativo. El amor "todo lo sufre, todo lo cree, todo lo espera, todo lo soporta, el amor nunca deja de ser." Oramos por ser semejantes a Jesús y la respuesta es: "Yo te he probado en el horno de la aflicción." ¿Puede tu corazón perseverar, o pueden tus manos ser fuertes? ¿Podéis?

El camino que conduce a la paz y la victoria consiste en aceptar inmediatamente todas las pruebas y circunstancias como cosas que vienen directamente de la mano de un Padre amante; y vivir en los sitios celestiales en la misma presencia del trono, y mirar desde la gloria a nuestro alrededor, como algo que ha sido amorosa y divinamente preparado. *Seleccionado*

---

14 de MAYO

Y aquel mismo día. . . como Dios le había dicho (Gén. 17:23).

La obediencia inmediata es la única que puede considerarse como tal. La obediencia que *tarda* es desobediencia. Cada vez que Dios nos llama para que cumplamos un deber está ofreciendo hacer un pacto con nosotros. Por nuestra parte, lo que tenemos que hacer es cumplir nuestro deber y él cumplirá su parte con una bendición especial. La única manera en que podemos obedecer es obedeciendo "en el mismo día", como hizo Abraham. Para estar seguros, a menudo aplazamos un deber y después lo cumplimos lo mejor que podemos. Es mejor hacer esto que no hacerlo de ninguna manera. Pero por muy bien que lo hagamos entonces, esto no es más que el cumplimiento a medias de un deber que hemos desfigurado y estropeado; *y el deber que se aplaza nunca nos proporciona la bendición completa que Dios deseaba para nosotros y que hubiésemos recibido de haber cumplido dicho deber en el mismo momento que pudimos.*

Es una lástima que hurtemos a Dios, a nuestro prójimo y a nosotros mismos, por medio del hábito de dejar las cosas para mañana. "En el mismo día" es como nos dice el Génesis que debemos hacerlo. "Hazlo ahora."

Un gran héroe de la fe cristiana, uno que supo sufrir grandemente por la causa de Cristo, dijo que "un verdadero creyente debe crucificar la pregunta '¿por qué?' Debe obedecer sin preguntar." No deseo ser uno de aquellos que a menos que vean señales y maravillas no creen de ninguna manera. Quiero obedecer sin preguntar.

La obediencia es fruto de la fe; la paciencia, la flor de dicho fruto.   *Christina Rossetti*

15 de MAYO ─────────────────────────────────

Nadie puede mirar el sol que resplandece entre las nubes (Job 37:21).

El mundo debe una gran parte de su belleza a las nubes. El azul inmutable del cielo italiano difícilmente puede recompensar la gloria y constantes cambios de las nubes. La tierra se convertiría en un desierto si no fuese por su administración. Hay nubes en la vida humana que la obscurecen, refrigeran y algunas veces la envuelven en la negrura de la noche; pero no existe ninguna nube sin su luz brillante. "Mi arco pondré en las nubes."

153

Si nos fuese posible ver las nubes por la parte opuesta, donde permanecen con su aureola ondulada, bañada por la luz que interceptan como una acumulación de Alpes alineados, nos quedaríamos pasmados de su esplendorosa magnificencia.

Nosotros solamente nos fijamos en sus partes menos elevadas; pero, ¿quién puede describir la brillantez de la luz que baña sus cumbres, explora sus valles y se refleja desde cada pináculo de su expansión? ¿No son ellas las portadoras de cada gota de agua que produce las cualidades mejores y más saludables? ¡Oh, hijo de Dios! Si tú pudieras ver tus penas y turbaciones por el otro lado. Si en vez de verlas desde un punto de vista terrenal, las mirases desde los lugares celestiales donde te sientas con Cristo; si supieras que tus penas están reflejando con belleza prismática ante la contemplación del cielo, la luz brillante de Cristo, te contentarías con que estas aflicciones arrojasen sobre tu existencia sus sombras amargas y profundas. Recuerda solamente que las nubes siempre se están moviendo y pasando delante del viento purificador de Dios.

Seleccionado

16 de MAYO

Daniel, no temas, porque tus palabras han sido oídas desde el primer día que dedicaste tu corazón a entender y a humillarte en presencia de tu Dios. Yo he venido a causa de tus palabras. El príncipe del reino de Persia se me opuso durante veintiún días (Dan. 10:12, 13).

Aquí tenemos una magnífica enseñanza acerca de la oración y se nos muestra en ella cómo Satanás obstaculiza directamente.

A pesar de haber ayunado y orado durante veintiún días, Daniel pasó un tiempo bastante difícil en oración. Por lo que leemos en la narración, la causa no se debía a que Daniel no fuese bueno o que sus oraciones no fuesen hechas debidamente, sino a causa de un ataque especial lanzado por Satanás.

El Señor envió un mensajero para que dijese a Daniel que su oración había sido contestada en el mismo momento en que empezó a orar; pero un ángel malo encontró al bueno, luchó con él y le impidió que diese su mensaje. En los cielos hubo un conflicto; y Daniel parecía atravesar por la misma agonía que se padecía en los cielos.

154

"Porque nuestra lucha no es contra sangre ni carne, sino contra. . . espíritus de maldad en los lugares celestiales" (Ef. 6:12). Satanás retardó la respuesta tres semanas completas. Daniel estuvo a punto de sucumbir, de lo cual Satanás se hubiese alegrado inmensamente, pero Dios no permite que nos acontezca nada que "no podamos sobrellevar". Las oraciones de muchos cristianos son interceptadas por Satanás; pero si oramos como debemos y tenemos verdadera fe, no ha de tardarse mucho en que nuestras oraciones y nuestra fe sean semejantes a un diluvio, que nos traiga no sólo la respuesta sino que venga acompañada de una nueva bendición.

De Sermón

Es con los cristianos con quienes Satanás se porta peor. Las almas más extraordinarias han sido probadas con presiones y temperaturas muy elevadas, pero el cielo nunca las desampara.

W. L. Watkinson

17 de MAYO

Cuarenta años después, un ángel le apareció en el desierto. . . Le dijo el Señor. . . ven, y te enviaré a Egipto (Hech. 7:30, 33, 34).

Frecuentemente el Señor nos llama de nuestro trabajo para que permanezcamos separados del mismo por un cierto período, y nos manda que nos quedemos quietos y aprendamos sus lecciones especiales antes de volver a nuestra labor. No se pierde ningún tiempo en las horas que se invierten esperando de esta manera.

Huyendo de sus enemigos, el antiguo caballero se dio cuenta de que su caballo necesitaba ser herrado. La prudencia parecía aconsejarle que continuase sin pérdida de tiempo, pero la sabiduría mayor le impulsó a que se detuviese por unos minutos en una herrería que había en el camino, para cambiar las herraduras de su caballo. Aunque podía oír el trote de sus perseguidores galopando tras él, no obstante esperó por unos minutos hasta que su caballo estuvo listo para la huida. Entonces, saltando sobre la montura, cuando sus enemigos se encontraban a no muchos metros de distancia, huyó de ellos con la velocidad del viento y supo que su parada había acelerado su fuga.

Así, Dios nos pide con frecuencia que nos detengamos antes de marchar y nos repongamos enteramente para la próxima jornada de nuestro viaje y de nuestro trabajo.

De Días celestiales sobre la tierra

18 de MAYO

Fuimos abrumados sobremanera, más allá de nuestras fuerzas, hasta perder aun la esperanza de vivir. Pero ya teníamos en nosotros mismos la sentencia de muerte, para que no confiáramos en nosotros mismos sino en Dios que levanta a los muertos (2 Cor. 1:8, 9).

Los sufrimientos y dificultades nos hacen comprender el valor de la vida. Cada vez que en nuestra vida hemos pasado por medio de una prueba difícil, es para nosotros como un nuevo principio; aprendemos mejor lo mucho que vale y la utilizamos de una manera mejor en provecho de Dios y de nuestro prójimo. Las dificultades y sufrimientos nos ayudan a comprender las pruebas por las que otros atraviesan, y nos ponen en condiciones de poder ayudar y simpatizar con ellos.

Existe una cierta clase de personas que aceptan teorías o promesas sin pensar profundamente acerca de ellas, y hablan como no deben de aquellos que temen, o huyen de las pruebas. Pero el hombre o mujer que ha sufrido mucho nunca se porta de esta manera, sino que es dócil y benigno y sabe lo que significa verdaderamente el sufrimiento. Esto es lo que Pablo quería dar a entender cuando dijo: "La muerte obra en ti."

Necesitamos las pruebas y los sufrimientos para que nos impulsen a marchar hacia adelante, como el vapor necesita el fuego de su horno que le da la fuerza, mueve el pistón, y conduce la máquina que impele al gran buque a cruzar los mares contra viento y marea. *A. B. Simpson*

Los ojos que han sido bañados con lágrimas brillan con una luz más pura y clara.

Y aconteció que cuando él aún no había acabado de hablar. . . diciendo: "¡Bendito sea Jehovah. . . que no apartó de mi señor su misericordia y su verdad!" (Gén. 24:15, 27).

Toda oración que hacemos debidamente recibe la respuesta antes de terminarla —antes "de terminar de pedir". Esto es así porque Dios nos ha dado su palabra de que cualquier cosa que pidamos en el nombre de Cristo (es decir, de acuerdo con Cristo y su voluntad) y con fe, nos la concederá.

Como Dios no puede faltar a su palabra, siempre que en nuestras oraciones cumplamos con estas simples condiciones, obtendremos la respuesta en el cielo en el momento en que oramos, aunque se tarde mucho tiempo en que la respuesta sea visible en la tierra.

Así que, debemos terminar todas nuestras oraciones alabando a Dios por habernos concedido nuestras peticiones, a aquel que nunca apartó de nosotros su misericordia y su verdad. (Repasad Daniel 9:20-27 y 10:12).

Cuando creemos que una bendición nos ha sido concedida en el cielo, debemos empezar a orar y obrar en la actitud de fe y como si la hubiésemos recibido.

A Dios debemos de tratarle de la misma manera que si nos hubiese contestado nuestras súplicas.

El peso de aquello que deseamos debemos colocarlo sobre él y hacernos cuenta de que nos lo ha concedido y de que continuará dándonos lo que deseamos. Esta es la actitud de confianza.

Cuando la mujer se casa, inmediatamente toma una nueva actitud y obra de acuerdo con su nuevo estado. Esto es lo que sucede cuando aceptamos a Cristo como Salvador, Santificador, como nuestro Sanador o Libertador. El espera de nosotros que adoptemos la actitud de reconocerle en la calidad que le hemos pedido que sea, entonces él será para nosotros lo que hemos confiado que él ha de ser.

Seleccionado

¿No he de beber la copa que el Padre me ha dado? (Juan 18:11).

Dios se toma mil veces más trabajo con nosotros que el artista con su cuadro, con los muchos toques de aflicción y diferentes circunstancias, para darnos la forma más noble y elevada ante su vista, si recibimos con el espíritu que debemos sus dones de mirra. Pero cuando rechazamos la copa de la amargura y estos sentimientos se ahogan o desprecian, causamos tal herida en el alma, que jamás podemos curarla. Ningún corazón puede concebir el grandísimo amor con que Dios nos da esta mirra; y esto que deberíamos de recibir para el bien de nuestras almas, permitimos que pase por nuestro lado sin sacar ningún provecho por nuestra gran indiferencia.

Entonces empezamos a quejarnos y decir: "¡Oh, Dios mío, todo parece estar contra mí!" Te aconsejo lector querido que abras tu corazón al sufrimiento y esto te obrará más bien que si estuviese lleno de sentimientos de devoción.   *Tauler*

Recuerdo mi canto en la noche (Sal. 77:6).

He leído en alguna parte acerca de un pajarito que nunca cantaba la melodía que su dueño deseaba mientras en su jaula entraba la luz. El aprendía un poquitín de esto, otro poco de lo otro, pero nunca una canción entera por sí mismo hasta que su jaula no estaba cubierta y desaparecían los rayos de luz.

Muchas personas jamás aprenden a cantar hasta que caen las sombras de la noche. El famoso ruiseñor canta con su pechuga apoyada contra una espina. Fue durante la noche cuando se oyó la canción de los ángeles. Fue a media noche cuando vino la voz que decía: "He aquí, el novio viene, salid a recibirle."

Verdaderamente es dudoso en extremo si un alma puede realmente conocer el amor de Dios que conforta y satisface plenamente, hasta que los cielos están negros y nebulosos.

La luz sale de las tinieblas y la mañana nace de la noche.

James Creelman describe en una de sus cartas su viaje a través de los estados balcánicos en busca de Natalia, la reina desterrada de Serbia.

"En aquel viaje memorable", dice, "aprendí por vez primera que el abastecimiento de la esencia del perfume de rosas con que el mundo se surte, proviene de las montaña de los Balcanes. Y, lo que más me llamó la atención", continúa diciendo, "es que recogen las rosas en las horas de mayor obscuridad. Los recogedores empiezan a la una y terminan de recogerlas a las dos.

"Al principio yo creí que hacían esto a dicha hora por superstición; pero empecé a investigar sobre este pintoresco misterio y hallé que en experimentos científicos, recientemente realizados, se ha demostrado que el cuarenta por ciento de la fragancia de las rosas desaparece con la luz del día."

Y en la vida, como en la cultura humana, esto no es un pensamiento imaginario sin base, sino que es un hecho real.

Malcolm J. McLeod

22 de MAYO

Encomienda a Jehovah tu camino; confía en él, y él hará (Sal. 37:5).

La traducción de estas palabras que hallamos en la versión de Young, dice así: "Encomienda a Jehová tu camino, confía en él, y él obra."

Llama nuestra atención la acción *inmediata* de Dios, cuando verdaderamente quitamos de nuestras manos y depositamos en las suyas cualquier clase de carga que nos atormenta. Por ejemplo, nuestras penas, nuestras dificultades, nuestras necesidades físicas, o la inquietud que sentimos por la conversión de algún ser querido.

"El obra." ¿Cuándo? *Ahora*. Estamos siempre en peligro de aplazar nuestra esperanza de que él acepte nuestra confianza y de que realice lo que le pedimos que haga. En vez de dudar debemos confiar y decir: "Encomendamos", "El obra." "El obra" aun en *este mismo instante*. Glorifiquémosle por esta realidad.

La esperanza habilita al Espíritu para que haga lo que a él *le hemos encomendado* y que está fuera de nuestro alcance, y que no debemos tratar de volver a hacerlo. "¡El obra!"

Saquemos el consuelo que de esto podamos, pero no intervengamos en ello. ¡Qué alivio tan grande nos proporciona! El *está* obrando en nuestras dificultades.

Quizá alguno diga: "Yo no veo ningún resultado." "El obra" si tú se lo has encomendado y miras a Jesús para que lo haga. La fe puede ser probada, pero, "¡él obra!" ¡La Palabra es cierta!

V. H. F.

"Clamaré al Dios Altísimo, al Dios que me favorece" (Sal. 57:2). La muy bella y antigua traducción dice así: "El cumplirá con el asunto que tengo entre manos." Con aquellas cosas que me preocupan "en estos momentos". Con mi trabajo de hoy, con este asunto que no puedo arreglar, con ese negocio que a causa de mis cálculos inexactos me ha salido mal; *esto* es lo que yo puedo pedirle que haga "por mí" y debo tener la certeza de que lo hará. "El sabio y sus obras están en las manos del Señor." *Havergal*

El Señor cumplirá los compromisos de su pacto. Cualquier cosa que toma en su mano la cumple. Las misericordias pasadas son garantías para el futuro, y razones admirables para que continuemos pidiendo y confiando en él. *C. H. Spurgeon*

23 de MAYO ————————————————————

Y toda su sabiduría se echó a perder. Pero cuando en su angustia clamaron a Jehovah, él los libró de sus aflicciones (Sal. 107:27, 28).

Cristiano, ¿te hallas turbado porque has agotado todos tus recursos intelectuales y no sabes salir de tu situación? ¿Estás pensando en las dificultades que te esperan y en las que sobrellevas? ¿Parece que todo el mundo lucha contra ti y tú estás solo en la batalla? Recuerda que "cuando todo se ha perdido" es cuando Dios muestra su poder.

¿Estás "sin saber lo que hacer", cegado por el dolor que sobrellevas, sintiendo que no puedes soportarlo, combatido por ese constante sufrimiento, inquieto, desasosegado, entorpecido? Recuerda que cuando estás ya "sin saber lo que hacer", entonces es cuando a Jesús le complace venir y obrar. ¿No sabes que hacer? ¿Ha aumentado tu trabajo y todo lo que has empezado lo tienes sin terminar? ¿Te sientes oprimido en tu mente y corazón por esto y anhelas tener la fortaleza suficiente para hacerlo? ¿Tiendes a otros tu mano temblorosa pidiendo que te saquen de esta situación? Recuerda que "cuando uno no sabe qué hacer", entonces el que llevó el peso del pecado del mundo está allí para ayudarte. ¿No sabes qué hacer? Si esta es tu posición no tienes nada que temer, porque es entonces precisamente cuando puedes aprender los recursos admirables de aquel que nunca abandona. No dudes de que muy pronto tus pisadas han de dirigirse hacia un camino más explendoroso. Pero ten en cuenta que solamente cuando hemos agotado todos nuestros recursos y nos encontramos "sin saber qué hacer", es cuando podemos probar al Dios Omnipotente.

A. Wilson

No te desalientes, porque es posible que la última llave del llavero sea la que pueda abrir la puerta.

24 de MAYO ───────────────────────────────

Y ella concibió y dio a luz un hijo a Abraham en su vejez, en el tiempo que Dios le había indicado (Gén. 21:2).

"El consejo de Jehová permanecerá para siempre, y los pensamientos de su corazón, por todas las generaciones" (Sal. 33:11). Pero nosotros debemos estar preparados para esperar el tiempo que Dios ha escogido. Dios tiene ciertos períodos de *tiempo preparados.* No es a nosotros a quienes incumbe conocerlos, y en verdad no podemos conocerlos. Lo que debemos hacer es esperar que lleguen.

Si Dios hubiese dicho a Abraham en Harán que tenía que esperar treinta años para tener el hijo que le había prometido, su corazón hubiese desfallecido. Así que guardó en su amor misericordioso el tiempo que había de tardar y no se lo reveló hasta que sólo faltaban unos meses para su cumplimiento. Dios le dijo: "Al tiempo señalado volveré a ti, después del tiempo que dura el embarazo, y Sara habrá tenido un hijo" (Gén. 18:14).

Al fin llegó el *tiempo fijado;* y entonces la risa que había llenado la casa del patriarca hizo que aquel par de ancianos olvidase la larga y tormentosa vigilia.

Si estás esperando, no te desalientes, estás esperando a uno que no te fallará y que no se demorará ni cinco minutos del momento fijado; no tardará en llegar el tiempo en que "tu pena sea convertida en gozo".

¡Oh, hombre feliz! Cuando Dios te haga reír, entonces la pena y el dolor huirán de ti para siempre, lo mismo que hace la oscuridad delante de la aurora.   *Seleccionado*

Nosotros que no somos nada más que pasajeros, no debemos entremeternos en lo que se relaciona con el mapa y la brújula. Dejad solo, en su propio trabajo, al diestro Piloto.   *Hall*

Algunas cosas no es posible hacerlas en un día. Dios no hace la gloria de una puesta de sol en un momento, sino que durante algunos días puede reunir la niebla con la cual él construye sus bellísimos palacios en el oeste.

25 de MAYO

Por tanto, todo lo sufro a favor de los escogidos, para que ellos también obtengan la salvación que es en Cristo Jesús, con gloria eterna (2 Tim. 2:10).

Si Job hubiese sabido, al sentarse en las cenizas y herir su corazón preguntándose por qué le permitía sufrir la Providencia, que por medio de esos sufrimientos estaba haciendo lo que a un hombre le es posible hacer para dar la solución del problema del dolor al mundo, él habría recuperado su valor. La vida de Job es más o menos la tuya y la mía escrita en un texto más voluminoso. Así que, aunque ignoremos las pruebas que nos esperan, debemos creer que lo mismo que para Job, los días en que luchó con sus terribles enfermedades son los únicos que le hacen digno de ser recordado y sin los cuales su nombre no hubiese sido escrito en el libro de la vida. Así también para nosotros, los días en que luchamos y no hallamos ningún camino pero no perdemos de vista la luz, serán los días más importantes de nuestra existencia.

Robert Collyer

¿Quién ignora que nuestros días de mayor aflicción podemos incluirlos entre los mejores? Cuando el rostro está coronado con sonrisas y caminamos por medio de los prados adornados con multitud de flores primaverales, el corazón corre el riesgo de ser arruinado.

El alma que siempre está alegre y contenta pierde la vida más profunda. Ella tiene su recompensa y es satisfecha en su proporción, aunque dicha proporción es muy escasa. Pero el corazón se empequeñece y la naturaleza que es capaz de las alturas más elevadas y de las mayores profundidades, se queda sin desarrollar. La vida se quema y destruye por completo sin haber conocido la resonancia de los acordes más profundos de la alegría.

"Bienaventurados los que lloran." Las estrellas brillan con mayor esplendor en las noches largas de invierno. Las gencianas muestran sus flores más preciosas en medio de alturas casi inaccesibles, cubiertas de nieve y de hielo.

Parece que las promesas de Dios esperan que seamos oprimidos por la pena para extraer su riquísimo jugo como en un lagar. Sólo aquellos que han experimentado el dolor pueden conocer la ternura del "Varón de Dolores". *Seleccionado*.

Aunque careces de sol y estás rodeado de dificultades, ten presente que esto ha sido sabiamente ordenado para ti. Quizás un verano largo te hubiese convertido, por así decir, en tierra seca y en un desierto estéril. El Señor sabe lo que es mejor y lo que más nos conviene, y tiene a su disposición las nubes y el sol.

Seleccionado

26 de MAYO ——————————————————————

¡Brota, oh pozo! ¡Cantadle! (Núm. 21:17).

Este fue un pozo y una canción extraños. Ellos habían viajado por la arena estéril del desierto. No tenían agua a la vista y estaban pereciendo de sed. Entonces Dios habló a Moisés y dijo: "Reúne al pueblo, y yo les daré agua." Y así es como aconteció.

Se reunieron en círculos sobre la arena. Cogieron sus palas y empezaron a cavar profundamente sobre aquella tierra que quemaba. A medida que cavaban, no cesaban de cantar: "¡Brota, oh

163

pozo! ¡Cantadle!" Y he aquí que se oyó el ruido impetuoso de un manantial de agua que llenó el pozo por completo y continuó su curso por aquella tierra.

Cuando cavaron este pozo en el desierto se pusieron en contacto con aquella corriente de agua que corría por debajo y dieron con las mareas que fluían y que por mucho tiempo habían estado ocultas.

Con qué belleza este cuadro precioso nos habla del río de bendiciones que fluye por medio de nuestra vida y cómo podemos alcanzar a través de la *oración* y la *alabanza*, aquello que necesitamos incluso en el más estéril desierto.

¿Cómo dieron con las aguas de aquel pozo? Por medio de la alabanza. Ellos cantaron sobre la arena su canción de fe, mientras que con el báculo de su promesa cavaron el pozo.

Nuestra *alabanza* puede aun abrir fuentes en el desierto. Nuestra murmuración sólo puede acarrearnos juicio, y aun la oración puede fallar en alcanzar las fuentes de bendición.

No hay nada que agrade tanto a Dios como la alabanza. No hay prueba de fe tan verdadera como la acción de gracias. ¿Alabas a Dios lo suficiente? ¿Le das gracias por tus actuales e innumerables bendiciones? ¿Te atreves a alabarle por aquellas pruebas que no son sino bendiciones disfrazadas? ¿Has aprendido a alabarle por adelantado, por aquellas cosas que aún no has recibido?

Seleccionado

27 de MAYO ————————————————————

Traédmelos acá (Mat. 14:18).

Quizá estás en este momento rodeado de necesidades, casi abrumado con dificultades, pruebas y necesidades urgentes. Todos estos son vasos divinamente provistos para ser llenados por el Santo Espíritu. Si entiendes lo que verdaderamente significan, todas estas pruebas y dificultades se convertirán en oportunidades para recibir rescates y nuevas bendiciones que no podrás obtener de otra manera.

Trae estos vasos a Dios. Colócalos firmemente delante de él con fe y con oración. No te muevas, y detén tu inquieto trabajo hasta que él comience a obrar. No hagas nada que él mismo no te mande. Dale una oportunidad para que obre y él lo hará con toda certeza. Las mismas pruebas que amenazaban derribarte con desaliento y desastre, serán la oportunidad que Dios usará para revelar su gloria y su gracia en tu vida, como jamás lo has experimentado anteriormente. Pon todas tus necesidades en sus manos. *A. B. Simpson*

"Mi Dios, pues, suplirá toda necesidad vuestra, conforme a sus riquezas en gloria en Cristo Jesús" (Fil. 4:19). ¡Qué fuente tan grandiosa! "¡Mi Dios!" ¡Qué provisión tan admirable! "¡Sus riquezas en gloria!" ¡Qué conducto! "¡Cristo Jesús!" Tu gran privilegio es el colocar *todas tus necesidades* sobre *sus riquezas* y perder de vista lo primero en presencia de lo último. Su tesoro inagotable está abierto de par en par para ti con todo el amor de su corazón. Vé y toma de él lo que desees con la candidez simple de la fe y nunca tendrás necesidad de tener que recurrir a pedir la ayuda de tu prójimo. *C. H. M.*

Siempre sobreabunda cuando nos confiamos en las manos del Señor.

28 de MAYO ─────────────────────────

No te dejaré, si no me bendices. . . Y lo bendijo allí (Gén. 32:26, 29).

Jacob ganó la victoria y recibió la bendición no luchando, sino quedándose fuertemente *agarrado*. Se había descoyuntado uno de los miembros y no podía continuar luchando, pero no permitió que su adversario se marchara. Ante la imposibilidad de forcejear, se abrazó al cuello de su misterioso antagonista y colgó en él todo el peso de su impotencia, hasta que por fin venció. En nuestras oraciones tampoco podemos obtener ninguna victoria, hasta que cesamos de luchar y renunciamos a nuestra voluntad, abrazándonos al cuello de nuestro Padre celestial.

¿Qué es lo que la débil naturaleza humana puede tomar por la fuerza, de la mano del Omnipotente? ¿Podemos arrebatar a Dios una bendición por la fuerza? Nunca podemos obtener nada de Dios cuando usamos la violencia para hacer nuestra voluntad. Es el poder de la fe que se adhiere a él lo que obtiene las victorias y las bendiciones. No es cuando empujamos y urgimos nuestra voluntad, sino cuando la voluntad y la humildad se unen y dicen: "No mi voluntad, sino la tuya." Solamente tenemos poder en Dios en la medida en que nuestro yo es conquistado y muerto. No luchando, sino apegándonos a Dios es como podemos obtener la bendición.

J. R. Miller

Un incidente referente a la vida de oración de Charles H. Usher puede ilustrar lo que decimos. "Mi niño estaba muy enfermo", dijo C. Usher. "Los médicos tenían muy poca esperanza de que pudiera restablecerse. Oré por él, haciendo uso de todo cuanto conozco acerca de la oración, pero continuó empeorando. Así pasaron varias semanas.

"Un día estaba de pie observándole tendido en su cuna, y vi que no podría continuar viviendo a no ser que se operase un cambio favorable. Dirigiéndome a Dios le dije: 'Señor, tú sabes el mucho tiempo que he pasado orando por mi hijo y no mejora; en tus manos lo dejo, para que pueda orar por otros. Si es tu voluntad el llevártelo, prefiero tu voluntad, a ti te lo entrego completamente.'

"Llamé a mi esposa y le dije lo que había hecho. Ella derramó lágrimas, pero también lo encomendó a Dios. Dos días después vino a visitarnos un hombre que amaba a Dios. El tenía mucho interés en nuestro hijo y había orado mucho por él. Dijo: 'Dios me ha dado fe para creer que se restablecerá. ¿Tenéis vosotros fe?' Le contesté que se lo había entregado a Dios, pero en vista de lo que me decía volvería a pedir a Dios por él. En mis oraciones descubrí que tenía fe para que se restableciese. Desde aquel momento empezó a mejorar. Entonces me di cuenta de que el apego de mi alma a mis oraciones fue lo que impidió que Dios las contestase. Si hubiese continuado con tal apego y no hubiese estado dispuesto a entregárselo, dudo que mi hijo estuviese hoy conmigo."

Hijo de Dios, si quieres que Dios conteste tus oraciones debes de estar preparado para seguir las pisadas de nuestro padre Abraham, aun al monte del sacrificio. (Lee Rom. 4:12).

Os he llamado amigos (Juan 15:15).

Hace muchos años vivía un anciano profesor en Alemania, cuya vida ejemplar era una maravilla para sus estudiantes. Algunos de ellos decidieron averiguar el secreto de sus virtudes. Uno se escondió en el estudio donde el viejo profesor pasaba las primeras horas de la noche. Cuando el maestro llegó era algo tarde. Estaba muy cansado, pero se sentó y pasó una hora con su Biblia. A continuación inclinó su cabeza y oró en secreto, y finalmente, al cerrar el Libro de libros, dijo: "Señor Jesús, hoy continuamos en nuestras mismas antiguas relaciones."

Lo más elevado que podemos alcanzar en la vida es llegar a *conocerlo,* y el cristiano debe esforzarse en esto por todos los medios a su alcance para estar con él "en las mismas relaciones" que aquel profesor.

El que Jesús llegue a ser para nosotros una realidad es el resultado de orar en secreto y de un estudio personal de la Biblia. Cristo llega a ser más real al que persiste en el cultivo de su presencia.

> Háblale porque él te oye
> Y dos espíritus se encuentran,
> El está más cerca de ti,
> Que tu aliento, tus manos y tus pies.
>
> *Maltbie D. Babcock*

Nadie podía aprender el himno, sino sólo los 144.000, quienes habían sido redimidos de la tierra (Apoc. 14:3).

Hay canciones que solamente pueden aprenderse en el valle. Ningún arte puede enseñarlas, ni ninguna regla de fonética puede hacer que se canten perfectamente. Su música está en el corazón. Son canciones de recuerdo, de experiencia personal.

El apóstol Juan dice que aun en el cielo habrá una canción que solamente podrá ser cantada por los hijos terrenales del linaje de la redención. Indudablemente que es una canción de triunfo, un himno de victoria al Cristo que nos libertó. Pero el sentido del triunfo necesariamente nace del recuerdo del encadenamiento.

Ningún ángel, ni arcángel puede cantarla como yo. Para cantarla como yo tendrían que pasar por mi destierro, y esto ellos no lo pueden hacer. Ninguno puede aprenderla, sino los hijos de la cruz.

Y así, alma mía, estás recibiendo una lección de música de tu Padre celestial. A ti se te está educando para el coro invisible. Hay partes en la sinfonía que ninguna otra persona excepto tú puede realizar. Hay cuerdas demasiado pequeñas para los ángeles. Puede haber altos en la sinfonía que sobrepasen la escala, que solamente los ángeles pueden alcanzar, pero hay profundidades que a *ti* te pertenecen y que tú solamente puedes tocar.

Tu Padre celestial te está preparando para aquella parte que los ángeles no pueden cantar; y la escuela es el sufrimiento. He oído a muchos decir que él te manda el sufrimiento para *probarte*; no, esto te lo envía para *educarte*, para entrenarte para el coro invisible.

Por la noche él prepara tu canción. El templa tu voz en los valles. En las nubes él está atirantando tus cuerdas. En la lluvia él está endulzando tu melodía. En el frío él modela tu expresión. En la transición de la esperanza al miedo él perfecciona tu conocimiento.

No desprecies la escuela de la aflicción; ella te dará la oportunidad de que tomes una parte muy especial en la canción universal.

George Matheson

31 de MAYO

Cual gavilla de trigo que se recoge a su tiempo (Job 5:26).

Un caballero escribiendo acerca del deterioramiento de los barcos viejos dijo que no es solamente el tiempo lo que contribuye a mejorar las fibras de la madera de los barcos viejos, sino la tirantez y bruscos golpes que recibe en el mar, la acción química que produce el agua estancada en su fondo y las diferentes clases de cargamentos que lleva.

Hace algunos años se exhibieron en un almacén de muebles de última novedad en Broadway, Nueva York, algunos tableros preciosos, hechos de un trozo de madera de roble que había formado parte de un barco que duró ochenta años. El magnífico colorido de estos tableros atrajo la atención en general. La misma sorpresa causó algunos trozos de caoba que pertenecieron a otro barco que había navegado por los mares hacía sesenta años. El tiempo y el transporte habían contraído los poros y obscurecido el color, hasta llegar a parecer tan sublime en su intensidad cromática como un vaso chino antiguo. Con ellos se hizo un gabinete y hoy ocupan el sitio de honor de una acaudalada familia de Nueva York.

Así, también, existe una grandísima diferencia entre la calidad de aquellos ancianos que han vivido una vida perezosa, egoísta e inútil, y las fibras de aquellos que han navegado por todos los mares y transportado toda clase de cargamento como siervos de Dios y socorredores de un prójimo.

No solamente las adversidades y las aflicciones de la vida sino también algo de la dulzura del cargamento que se transporta, se introducen en los mismos poros y fibras del carácter.

Louis Albert Banks

Cuando el sol pasa por debajo del horizonte aún no se ha puesto; los cielos relucen durante una hora después de su partida. De la misma manera, cuando un hombre grande y bueno deja esta vida, el cielo de este mundo resplandece por mucho tiempo después de haberle perdido de vista. Tal hombre no puede ser olvidado en este mundo. Cuando se marcha deja tras sí mucho acerca de sí mismo. Estando muerto, nos habla. *Beecher*

Víctor Hugo, después de haber cumplido los ochenta años, expresó su fe religiosa con las siguientes sublimes frases: "La vida futura puedo palparla en mí mismo. Yo soy como un bosque que ha sido cortado más de una vez. Las nuevas germinaciones tienen más vida que nunca. Siento que me elevo hacia el cielo. La luz del sol está sobre mi cabeza. La tierra me da su sabia generosa, pero el cielo me ilumina con sus mundos desconocidos.

"Hay quienes dicen que el alma es el resultado de los poderes corporales. ¿Cómo se explica entonces que cuando me falta el poder corporal mi alma es más luminosa? Aunque me encuentro en la edad de la vejez, en mi mente y en mi corazón poseo pensamientos y sentimientos jóvenes y eternos. En esta misma hora puedo respirar la fragancia de las lilas, las violetas y las rosas como cuando tenía veinte años. Cuanto más me aproximo al fin de mi vida, puedo oír más plenamente la sinfonía inmortal de los mundos que me invitan. Esto es sorprendente, pero sencillo."

1 de JUNIO

Este es el reposo; dad reposo al cansado. Este es el lugar de descanso (Isa. 28:12).

Muchas veces, me parece, el Señor quisiera hacernos las siguientes preguntas: ¿Por qué te turbas a ti mismo? ¿De qué te sirve el irritarte? Estás a bordo de un buque, al cual no puedes dirigir aunque el gran Capitán te ponga en el timón. A ti no te es posible ni aun izar la vela, y sin embargo, te atormentas como si fueras el capitán y el timonero. No te impacientes, Dios es el capitán. ¿Crees que todas estas turbaciones y alborotos exteriores demuestran que Dios ha dejado su trono? No, hombre, sus corceles galopan furiosamente y su carroza es la tempestad, pero en sus mandíbulas llevan un bocado y él tiene las bridas en sus manos y los guía como él quiere. Cree que Jehová continúa siendo el Capitán. ¡Qué la paz te acompañe! ¡No tengas miedo!

C. H. Spurgeon

Te suplico que no desesperes. Esta es una tentación peligrosa y refinada y no una tentación grosera del enemigo. La melancolía contrae y marchita el corazón y lo inhabilita para recibir las impresiones de la gracia. Exagera y da un falso colorido a las cosas y hace que tu carga sea demasiado pesada para sobrellevarla. Los designios de Dios con respecto a ti y los métodos que él usa contigo son infinitamente sabios. *Madame Guyon*

En el abismo de dolor,
O en donde brille el sol mejor,
En dulce paz, o en lucha cruel,
Con gran bondad me guía él.

No abrigo dudas, ni temor,
Pues me conduce el buen Pastor.

170

Tu mano quiero yo tomar,
Jesús, y nunca vacilar;
Pues sólo a quien te sigue fiel
Se oye decir: Me guía él.

E. Velasco

2 de JUNIO

*Abraham creyó contra toda esperanza... Sin debilitarse
en la fe (Rom. 4:18, 19).*

Nunca debemos olvidar una advertencia que George Mueller hizo una vez a un caballero que le preguntó cuál era la mejor forma para tener una fe firme.

"La única manera", respondió el patriarca de la fe, "para aprender una gran fe es perseverar en las grandes pruebas. Yo he aprendido mi fe permaneciendo firme en medio de las pruebas severas." Esto es muy cierto. *El tiempo para confiar es cuando todo lo demás nos falla.*

Amigo querido, probablemente apenas te das cuenta del valor de tu oportunidad actual. Si estás atravesando por grandes aflicciones, aquí es precisamente donde el alma misma de la fe puede obrar. Si no la obstaculizas, él te enseñará en estas horas de angustia el grandísimo poder que posee en su trono como jamás lo has visto.

"No tengas miedo, cree solamente." Y si estás asustado, no tienes nada más que mirar y decir: "Cuando esté temeroso confiaré en ti", y aun darás gracias a Dios por la escuela de la aflicción, que para ti ha sido la escuela de la fe. *A. B. Simpson*

Es menester que la fe grande pase por grandes pruebas. Los mayores dones de Dios vienen por medio del sufrimiento. Tanto si nos fijamos en la esfera espiritual como en la temporal, podemos ver que cualquier reforma, cualquier descubrimiento benéfico, cualquier avivamiento espiritual, ha venido por medio del trabajo y lágrimas, de vigilias y derramamiento de sangre, de hombres y mujeres cuyos sufrimientos fueron la simiente que dieron nacimiento a tales movimientos benéficos. Para que el templo de Dios fuese levantado David sufrió lo indecible. Para que

171

el evangelio de la gracia de Dios fuese separado de la tradición judía se hizo necesario que la vida de Pablo se convirtiera en una larga agonía.

3 de JUNIO

Pasemos al otro lado (Mar. 4:35).

No debemos de pensar que vamos a escapar de la tormenta cuando caminemos hacia adelante porque Cristo nos lo ha mandado. Estos discípulos iban hacia adelante porque Cristo se lo había mandado y no obstante se encontraron con una terrible tormenta y estuvieron en peligro de hundirse. Tan apurada era su situación que en su angustia gritaron pidiendo a Cristo que les ayudase.

Si Cristo tarda en acudir para socorrernos en nuestras adversidades, esto es solamente para que nuestra fe pueda ser probada y fortalecida, para que nuestras oraciones sean más intensas, nuestros deseos por el rescate aumenten con el fin de que cuando de esto él nos liberte, podamos apreciarlo con mayor plenitud.

Cristo les reprendió suavemente diciendo: "¿Dónde está vuestra fe?" ¿Por qué no gritáis victoriosamente enfrente de la tormenta y decís a ese viento enfurecido y a esas olas arrolladoras: "Vosotras no podéis hacernos ningún mal, porque Cristo, el Salvador poderoso está abordo"? Es más fácil confiar cuando el sol brilla que cuando estamos amenazados por la tormenta.

Nunca sabemos cuánta fe verdadera poseemos hasta que se pone a prueba en una gran tormenta; y esta es la razón por la que el Salvador está abordo.

Si alguna vez llegas a ser fuerte en el Señor y en el poder de su fortaleza, es porque tu vigor ha nacido en alguna tempestad.

Seleccionado

Cristo dijo: "Vamos al otro lado" y no en medio del lago para ahogarse.

Dan Crawford

172

Jehovah hizo que éste (el mar) se retirase... toda aquella noche (Exo. 14:21).

En este versículo hay un mensaje alentador que muestra cómo Dios obra en la obscuridad. El verdadero trabajo de Dios para con los hijos de Israel no fue cuando despertaron y vieron que podían atravesar el mar Rojo, sino que fue "toda aquella noche". Así puede haber una gran dificultad en tu vida cuando todo parece negro y tú no puedes ver, pero no obstante, Dios está obrando. Tan ciertamente como obró "toda aquella noche" y todo el día siguiente. El próximo día manifestó simplemente lo que Dios había hecho durante la noche.

¿Ha estado alguno de los que están leyendo estas líneas en un lugar que parezca obscuro? Puedes creer que ves, pero no es así. En tu vida progresiva no hay una victoria constante; la diaria y tranquila comunión te falta, y todo parece negro.

"El Señor hizo que la mar se retirase... toda aquella noche." No olvides que fue "toda aquella noche". Dios obra toda la noche, hasta que el día llega. Tú no puedes verlo, pero toda aquella "noche" en tu vida, como tú crees en Dios, él obra. *C. H. P.*

> ¡Oh Cristo! Tu ayuda yo quiero tener;
> En todas las luchas que agitan mi ser
> Tan sólo tú puedes la vida salvar,
> Tú sólo la fuerza le puedes prestar.
> ¡Oh Cristo! ya quiero tus huellas seguir
> Y gracia constante de ti recibir;
> Hallar en mis noches contigo la luz,
> Y alivio a mis penas al pie de tu cruz.

A. G. Gordon, traducción de Vicente Mendoza

5 de JUNIO

Pide para ti una señal de parte de Jehovah tu Dios; de abajo en el Seol, o de arriba en lo alto (Isa. 7:11).

Debemos de continuar *orando y esperando* en el Señor hasta oír el sonido de una gran lluvia de bendiciones. No existe razón alguna por la que no debamos pedir grandes cosas. Sin duda alguna, si pedimos con fe y tenemos valor para esperar en él con perseverancia y paciencia, y mientras tanto hacemos lo que debemos y podemos, recibiremos cosas grandiosas.

Nosotros no podemos crear el viento ni ponerlo en movimiento, pero podemos poner nuestra vela y cogerlo cuando viene. No podemos hacer la electricidad, pero podemos extender el alambre por el cual corre y hace su trabajo. En una palabra, nosotros no podemos controlar al Espíritu, pero podemos colocarnos de tal manera delante de Dios y hacer las cosas que nos manda de tal forma que lleguemos a estar bajo la influencia y poder de su aliento poderoso.   *Seleccionado*

¿No pueden realizarse ahora las mismas maravillas de los tiempos pasados? ¿Dónde está el Dios de Elías? *Esperando* a que un "Elías" clame a él.

Los santos mejores que han existido, bien bajo la Antigua o la Nueva dispensación, están en un nivel que se encuentra enteramente dentro de nuestro alcance. Las mismas fuerzas del mundo espiritual que estuvieron a su disposición y cuyo uso hicieron de ellos tales héroes espirituales, también se nos ofrecen a nosotros. Si tuviésemos la misma fe, la misma esperanza, el mismo amor que ellos mostraron, entonces ejecutaríamos maravillas tan grandes como las que ellos realizaron. Una palabra de oración en nuestras bocas tendría el mismo poder para hacer descender el rocío y el fuego derretidor del Espíritu de Dios, como lo tuvo en la boca de Elías para pedir lluvia y fuego, si pudiésemos pronunciar aquella palabra con aquella plena seguridad de fe con que él la pronunció.

Doctor Goulburn, Dean of Norwich

Pide desde lo profundo de tu corazón y de la profundidad de sus riquezas en gloria, él te responderá.

6 de JUNIO

Sed prudentes y sobrios en la oración (1 Ped. 4:7).

No te marches al mundo peligroso, amigo mío, sin orar. Arrodíllate por las noches para orar. El sueño puede hacer pesados tus párpados, un día de mucho trabajo puede ser una

174

especie de excusa para que cortes tus oraciones y te resignes a descansar. La mañana viene y puede ocurrir que te levantes tarde y no tengas tus devociones matinales o que las tengas de prisa, de una forma irregular. ¡Ninguna vigilancia en la oración! Una vez más has omitido el permanecer vigilante. ¿Es posible reparar esto ahora? Creemos solemnemente que no. Se ha hecho lo que no podemos deshacer. Tú has dejado de orar y por ello has de sufrir. Tienes la tentación delante y no estás preparado para vencerla. Hay un sentimiento de culpabilidad en tu alma y permaneces dudando y distanciado de Dios. No es de extrañar si en aquel día en el que el sueño te domina e interviene en tu oración, que no cumplas con tu deber.

Los momentos de oración que a causa de nuestra pereza despreciamos, no los recuperamos. Podremos obtener experiencia pero no podemos recibir nuevamente la rica frescura y fortaleza que había envueltos en aquellos momentos. *Frederick W. Robertson*

Si Jesús, el poderoso Hijo de Dios, sintió necesidad de levantarse antes del amanecer para derramar su corazón delante de Dios por medio de la oración, con cuánta más razón debes tú orar a aquel que es el dador de todo don bueno y perfecto y que ha prometido todas las cosas necesarias para nuestro bien.

Lo que Jesús recibió en su vida por sus oraciones nunca podremos saberlo, pero sabemos muy bien que una vida exenta de oración es una vida sin poder. Una vida sin oración puede ser una vida sin ruido y alboroto acerca de mucho; pero tal clase de vida está muy alejada de aquel que durante el día y durante la noche oró a Dios. *Seleccionado*

7 de JUNIO ————————————————————————

¿Dónde está Dios, mi Hacedor, que da canciones en la noche? (Job 35:10).

Si tú tienes a veces que pasar las noches desvelado, dando cabezadas sobre tu calurosa almohada y deseando ver la luz del día, pide al Espíritu divino que te permita fijar tus pensamientos en

Dios tu Hacedor, y cree que él puede llenar aquellas horas de soledad y angustia con una canción. *¿Pasas algunas noches atormentado por los seres queridos que has perdido?* ¿No ocurre a menudo que es en tales circunstancias cuando Dios se acerca y asegura al que lamenta que el Señor tiene necesidad de la persona amada que él se ha llevado de este mundo, y que llamó a "aquel espíritu ardiente y fervoroso para estar con la espléndida compañía de los invisibles, libertados, radiantes y activos que sirven a Dios en alguna misión muy elevada"? Cuando nos damos cuenta de esto, ¿no empezamos a sentir un gran consuelo? *¿Te pasas la noche desalentado, imaginando fracasos, o pensando en fracasos pasados?* Nadie te comprende, tus amigos te reprochan; pero tu Hacedor se acerca a ti y te consuela con una canción, una canción de esperanza, la canción que armoniza con la música profunda y melodiosa de su providencia. Estás dispuesto a cantar aquellas canciones que te dé tu Hacedor.   *Seleccionado*

La fortaleza del buque puede demostrarse solamente por medio del huracán, y el poder del evangelio puede mostrarse en su plenitud solamente cuando el cristiano está sometido a una grandísima prueba. Si Dios quiere demostrar el hecho de que "él consuela por la noche", debe en primer lugar hacer la noche.
Taylor

Cuando llegan las horas obscuras de la noche, alza tus ojos hacia los cielos. Aquellas estrellas que brillan como diamantes, existen también de día, pero su hermosura se reserva para las horas nocturnas. Hay gloria de día y también gloria de noche; y ambas cantan alabanza a nuestro Padre celestial.
"En todas estas cosas somos más que vencedores por medio de aquel que nos amó" (Rom. 8:37).

8 de JUNIO ───────────────────────────────────

Porque todo lo que ha nacido de Dios vence al mundo; y ésta es la victoria que ha vencido al mundo: nuestra fe (1 Jn. 5:4).

En cada vuelta en el camino, uno puede encontrar algo que ha de robarle su victoria o la paz de su mente si lo permite. Satanás está muy lejos de haber abandonado su misión de engañar y arruinar a los hijos de Dios si le es posible. Vale la pena el examinar cuidadosamente la temperatura del termómetro de la experiencia en que nos encontramos.

Algunas veces, una persona puede, si quiere, arrebatar verdaderamente la victoria de la misma mandíbula de la derrota, si resueltamente hace uso de su fe en el momento adecuado.

La fe puede cambiar cualquier situación. No importa lo muy mala que puede ser, ni la clase de turbación que sea. Un alzamiento vivo del corazón hacia Dios, en un momento de fe real y efectiva en él, ha de alterar la situación en un momento.

Dios aún continúa en su trono y puede cambiar la derrota en victoria en un segundo, si verdaderamente confiamos en él. Dios es poderoso y puede librarnos. La fe puede vencer en cualquier hora de prueba. El temor, la inquietud, el pecado y la tribulación podemos vencerlos poniendo nuestra fe en el poder conquistador y poderoso de Dios.

Cuando uno tiene fe no se aleja del enemigo, sino al contrario, detiene al enemigo donde le encuentra.   *Marshal Foch*

---

9 de JUNIO ――――――――――――――――――――――――――――――

Apaciéntate de la fidelidad (Sal. 37:3).

Una vez encontré a una pobre anciana que ganaba su precaria vida realizando diariamente un trabajo penoso, pero que era una cristiana alegre y triunfante.

—¡Ah! Nancy —le dijo una anciana melancólica cierto día— está bien el estar contenta ahora; pero creo que los pensamientos del futuro debieran hacerte sollozar. Solamente supón, por ejemplo, que te pusieses enferma y no pudieses trabajar; o supón que las personas que te tienen empleada se marchasen y ninguna otra te diese trabajo; o supón. . .

—Cállate —gritó Nancy—, yo nunca supongo. El Señor es mi Pastor y sé que nada me faltará. Y mira —continuó diciendo a su melancólica amiga—, todas esas suposiciones son las que están haciendo que no puedas hacer nada. Lo mejor que puedes hacer es abandonar todas esas suposiciones y confiar en el Señor.

Hay un texto que puede terminar con todas las suposiciones

de la vida de un creyente si se recibe y aplica con una fe infantil. Dicho texto se encuentra en Hebreos 13:5, 6: "Estad contentos con lo que tenéis ahora; porque él mismo ha dicho: *Nunca te abandonaré ni jamás te desampararé.* De manera que podemos decir confiadamente: *El Señor es mi socorro y no temeré. ¿Qué me hará el hombre?* H. W. S.

El águila que se remonta por el aire más elevado no se preocupa en cómo cruzar los ríos. *Seleccionado*

10 de JUNIO ─────────────────────────

> *Y sabemos que Dios hace que todas las cosas ayuden para bien a los que le aman (Rom. 8:28).*

¡Cuán amplia es esta afirmación del apóstol Pablo! El no dice: "Sabemos que *algunas cosas*", o "la *mayor* parte de las cosas". Desde la más insignificante hasta la de mayor importancia; desde el acontecimiento más modesto de la providencia diaria, hasta las mayores horas de crisis en la gracia.

Y todas las cosas "ayudan", están ayudando; no que todas las cosas *han* ayudado, o *ayudarán*, sino que lo están efectuando en este mismo momento.

En este mismo momento cuando alguna voz puede estar diciendo: "Tus juicios son un gran abismo", los ángeles que desde el cielo están observando el desenvolvimiento del plan majestuoso, están exclamando con sus alas plegadas: "Justo es Jehovah en todos sus caminos, y bondadoso en todas sus obras" (Sal. 145:17).

Y entonces todas las cosas "ayudan". Es una mezcla perfecta. Para tejer un modelo armonioso se necesitan muchos y diferentes colores, de todas clases, y algunos de estos no lucen muy bonitos si se ven solos.

Para obtener la armonía de un himno se requieren muchos sonidos y notas musicales separadas e incluso discordancias y disonancias.

Para construir una pieza de maquinaria se necesitan muchas ruedas que vayan unidas y separadas.

Tomad un hilo, o una nota musical, o una rueda, o el diente de una rueda dentada, por separado, y es muy posible que no sean útiles ni que podáis percibir belleza en los mismos.

178

Pero *completad* el tejido, *combinad* las notas, *juntad* las partes separadas de acero y de hierro y veréis cuán simétrico y perfecto es el resultado. He aquí una lección para la fe: "Lo que yo hago, tú no lo entiendes ahora, pero lo comprenderás después."

Macduff

De mil tentaciones, no son quinientas de ellas las que ayudan al bien del creyente, sino novecientas noventa y nueve y una más.

George Mueller

11 de JUNIO

El siervo del Señor no debe ser contencioso (2 Tim. 2:24).

Cuando Dios nos conquista, quita de nosotros toda la dureza de nuestra naturaleza y obtenemos una visión profunda en el Espíritu de Jesús, entonces es cuando vemos, como jamás hemos visto, la extraordinaria grandeza de *mansedumbre de espíritu* en este universo oscuro y mundano.

Las gracias del Espíritu no se fijan en nosotros por casualidad, y si no discernimos y escogemos ciertos estados de gracia y los asimilamos en nuestros pensamientos, ellas nunca se afirmarán en nuestra naturaleza o conducta.

Cada paso que avanzamos en la gracia debe estar precedido primeramente por una completa comprensión del mismo y después, por medio de la oración, debemos decidir darlo.

Son muy pocos los que están dispuestos a sobrellevar los sufrimientos que obran en nosotros la benignidad. Antes de convertirnos en mansedumbre debemos morir y la crucifixión incluye el sufrimiento. Es un verdadero quebrantamiento de uno mismo lo que exprime el corazón y domina la mente.

Existe hoy en día una infinidad de santificación meramente mental y lógica, que no es otra cosa que una ficción religiosa. Consiste en colocarse uno mentalmente en el altar y en decir mentalmente que el altar santifica el don y de aquí deducir lógicamente que uno es santificado. Tales personas tratan las cosas profundas de Dios de una forma jocosa e irreverente y con una charlatanería teológica.

Pero las fibras naturales del corazón no se han roto y el

179

pedernal adámico no ha sido molido en polvo y el pecho no ha palpitado con aquellos tremendos suspiros de Getsemaní, y no teniendo las marcas verdaderas del Calvario, no puede haber aquella vida suave, dulce, gentil, victoriosa, rebosante y triunfadora que fluye como una mañana de primavera, de una tumba vacía.

G. D. W.

"Y abundante gracia había sobre todos ellos" (Hech. 4:33).

12 de JUNIO

En todo habéis sido enriquecidos en él (1 Cor. 1:5).

Quizá habrás visto a personas que pasaron por algún desastre que les llevó a una nueva experiencia en oración. En medio de aquella prueba su experiencia cristiana y su fe calentaron y enriquecieron de tal manera sus almas que, pasado algún tiempo, habían olvidado el desastre y solamente recordaban las bendiciones recibidas por medio de la prueba.

Así he visto yo una tormenta en una primavera pasada. Todo era negro, excepto la parte en que el relámpago había desgarrado la nube con una tronada tajante.

El viento sopló y la lluvia cayó, como si el cielo hubiese abierto sus ventanas. ¡Qué devastación tan enorme se produjo! Ni una sola tela de araña al aire libre escapó a la tormenta, la cual destrozó también al fuerte y vigoroso roble.

Más, tan pronto como el relámpago había desaparecido, el trueno cesó, la lluvia se terminó, el aire de poniente apareció con su aliento suave, las nubes se marcharon y la tormenta al retirarse arrojó una faja de arcos celestes sobre sus bellos hombros y resplandeciente cuello y, volviéndose, miró y se sonrió, retirándose y desapareciendo.

Pero, después de muchas semanas, los campos estaban llenos de bellísimas flores y, durante todo el verano la hierba era más verde, los arroyos aparecían con más corriente y los árboles dieron más sombra, *porque la tormenta había pasado por allí*, aunque hacía mucho tiempo que todo el resto de la tierra había olvidado la tormenta, su arco iris y su lluvia. *Theodore Parker*

Dios probablemente no nos dé un viaje fácil hacia la tierra prometida, pero él hará que lleguemos sanos y salvos. *Bonar*

Fue una tormenta lo que ocasionó el descubrimiento de las minas de oro en la India. ¿No ha conducido una tormenta a algunos al descubrimiento de las riquísimas minas del amor de Dios en Cristo? Tras la tormenta aparece el arco iris.

13 de JUNIO

Mi paz os doy (Juan 14:27).

Había dos pintores, los cuales, para ilustrar su concepción del reposo, pintaron un cuadro cada uno.

El primero escogió para su escena un lago apacible y solitario situado entre las lejanas montañas.

El segundo dibujó en su lienzo una cascada atronadora, con un árbol frágil que se inclinaba sobre la espuma del agua y sobre una de sus ramas casi mojada por la espuma de la catarata se posaba un petirrojo en su nido.

El primero no representaba otra cosa sino *estancamiento*; el último *descanso*.

Aparentemente, la vida de Cristo fue una de las más inquietas que jamás se han vivido; entre la tempestad y el tumulto, el tumulto y la tempestad, y el acometimiento de toda clase de olas, a todas horas, hasta que el cuerpo desplomado fue colocado en la tumba.

Pero su vida interior fue un mar de cristal. Siempre había en ella una gran calma.

En cualquier momento podías acudir a él y encontrar descanso. Y aún cuando los sabuesos humanos estaban persiguiéndole por las calles de Jerusalén, él se volvió a sus discípulos y les ofreció como un último legado: "Mi paz."

El descanso no es un sentimiento santo que recibimos en la iglesia, sino el profundo asentamiento de un corazón en Dios.

Yo he rogado por ti, que tu fe no falle (Luc. 22:32).

Cristiano, ten mucho cuidado con tu fe; *recuerda que la fe es el único medio con el que puedes obtener bendiciones.* La oración no puede hacer descender las respuestas del trono de Dios, excepto la oración ardiente que procede del hombre que cree. La fe es el hilo telegráfico que pone en comunicación la tierra con el cielo, por el cual los mensajes del amor de Dios vuelan con tanta rapidez que, antes que nosotros llamemos, él contesta y mientras aún le estamos hablando, él nos oye. Pero si ese hilo telegráfico de la fe se rompiese, ¿cómo obtendríamos la promesa? ¿Estoy pasando dificultades? Con la fe puedo obtener ayuda para vencerlas. ¿Soy golpeado por el enemigo? Mi alma puede apoyarse en el grato refugio de Dios por medio de la fe. Pero si destierro la fe, el llamar a Dios ha de ser en vano. No hay ningún otro camino entre mi alma y el cielo. Si el camino está bloqueado, ¿cómo podré comunicar con el gran Rey?

La fe me pone en comunicación con la divinidad. La fe me cubre con el poder de Jehovah. La fe asegura todos los atributos de Dios en mi defensa. Ella me ayuda a desafiar los ejércitos del infierno. Me hace marchar triunfante sobre los cuellos de mis enemigos. Pero sin fe, ¿cómo he de poder recibir algo de Dios?

Entonces, cristiano, ten mucho cuidado de tu fe. "Si tú puedes creer, todas las cosas son posibles para el que cree."

C. H. Spurgeon

Nos jactamos de ser personas tan prácticas que queremos tener una cosa más segura que la fe. Pero, ¿no dijo Pablo que la promesa era por la FE, para que pueda ser SEGURA? (Rom. 4:16).

Dan Crawford

La fe honra a Dios; Dios honra a la fe.

Dios me ha hecho fecundo en la tierra de mi aflicción (Gén. 41:52).

Están cayendo las lluvias de verano. El poeta las observa desde su ventana. El fuerte aguacero bate y golpea el terreno, pero el poeta en su imaginación no ve solamente los chaparrones que están descendiendo delante de sus ojos. El ve infinidad de bellísimas flores que pronto han de brotar del terreno bañado y que han de inundarlo con una belleza y fragancia insuperable.

Quizá alguno de los hijos a quienes Dios está corrigiendo estará diciendo ahora: "Esta lluvia es demasiado fuerte para mí esta noche. Están lloviendo tentaciones sobre mí que parecen estar más allá de mi poder para soportarlas. Los contratiempos están lloviendo velozmente y derrotando todos mis planes escogidos. Privaciones están lloviendo en mi vida, las cuales hacen temblar a mi oprimido corazón en la intensidad de su sufrimiento. Seguramente, la lluvia de la aflicción está abatiendo mi alma en estos días."

Además, amigo, tú estás equivocado. No es lluvia lo que llueve para ti. Están lloviendo bendiciones. Porque si tú quisieras solamente creer la Palabra de tu Padre, verías que bajo esa lluvia castigadora están naciendo flores espirituales de tal fragancia y belleza como nunca crecieron antes en aquella vida tuya apacible y sin corregir.

Verdaderamente tú ves la lluvia. Pero, ¿ves también las flores? Estás afligido por las pruebas, pero Dios ve la flor suave de la fe que está brotando en tu vida bajo aquellas pruebas. Tú te amilanas a causa del sufrimiento, pero Dios ve que en tu alma está naciendo una tierna compasión hacia otros que sufren. Tu corazón se oprime bajo un profundo dolor; pero Dios ve la profundidad y el enriquecimiento que aquel dolor te ha traído.

No están lloviendo aflicciones para ti. Está lloviendo ternura, amor, compasión, paciencia y millares de otras flores y frutos del bendito Espíritu, las cuales están aportando a tu vida tal enriquecimiento espiritual como jamás podría haberlas engendrado en lo íntimo de tu alma la plenitud de toda la prosperidad mundanal y el reposo. *J. M. McConkey*

16 de JUNIO

Oh alma mía, reposa sólo en Dios, porque de él es mi esperanza (Sal. 62:5).

El poco cuidado que prestamos en esperar las respuestas que pedimos muestra el poco fervor de nuestras peticiones. El labrador no se contenta sin la cosecha; el tirador observa si la bala da en el blanco; el médico espera el resultado de la medicina que receta; y el cristiano, ¿permanecerá sin prestar atención al efecto de las peticiones que hace a su Padre celestial?

Cada oración que el cristiano hace con fe y en conformidad con la voluntad de Dios, por la cual él ha prometido —si se ofrece en el nombre de Jesucristo y bajo la influencia de su Espíritu— bendiciones temporales o espirituales, ha sido, o será, contestada plenamente.

Dios siempre contesta al designio y la intención general de las oraciones de los suyos, cuando lo que pedimos lo deseamos para su propia gloria y para nuestro bienestar eterno y espiritual. Así como no podemos encontrar que Jesucristo rechazase ni a uno solo de los que le suplicaron misericordia, tampoco creemos que ninguna de las oraciones que se hagan en su nombre han de ser en vano.

La respuesta a la oración puede estar aproximándose, aunque no percibamos su venida. La simiente que yace bajo el suelo en el invierno está formando su raíz con el fin de crecer y dar su cosecha, aunque no aparezca sobre el terreno y dé la impresión de estar muerta y perdida. *Bickersteth*

Las respuestas demoradas a la oración no son solamente pruebas de la fe, sino que nos dan oportunidades de honrar a Dios por nuestra firme confianza en él, bajo rechazamientos aparentes. *C. H. Spurgeon*

---

17 de JUNIO ————————————————————————

Y cuando se detenían, bajaban sus alas. Entonces hubo un estruendo por encima de la bóveda que estaba sobre la cabeza de ellos (Eze. 1:24, 25).

La gente pregunta con frecuencia cómo puede oírse la voz de Dios. He aquí el secreto: Oyeron la voz cuando se pararon y dejaron caer sus alas. Hemos visto a un pájaro revoloteando y, aunque estaba parado, sus alas no cesaban de revolotear. Pero aquí se nos dice que oyeron la voz cuando pararon y cesaron de mover sus alas.

184

¿No nos arrodillamos o sentamos algunas veces delante del Señor y, sin embargo, nos damos cuenta de cierto revoloteo en nuestros espíritus? No sentimos, como debiéramos, una verdadera paz en su presencia. Hace unos días, una buena amiga me habló acerca de una cosa por la que había orado. "Pero", me dijo, "no esperé a que viniese la respuesta."

Ella no se mantuvo lo suficientemente quieta para oirle a él hablar, sino que se marchó y siguió sus propios pensamientos en el asunto. El resultado fue desastroso y tuvo que volver a lo andado. ¡Cuánta energía se desperdicia! ¡Cuánto tiempo se pierde por no parar las alas de nuestro espíritu y permanecer silenciosos delante de él! ¡Cuán grande es la calma, el reposo y la paz que recibimos cuando esperamos en su presencia hasta que le oímos! ¡Ah! entonces podemos caminar como el relámpago y no retroceder en nuestra marcha, sino seguir derechos hacia adelante dondequiera que el Espíritu vaya (Eze. 1:1, 20).

18 de JUNIO

Por lo tanto, fortaleced las manos debilitadas y las rodillas paralizadas; y enderezad para vuestros pies los caminos torcidos, para que el cojo no sea desviado, sino más bien sanado (Heb. 12:12, 13).

Esta es la palabra alentadora de Dios para nosotros: Que fortalezcamos las manos de la fe y confiemos cuando nos arrodillamos para orar. A menudo nuestra fe se cansa, languidece, se relaja y nuestras oraciones pierden su fuerza y eficacia.

La figura aquí usada es muy sorprendente. La idea parece ser que llegamos a desalentarnos tanto y a ser tan tímidos que un pequeño obstáculo nos deprime y asusta y estamos tentados a pasar alrededor para evitarlo, en vez de enfrentarnos con él. En otras palabras, tomamos el camino más fácil.

Puede ser también alguna molestia física que Dios está dispuesto a curar, pero el esfuerzo que el paciente debe realizar es duro; o bien que sea más fácil asegurar alguna ayuda humana, o dar un rodeo por algún otro camino.

Hay muchas maneras de "darle la vuelta" a las dificultades en vez de marchar rectamente a través de ellas. Cuántas veces nos encontramos en nuestro camino con algo que nos aterroriza, y queremos evadir la salida con la excusa: "No estoy preparado del todo para eso." Para hacer algún sacrificio, para obedecer en algo, para tomar algún Jericó, para pedir por algunas almas y ponerlas en el camino verdadero, para esperar la respuesta a sus oraciones o quizá para sobrellevar algún malestar físico que está medio curado, y estamos caminando alrededor del mismo. Dios dice: "Levantad esas manos caídas." Caminad derechos por medio de la inundación y he aquí que las aguas se dividirán, el mar Rojo se abrirá y el Jordán se separará, y el Señor te conducirá por medio de ellos a la victoria.

No permitas que tus pies "se salgan fuera del camino", pero deja que tu cuerpo "esté curado" y tu fe fortalecida. Camina derecho hacia adelante y no dejes detrás de ti ningún Jericó sin conquistar, ni ningún lugar donde Satanás pueda decir que era demasiado para ti. Esta es una lección provechosa e intensamente práctica. Muchas veces hemos estado en esa posición. Quizás tú te encuentras hoy en la misma. *A. B. Simpson*

Presta al desaliento tan poca atención como te sea posible. Navega hacia adelante como hace el navío, tanto en la tempestad como durante la calma, ya llueva o esté brillando el sol, y lleva tu cargamento al puerto de su destino. *Matbie D. Babcock*

19 de JUNIO

El grano se trilla (Isa. 28:28, RVR 1960).

Muchos de nosotros no podemos ser usados como alimento para saciar el hambre del mundo, hasta que no hemos sido partidos en las manos de Cristo. "El grano se trilla." Muchas veces la bendición de Cristo no es otra cosa sino aflicción, pero aun el pagar con la aflicción no es un precio demasiado elevado, por el privilegio de compartir con otras vidas la bendición. Las cosas más *valiosas* de este mundo han llegado a nosotros por medio de lágrimas y tribulación. *J. R. Miller*

Dios me ha convertido en pan para su elegido y si es necesario que el pan sea molido en los dientes del león, para alimentar a sus hijos, bendito sea el nombre del Señor. *San Ignacio*

Debemos ser cocidos antes de poder darnos. Cuando cesamos de sangrar cesamos de bendecir. La pobreza, la opresión y la calamidad han obligado a muchas vidas al heroísmo moral y a la grandeza espiritual. La dificultad desafía a la energía y a la perseverancia y pide que se pongan en actividad las cualidades más fuertes del alma.

Muchos vientos fuertes han sido utilizados para encaminar el buque al puerto de su destino. Dios ha decretado la oposición como un incentivo para la fe y la actividad santa.

Los personajes más ilustres de la Biblia fueron machacados, trillados, molidos y convertidos en pan para el hambriento. Abraham fue llamado "el padre de los fieles", porque fue el caudillo de los que sufren y obedecen; porque permaneció a la cabeza de los suyos en aflicción y obediencia.

Jacob sufrió severos trillamientos y moleduras. José fue magullado y abatido y tuvo que pasar por la cocina de Potifar y la prisión de Egipto para llegar a su sillón de primer ministro.

David, perseguido como una perdiz por las montañas, magullado, cansado, con sus pies doloridos, fue triturado y convertido en pan para un reino. Pablo nunca hubiera sido pan para la casa de César si no hubiese soportado los magullamientos, latigazos y apedreamientos. El fue molido en harina para la familia imperial.

Tan grande como la lucha, fue grande la victoria. Si él ha señalado para ti pruebas especiales, ten la seguridad de que en su corazón tiene guardado para ti un lugar especial. Un alma penosamente dolorida es un alma elegida.

20 de JUNIO ───

Entonces tus oídos oirán a tus espaldas estas palabras: "¡Este es el camino; andad por él, ya sea que vayáis a la derecha o a la izquierda!" (Isa. 30:21).

Cuando tenemos alguna duda o dificultad, cuando muchas voces nos dicen ir por este o por el otro camino, cuando la prudencia nos aconseja una cosa y la fe otra, entonces permanezcamos quietos y no permitamos a ningún intruso que nos hable, calmémonos a nosotros mismos en el silencio sagrado de la presencia de Dios; estudiemos su Palabra con una actitud devocional; elevemos nuestra naturaleza hasta la luz de su rostro, deseosos solamente de conocer lo que Dios el Señor determinará y pronto experimentaremos una impresión distinta.

En los primeros escalones de la vida cristiana no es prudente el depender solamente de esto, sino esperar la confirmación de las circunstancias. Aquellos que han tenido mucho trato con Dios saben muy bien el valor de la compañía secreta con él para cerciorarse de su voluntad.

¿Tienes alguna dificultad con respecto a tu camino? Acude a Dios con tu pregunta; obtén la dirección bien de la luz de su sonrisa, o de la adversidad de su negación.

Si solamente permanecieses a solas con Dios, donde la luz y las sombras terrenales no pudiesen intervenir, donde las opiniones humanas no pudiesen llegar; si tú te atrevieses a esperar allí, en silencio y con esperanza, aunque todo a tu alrededor insistiese en una decisión o acción inmediata, podrías ver claramente cuál es la voluntad de Dios y tendrías una nueva concepción de Dios, un conocimiento más profundo de su naturaleza y amante corazón, el cual ha de ser para ti solo.   *David*

21 de JUNIO ——————————————————————————

Se oyó que estaba en casa (Mar. 2:1).

Los pólipos que construyen los arrecifes de coral trabajan debajo de las aguas sin soñar jamás que están edificando los cimientos de una isla sobre la cual, después, plantas y animales han de vivir e hijos de Dios van a nacer y ser preparados para la gloria eterna como coherederos de Cristo.

Si tu puesto en las filas de Dios está en lugar escondido y apartado, querido amigo, no murmures, no te quejes, no busques el evadir la voluntad de Dios, si él te ha colocado allí. Dios necesita algunas personas que estén dispuestas a ser pólipos espirituales y a trabajar sin ser vistos de los hombres, pero protegidos por el Santo Espíritu y en plena luz celestial.

Ha de llegar un día cuando Jesús te recompensará. El no se equivoca, aunque algunas personas se preguntarán cómo pudiste merecer tal recompensa, sin haber oído antes nada acerca de ti.

Seleccionado

Podemos, con plena confianza, salir del servicio especialmente bendecido, de la cima de la montaña inspiradora, de la ayuda de la compañía de "hombres justos" y retirarnos a nuestro simple y obscuro Emaús o a nuestro temido Colosas, o aún a nuestro distante campo misionero de Macedonia, enteramente convencidos de que, en el lugar en donde él nos ha colocado, en nuestros quehaceres diarios de la vida, él ordena que todo cuanto hay a nuestro alrededor puede ser conquistado y que la victoria es segura.

22 de JUNIO

El amor cubre (Prov. 10:12).
Sé celoso en el perseguimiento de este amor (1 Cor. 13:7-13).

Cuenta tus aflicciones a Dios solamente. No hace mucho tiempo leí en un periódico algo sobre la experiencia personal de una buena hija de Dios. Me causó tal impresión que quiero recordarlo en esta página. Ella escribió: "Un día, me encontraba a media noche completamente desvelada, parecía como si las olas de una cruel injusticia estuviesen pasando sobre mí y el amor protector hubiese abandonado mi corazón. Entonces grité a Dios en una gran agonía, que me diese poder para obedecer su precepto, 'el amor cubre'.

"Inmediatamente, el Espíritu empezó a obrar en mí y me trajo el olvido. Mentalmente cavé una sepultura. Deliberadamente saqué la tierra, hasta que la escavación fue profunda. Afligida hice descender todas aquellas cosas que me habían herido e inmediatamente las cubrí con la pala entre los terrones de tierra. Sobre el terraplén puse un césped verde. Lo cubrí con rosas blancas y pensamientos y me marché con presteza.

"Un sueño suave tomó posesión de mí. La herida que había sido casi mortal se curó sin dejar rastros de cicatriz, y hoy no sé qué es lo que causó mi aflicción."

Pedro descendió de la barca y caminó sobre las aguas, y fue hacia Jesús. Pero al ver el viento fuerte, tuvo miedo y comenzó o hundirse. Entonces gritó diciendo: "¡Señor, sálvame!" (Mat. 14:29, 30).

Pedro tenía un poco de fe en medio de sus dudas, dice Bunyan; y con sus voces y con su descenso fue llevado a Cristo. Pero aquí podemos ver que la vista fue un obstáculo. Una vez que él se decidió a ir a Cristo no debió prestar atención a las olas, lo importante para él debió haber sido la senda luminosa que a través de la obscuridad brillaba desde donde Jesús estaba. Si hubiese estado un décuplo de Egipto más allá, Pedro no habría ido para mirar y ver.

Cuando el Señor te llame sobre las aguas, "ven", marcha alegre hacia adelante. No mires por un sólo momento a otra parte sino a él.

No por medir las olas vas a prevalecer; no por escudriñar el viento te vas a fortalecer. El medir el peligro puede ser que sea lo que te haga caer delante de él; el deliberar acerca de las dificultades es hacer que te derroten. Eleva tu mirada hacia las montañas y camina hacia adelante, no hay ningún otro camino.

¿Temes lanzarte sobre las profundidades de Dios? Para nadar hay que confiarse a las aguas, y en las aguas de tu vida él nunca te abandonará. Confiando en él gozarás de celestial comunión.

¿O me daréis órdenes respecto a la obra de mis manos? (Isa. 45:11).

Nuestro Señor habló en este sentido cuando dijo: "Padre: quiero." Josué obedeció este mandamiento cuando en el momento supremo de triunfo levantó su lanza hacia el sol que estaba poniéndose y gritó: "Sol, detente."

Elías también obedeció cuando cerró los cielos durante tres años y seis meses y después volvió a abrirlos.

Lutero obedeció igualmente cuando, arrodillándose al lado del moribundo Melanchton, impidió a la muerte que cogiese a su presa. Es una relación maravillosa en la cual Dios nos invita a que entremos. Estamos familiarizados con aquellas palabras del siguiente párrafo: "Con mis manos he extendido los cielos y he mandado en todos sus ejércitos."

Pero que Dios nos haya ordenado que le mandemos a él es un cambio en nuestra relación absolutamente sorprendente.

¡Qué diferencia tan grande existe entre esta actitud y las oraciones que hacemos dudando, vacilando, sin creer, a que nos hemos acostumbrado y las cuales por su perpetua repetición son ineficaces! ¡Cuántas veces durante su vida terrenal Jesús colocó a los hombres en una posición para que pudiesen mandarle! Al entrar en Jericó él se paró y dijo a los pobres ciegos: "¿Qué queréis que haga por vosotros?" Es como si hubiese dicho: "Estoy a vuestras órdenes."

¿Podremos jamás olvidar cómo entregó a la mujer sirofenisa la llave de sus recursos y le dijo que podía servirse como quisiese?

¿Qué mortal puede darse cuenta de la significación plena de la posición en que nuestro Dios cariñosamente eleva a sus hijos? Parece ser que está diciendo: "Todo cuanto poseo está a vuestra disposición."

"Todo lo que pidáis en mi nombre, eso haré."

F. B. Meyer

"Hasta ahora no habéis pedido nada en mi nombre. Pedid y recibiréis, para que vuestro gozo sea completo" (Juan 16:24).

25 de JUNIO

Di a los hijos de Israel que marchen (Exo. 14:15).

Haz un esfuerzo mental, amado hijo de Dios, y si te es posible, imagínate aquella marcha triunfal. Aquellos hijos entusiasmados que habían sido frenados de expresar sus exclamaciones de asombro por el perpetuo silencio de sus padres; el incomparable entusiasmo de aquellas mujeres que, repentinamente, se encontraron salvas de un destino peor que la misma muerte; mientras que los hombres las seguían o acompañaban avergonzados y confundidos por haber desconfiado de Dios o murmurado contra Moisés, y al ver aquellas paredes grandiosas de agua que se habían levantado al extender su mano el Eterno, en respuesta a la fe de un solo hombre; *aprende lo que Dios hará para los suyos.* No temas ningún resultado de obediencia implícita a su mandamiento. No te asustes de las aguas tempestuosas que con su orgullosa insolencia te impiden tu progreso. Sobre las voces de muchas aguas, el poderoso rompeolas de los mares: "El Señor asentóse por Rey para siempre."

Una tormenta es solamente como el exterior de su manto, el síntoma de su venida, el acercamiento de su presencia.

¡Atrévete a confiar en él; atrévete a seguirle! Y descubre que las mismas fuerzas que impedían tu progreso y amenazaban tu vida, por mandato suyo, se convertirán en los materiales con los cuales se edificará una entrada para tu libertad. *F. B. Meyer*

26 de JUNIO ───────────────────────────────

¿Pues qué, si algunos de ellos han sido incrédulos? ¿Su incredulidad habrá hecho nula la fidelidad de Dios? (Rom. 3:3, RVR 1960).

Creo que puedo descubrir que todas las penas de mi vida, por pequeñas que hayan sido, han ocurrido debido a mi incredulidad. ¿Qué otra cosa podría yo ser sino una persona feliz, si siempre creyese que todo el pasado está perdonado y todo el presente equipado con poder y todo el futuro es claro y prometedor a causa de los mismos hechos existentes, los cuales no cambian con mis caprichos ni tiemblan porque yo vacile y titubee de la promesa por medio de la incredulidad, sino que permanecen firmes y claros con sus picos de perlas adheridos al aire de la eternidad y los cimientos de sus colinas arraigados profundamente en la Roca de Dios? Aunque un trepador se maree en las alturas del Mont Blanc, no por eso este monte va a convertirse en un fantasma o en una niebla. *James Smetham*

¿Tiene algo de particular que no recibamos algunas promesas de Dios cuando vacilamos acerca de ellas con nuestra incredulidad? No es que la fe merezca una respuesta, o que la gane por sus obras, sino que Dios ha puesto el *creer* como una condición para recibir, y

192

el Dador tiene autoridad soberana para establecer las condiciones que han de cumplirse para conceder sus dones.

Samuel Hart

La incredulidad se pregunta: ¿Cómo puede ser tal y tal cosa? Está llena de "cómos". Pero la fe tiene una gran respuesta para todos los "cómos" y la respuesta es: DIOS.

C. H. M.

Ningún hombre o mujer que ora puede hacer tanto con tan poco gasto de tiempo, como cuando él o ella están orando.

Se ha dicho que si apareciese un hombre —y estas palabras están de acuerdo con el pensamiento de nuestro Señor Jesucristo expresado en su enseñanza sobre la oración— UN HOMBRE QUE CREYESE ENTERAMENTE, la historia del mundo podría cambiarse.

¿Quieres ser tú ese UNO en la providencia y guía de Dios nuestro Padre?

A. E. McAdam

La oración sin fe degenera en una rutina sin objeto o en hipocresía. La oración que se hace con fe recibe el poder necesario para apoyar nuestras peticiones. Es mejor que no ores hasta que todo tu ser responda a la eficacia de tu súplica. Cuando la verdadera oración se ha terminado, entonces, la tierra y el cielo, el pasado y el futuro, dicen amén. Cristo hizo esta clase de oraciones.

P. C. M.

No hay nada que esté fuera del alcance de la oración, excepto aquello que no esté en conformidad con la voluntad de Dios.

27 de JUNIO

Tu Dios ha ordenado tu fuerza (Sal. 68:28).

El Señor nos comunica aquella fuerza primaria de carácter, la cual hace que todo en la vida actúe con intensidad y precisión. "Somos fortalecidos con poder por medio de su Espíritu en el hombre interior." Y la fortaleza es continua; a nosotros vienen reservas de poder las cuales no podemos agotar.

"Como tus días, así será tu fortaleza", fuerza de voluntad, fuerza de afecto, fuerza de juicio, fuerza de ideales y ejecución.

"El Señor es mi fortaleza" para *caminar*. El nos da poder para marchar por terreno llano, para ir por aquellos senderos de la vida en los cuales no hallamos ninguna sorpresa agradable y deprimen los espíritus como el trabajo más vil.

"El Señor es mi fortaleza" para *ascender*. El es para mí el poder con el cual puedo trepar la Montaña Dificultad sin temor alguno.

"El Señor es mi fortaleza" para *descender*. Cuando dejamos las montañas cómodas, donde hemos estado rodeados de aire y sol y empezamos a descender a una atmósfera más cerrada y calurosa, cuando el corazón está presto a desmayar.

El otro día oí decir a un hombre, refiriéndose al aumento de su debilidad física: "¡Lo que a mí me cansa es el descender!"

"El Señor es mi fortaleza" *para que permanezca sentado sin moverme*. ¡Cuán difícil es lograr esto! En momentos cuando estamos obligados a permanecer quietos, ¿no nos decimos los unos a los otros: "Si solamente pudiese hacer algo"? ¡Qué dura es la prueba para una madre cuando su hijo está enfermo y ella permanece a su lado sin poder hacer nada! Pero el no hacer otra cosa sino sentarse sin moverse y esperar, requiere una fortaleza tremenda. "El Señor es mi fortaleza." Nuestra suficiencia es Dios.

De *The Silver Lining*

28 de JUNIO ——————————————————————————

Una puerta abierta en el cielo (Apoc. 4:1).

Debes recordar que Juan estuvo en la isla de Patmos. Una prisión solitaria, rocosa, inhospitalaria, por causa de la Palabra de Dios y el testimonio de Jesús. Sin embargo, bajo tales circunstancias para él, separado de todos aquellos a quienes amaba en Efeso, excluido de la adoración de la iglesia, condenado a la compañía de compañeros de prisión con quienes no congeniaba, le fueron concedidas estas visiones. Para él también había una puerta abierta en el cielo.

Se nos recuerda que Jacob habiendo sido desterrado de la casa de su padre, se tendió en un sitio desierto a dormir y en su ensueño contempló una escalera que ponía en comunicación el cielo con la tierra y en lo más alto estaba Dios.

194

No solamente a estos, sino a muchos más se les han abierto puertas en el cielo. Con lo que se refería al mundo, parecía ser que sus circunstancias no le permitían tales revelaciones.

A los prisioneros y cautivos; a los que constantemente sufren, atados con cadenas de hierro de dolor en sus camas de enfermos; a los peregrinos solitarios y vagabundos; a las mujeres apartadas de la casa del Señor a consecuencia de los quehaceres de sus hogares, muy a menudo se les ha abierto la puerta del cielo.

Pero existen ciertas condiciones. Es necesario que sepas lo que significa poseer el Espíritu. Debes ser puro de corazón y obediente en la fe. Debes de estar dispuesto a darlo todo por perdido por la excelencia del conocimiento de Jesucristo. Entonces, cuando Dios es todo en todo para nosotros, cuando vivimos, nos movemos y tenemos nuestra existencia en su gracia, también se nos abrirá la puerta.   *De Comentario diario devocional*

29 de JUNIO ─────────────────────────────

Vimos allí gigantes (Núm. 13:33).

Sí, ellos vieron gigantes, pero Caleb y Josué vieron a Dios. Los que dudan dicen: "No podemos ir adelante." Los que creen dicen: "Vamos adelante a poseerlo, porque podemos."

Los gigantes existen para las grandes dificultades y los gigantes están disfrazados por todas partes. Están entre nuestros familiares, en nuestras iglesias, en nuestra vida social, en nuestros corazones; y debemos vencerlos o de lo contrario nos comerán, como dijeron estos hombres acerca de los gigantes de Canaán.

Los hombres de fe dijeron: "Son pan para nosotros; nos los comeremos." En otras palabras: "Seremos más fuertes venciéndoles, que si no hubiese habido gigantes que vencer."

Ahora la cuestión es que a menos que poseamos la fe que vence, seremos comidos, consumidos por los gigantes en nuestro camino. Tengamos el espíritu de fe que tuvieron estos hombres de fe y veamos a Dios, y él se cuidará de las dificultades.

Seleccionado

Cuando estamos en el camino del deber es cuando encontramos los *gigantes.* Cuando Israel estaba marchando *hacia adelante* fue cuando aparecieron los gigantes. Cuando volvieron al desierto no encontraron ninguno. Prevalece la idea de que el poder de Dios en la vida del individuo le eleva sobre toda clase de pruebas y conflictos. El hecho es que el poder de Dios siempre lleva consigo un conflicto y una lucha. Uno hubiese pensado que en su gran viaje misionero a Roma, Pablo habría sido guardado por alguna poderosa providencia sobre el poder de las tormentas, de las tempestades y de sus enemigos. Pero, al contrario, fue una larga y dura lucha de persecución por los judíos, de terribles tempestades, de serpientes venenosas y de lucha contra todos los poderes de la tierra y el infierno, y al fin fue salvado por el margen más estrecho, nadando a tierra hasta Malta, sobre el trozo de uno de los residuos del barco naufragado, escapando milagrosamente de una muerte segura.

¿Fue aquello debido a la intervención de un Dios de poder infinito? Sí, como él es. Y así Pablo nos dice que cuando recibió al Señor Jesucristo como la vida de su cuerpo, inmediatamente le sobrevino un terrible conflicto. En verdad, un conflicto que nunca terminó, una presión persistente, pero de la cual siempre salió victorioso por medio del poder de Jesucristo.

El lenguaje con que describe esto es de lo más pintoresco. "Estamos atribulados en todo, pero no angustiados; perplejos, pero no desesperados; perseguidos, pero no desamparados; abatidos, pero no destruidos. Siempre llevamos en el cuerpo la muerte de Jesús por todas partes, para que también en nuestro cuerpo se manifieste la vida de Jesús."

¡Qué lucha tan intensa y dura! Es muy difícil poder expresar en otro idioma la fuerza del original. Hay cinco cuadros en sucesión. En el primero se representa la idea de numerosos enemigos oprimiendo por todas partes, pero no obstante, sin vencerle, porque el poder del cielo hace una abertura lo suficientemente amplia en el camino para que pueda salir. La traducción literal sería: "Estamos oprimidos por todas partes, pero no vencidos."

El segundo cuadro es el de una persona cuyo camino parece estar completamente cerrado, pero sin embargo lo ha atravesado y existe la luz suficiente para mostrarle el próximo paso.

La tercera imagen representa a un enemigo que persigue violentamente, mientras que el divino Protector aún continúa al lado del perseguido. Podemos adoptar la magnífica traducción de Rotherham: "Perseguidos pero no abandonados."

El cuadro cuarto es aún más vívido y dramático. El enemigo le ha alcanzado, herido y derribado. Pero no es un golpe mortal; él puede levantarse nuevamente. Podría traducirse: "Derribado, pero no vencido."

La imagen avanza una vez más y ahora parece que se trata de la misma muerte. "Llevando siempre por todas partes la muerte del Señor Jesús en el cuerpo." Pero él no muere, porque "también la vida de Jesús" viene ahora en su ayuda y él vive en la vida de otro, hasta que ha realizado el trabajo de su vida.

La razón por la cual muchos fracasan en esta experiencia de curación divina es porque esperaban pasarla sin tener que luchar, y cuando llega el conflicto y se alarga la batalla, se desalientan y someten. Dios no posee nada que sea digno de tenerse y que sea fácil de obtener. En el mercado celestial no existen artículos baratos. Nuestra redención costó todo lo que Dios más amaba y todo lo que vale la pena de poseer, cuesta caro. Los lugares difíciles son las verdaderas escuelas de la fe y del carácter, y si nosotros vamos a elevarnos sobre la mera fortaleza humana y probar el poder de la vida divina en estos cuerpos mortales, tiene que ser por medio del proceso de un conflicto, que pudiera muy bien ser llamado el parto doloroso de una nueva vida. Recordemos la imagen antigua del arbusto que ardía, pero que no fue consumido, o la visión de la casa del intérprete de la llama que no expiraba, a pesar de no cesar el demonio de derramar agua sobre ella, porque en el fondo había un ángel derramando aceite constantemente y guardando la llama encendida.

No, amado hijo de Dios que estás sufriendo, tú no puedes fracasar si te atreves a creer solamente, si permaneces firme y rehusas a darte por vencido. *De un tratado*

30 de JUNIO ⎯⎯⎯⎯⎯⎯⎯⎯⎯⎯⎯⎯⎯⎯⎯⎯⎯⎯⎯⎯⎯⎯

Y oí una voz apacible (Job 4:16).

Hace unos veinte años, uno de mis amigos puso en mi mano un libro titulado *Paz verdadera*. Era un antiguo mensaje medieval y no contenía sino un sólo pensamiento: que Dios estaba esperando en lo más profundo de mi ser para hablarme, si yo solamente permanecía lo suficientemente callado para oír su voz. Yo creí que esto sería una cosa muy fácil y empecé a guardar silencio. Pero no había hecho nada más que comenzar cuando un perfecto alboroto de voces llegaron a mis oídos, un millar de notas clamorosas por dentro y por fuera, hasta que no pude oír otra cosa sino un ruido violento y ensordecedor.

Algunas eran mis mismas voces, mis propias preguntas, mis mismas oraciones. Otras eran las sugerencias del tentador y las voces del inquieto mundo. De todas las direcciones era tirado, empujado y saludado con aclamaciones ruidosas y una inquietud inexplicable. Creía que era necesario escuchar algunas de estas voces y contestarlas, pero Dios dijo:

"Cállate, y conoce que soy Dios." Entonces vino un conflicto de pensamientos acerca del mañana y sus deberes y necesidades; pero, Dios dijo: "Cállate."

Y cuando empecé a escuchar y aprendí despacio a obedecer y cerré mis oídos a todos los sonidos, me di cuenta al poco tiempo que cuando las otras voces cesaron, o yo cesé de oírlas, había en lo más íntimo de mi ser una voz pequeña y silenciosa que empezó a hablarme con una ternura, con un poder y con un aliento que no es posible describir.

Cuando estaba escuchando, la voz de la oración se convirtió para mí en la voz de la sabiduría, la voz del deber, y no tuve necesidad de pensar tanto, orar tanto y confiar tan agudamente; pero aquella "pequeña silenciosa voz" del Santo Espíritu en mi corazón, era la oración de Dios en secreto en mi alma. Era la respuesta de Dios a todas mis preguntas, era la vida y fortaleza de Dios para el alma y cuerpo, y se convirtió en la substancia de todo conocimiento, de toda oración y toda bendición; porque era el mismo Dios vivo, mi vida, mi todo.

Es así como nuestro espíritu bebe en la vida de nuestro Señor resucitado, y se lanza en medio de los conflictos y deberes de la vida como la flor que a través de las sombras de la noche ha bebido las frescas y cristalinas gotas de rocío. Pero así como *el rocío no desciende jamás en una noche tormentosa*, así también el rocío de su gracia nunca desciende a las almas inquietas.

A. B. Simpson

Porque se cumplirá (Luc. 1:45).
Mis palabras. . . las cuales se cumplirán a su debido tiempo (Luc. 1:20).

Habrá un cumplimiento de aquellas cosas que el corazón amante ha estado esperando ver por mucho tiempo. Aquellas palabras a las cuales él está adherido serán cumplidas, porque su Dios lo ha prometido fielmente. Y, conociéndole, él nunca puede dudar de su palabra. El Señor todopoderoso habla y lo que dice se cumple.

Habrá un cumplimiento de aquellas cosas. ¡Oh, atormentado corazón, descansa siempre bajo su cuidado! En la soledad, bajo la sombra de sus alas, espera la respuesta de tu ansiada oración. Cuando "has arrojado tus preocupaciones", entonces el corazón se regocija.

Habrá un cumplimiento de aquellas cosas. ¡Oh, corazón angustiado! Cree, espera y ora. Aunque durante el día haya habido nubes, lluvia y tormenta, por la noche se siente una dulce calma.

La fe penetra por medio de la duda, que impide a veces el que llegue la noche y haya estrellas.

Habrá un cumplimiento de aquellas cosas. ¡Oh, corazón confiado! El Señor lo ha dicho. Deja a la fe y la esperanza que se eleven y preparen sus vuelos y elévate hacia las nubes doradas de la salida del sol.

Los portales de la rosada aurora se abren de par en par, mostrando la alegría que las noches negras ocultan.

Bessie Porter

Matthew Henry dice: "Debemos depender del cumplimiento de la promesa cuando todos los caminos que conducen a ella están cerrados. 'Porque todas las promesas de Dios son en él "sí"; y por tanto, también por medio de él, decimos "amén" a Dios, para su gloria por medio nuestro'" (2 Cor. 1:20).

Cuando camines, tus pasos no hallarán impedimento (Prov. 4:12).

El Señor nunca edifica un puente de fe excepto bajo los pies del viajero lleno de fe. Si él edificase el puente a una cierta distancia delante de nosotros, entonces no sería un puente de fe. Aquello que vemos no pertenece a la fe. Existe una clase de puerta que se abre por sí misma, utilizada a veces en los caminos rurales. Permanece firme y segura en medio del camino cuando un viajero se aproxima a ella. Si él se para antes de llegar a ella, la puerta no se abre. Pero si conduce rectamente hacia ella, las ruedas de su coche oprimen unos resortes que hay debajo del camino y la puerta se eleva hacia atrás para permitirle pasar. El debe de continuar derecho hacia la puerta cerrada, o de lo contrario, la puerta no se abrirá.

Esto ilustra la manera de pasar todas las barreras en el camino del deber. Ya sea un río, una puerta o una montaña, lo que todos los hijos de Dios tienen que hacer es ir hacia ello. Si es un río, se secará en el momento que pongas tus pies en sus aguas. Si es una puerta, se abrirá de pronto cuando estés lo suficientemente cerca de ella y continúes empujando. Si es una montaña, será levantada y arrojada al mar sin falta, de donde tú creías que estaba, cuando estés casi encima de ella.

¿Hay una gran barrera en el camino de tu deber en estos momentos? Lo único que tienes que hacer es ir a ella en el nombre del Señor, y desaparecerá. *Henry Clay Trumbull*

Nos sentamos y lloramos en vano. La voz del Todopoderoso nos dice: "Arriba y adelante para siempre." Movámonos y caminemos con valentía aunque sea de noche y nos sea difícil ver el camino. A medida que avancemos se nos abrirá el camino, lo mismo que sucede con el rastro en el bosque o con el pasaje alpino, el cual muestra solamente unas pequeñas varillas desde cualquier golpe de vista. Apresúrate. Si es necesario encontraremos aún la misma columna de nube y fuego para guiarnos en nuestro viaje por medio del desierto. Hay guías y posadas a los lados del camino. En cada etapa de nuestro viaje encontraremos alimento, vestido y amigos. Y como dice muy originalmente un anciano cristiano: "Cualquiera que pueda ser la situación, lo peor sería un viajero cansado y una dulce y alegre bienvenida en casa."

¿Acaso para sembrar, el labrador sólo ara, rompe y deshace los terrones de tierra durante todo el día? (Isa. 28:24).

U n día, al principio del verano, pasé por una bellísima pradera. La hierba era tan suave, tan espesa y tan delicada como un inmenso tapiz oriental verde. En uno de los rincones había un magnífico árbol viejo, un santuario para un sinnúmero de pájaros silvestres; el aire fresco y suave parecía estar impregnado de sus alegres canciones. Había dos vacas tendidas a la sombra que presentaban un verdadero cuadro de satisfacción.

Por la parte baja del lado del camino, la bellísima flor llamada diente de león mezclaba colores dorados con la púrpura real de la violeta silvestre.

Me apoyé sobre la cerca durante un rato bastante largo, alimentando de esta manera mi mirada con tanta belleza y pensando que Dios jamás habría hecho un lugar más precioso que aquella lindísima pradera.

Al día siguiente volví a pasar por aquel camino y recibí una sorpresa muy desagradable. Una mano destructora había visitado aquel lugar. Un labrador con un enorme arado, que en aquellos momentos se hallaba ocioso sobre los surcos, había causado en un día un enorme estrago. La hierba verde había sido convertida en tierra fea de color y despojada de su belleza. En vez de pájaros cantores había solamente unas cuantas gallinas rasguñando en el suelo en busca de gusanos. Las violetas y todas las flores preciosas habían desaparecido. En medio de mi dolor me preguntaba: "¿Cómo es posible que una persona se haya atrevido a destruir tanta belleza?"

Entonces, mis ojos fueron abiertos por una mano invisible y vi un visión, la visión de un campo con maíz maduro y dispuesto para la recolección. Podía ver un montón gigantesco de gavillas pesadas, cargadas durante el sol otoñal; podía casi oír la música del viento pasando por encima de aquellos granitos dorados, y antes de volver en sí, la tierra morena tomó un color esplendoroso que no tenía el día anterior.

Ojalá que siempre podamos tener la visión de una recolección abundante, cuando nos visita el sublime Labrador, como él lo hace con frecuencia y surca a través de nuestras almas desarraigando y quitando aquello que considerábamos como lo más bello y dejando para nuestra mirada atormentada sólo lo que parece despojado y feo.

Seleccionado

¿Por qué debiera yo de comenzar con el arado de mi Señor, el cual hace surcos profundos en mi alma? Yo sé que él no es un labrador perezoso, él se propone obtener una recolección.

Samuel Rutherford

4 de JULIO

Aunque por un tiempo la visión tarde en cumplirse. . . Aunque tarde, espéralo; pues sin duda vendrá y no tardará (Hab. 2:3).

En el atractivo librito *Expectation Corner* (El rincón de las expectativas), Adam Slowman fue conducido a las casas del tesoro del Señor, y entre otras muchas maravillas que allí le fueron reveladas estaba la "Oficina de las Bendiciones Retardadas", donde Dios guardaba ciertas cosas por las que se había orado, hasta que llegase el tiempo oportuno para enviarlas.

Se tarda mucho tiempo en que algunos pensionistas aprendan que las *tardanzas no son negociaciones.* Hay muchos secretos de amor y sabiduría en el "Departamento de las Bendiciones Retardadas" en los que se ha pensado muy poco. Los hombres arrancarían verdes sus misericordias, cuando el Señor quisiera que madurasen. "Por tanto, Jehovah ESPERA para tener piedad de vosotros" (Isa. 30:18). El está observando en los lugares difíciles y no permitirá una prueba más de lo debido. El dejará que se consuma la escoria y, entonces, vendrá gloriosamente en tu ayuda.

No te aflijas dudando de su amor. No, eleva tu cabeza y empieza a alabarlo *incluso ahora* por el rescate que está de camino para ti, y serás recompensado abundantemente por medio de la tardanza que ha probado tu fe.

5 de JULIO ───────────────────────────── .

La persuadiré, la llevaré al desierto. . . Y desde allí le daré .
sus viñas (Ose. 2:14, 15).

U n sitio verdaderamente extraño para encontrar viñas, el
desierto. ¿Es posible que las riquezas que un alma necesita
puedan obtenerse en el desierto, el cual se halla en un sitio solitario
y fuera del cual raramente puedes encontrar tu camino? Podría
parecer así y no solamente eso, sino que al "Valle de Acor", que
significa amargura, se le llama una puerta de esperanza. ¡Y ella
cantará allí, como en los días de su juventud!
Sí, Dios conoce nuestra necesidad de la experiencia del
desierto. El conoce dónde y cómo llevar aquello que es duradero.
El alma ha sido idólatra y rebelde; ha olvidado a Dios y con una
perfecta obstinación ha dicho: "Seguiré detrás de mis amantes."
Pero no los alcanzó. Y cuando se hallaba sin esperanza y .
abandonada, Dios dijo: "La persuadiré, la llevaré al desierto, y
hablaré a su corazón." ¡Qué Dios tan amable es el nuestro!
Crumbs

Nosotros nunca sabremos dónde oculta Dios sus lagos. Vemos
una roca y no podemos adivinar que es la morada de un manantial.
Vemos un sitio pedregoso y no podemos decir que es el lugar
escondido de una fuente. Dios me conduce a los sitios difíciles y
entonces hallo que he ido al lugar en que moran manantiales
eternos. *Seleccionado*

6 de JULIO ─────────────────────────────

No sabemos qué hacer, pero en ti ponemos nuestros ojos
(2 Crón. 20:12).

S e perdió una vida en Israel porque un par de manos, a las
cuales no se había invitado, se colocaron sobre el arca de Dios.
Fueron puestas con la mejor intención para afirmarla del movimiento y traqueteo causados al conducirla los bueyes por el áspero
camino; pero tocaron presuntuosamente la obra de Dios y cayeron
paralizadas y sin vida. *Mucho de lo que se refiere a la vida de fe*
consiste en dejar las cosas solas. Si confiamos enteramente una
cosa a Dios, debemos retirar nuestras manos de ella y él la guardará

203

para nosotros mucho mejor que si nosotros tratamos de ayudarle. "Calla delante de Jehovah. No te alteres con motivo de los que prosperan en su camino, por el hombre que hace maldades." Puede acontecer que parezca todas las cosas que van de cabeza, pero él lo sabe, lo mismo que nosotros; y se levantará en el momento oportuno si verdaderamente estamos confiando en él tan plenamente, dejándole obrar a su modo y en su tiempo. No hay nada tan imperioso en algunas cosas como la inactividad; y no hay nada tan dañino como trabajar con inquietud, porque Dios ha decidido el poner en acción su voluntad soberana.

A. B. Simpson

Es un gran consuelo el poner los embrollos de la vida en las manos de Dios y dejarlos allí.

7 de JULIO ───────────────────────────────

Hizo de mí una flecha afilada (Isa. 49:2).

En la costa de California, en Pescadero, hay una playa muy famosa llamada "Pebble Beach". La larga línea del blanco oleaje viene acompañada con su eterno rugido, ruidos y truenos entre las piedras en la playa. Ellas son recogidas en los brazos de las crueles olas y tiradas, arrolladas, restregadas las unas contra las otras y molidas contra los filos agudos de los peñascos. Durante el día y la noche continúa la interminable trituración sin descanso alguno. Y, ¿cuál es el resultado?

Turistas de todas partes del mundo se congregan allí para recoger aquellas piedras redondas y preciosas. Estas piedras se colocan en los gabinetes y también para adornar las repisas de las chimeneas. Pero pasemos más allá, alrededor de los peñascos que rompen las olas potentosas, y arriba en una apacible ensenada guarecida de las tormentas y siempre dando cara al sol, se encuentra una gran abundancia de piedras pequeñas redondeadas por las aguas que nunca han sido escogidas por el viajero.

¿Por qué han permanecido estas piedras durante tantos años sin ser buscadas? Por la simple razón de que han escapado de todo el alboroto y trituración de las olas, y la quietud y la paz las dejaron como las hallaron, toscas, angulares y exentas de belleza. *El pulimento viene por medio de la tribulación.*

Sabiendo que Dios conoce el nicho que hemos de ocupar, confiemos en él para que nos moldee para él mismo. Ya que Dios conoce el trabajo que vamos a realizar, confiemos en él para que nos instruya con la debida preparación. *Casi todas las alhajas de Dios son lágrimas cristalizadas.*

8 de JULIO

Los que esperan en Jehová... levantarán las alas como águilas (Isa. 40:31).

Existe una fábula acerca de la manera en como los pájaros adquirieron las alas. Al principio fueron formados sin alas. Entonces Dios hizo las alas y las puso delante de los pájaros, que carecían de ellas, diciéndoles: "Venid, tomad estas cargas y llevadlas."

Los pájaros tenían un plumaje delicioso y sus trinos eran melodiosos. Podían cantar y sus plumas brillaban en la claridad del sol, pero no podían remontarse en el aire. Al principio vacilaron cuando se les mandó tomar las cargas que había junto a sus pies, pero pronto obedecieron y, cogiendo las cargas con sus picos, las colocaron en sus espaldas para llevarlas.

Durante un poco de tiempo la carga parecía pesada y dura de llevar; pero no transcurrió mucho en que, llevando sus cargas y desplegándolas sobre sus corazones, las alas crecieron de prisa en sus cuerpecitos, y pronto descubrieron la manera de usarlas y se elevaron en el aire por medio de ellas. *Las cargas se convirtieron en alas.*

Es una parábola. Nosotros somos los pájaros sin alas y nuestros deberes y tarea son las alas que Dios ha hecho para elevarnos hacia el cielo.

Miramos a nuestras dificultades y pesadas cargas y nos asustan, pero cuando las levantamos y atamos sobre nuestros corazones se convierten en alas y con ellas nos elevamos y remontamos hacia Dios.

No existe carga que, si la levantamos con alegría y la llevamos con amor en nuestros corazones, no se convierta en una bendición para nosotros. Dios dice que nuestras tareas son nuestras ayudadoras. Rehusar el inclinar nuestras espaldas para recibir una carga es rechazar una nueva oportunidad para progresar. *J. R. Miller*

Bendita es cualquier carga, por abrumadora que sea, que Dios en su infinita misericordia ha fijado con sus propias manos sobre nuestras espaldas.   *F. W. Faber*

9 de JULIO

Te he probado en el horno de la aflicción (Isa. 48:10).

La palabra viene como una lluvia apacible mitigando la ira de la llama y es una armadura de amianto contra la cual el fuego es impotente. Deja que venga la aflicción porque Dios me ha *probado.* Pobreza, puedes venir a mi puerta; pero Dios ya está dentro de la casa y él me ha *probado.* Enfermedad, puedes introducirte; pero tengo un bálsamo preparado, Dios me ha *probado.* Cualquier cosa que me acontezca en este valle de lágrimas, sé que para ello él me ha *probado.*

No temas, cristiano, Jesús está contigo. En todas tus grandes pruebas su presencia es para ti ambas cosas, tu consuelo y tu salvación. El nunca deja a ninguno a quien ha escogido para sí. "No temas, porque yo estoy contigo", es su palabra segura de promesa a sus escogidos en "el horno de la aflicción." *C. H. Spurgeon*

La carga del sufrimiento parece una piedra de molino colgada de nuestros cuellos, cuando en realidad no es otra cosa sino el peso necesario para mantener al buzo en la profundidad mientras busca las perlas.   *Richter*

10 de JULIO

Lo llamé, pero no me respondió (Cant. 5:6).

Cuando el Señor ha concedido una fe grande, se sabe que la ha probado con grandes dilaciones. El ha permitido que las voces de sus siervos resuenen en sus oídos como si procediesen de un cielo de bronce. Han llamado en la puerta de oro, pero ha permanecido inmovible como si sus goznes estuviesen enmoheci-dos. Lo mismo que Jeremías, ellos han exclamado: "Te cubriste de nube para que no pasara la oración." Los verdaderos santos han continuado durante mucho tiempo, esperando con paciencia sin replicar, no porque sus oraciones no fuesen vehementes, no porque no fuesen aceptadas, sino porque así le complació a él que es Soberano y concede las peticiones según su criterio. Si él se complace en pedir a nuestra paciencia que se ejercite por sí misma, ¿por qué no ha de hacer lo que él desea, con aquello que le pertenece? No se pierde ninguna oración. El aliento de la oración jamás se gastó en vano. No existe tal cosa como oración sin contestar o inadvertida por Dios, y algunas de las cosas que consideramos como repulsas o negaciones no son sino simplemente retrasos o dilaciones. *H. Bonar*

Algunas veces Cristo retarda su ayuda para poder probar nuestra fe y avivar nuestras oraciones. La barca puede estar cubierta con las olas y él dormir en ella; pero él despertará antes de que se hunda. El duerme, pero nunca duerme demasiado; y para él no existe el "es demasiado tarde". *Alexander Maclaren*

11 de JULIO _____

Pero sucedió que después de algunos días se secó el arroyo, porque no había llovido en la tierra (1 Rey. 17:7).

Semana tras semana, Elías observaba con un espíritu firme e inquebrantable aquel arroyo que se secaba. Muchas veces estuvo tentado de vacilar a causa de la incredulidad, pero rehusó el permitir que sus circunstancias se interpusiesen entre él y Dios. La incredulidad ve a Dios por medio de las circunstancias, como nosotros vemos algunas veces el sol separado de sus rayos a través del aire humeante; pero la fe pone a Dios entre ella misma y las circunstancias y las mira a través de él. Y así, el arroyo que se secaba se convirtió en un hilo de plata y el hilo de plata permaneció después en los charcos al pie de rocas enormes, y los charcos se encogieron. Los pájaros se fueron, los animales del campo y de la selva no volvieron a beber, el arroyo se había secado. Solamente entonces, a su sufrido y revuelto espíritu, "vino la palabra del Señor diciendo: Levántate, vé a Sarepta".

La mayor parte de nosotros nos hubiésemos cansado y desesperado planeando mucho antes de que esto aconteciese.

Nuestras canciones habrían cesado tan pronto como hubiese disminuido el ruido musical del arroyuelo por las rocas en que se encontraba, y, meciendo las arpas sobre los sauces, habríamos paseado de un lado para otro sobre la hierba seca pensando y cavilando. Y, probablemente, mucho antes que el arroyo se hubiese secado, habríamos proyectado algún plan y pedido que Dios lo bendijese para empezar en alguna otra parte.

Dios nos saca de apuros con mucha frecuencia, porque su misericordia permanece para siempre; pero si tuviésemos paciencia para esperar hasta que él nos revelase sus planes, no tendríamos necesidad de encontrarnos tantas veces en laberintos enmarañados, ni de tener que retroceder en muchas ocasiones avergonzados y con lágrimas en nuestros ojos. Espera, espera con paciencia.

F. B. Meyer

12 de JULIO —————————————————————————

Sin embargo, él conoce el camino en que ando; cuando él me haya probado, saldré como oro (Job 23:10).

La fe "aumenta en medio de las dificultades". Cuán grande es el significado de estas palabras para el alma que ha luchado.

Fe es aquella facultad dada por Dios, que, cuando se ejercita, trae las cosas invisibles a una luz plena y, por medio de ella, las cosas imposibles se hacen posibles. Trata de las cosas sobrenaturales.

Pero "aumenta en medio de las dificultades", es decir, donde hay inquietudes en la atmósfera espiritual.

Las tormentas son causadas por conflictos de elementos; y las tormentas del mundo espiritual son conflictos con elementos hostiles.

En esta clase de atmósfera es donde la fe halla su campo más productivo; en estas circunstancias es cuando alcanza más rápidamente su madurez.

El árbol más firme no se encuentra bajo el amparo del bosque, sino fuera al descubierto, donde el viento le azota por todas partes, le dobla, le retuerce hasta que se convierte en un gigante en estatura. Esta es la clase de árbol con que el obrero quiere que se hagan sus herramientas, y la clase que busca el constructor de carretas.

Así también, en el mundo espiritual, cuando veas un gigante, recuerda que el camino por donde tienes que pasar para llegar a su lado no es por el sendero soleado donde brotaron las flores silvestres, sino por una senda pendiente, rocosa y estrecha donde los soplos de aire del infierno casi te levantarán en vilo; donde la agudeza de las rocas corta la carne; donde las espinas sobresalientes se clavan en la frente y el silbido de las serpientes venenosas se oye por todos lados.

Es una senda de pena y de alegría, de sufrimientos y curación con bálsamo, de lágrimas y de sonrisas, de pruebas y de victorias, de conflictos y triunfos, de aprensiones y peligros, de persecuciones y malas interpretaciones, de turbaciones y calamidades, sobre todas las cuales somos más que vencedores por medio de aquel que nos amó.

"En medio de las tormentas." En el mismo centro de la tormenta más implacable. Es posible que trates de esquivar una gran prueba o tormenta; no hagas esto, lánzate hacia ella. Dios está esperándote en el centro de todas tus pruebas, para revelarte el secreto con el que has de salir victorioso y con una fe tan firme que ningún demonio del infierno podrá después quebrantar.

E. A. Kilbourne

13 de JULIO _____

Dios. . . llama a las cosas que no existen como si existieran (Rom. 4:17).

P arecía imposible que Abraham pudiese tener un hijo a su edad; parecía increíble; y, sin embargo, Dios le llamó "Un padre de muchas naciones" antes de que hubiese la menor señal de tener un hijo. Y Abraham se llamó a sí mismo "padre" porque Dios le había llamado así. Eso es fe; el creer y afirmar lo que Dios dice. "La fe anda sobre lo que parece vacío y debajo encuentra la roca."

Di solamente que tienes lo que Dios dice que tienes y él te probará todo lo que crees. Solamente que debe ser una fe verdadera. Todo cuanto en ti existe debe pasar a Dios en aquel acto de fe. *Crumbs*

Está dispuesto a vivir creyendo y no pienses ni desees vivir de otra manera. Está dispuesto a ver extinguida toda luz exterior, a ver el eclipse de toda estrella en el cielo azul, no dejando otra cosa, sino negrura y peligro alrededor, si Dios deja solamente en tu alma el resplandor interior, la pura brillantez de la lámpara que la fe ha encendido.   *Thomas C. Uphan*

Ha llegado el momento cuando debes descender de la percha de la desconfianza, de salir del nido con apariencia de seguridad y remontarte con las alas de la fe; lo mismo que cuando al pájaro le llega el tiempo en que debe empezar a elevarse por los aires. Podrá parecerte que vas a caer a tierra, como el pajarito que comienza a revolotear. El también puede sentir que se está cayendo; pero no cae, sus alas le mantienen y si le fallan, entonces los padres del pajarito vuelan debajo de él y lo llevan sobre sus alas. Así también, Dios te llevará. Confía en él solamente; "tú serás sostenido". "Bien, pero", dices, "¿voy a arrojarme sobre la nada?" Eso es lo que los pájaros parece que tienen que hacer; pero, sabemos que *el aire está allí* y el aire no es tan insubstancial como parece. Y tú sabes que *las promesas de Dios están allí*, y ellas no son insubstanciales. "Sin embargo, parece improbable que una cosa así acontezca, que mi débil y pobre alma pueda ceñirse con tal fortaleza." ¿Ha dicho Dios que acontecerá? "Que mi naturaleza tentada y rendida ha de salir victoriosa en la contienda." ¿Ha dicho Dios que acontecerá? "Que mi temeroso y tembloroso corazón hallará paz." ¿Ha dicho Dios que acontecerá? Porque, si él lo ha dicho, seguramente no pretenderás dejarle por embustero. ¿Lo ha prometido y no lo va a hacer? Si has recibido una palabra —"una palabra segura" de promesa—, tómala implícitamente y confía en ella en absoluto. Y tú posees no solamente esta palabra, sino mucho más, tú posees a aquel que pronuncia la palabra confiadamente. Sí, a ti te digo, confía en él.   *J. B. Figgs*

14 de JULIO ─────────────────────────────────

Atad víctimas con cuerdas a los cuernos del altar (Sal. 118:27, RVR 1960).

Este altar te invita. ¿No pediremos que se nos ate a él para que nunca podamos retroceder de nuestra actitud de consagración? Hay tiempos cuando la vida está llena de luz rosada y escogemos la cruz; y otras veces, cuando vemos el cielo obscuro, nos separamos de ella. No está mal el que estemos atados. ¿Quieres atarnos tú, bendito Espíritu y enamorarnos de la cruz, para no abandonarla nunca? Atanos con la cuerda escarlata de la redención y la cuerda de oro del amor, y la cuerda de plata de la esperanza venidera, para que no nos volvamos o deseemos otra cosa que el ser humildes compañeros de nuestro Señor en su pena y aflicción.

Los cuernos del altar te están invitando. ¿Quieres venir? ¿Quieres vivir siempre en un espíritu de resignación humilde y entregarte enteramente al Señor? *Seleccionado*

Se cuenta la historia de un creyente que en una convención quiso entregarse al Señor. Todas las noches se consagraba en el altar; pero todas las noches, antes de abandonar la reunión, venía el diablo y le convencía de que él no se sentía cambiado y que por lo tanto no estaba consagrado.

Una y otra vez fue vencido por el adversario. Hasta que, finalmente, una noche asistió a la reunión con un hacha y una gran estaca. Después de consagrarse dio un estacazo en el lugar donde se había arrodillado para ello. Cuando iba a abandonar el edificio, el diablo vino como de costumbre y trató de convencerle de que todo era una farsa.

Inmediatamente volvió por la estaca y señalándola dijo: "Mira, diablo, ¿ves esta estaca? Pues bien, ella es mi testigo de que Dios me ha aceptado para siempre." Entonces el diablo le dejó y no volvió a dudar sobre el asunto.

Querido amigo, si eres tentado con la duda sobre la finalidad de tu consagración, lleva una estaca a cualquier sitio y haz que ella y aun el mismo diablo, sean testigos delante de Dios, de que este asunto lo has resuelto para siempre.

15 de JULIO ——————————————————————

Esta es la victoria que ha vencido al mundo: nuestra fe (1 Jn. 5:4).

Es fácil amar a Dios cuando todos nuestros asuntos marchan bien. Cuando el viento sopla en nuestro favor no es necesario que nos esforcemos para obedecer su santa voluntad.

Pero cuando estamos en medio de la tempestad, cuando el camino que atravesamos es obscuro y escabroso, cuando el aire pierde para nosotros su pureza, entonces es cuando hallamos difícil el obedecerle y confiar en él.

Es fácil confiar en él cuando las canciones de los pájaros han regocijado nuestros corazones y sus cánticos han embalsamado el ambiente de nuestros hogares. Pero es difícil cuando la música es sustituida por el sufrimiento y los días son lúgubres y funestos. Entonces es cuando necesitamos una fe que triunfe sobre nuestras dudas y temores, y nuestro bendito Señor nos la dará. Lo que a nosotros nos falta, él lo suplirá. Pidámosle creyendo con mucha fe y confiando en sus promesas. El será nuestro guía para siempre, lo mismo en el llano que en el camino escabroso. El nos probará que es suficiente para nuestras necesidades cotidianas.

El confiar a pesar de parecer estar abandonados; el continuar clamando en el inmenso espacio de donde no se nos contesta y donde parece que no se nos oye; el ver la maquinaria del universo moliendo sin descanso, como si se moviese por sí mismo sin preocuparse por ningún ser humano ni moverse lo más mínimo a pesar de todos los ruegos, y, no obstante, creer que Dios está despierto y amando entrañablemente, esto es fe. El no desear otra cosa sino lo que nos ha llegado por medio de sus manos; el esperar con paciencia y el estar dispuestos a morir de hambre, sin temer otra cosa que el que nos falte la fe, tal es la victoria que vence al mundo, tal es la verdadera fe.   *George MacDonald*

16 de JULIO ————————————————————————

Porque has hecho esto y no me has rehusado tu hijo, tu único. . . multiplicaré tu descendencia como las estrellas del cielo. . . Por cuanto obedeciste mi voz (Gén. 22:16-18).

Desde aquel día hasta hoy, los hombres han aprendido que cuando someten a la voluntad de Dios la cosa más querida de sus corazones él se la devuelve más que multiplicada. Abraham dio su único hijo cuando Dios se lo pidió, y con esto desaparecían todas las esperanzas que él tenía para la vida del muchacho y para que una familia noble preservase su nombre. Pero el muchacho fue restaurado y la familia es tan numerosa como las estrellas del cielo y la arena del mar, y de ella, cuando el tiempo fue cumplido, apareció Jesucristo. Esta es la manera en como Dios trata todo verdadero sacrificio de cada uno de sus hijos. Si damos todo cuanto poseemos y aceptamos la pobreza, él nos envía riquezas. Si renunciamos a un espléndido campo de servicio, él nos envía uno más rico con el que jamás habíamos soñado. Si abandonamos nuestras esperanzas más queridas y todo cuanto deseamos, él nos enviará una vida más abundante y una gran alegría. Y la corona de todo ello es nuestro Señor Jesucristo. Porque nosotros no podemos nunca conocer la plenitud de la vida que hay en Cristo hasta que hagamos el supremo sacrificio de Abraham. El fundador terrenal de la familia de Cristo tuvo que empezar perdiéndose a sí mismo y a su hijo, lo mismo que hizo el Fundador celestial de aquella familia. No podemos ser miembros de esa familia y gozar de la plenitud de sus privilegios y goces de ningún otro modo.   *C. G. Trumbull*

Parece ser que algunas veces olvidamos que lo que Dios toma lo toma con fuego, y que el único camino que conduce a la resurrección de la vida y la ascensión de la montaña es el camino del jardín, la cruz y la sepultura.

No pienses que lo de Abraham fue una experiencia única y aislada. Es simplemente una muestra y modelo de la forma de proceder que Dios tiene con todas aquellas almas que están preparadas a obedecerle, les cueste lo que les cueste. Después de que hayas perseverado con paciencia, recibirás la promesa. El momento de la bendición suprema y maravillosa. El río de Dios que está lleno de agua hará saltar sus diques y derramará sobre ti una marea de riqueza y gracia. No hay nada que Dios no haga por un hombre que se atreva a avanzar sobre lo que parece niebla, aunque al colocar su pie encuentre una roca debajo.   *F. B. Meyer*

17 de JULIO ─────────────────────────────

Estaré tranquilo y miraré desde mi morada (Isa. 18:4).

Asiria se dirigía contra Etiopía, cuyos habitantes son descritos como teniendo una gran estatura y un carácter apacible. Al avanzar los ejércitos, Dios no hizo ningún esfuerzo para detenerlos y parecía que se les había permitido el hacer su voluntad. El continuaba observándolos desde su morada y todo parecía que les favorecía; pero antes de la recolección, todo el orgulloso ejército asirio fue cortado y destruido con la misma facilidad que las ramitas son cortadas con las podaderas por el jardinero. ¿No es una concepción maravillosa de Dios el permanecer quieto y observando? Su quietud no es asentimiento. Su silencio no quiere decir que él consienta. El solamente espera que llegue su tiempo y se levantará en el momento más oportuno, cuando parezca que los designios de los malvados van a triunfar; entonces él se levantará y los derrotará completamente. Cuando miramos a la maldad que existe en el mundo, cuando pensamos en los éxitos aparentes de los obradores de maldad; cuando sufrimos bajo la opresión de aquellos que nos odian, recordemos aquellas palabras maravillosas acerca de Dios, "que él permanece tranquilo y observando".

Esto puede interpretarse también de otra manera. Jesús observó a sus discípulos cuando trabajaban remando durante la noche tempestuosa; y contempló, aunque de una manera invisible, los dolores sucesivos de Betania; cuando Lázaro pasó paulatinamente los escalones de una enfermedad mortal, hasta que sucumbió y fue llevado a la tumba de piedra. Pero él esperaba solamente el momento cuando pudiese intervenir de una manera más eficaz. ¿Permanece él quieto para ti? El no deja de observar; él está contemplando todas las cosas; él tiene colocado su dedo en tu pulso y observa todas sus fluctuaciones. El vendrá a salvarte cuando llegue el preciso momento.

De *Comentario diario devocional*

18 de JULIO _____

Porque los ojos de Jehovah recorren toda la tierra para fortalecer a los que tienen un corazón íntegro para con él (2 Crón. 16:9).

Dios está buscando un hombre o una mujer cuyo corazón siempre descanse y confíe en él para todo lo que él desea hacer. Dios tiene más deseos de obrar ahora de una forma más poderosa que lo ha hecho antes con otra alma cualquiera. El reloj de los siglos señala las once.

El mundo aún espera para ver lo que Dios puede hacer por

medio de un alma consagrada. Pero no solamente el mundo, sino el mismo Dios está esperando a una persona que esté más consagrada a él que todas cuantas han vivido. Que esté dispuesta a ser nada para que Cristo lo sea todo; que entienda los propósitos de Dios; y tomando su humildad y su fe, su amor y su poder, permita a Dios que sin ningún obstáculo continúe sacando el mayor beneficio posible de su persona.

No puede haber límite a lo que Dios puede hacer con una persona, con tal que ella no toque la gloria.

En un discurso que George Mueller pronunció a pastores y evangelistas después que había cumplido los noventa años, dijo: "Fui convertido en noviembre de 1825, pero mi corazón no lo entregué por completo hasta cuatro años más tarde, en julio de 1829. El amor al dinero desapareció para mí; el amor al lugar desapareció; el amor a los placeres mundanos desapareció. Dios y sólo Dios fue todo para mí. En él encontré todo cuanto deseaba y no quise ninguna otra cosa. Y por la gracia de Dios, ésto ha sido permanente y me ha hecho un hombre feliz, un hombre sumamente feliz, y me condujo a que solamente me ocupase de las cosas de Dios. Os pregunto con gran cariño, hermanos queridos, ¿habéis entregado completamente vuestro corazón a Dios, o existe esta o aquella otra cosa que quebranta vuestra relación con Dios? Antes leía un poco de las Escrituras, pero prefería otros libros; pero, desde aquella vez, su revelación me ha bendecido de una forma que no puedo describir; y puedo decir desde lo más profundo de mi corazón, que Dios es infinitamente amoroso. No estéis satisfechos hasta que en lo profundo de vuestras almas podáis decir: ¡Dios es infinitamente amable!"   *Seleccionado*

Pido a Dios que él me haga en este día un cristiano extraordinario.   *Whitefield*

19 de JULIO ————————————————————————

¿No he de beber la copa que el Padre me ha dado? (Juan 18:11).

Esto era algo más difícil de decir y de hacer que calmar los mares o resucitar los muertos. Los profetas y los apóstoles podían hacer milagros maravillosos, pero no siempre podían hacer y sufrir la voluntad de Dios. El hacer y padecer la voluntad de Dios es la clase de fe más elevada, y lo más sublime que un cristiano puede realizar.

El marchitar para siempre las aspiraciones brillantes de la juventud; el llevar una carga diaria que nos disgusta y no ver ningún consuelo; el estar oprimido por la pobreza, cuando lo único que deseas es lo suficiente para el bienestar y consuelo de aquellos a quienes amas; el estar completamente separado de los seres más queridos, hasta el punto de permanecer solo para enfrentarte con las dificultades de la vida; el estar encadenado por alguna enfermedad incurable; el poder decir en una escuela de disciplina como ésta: "¿No he de beber la copa que el Padre me ha dado?" Esto realmente es fe en su punto culminante de victoria espiritual más elevado. Una gran fe no se demuestra tanto en la facultad de hacer, como en el sufrir.

Charles Parkhurst

Si tenemos un Dios que se compadece, tenemos que tener un Salvador que sufre, y no existe verdadera simpatía por otro, excepto en el corazón de aquel que ha sido afligido de la misma manera.

No podemos hacer bien a otros sin que nos cueste nada, y nuestras aflicciones son el precio que pagamos por nuestra capacidad de poder sentir compasión. Todo aquel que va a ser una ayuda para los demás, primero debe experimentar el sufrimiento. Para ser un salvador es necesario que en alguna parte o de algún modo pasemos por la cruz. No podremos gozar de la felicidad más sublime de la vida socorriendo a otros, sin probar la copa que Jesús bebió y someternos al bautismo con que él fue bautizado.

Los salmos más consoladores de David fueron originados por el sufrimiento y si Pablo no hubiese sido traspasado con espinas de dolor, habríamos perdido mucha de la ternura que nos hace estremecer en tantas de sus epístolas.

La circunstancia actual que te oprime tan fuertemente (si la sometes a Cristo) es la mejor clase de instrumento en la mano del Padre para cincelarte para la eternidad. Confía, entonces, en él. No evadas el instrumento, para que no pierdas su obra. La escuela del sufrimiento produce licenciados extraordinarios.

Por tanto, teniendo un gran sumo sacerdote. . . Jesús el Hijo de Dios, retengamos nuestra confesión. . . Acerquémonos, pues, con confianza al trono de la gracia para que alcancemos misericordia y hallemos gracia para el oportuno socorro (Heb. 4:14, 16).

Nuestro gran ayudador en la oración es el Señor Jesucristo, nuestro Abogado con el Padre, nuestro Sumo Pontífice, cuyo principal ministerio para nosotros en estos siglos ha sido la intercesión y la oración. El es quien toma de nuestras manos nuestras imperfectas peticiones, las limpia de sus defectos, corrige sus faltas y entonces pide las respuestas de su Padre, por su propia cuenta y por medio de todos sus méritos redentores.

Hermano, ¿estás debilitándote en la oración? Eleva tu mirada y ve que tu bendito Abogado ya ha pedido tu respuesta y lo afligirías y disgustarías si abandonases el conflicto en el preciso momento cuando la victoria marcha a tu encuentro. El tiene tu nombre en las palmas de sus manos y el mensajero que va a traerte tu bendición ya está de camino; lo único que el Espíritu está esperando es que confíes para que pueda susurrar en tu corazón el eco de la respuesta desde el trono: "Concedido."   *A. B. Simpson*

El Espíritu juega un papel importantísimo en nuestras oraciones y nosotros descuidamos grandemente el recurrir a él en nuestras súplicas. El ilumina la mente para ver sus deseos, ablanda el corazón para que los sienta, aviva nuestros deseos después de surtirlos convenientemente, da una perspectiva clara del poder de Dios, de su sabiduría y gracia para consolarnos e incitar aquella confianza en su verdad que excluye toda clase de duda. La oración por consiguiente, es algo grandioso. En toda oración aceptable interviene la Trinidad.   *J. Angell James*

21 de JULIO

Sólo probaré una vez más con el vellón (Jue. 6:39).

La fe tiene diferentes grados. En una de las etapas de la experiencia cristiana no podemos creer a no ser que tengamos alguna señal o alguna gran manifestación emocional. Tocamos el vellón como hizo Gedeón, y si está mojado, entonces estamos dispuestos a confiar en Dios. Esta puede ser una fe verdadera, pero es una fe imperfecta. Ella siempre busca emociones o alguna clase de señal, además de la Palabra de Dios. El confiar en Dios sin emocionalismos es un gran progreso en el camino de la fe. El creer sin estar poseídos de ninguna clase de emoción es una alabanza.

Hay un tercer estado de fe, el cual excede la de Gedeón y su vellón. La primera fase de fe cree cuando las emociones son favorables; la segunda cree sin necesidad de emoción, pero la tercera clase de fe cree en Dios y en su Palabra cuando circunstancias, emociones, apariencias, personas y la razón humana impelen a todo lo contrario. En Hechos 27:20, 25, vemos que Pablo practicó esta última clase de fe: "Como no aparecían ni el sol ni las estrellas por muchos días y nos sobrevenía una tempestad no pequeña, íbamos perdiendo ya toda esperanza de salvarnos." A pesar de todo esto, Pablo dijo: "Por tanto, oh hombres, tened buen ánimo, porque yo confío en Dios que será así como me ha dicho."

Pidamos a Dios que nos dé fe para confiar enteramente en su palabra, aunque cualquier otra cosa quiera apartarnos de ella.

C. H. P.

22 de JULIO _____

Por tanto, Jehovah espera para tener piedad de vosotros; por eso, se levanta para tener misericordia de vosotros. . . ¡Bienaventurados son todos los que esperan en él! (Isa. 30:18).

No debemos pensar solamente que esperamos en el Señor, sino también en lo que es aún más grandioso, en que el Señor nos espera a nosotros. La visión de que él nos espera debiera de dar un nuevo impulso e inspiración al esperar en él. El saber que no esperamos en vano debiera de darnos una confianza inexplicable. Busquemos ahora, aun en este mismo momento con el espíritu de espera en Dios, algo de lo que esto significa. El tiene propósitos magníficos e inconcebibles para cada uno de sus hijos. Y tú preguntas: "¿Cómo es, entonces, si él espera para ser benigno, que después de esperar y acudir a él no me concede la ayuda que busco, sino que continúa esperando más y más?"

Dios es un labrador sabio, que espera por el fruto valioso de la tierra, y para ello tiene una paciencia grandísima. El no puede recoger el fruto hasta que no está maduro. El sabe cuándo nosotros estamos preparados espiritualmente para recibir la bendición que sea para nuestro provecho y para su gloria. El esperar bajo la luz del sol de su amor es lo que hará que el alma madure para recibir su bendición. El esperar bajo la prueba nebulosa que rompe en lluvias de bendiciones también es de gran necesidad. Ten la seguridad de que si Dios espera más de lo que tú deseas es para hacer que la bendición sea doblemente valiosa. Dios esperó cuatro mil años, hasta la plenitud del tiempo, antes de enviar a su Hijo. Nuestro tiempo está en sus manos; él vengará a su elegido rápidamente; él se apresurará en nuestra ayuda y no se detendrá ni un solo minuto más de lo necesario. *Andrew Murray*

"Y sed vosotros semejantes a los siervos que esperan a su señor cuando ha de volver de las bodas, para que le abran al instante en que llegue y llame. Bienaventurados aquellos siervos a quienes el señor les encuentre velando cuando llegue. De cierto os digo que se ceñirá y hará que se sienten a la mesa, y viniendo les servirá" (Luc. 12:36, 37).

23 de JULIO ───────────────────────────────────

Dando gracias siempre por todo al Dios y Padre (Ef. 5:20).

No importa cuál pueda ser la procedencia del mal si en verdad moras en Dios y estás rodeado por él. Como por una atmósfera, toda clase de mal tiene que pasar por él antes de que llegue a ti. Por lo tanto, tienes que dar gracias a Dios por todo lo que te sobrevenga. No por lo pecaminoso que ello puede ser, sino por lo que Dios ha de sacar de ello y por medio de ello. Ojalá que Dios haga de nuestras vidas una acción de gracias y una alabanza perpetua, entonces, él convertirá todo en una bendición.

Una vez vimos a un hombre dibujar algunos puntos negros. Miramos, y de ello no pudimos sacar otra cosa sino que eran un conjunto irregular de puntos negros. Después dibujó unas líneas, las puso sobre unas pausas y entonces colocó una clave al principio y vimos que esos puntos negros eran notas musicales. Al sonar cantamos: "Alabad a Dios, de quien procede toda bendición. Alabadle todos los que moráis en la tierra."

En nuestras vidas hay muchos puntos y manchas negras que no podemos comprender *por qué* están allí o *por qué* permitió Dios que llegasen. Pero si permitimos a Dios entrar en nuestras vidas y que coloque los puntos en el lugar que corresponde, y dibuje las líneas que desea, y separe ésta de la otra, y ponga las pausas en su debido lugar, él hará una armonía gloriosa con los puntos y manchas negras de nuestras vidas. ¡No seamos un obstáculo para él en este trabajo tan magnífico! *C. H. P.*

Muchos hombres deben la elevación de sus vidas a sus tremendas dificultades. *C. H. Spurgeon*

Cuando el músico oprime las teclas negras de un gran órgano, la música es tan agradable como cuando oprime las blancas, pero para obtener la calidad del instrumento, debe tocarlas todas. *Seleccionado*

"Con gozo damos gracias al Padre que os hizo aptos para participar de la herencia de los santos en luz" (Col. 1:12).

24 de JULIO

Entonces creyeron en sus palabras y cantaron su alabanza. Pero pronto se olvidaron de sus obras y no esperaron su consejo. Ardieron de apetito en el desierto y probaron a Dios en la soledad. El les dio lo que pidieron, pero envió a sus almas debilidad (Sal. 106:12-15).

Leemos acerca de Moisés que él "se mantuvo como quien ve al Invisible". Exactamente todo lo contrario era cierto de los hijos de Israel. Ellos solamente perseveraron cuando las circunstancias les eran favorables; en gran manera ellos eran dirigidos por las cosas que apelaban a sus sentidos en vez de depender del Dios eterno e invisible.

Hoy en día, un gran número de personas viven una vida cristiana intermitente porque han llegado a ocuparse de lo exterior y dependen de las circunstancias en vez de depender de Dios. Dios desea que le veamos a él en todas las cosas, y que no llamemos pequeño a nada si ello es un medio portador de su mensaje. Aquí leemos de los hijos de Israel: "Entonces creyeron en sus palabras." No creyeron hasta *después* que vieron, cuando le vieron a él obrando, entonces creyeron. Verdaderamente, ellos dudaron de Dios cuando vinieron al mar Rojo; pero cuando Dios abrió el camino y los condujo por en medio y *vieron* ahogarse a Faraón y su ejército, "entonces creyeron". Ellos vivieron una vida de acá para allá, a causa de esta clase de fe; tenían una fe que dependía de las circunstancias. Esta no es la clase de fe que Dios desea que poseamos. El mundo dice: "Ver es creer", pero Dios quiere que creamos para que podamos ver. El salmista dijo: "Hubiera yo desmayado, si no *creyese* que *veré* la bondad de Jehová en la tierra de los vivientes" (27:13, RVR 1960). ¿Crees en Dios solamente cuando las circunstancias te son favorables? O, ¿crees cualesquiera que sean las circunstancias en que te encuentras?   *C. H. P.*

Fe es creer lo que no vemos, y la recompensa de esta fe consiste en ver lo que creemos.   *San Agustín*

25 de JULIO ─────────────────────────────────

Lo que yo hago, tú no lo entiendes ahora, pero lo comprenderás después (Juan 13:7).

Aquí tenemos solamente una vista parcial de la forma como Dios obra, de sus planes medio completos y medio desarrollados; pero todo ha de aparecer en proporciones bellas y primorosas en el grandioso y acabado templo de la eternidad. Marcha al reino del rey más poderoso de Israel, a las alturas del Líbano. Mira aquel cedro insigne, el orgullo de sus compañeros, un antiguo batallador de las ráfagas del norte. El verano se complace en sonreírle, la noche adorna su frondoso follaje con gotas de rocío, los pajaritos anidan en sus ramas, el cansado peregrino o el pastor extraviado descansa bajo su sombra del calor del mediodía o de la tormenta; pero, inmediatamente, este cedro está destinado a caer. El viejo habitante del bosque está sentenciado a sucumbir bajo los golpes del leñador.

Al contemplar el hacha haciendo su primera brecha sobre el nudoso tronco, al ver aquellos miembros azotados desgarrarse de sus ramas y, por último, al ver aquel "árbol de Dios" como era su epíteto distintivo, crujir al caer por tierra, no tenemos menos que exclamar contra aquella destrucción inexcusable, contra la demolición de aquella columna del templo de la naturaleza. Sentimos la tentación de gritar con el profeta, y pedir la simpatía de toda estirpe humilde e invocar que todas las cosas inanimadas se quejen del agravio. "¡Aúlla, oh ciprés, porque el cedro cayó!"

Pero espera un momento. Sigue a aquel tronco gigante. Desde allí fue transportado a través de las aguas azules del Mediterráneo y por último puedes contemplarlo en el templo de Dios, convertido en una viga magnífica, pulimentada y dando una vista esplendorosa. Al verlo en su punto de destino, colocado en el lugar santísimo, en la diadema del gran Rey, ¿puedes sentir rencor porque "la corona del Líbano" fuese despojada con el fin de que esta alhaja tuviese un establecimiento tan magnífico?

Aquel cedro permaneció como un puntal majestuoso en el santuario de la naturaleza, pero "la gloria del lugar que ahora ocupaba era mayor que la del primero".

¡Cuántas de nuestras almas son semejantes a este cedro! Las hachas de la prueba de Dios las han azotado y despojado. Nosotros no podemos comprender esta forma tan dura y misteriosa de obrar, pero él tiene un fin noble y un objeto de perspectiva; el colocarlas como columnas y vigas eternas en la Sion celestial; hacer de ellas una corona de gloria en la tierra del Señor y una diadema real en la mano de nuestro Dios. *Macduff*

26 de JULIO ——————————————————————————

Porque nosotros por el Espíritu aguardamos por la fe la esperanza de la justicia (Gál. 5:5).

Hay tiempos cuando las cosas se me presentan muy mal, tan oscuras que tengo que esperar aún por esperanza. El tener que aguardar en esperanza sería lo suficiente para fastidiar. El cumplimiento de algo largamente demorado causa un gran dolor, pero el aguardar por esperanza, el no ver señales de una perspectiva favorable y no obstante rehusar desesperarse; el no tener nada delante de la ventana excepto la noche y, sin embargo, dejar la ventana abierta por la posibilidad de la aparición de alguna estrella; el tener un lugar vacío en mi corazón y no obstante no permitir que éste sea ocupado por una presencia inferior, esa es la paciencia más grandiosa en el universo. Es el mismo Job en medio de la tempestad, es Abraham en el camino de Moriah, es Moisés en el desierto de Madián, es el Hijo del Hombre en el jardín de Getsemaní. No hay paciencia tan firme como la que persevera "como viendo al Invisible". Es el aguardar por esperanza. Tú has hecho bella la espera. Tú has hecho divina la paciencia. Tú has enseñado que la voluntad del Padre puede ser recibida, sólo porque es su voluntad. Tú nos has revelado que el alma no puede ver en la copa otra cosa sino aflicción, y, sin embargo, la bebe convencida de que la vista del Padre ve mucho más allá que la nuestra.

Dame tu poder divino, el poder de Getsemaní. Dame poder para aguardar a la esperanza, para mirar desde la ventana donde no se perciben estrellas. Dame poder, cuando la alegría que posea me abandone, para que permanezca invencible en medio de la noche y pueda decir: "A la vista de mi Padre, quizás aún resplandezca." Cuando haya aprendido a esperar por esperanza, entonces habré alcanzado el clímax de la fortaleza.   -

George Matheson

Esfuérzate en ser uno de los pocos que caminan por este mundo con la certidumbre constante —por las mañanas, al mediodía y por las noches— de que lo desconocido que los hombres llaman cielo está "muy cerca de la escena visible de las cosas".

27 de JULIO

Probadme (Mal. 3:10).

Hijo mío, aún poseo ventanas en el cielo. Hasta ahora no han parado de prestar su servicio. Los cerrojos corren con la misma facilidad que en los tiempos pasados. Los goznes no se han enmohecido. Prefiero dejar las ventanas completamente abiertas de par en par, que cerradas y estancadas. Las abrí para Moisés y el mar se abrió. Las abrí para Josué y el Jordán se revolvió. Las abrí para

Gedeón y los ejércitos huyeron. Las abriré también para ti, *con solo que tú me lo permitas*. Por esta parte de las ventanas, el cielo posee los almacenes tan ricos como los poseía en los tiempos pasados. Las fuentes y los arroyos aún están rebosando. Las habitaciones que contienen los tesoros aún están reventando con regalos. La falta no es MIA. Es vuestra. Yo estoy esperando. *Probadme ahora.* Cumplid las condiciones que os corresponden. Traed los diezmos. *Dadme una oportunidad.*   Seleccionado

Nunca puedo olvidar una breve paráfrasis de mi madre sobre Malaquías 3:10. El versículo comienza así: "Traed todo el diezmo al", y termina con "y vaciaré" la bendición hasta que sobreabunde. Su paráfrasis era esta: "Dad todo lo que él pide; tomad todo lo que él promete."   *S. D. Gordon*

La habilidad de Dios excede nuestras peticiones, está mucho más allá de nuestras oraciones más largas. He estado pensando sobre las peticiones que incluí en mis súplicas infinidad de veces. ¿Por qué he pedido? He pedido por el contenido de una copa, y el océano permanece. He pedido por un rayo de sol, y el sol continúa. Mi mejor petición es inmensamente más pequeña que el conceder de mi Padre: ello es mucho más superior de lo que podemos decir.
                          J. H. Jowett

28 de JULIO ─────────────────────────────────

Jehovah marcha en el huracán y en la tempestad (Nah. 1:3).

Recuerdo que cuando era muchacho y asistía a un instituto clásico situado junto a Mount Pleasant, sentado desde una elevación de aquella montaña, observé una tormenta que cruzaba el valle. Los cielos aparecían llenos de un color negro y la tierra temblaba al retumbar del trueno. Parecía que aquel bellísimo paisaje había cambiado por completo y que su belleza había desaparecido para siempre.

Pero la tormenta continuó y atravesó el valle. Si al día siguiente yo me hubiese sentado en el mismo sitio y hubiese preguntado: "¿Dónde está aquella terrible tormenta con aquellas negruras tan tremendas?" La hierba habría respondido: "Parte de ella está conmigo", y las margaritas habrían dicho: "Otra parte está conmigo", y los frutos y flores y todo lo que crece en la tierra, habrían contestado: "Parte de la tormenta está incandescente sobre mí." ¿Has pedido el ser hecho semejante a tu Señor? ¿Has anhelado por los frutos del Espíritu y has orado por mansedumbre y amor? Entonces no temas a la violenta tempestad que en estos momentos está atravesando por tu vida. En la tormenta hay una bendición para ti, y habrá un gran y exquisito fruto "después".

Henry Ward Beecher

29 de JULIO

¿Has visto los depósitos del granizo que tengo reservados para el tiempo de la angustia? (Job 38:22, 23).

N uestras pruebas son grandes oportunidades. Sería un verdadero asilo de reposo y una inspiración de un poder indecible, si cada uno de nosotros reconociese de aquí en adelante cada situación difícil como uno de los medios escogidos por Dios para probarnos su amor, y buscásemos a nuestro alrededor señales de sus gloriosas manifestaciones. Entonces, sin duda alguna, cada nube se convertiría en un arco iris y cada montaña en una senda de ascensión y en una escena de transfiguración.

Si miramos al pasado, muchos de nosotros hallaremos que las ocasiones que nuestro Padre celestial escogió para mostrarnos sus acciones más cariñosas y concedernos sus mejores bendiciones, fueron aquellas en las que estábamos oprimidos y acorralados por las dificultades. Las joyas de Dios a veces se nos envían envueltas en paquetes toscos y por medio de criados con librea obscura, pero dentro encontramos los verdaderos tesoros del palacio del Rey y el amor del Esposo. *A. B. Simpson*

Confía en él en la obscuridad, hónrale con confianza inquebrantable, aun en medio de tus mayores dificultades, y la recompensa de tal fe será semejante a la muda del plumaje del águila, la cual se dice que la rejuvenece y fortalece.

J. R. Macduff

Un vaso de agua fría solamente (Mat. 10:42).

Solamente espero pasar una vez por este mundo. Por lo tanto, cualquier buena obra, beneficio o servicio que pueda prestar a cualquier hombre o animal, permíteme que lo haga ahora. No permitas que lo descuide o retarde, porque no volveré a pasar por este camino.   De *Un dicho antiguo de los cuáqueros*

Lo que te causa grandes dolores de cabeza no es lo que has hecho, sino lo que has dejado de hacer. La carta que no escribiste, las palabras cariñosas que dejaste de pronunciar, la flor que pudiste haber enviado, son los fantasmas que te visitan por la noche.

La piedra que pudiste haber quitado del camino de tu hermano; el consejo alentador que no diste, por estar demasiado ocupado; el apretón de manos cariñoso que omitiste; el tono amistoso con que debiste haber hablado, y en el cual no pensaste, es lo que te atormentará.

Estos pequeños actos de cariño que tan fácilmente pasan por ti desapercibidos, estas oportunidades que aun los mortales tienen para que se porten como ángeles, se nos presentan por la noche, en el silencio y en todas partes.

La vida, querido amigo, es demasiado corta, y la aflicción demasiado larga. No dejes que tu compasión sea ineficaz por haber acudido a ayudar a tu prójimo demasiado tarde.

No, no es lo que has hecho, sino lo que has dejado de hacer, lo que verdaderamente te causará terribles dolores de cabeza.

Adelaide Proctor

Da lo que tienes, quizá para alguno sea mejor de lo que tú te puedes imaginar.   *Longfellow*

Los pastoreó con la pericia de sus manos (Sal. 78:72).

Cuando estás en duda con respecto al camino que has de seguir, somete en absoluto tu decisión al Espíritu de Dios y pídele que te cierre todas las puertas, excepto la que es conveniente. Mientras tanto, continúa como estás e interpreta la falta de indicio como la indicación de la voluntad de Dios de que estás en sus huellas. Al descender por el largo corredor encontrarás que él te ha precedido, y ha cerrado muchas puertas por las cuales hubieses entrado de buena gana; pero ten la seguridad de que más allá de éstas hay una que él ha dejado sin cerrar. Abrela y entra y te encontrarás frente a frente con un cambio en el río de la oportunidad, mucho más ancho y más profundo que cualquier cosa que tú hubieses osado imaginar en tus sueños más dorados. Arrójate en él, porque él conduce a plena mar.

Dios nos guía, muy frecuentemente por medio de las circunstancias. A veces puede parecer que el camino está enteramente bloqueado y entonces, al momento, ocurre cualquier incidente trivial al cual muchos no dan importancia, pero que para el ojo penetrante de la fe tiene mucho que decir. Algunas veces estas cosas se repiten de varias maneras, como respuesta a la oración. No son resultados fortuitos de la suerte, sino el camino abierto de circunstancias en la dirección en que debemos marchar. Ellos empezarán a multiplicarse a medida que avanzamos hacia nuestra meta, lo mismo que sucede con las luces cuando nos aproximamos a una ciudad populosa, cuando volamos como dardos por tierra en el expreso por la noche.   *F. B. Meyer*

Si acudes a él para que te guíe, él te guiará; pero no va a calmar tu desconfianza, o casi desconfianza en él, enseñándote una carta con todos sus propósitos relativos a ti. El te mostrará solamente un camino por el cual, si marchas alegre y confiadamente hacia adelante, él te enseñará más aún.   *Horace Bushnell*

1 de AGOSTO _____

Presentaos a Dios como vivos de entre los muertos (Rom. 6:13).

Una noche fui a oír hablar acerca de la consagración. No recibí ningún mensaje especial, pero, cuando el orador se arrodilló, pronunció la siguiente frase: "¡Oh Señor!, tú sabes que podemos confiar en aquel que murió por nosotros." Ese fue mi mensaje. Me levanté y caminé por la calle para ir a tomar el tren. A medida que caminaba, pensé detenidamente sobre lo que la consagración podía significar para mi vida, y me dio miedo. Entonces, por encima del ruido y el resonar del tráfico de la calle, llegó a mí este mensaje: "Puedes confiar en aquel que murió por ti."

Me subí en el tren para ir a casa y durante el trayecto pensé en los cambios, sacrificios y disgustos que la consagración podía traer consigo y me dio miedo.

Llegué a casa, me metí en mi habitación y arrodillándome pensé sobre el pasado de mi vida. Había sido un cristiano, un miembro activo de la iglesia, un superintendente de la escuela dominical, pero nunca había entregado definitivamente mi vida a Dios.

Sin embargo, cuando pensé en los planes tan queridos que tenía que echar por tierra, en las esperanzas tan acariciadas que tenía que abandonar, en la profesión elegida que pudiera ser que tuviera que dejar, *me dio miedo*.

No veía que Dios tuviera cosas mejores guardadas para mí, así que mi alma se encogió; pero entonces, por última vez, vino a lo más íntimo de mi corazón, con un ímpetu veloz de poder convencedor, aquel mensaje escudriñador:

Hijo mío, tú puedes confiar en aquel que murió por ti. Si no puedes confiar en él, ¿en quién podrás?

Esto terminó con casi todas mis preocupaciones porque en un abrir y cerrar de ojos puede ver que aquel que me amó de tal manera que dio su vida por mí, podía ser absolutamente confiable en todo lo concerniente a la vida que él había salvado.

Querido amigo, tú puedes confiar en aquel que murió por ti. Tú puedes confiar en que él frustrará sólo aquellos planes que pudieran perjudicarte, y te ayudará a que realices aquellos que sean para la gloria de Dios y tu bien más elevado. Tú puedes confiar en que él te guiará por la senda que sea mejor para ti en este mundo.

J. H. McC

La vida no es un botín que debe salvarse en el mundo, sino un capital que se nos ha dado para que lo invirtamos en el mundo.

2 de AGOSTO

Yo convertiré en camino todos mis montes (Isa. 49:11).

Dios utilizará los obstáculos como un medio para la realización de sus designios. Todos tenemos que enfrentarnos con dificultades como montañas en nuestras vidas. Hay personas y cosas que amenazan con impedir el progreso de nuestra vida espiritual. Por ejemplo, la ocupación desagradable, las reclamaciones apremiantes, la espina que llevamos clavada, nuestra cruz cotidiana. Pensamos que si pudiésemos librarnos solamente de estas cosas, podríamos vivir con más pureza, con más santidad y delicadeza; y a menudo pedimos a Dios que nos libre de estas cosas.

"¡Oh necio y tardo de corazón!" Estas son precisamente las condiciones de ejecución. Han sido colocadas en nuestras vidas como medios para conseguir los dones y virtudes por los cuales hemos orado durante tanto tiempo. Tú has orado por paciencia durante mucho tiempo, pero hay algo que te atormenta más de lo que puedes sobrellevar; has huido de ello, lo has evadido, lo has considerado como un obstáculo invencible para obtener lo que deseas, y has creído que su desaparición te aseguraría tu rescate y victoria inmediatos.

Pero no es así. Lo único que ganarías con esto sería que cesase la tentación de tu impaciencia. Pero esto no sería paciencia. La paciencia se obtiene solamente por medio de tales pruebas, que ahora nos parecen insoportables.

Retrocede, ten paciencia y considera que eres un participante de la paciencia de Cristo. Haz frente a las pruebas con él. No hay nada en la vida que nos atormente y cause molestia que no pueda convertirse en utilidad para los fines más elevados. Son sus montañas. El las ha colocado en donde se encuentran. Pero sabemos que Dios no puede faltar en el cumplimiento de sus promesas. "Dios entiende el camino de ella, y él conoce su lugar, porque él mira hasta los fines de la tierra y ve debajo de todo el cielo"; y cuando vayamos al pie de las montañas encontraremos el camino.

De *Cristo en Isaías*, por Meyer

La intención de la prueba no es solamente para probar la dignidad, sino para aumentarla; lo mismo que el roble no es solamente probado por las tormentas, sino endurecido por ellas.

Sed valientes y esforzaos (1 Cor. 16:13).

No oréis por vidas cómodas. Pedid que seáis hombres más fuertes. No oréis por tareas que sean iguales a vuestro poder. Orad por fuerzas iguales a vuestras tareas. Entonces, el hacer vuestro trabajo no será un milagro, sino que vosotros seréis el milagro. *Phillips Brooks*

Debemos recordar que Cristo no nos conducirá a la grandeza por medio de una vida de comodidad o de indulgencia propia. La vida cómoda no conduce hacia arriba, sino todo lo contrario. El cielo siempre está por encima de nosotros y siempre debemos mirar hacia él. Hay personas que siempre evitan aquellas cosas que cuestan caras, que requieren abnegación, refrenamiento y sacrificio, pero la grandeza de espíritu sólo se obtiene por medio del trabajo y la opresión. La elevación material o espiritual no se adquiere sin hacer nada o sin molestia, sino por medio de la perseverancia y el esfuerzo personal. *Seleccionado*

Jesús alzó los ojos arriba y dijo: Padre, te doy gracias porque me oíste (Juan 11:41).

Este orden en la forma de expresarse es muy raro y extraño. Lázaro estaba aún en la tumba y la acción de gracias *precedió* al milagro de la resurrección. Yo creía que la acción de gracias vendría después que el gran hecho se hubiese realizado y Lázaro hubiese sido restituido a la vida. Pero Jesús dio gracias por lo que iba a recibir. La gratitud se expresa antes de recibir lo que se espera, cuando se tiene la certeza de que ello se encuentra de camino. La canción de la victoria se cantó *antes* de empezar la lucha en la batalla. Es el sembrador el que está cantando la canción por la recolección que ha de venir. Es la acción de gracias antes que el milagro.

¿Quién piensa en anunciar una canción de victoria cuando los cruzados no han hecho nada más que salir para el campo de batalla? ¿Dónde podemos oír la canción de agradecimiento por la respuesta que aún no se ha recibido? Después de todo no hay nada extraño, forzado o irrazonable en el orden del Maestro. La *alabanza* es verdaderamente la preparación ministerial más vital para la realización de milagros, los cuales son forjados mediante el poder espiritual. El poder espiritual siempre existe en proporción a nuestra fe. *Jowett*

LA ALABANZA HACE QUE CAMBIEN LAS COSAS

No hay nada que agrade tanto a Dios en conexión con nuestras oraciones, y nada bendice tanto al hombre que ora, como la alabanza que ofrece. Una vez recibí en China una gran bendición en relación con esto. Había recibido noticias muy malas y tristes de casa y me abatí grandemente. Oré, pero mi abatimiento no desapareció. Me propuse soportar mi dolor, pero mi abatimiento cada vez era más profundo. Inmediatamente fui a una de nuestras capillas y sobre la pared de la misión vi estas palabras: "Prueba la acción de gracias." Lo hice y en un momento desapareció todo mi abatimiento, para no volver jamás. Sí, el salmista tenía razón cuando dijo: "Es una buena cosa el dar gracias a Dios."

Henry W. Frost

5 de AGOSTO ⎯⎯⎯⎯⎯⎯⎯⎯⎯⎯⎯⎯⎯⎯⎯⎯⎯

Bástate mi gracia (2 Cor. 12:9).

Fue la voluntad de Dios el llevarse a mi niño más pequeño bajo circunstancias de pruebas y aflicciones peculiares. Al dejar el cuerpo de mi pequeñito en el cementerio y estando de camino para casa, sentí el deber de predicar a mi congregación sobre el significado de la prueba.

Al encontrar que este texto estaba en la lección para el sábado siguiente, lo escogí como el mensaje de mi Maestro para ellos y para mí; pero al tratar de preparar las notas hallé que, honestamente, no podía decir que aquellas palabras fuesen verdad. Por consiguiente, me arrodillé y pedí a Dios que permitiese que su gracia fuese lo suficiente para mí. Durante mi súplica, abrí los ojos y vi un marco con un texto iluminado que mi madre me había dado hacía solamente unos días; el cual pedí a mi criada que lo colgase en la pared durante mi ausencia, al ir a pasar mis vacaciones de donde Dios se llevó a nuestro pequeñito.

Al volver a casa no noté el significado de las palabras del texto; pero al limpiarme los ojos y mirar, me encontré de frente con ellas: "Mi gracia ES suficiente para ti."

El "es" estaba citado en un verde brillante, mientras que el "mi" y "para ti" estaban pintados en otro color.

En un momento vino directamente aquel mensaje a mi alma como una reprensión por ofrecer una oración como: "Señor, haz que tu gracia sea suficiente para mí." La respuesta podía oírse casi como el sonido de una voz diciendo: "¿Por qué te atreves a pedir que sea, lo que ya es?" Dios no puede hacer que su gracia sea más suficiente de lo que ya la ha hecho. Levántate y créelo y encontrarás que es verdad, porque el Señor lo dice en la forma más simple: "Mi gracia es (no que será o puede ser) suficiente para ti."

Las palabras "mi", "es" y "para ti" fueron grabadas indeleblemente desde aquel momento en mi corazón, y gracias a Dios desde aquel día hasta hoy he tratado de vivir en la realidad de aquel mensaje.

La lección que yo recibí y quiero transmitir a otros es que nunca conviertas los hechos de Dios en esperanzas u oraciones, sino úsalos simplemente como realidades y los hallarás tan poderosos como los crees.   *H. W. Webb Peploe*

6 de AGOSTO _____

> *¡Levántate, oh Aquilón! ¡Ven, oh Austro! Soplad en mi jardín, y despréndanse sus aromas (Cant. 4:16).*

Piensa sobre el significado de esta oración por unos momentos.

Su raíz está fundada en el hecho de que, lo mismo que los olores deliciosos pueden permanecer *escondidos* en un árbol especiero, así también los *dones* del Espíritu pueden estar sin ejercitarse en el corazón del cristiano. Hay muchas personas que profesan el ser, pero de ellas no procede la fragancia del amor divino o de las obras piadosas. El mismo viento sopla sobre el cardo silvestre que sobre el árbol especiero, pero solamente *uno* de ellos exhala aromas deliciosos.

Algunas veces Dios envía grandes pruebas a sus hijos para desarrollar sus dones. Así como las antorchas arden con más brillantez cuando se les mueve a uno y otro lado; así como la planta del enebro exhala un perfume más agradable cuando se arroja a las llamas; así también las mejores cualidades de un cristiano proceden del viento aquilón del sufrimiento y de la adversidad. Los corazones magullados a veces exhalan el perfume que a Dios le agrada percibir.

7 de AGOSTO

Cuando acabaron de orar, el lugar en donde estaban reunidos tembló, y todos fueron llenos del Espíritu Santo... Con gran poder los apóstoles daban testimonio de la resurrección del Señor Jesús (Hech. 4:31, 33).

Christmas Evans nos cuenta en su diario que un domingo por la tarde viajaba por un camino solitario para asistir a una entrevista, cuando fue convencido de que poseía un corazón frío. Dijo: "Trabé mi caballo y fui a un lugar apartado, donde estuve paseando angustiosamente para arriba y para abajo revisando mi vida. Esperé delante de Dios durante tres horas partido por el dolor, hasta que, al fin, sentí el consuelo que trae consigo el perdón de su amor. Este día recibí de Dios un nuevo bautismo del Espíritu Santo. Cuando el sol se dirigía hacia el poniente volví al lugar donde había dejado mi caballo, me monté en él y fui al lugar de mi entrevista. Al día siguiente prediqué con tal poder a una inmensa multitud congregada al lado de una colina, que resultó en un nuevo reavivamiento y se extendió por todo el país de Gales.

La pregunta principal que puede hacerse a aquellos que "han nacido de nuevo" es: "¿Habéis recibido el Santo Espíritu desde que creísteis?"

Esta era la contraseña en la iglesia primitiva.

8 de AGOSTO

Tú, oh Dios, eres mi Rey; manda liberación a Jacob (Sal. 44:4).

No hay adversario en el crecimiento de tu gracia, ni enemigo en tu labor cristiana, que no haya sido incluido en las conquistas del Salvador.

Tú no necesitas asustarte por ellos. Cuando les toques huirán de delante de ti. Dios ha prometido rendirlos en tu presencia. Solamente sé fuerte y muy valiente. No temas, ni desmayes. El Señor está contigo. Tú eres poderoso porque el Todopoderoso te acompaña. Reclama la victoria.

Cuando quiera que tus enemigos se aproximen a ti, *proclama la victoria*. Cuando tu corazón y tus fuerzas te fallen, eleva tu mirada y proclama la *victoria*.

Está seguro de que tú tienes una parte en aquel triunfo que Jesús obtuvo no sólo para él, sino para todos nosotros. Recuerda que tú estabas en él cuando él lo ganó, y *proclama la victoria*. Cuenta con que es tuya y recoge el botín. No te espantes ni tengas miedo en atacar a los gigantes ni a las ciudades amuralladas. *Reclama tu participación en la victoria del Salvador.*

De Josué, por Meyer

Somos hijos de un Rey. ¿De qué modo honramos más a nuestro divino Soberano? ¿Omitiendo el pedir nuestros derechos y aun dudando de si nos pertenecen, o manteniendo nuestros privilegios como hijos de la familia real y pidiendo los derechos que corresponden a nuestra herencia?

9 de AGOSTO

¡Bienaventurado el hombre que tiene en ti sus fuerzas...! Cuando pasan por el valle de lágrimas, lo convierten en manantial (Sal. 84:5, 6).

El consuelo no entra en el corazón alegre y jovial. Tenemos que descender a las "profundidades" si queremos experimentar este valioso don de Dios —consuelo— y estar preparados de esta manera para ser cooperadores con él.

Cuando la noche cubre el jardín de nuestras almas, cuando las hojas se cierran y las flores dejan de recibir dentro de sus pétalos la luz del sol, allí nunca han de faltar, aun en la obscuridad más densa, gotas de rocío celestial, rocío que solamente desciende cuando el sol ha desaparecido.

234

*Cuando oyó, pues, que estaba enfermo, se quedó aún
dos días más en el lugar donde estaba (Juan 11:6).*

En el comienzo de este maravilloso capítulo encontramos la afirmación siguiente: "Jesús amaba a Marta, a su hermana y a Lázaro." Esto nos enseña que en el mismo corazón y en el fondo de todas las intervenciones de Dios para con nosotros, por muy negras y misteriosas que puedan ser, debemos tener valor para creer y afirmarnos en el infinito e inmutable amor de Dios. El amor permite el dolor. Las hermanas nunca dudaron de que él se apresuraría a toda costa y evitaría la muerte de su hermano, pero, "Cuando oyó, pues, que estaba enfermo, se quedó aún dos días más en el lugar donde estaba."

El se abstuvo de ir no porque no les amaba, sino porque les amaba. Sólo su amor le detuvo de apresurarse inmediatamente a aquella casa querida y desconsolada. Cualquier otra cosa que no hubiese sido su amor infinito se habría apresurado a acudir en aquel mismo instante a consolar aquellos corazones abatidos y amados, para evitar su aflicción y tener el gozo de limpiar y retener sus lágrimas y devolverles su felicidad.

Sólo el amor divino podía refrenar la impetuosidad de la ternura del corazón del Salvador, hasta que el ángel del sufrimiento hiciese su labor.

¿Quién puede calcular lo mucho que debemos al sufrimiento y al dolor? Si no fuese por ellos tendríamos muy poco espacio en el que ejercitar las facultades de muchas de las principales virtudes de la vida cristiana. ¿Dónde estaría la fe si no existiese la prueba para probarla; o la paciencia, si no hubiese nada que soportar; o la experiencia, si no existiese la tribulación para desarrollarla?

Seleccionado

Aunque la higuera no florezca ni en las vides haya fruto, aunque falle el producto del olivo y los campos no produzcan alimento, aunque se acaben las ovejas del redil y no haya vacas en los establos; con todo, yo me alegraré en Jehovah y me gozaré en el Dios de mi salvación (Hab. 3:17, 18).

Observa cuidadosamente la terrible calamidad que aquí se supone y la heroicidad con que se expresa la fe. Verdaderamente es como si él dijese: "Aunque me viese reducido a tal estado de pobreza que no supiese dónde obtener el alimento necesario; aunque mirase a mi alrededor en una casa vacía o en un campo desolado y viese las señales del castigo divino donde antes vi los frutos de la generosidad de Dios, *no obstante me gozaré en el Señor.*"

Creo que estas palabras merecen *escribirse con un diamante sobre una roca* para siempre. Ojalá que la gracia divina hiciese que se grabasen profundamente en nuestros corazones. Aunque la forma usada en el texto es concisa, evidentemente implica o expresa lo siguiente: Que en el día de sus adversidades él volaría a Dios; que ante tales circunstancias mantendría una tranquilidad santa y más aún, que en medio de todo, él se complacería con una alegría sagrada en Dios y esperaría con júbilo en él. ¡Qué confianza tan heroica! ¡Qué fe tan insigne! ¡Qué amor tan invencible!

Doddridge

Mediante ellas nos han sido dadas preciosas y grandísimas promesas (2 Ped. 1:4).

Cuando un constructor de barcos construye un buque, ¿lo construye para guardarlo en el astillero? No, lo construye para el mar y para la tormenta. Durante la construcción él piensa en las tempestades y en los huracanes, de lo contrario demostraría ser un ignorante constructor de barcos.

Cuando Dios hizo de ti un creyente, pensó en probarte; y

cuando te dio promesas y pidió que confiases en ellas, él te dio aquellas promesas que son convenientes para combatir las tempestades y los tiempos en que se presenta la adversidad. ¿Crees que Dios puede hacer cosas postizas, como algunos que hacen cinturones de salvamento, los cuales no sirven nada más que para exhibirlos en la tienda, pero son inútiles en el mar? Todos hemos oído de ciertas espadas que han sido inútiles en la guerra y de zapatos que se hicieron para la venta, pero nunca se tuvo la intención de que se caminase con ellos. Los zapatos de Dios son de hierro y bronce, y con ellos puedes caminar al cielo sin jamás estropearlos; y con sus cintos de salvamento puedes arrojarte al mar y nadar sobre un millar de atlánticos sin temor a que te hundas. Su palabra de promesa es dada para probarla y comprobarla.

No hay nada que desagrade tanto a Cristo como el que los suyos hagan una exhibición de él. El desea que le utilicemos. Las bendiciones del pacto no son solamente para mirarlas, sino para apropiárnoslas. Aun nuestro Señor Jesús nos es dado para que lo utilicemos en el tiempo presente. Tú no haces de Cristo el uso que debes hacer.

Te ruego que no utilices las promesas de Dios como si fuesen curiosidades para un museo; sino utilízalas diariamente como la fuente de todo consuelo. Confía en el Señor cuando quiera que te halles en necesidad. *¿Cómo puede el Señor decir no a lo que él ha prometido?* *C. H. Spurgeon*

13 de AGOSTO

Si las nubes se recargan de agua, derramarán lluvia sobre la tierra (Ecl. 11:3).

No debemos temer a las nubes que ahora obscurecen nuestro cielo. Es cierto que durante un poco de tiempo ocultan el sol, pero el sol no se extingue ya que a los pocos momentos vuelve a aparecer. Mientras tanto aquellas nubes negras están llenas de lluvia y, cuanto más negras son, lo más probable es que derramen infinidad de chaparrones.

¿Cómo podemos obtener la lluvia sin que haya nubes? Nuestras turbaciones siempre nos han traído bendiciones y siempre continuarán trayéndonoslas. Son los vehículos portadores de la

237

gracia divina. Estas nubes no tardarán mucho en descender y toda hierba delicada se alegrará inmensamente por la lluvia. Nuestro Dios podrá empaparnos con aflicción, pero nos renovará con misericordia. Frecuentemente, las cartas amorosas de nuestro Señor llegan a nosotros en sobres de luto. Sus vagones pueden crujir, pero están cargados con beneficios. Su vara produce flores preciosas y frutos nutritivos. No nos atormentemos por las nubes, sino al contrario, cantemos porque las flores de mayo llegarán por medio de las nubes y las lluvias de abril.

¡Oh, Señor, las nubes son el polvo de tus pies! ¡Cuán cerca estás de nosotros en los días de tribulación y necesidad! El amor te contempla y se regocija. La fe ve a las nubes descender y alegrar a las colinas por todas partes.   *C. H. Spurgeon*

El espacio azul de los cielos es mayor que las nubes.

14 de AGOSTO

No tendrías ninguna autoridad contra mí, si no te fuera dada de arriba (Juan 19:11).

Ninguna otra cosa, que no sea la voluntad de Dios, puede acontecer en la vida de aquel que confía y obedece a Dios. Este hecho es lo suficiente para que hagamos de nuestra existencia una vida incesante de gozo y de acción de gracias. Porque la voluntad de Dios es la única cosa prometedora, alegre y gozosa en el mundo, y sin cesar está obrando para nosotros de una forma omnipotente, sin que haya nada que lo impida si nosotros nos hemos entregado a él y creemos.

Cierta persona que estaba atravesando por grandes adversidades y aflicciones escribió a un amigo: "¿No es una cosa gloriosa el saber que por muy injusta que una cosa pueda ser, o que parezca que procede absolutamente de Satanás, *en el momento en que llega a nosotros es la voluntad de Dios para con nosotros y contribuirá a nuestro bien?* Porque todas las cosas ayudan a bien a los que amamos a Dios." Y aun acerca de la traición, Cristo dijo: "¿No he de beber la copa que el Padre me ha dado?" Si vivimos en el centro de la voluntad de Dios, viviremos una vida encantadora. Todos los ataques que Satanás pueda lanzar contra nosotros, no solamente serán impotentes para dañarnos, sino que en el camino se convertirán en bendiciones.   *H. W. S.*

*Es preciso que a través de muchas tribulaciones entremos
en el reino de Dios (Hech. 14:22).*

L as mejores cosas de la vida proceden del sufrimiento. El trigo se
tritura antes de convertirse en pan. El incienso debe arrojarse
sobre el fuego antes de que dé sus olores. El terreno hay que
quebrantarlo con el arado cortante, antes de que esté preparado
para poder recibir la simiente. Es el corazón quebrantado el que
agrada a Dios. Los goces más agradables de la vida son fruto del
sufrimiento. Parece ser que la naturaleza humana tiene necesidad
del sufrimiento para adaptarlo y ser una bendición para el mundo.

Si aspiras a ser un consuelo para otros; si quieres participar del
don de la compasión; si deseas derramar más de la compasión
ordinaria en un corazón que se encuentra en tentación; si quieres
pasar en el trato de la vida diaria con un tacto tan delicado que
nunca causes pena, debes de contentarte con pagar el precio de
una educación cara; como él, debes sufrir. *F. W. Robertson*

Pacientemente esperé a Jehovah (Sal. 40:1).

E l esperar es más difícil que el andar. El esperar requiere
paciencia y la paciencia es una virtud muy rara. Es una cosa
admirable el saber que Dios rodea a los suyos con seto, cuando se
mira a éste desde un punto de vista de protección. Pero cuando el
seto se conserva alrededor de uno y crece a tal altura que no es
posible el ver por encima de él, y se piensa si uno va a poder salir de
aquella pequeña esfera de servicio e influencia en que se encuentra
aprisionado, a veces nos es difícil comprender por qué no posee un
medio de acción más amplio y es más difícil aún "iluminar el
rincón" en que se encuentra. Pero Dios tiene un propósito en todas
sus dilaciones. "Por Jehovah son ordenados los pasos de un buen
hombre." Lee en el Salmo 37:23. Al margen de su Biblia y junto a
este versículo, George Mueller tenía la siguiente nota: "Y las
paradas también." Es una falta lamentable el que los hombres
atraviesen con violencia por en medio de los setos de Dios. Uno de
los principios vitales para el gobierno de un cristiano es el no

moverse jamás de aquel lugar en el cual tiene la seguridad de que Dios le ha colocado, hasta que la columna de nube se mueva.

De El Times de la escuela dominical

Cuando aprendamos a esperar la dirección de nuestro Señor en todo, entonces conoceremos el poder *que halla su clímax en una marcha recta y firme.* Muchos de nosotros carecemos de la fortaleza que deseamos. Pero Dios provee el poder suficiente para la labor que nos manda realizar. El secreto del poder consiste en esperar y mantenerse fiel a su guía.   *S. D. Gordon*

¿Es la vida necesariamente un fracaso para aquel que está obligado a permanecer quieto en forzada inactividad y viendo pasar las grandes palpitaciones de la marea de la vida? No, la victoria entonces tiene que obtenerse permaneciendo quieto y esperando calladamente. Es mil veces más difícil el hacer esto que el precipitarse en los días de actividad de un lado para otro en los quehaceres de la agitada vida. Requiere un heroísmo mayor el permanecer quieto, el esperar, el no desanimarse ni perder la esperanza, el someterse a la voluntad de Dios, el abandonar los honores para otros, el estar callado, confiando y alegre mientras la multitud feliz y bulliciosa camina y se marcha. La vida más elevada es aquella que, habiéndolo hecho todo, espera.   *J. R. Milder*

17 de AGOSTO _____

Confío en Dios que será así como me ha dicho (Hech. 27:25).

Hace algunos años fui a América con el capitán de un vapor quien era un cristiano muy devoto. Cuando nos alejamos de la costa de Terranova, me dijo: "La última vez que crucé por aquí, hace cinco semanas, me aconteció algo extraordinario que revolucionó mi vida cristiana por completo. Teníamos a bordo a George Mueller, de Bristol. Nunca abandoné el puente donde había pasado veinticuatro horas seguidas. George Mueller vino a donde yo estaba y dijo:

—Capitán, he venido para decirle que necesito estar en Quebec el sábado por la tarde.

—Es imposible —le repliqué.

—Está bien, si su vapor no puede llevarme, Dios proveerá otro

240

medio. Durante cincuenta y siete años nunca he faltado a uno solo de mis compromisos. Vamos a orar al cuarto de las cartas marítimas.

"Miré a aquel hombre de Dios y me dije: '¿De qué manicomio se habrá escapado este hombre?' Nunca había oído una cosa semejante.

—Señor Mueller —le dije—, ¿no se da usted cuenta de lo densa que es esta niebla?

—No —replicó—, *Mis ojos no miran a la densidad de la niebla, sino al Dios vivo, quien controla todas las circunstancias de mi vida.*

"Se arrodilló y oró una oración sencillísima y cuando terminó yo iba a orar, pero él, poniendo su mano sobre mi hombro, me dijo que *no* orase. 'Primero, porque usted no cree que él contestará; y segundo, porque YO CREO QUE EL HA CONTESTADO, y no hay necesidad de que usted ore acerca de ello.'

"Le miré y me dijo,'Capitán, yo he conocido a mi Señor durante cincuenta y siete años, y durante este tiempo no he faltado ni un solo día en tener audiencia con el Rey. Levántese Capitán, abra la puerta y verá que la niebla ha desaparecido.' Me levanté y verdaderamente la niebla había desaparecido. El sábado por la tarde, George Mueller estaba en Quebec cumpliendo su compromiso." *Seleccionado*

"Porque de tal manera amó Dios al mundo, que ha dado a su Hijo unigénito, para que todo aquel que en él cree no se pierda, mas tenga vida eterna" (Juan 3:16).

18 de AGOSTO ——————————————————————————

Solo (Deut. 32:12).

Caminaba por una colina bastante pendiente, pero alentado por una conversación muy agradable. Al ascender creía que todo el camino sería fácil y agradable hasta llegar a lo alto. Pero, de repente, apareció una senda estrecha y ventosa, y entonces el Maestro me dijo: "Hijo mío, por aquí sólo puedes caminar sin peligro si vas conmigo."

Me estremecí, pero la confianza más profunda de mi corazón replicó: "Así sea, Señor." El tomó en la suya mi mano débil, aceptando de esta manera mi voluntad para darle todo y encontrar-

241

lo todo en él. Después de unos momentos de angustia *no vi a ningún amigo, excepto a Jesús.* Pero me condujo con tal ternura, me consoló con tales palabras y susurró en mis oídos tales secretos de su grandioso amor, que inmediatamente le conté todas mis aflicciones y temores y me recliné confiadamente sobre sus vigorosos brazos. Entonces mis pisadas se vivificaron y una luz inefable iluminó aquel camino escabroso, pero con tal claridad que sólo puede verse cuando se camina en íntima compañía con Dios.

Dentro de poco volveremos a encontrarnos con el amado y el perdido y nos saludaremos con una alegría tan grandiosa como jamás aquí podemos conocer. Recordaremos la canción feliz, el abrazo celestial y todos los buenos recuerdos de la vida peregrina. Creo que los recuerdos sagrados y queridos que tendremos siempre serán superiores los unos a los otros, y muy frecuentemente seremos movidos a hablar con gratitud y cariño de aquel día difícil en que Jesús nos mandó ascender por alguna pendiente estrecha, apoyados sólo en él.

"La colina elevada sólo existe junto al valle profundo. No existe parto sin dolor." *Dan Crawford*

"No se turbe vuestro corazón. Creéis en Dios; creed también en mí. En la casa de mi Padre muchas moradas hay. De otra manera, os lo hubiera dicho. Voy, pues, a preparar lugar para vosotros. Y si voy y os preparo lugar, vendré otra vez y os tomaré conmigo; para que donde yo esté, vosotros también estéis" (Juan 14:1-3).

19 de AGOSTO _____

Como entristecidos, pero siempre gozosos (2 Cor. 6:10).

Aflicción era bella, pero su belleza era semejante a la luz de la luna que brilla a través de las ramas de los árboles poblados de hojas en el bosque, y hace resplandecer a los charquitos que aquí y allá se encuentran sobre el musgo verde y suave.

Cuando Aflicción cantaba, sus notas se confundían con el reclamo del ruiseñor y en sus ojos aparecía la mirada inesperada de quien ha cesado de esperar la alegría venidera. Ella podía llorar con tierna compasión con aquellos que lloran, pero el regocijarse con los que se regocijan era para ella desconocido.

242

Gozo era bello también, pero su belleza era parecida a la belleza resplandeciente del sol matutino. Sus ojos aún conservaban la sonrisa alegre de la niñez y sus cabellos brillaban como los rayos luminosos del sol. Cuando Gozo cantaba, el sonido de su voz se remontaba hacia el infinito, como el de la alondra; y su forma de andar era parecida a la del conquistador que jamás ha conocido una derrota. El podía regocijarse con los que se regocijan, pero, el llorar con los que lloran, era para él desconocido.

—Nunca podremos unirnos, —dijo Aflicción en un tono pensativo.

—No, nunca —y, al responder, los ojos de Gozo se obscurecieron—. Mi camino se encuentra entre las doradas praderas bañadas por el sol donde las rosas más preciosas florecen para mi recolección, y en donde el mirlo y el tordo esperan mi llegada para deleitarme con sus canciones melodiosas.

—Mi senda —dijo Aflicción volviéndose lentamente—, se extiende a través de los bosques ennegrecidos, donde mis manos no pueden recoger sino las flores que se abren por la noche. No obstante, la canción más bella de la tierra, la canción amorosa de la noche, será mía; a pasarlo bien, Gozo, adiós.

Aún estaba hablando cuando se dieron cuenta de que había alguien a su lado que era difícil reconocer, pero que tenía una presencia majestuosa. Al arrodillarse delante de él, un miedo muy grande y santo se apoderó de ellos.

—Le veo como al Rey de Gozo —susurró Aflicción—, porque hay muchas coronas sobre su cabeza y las marcas de los clavos en sus manos y en sus pies son las señales de una gran victoria. Toda mi aflicción está derritiéndose delante de él, y convirtiéndose en una alegría y un amor inmortal; por lo tanto a él me entrego para siempre.

—No, Aflicción —dijo Gozo calladito—, pero yo le veo a él como al Rey de Aflicción, y la corona que tiene en su cabeza es una corona de espinas y las marcas de los clavos que tiene en sus pies y en sus manos, son las señales de una gran agonía. Yo también me entrego a él para siempre, porque la aflicción con él debe producir mayor consuelo que cualquier gozo que yo haya conocido.

—Entonces, somos uno en él —gritaron alegremente—, porque nadie sino él podía unir Gozo y Aflicción.

Se cogieron de la mano y se lanzaron al mundo para seguirle a él en medio de la tormenta y de la luz del sol, en la intemperie del frío del invierno y en la alegría del calor en el verano, "como entristecidos, pero siempre gozosos".

Jacob se quedó solo, y un hombre luchó con él hasta que rayaba el alba (Gén. 32:24).

Dios tenía más deseos de bendecir a Jacob que Jacob de recibir la bendición. Quien luchó con él fue el Hijo del Hombre, el Angel del pacto. Fue Dios con forma humana quien aniquiló la naturaleza pecaminosa de la vida pasada de Jacob, y antes del amanecer Dios había prevalecido y Jacob cayó con su muslo desconyuntado. Pero, al caer, cayó en los brazos de Dios y de ellos se asió y continuó luchando hasta que recibió la bendición. Entonces nació de nuevo y se elevó de lo terrenal a lo celestial, de lo humano a lo divino, de lo natural a lo sobrenatural. Al marcharse aquella mañana, él era un hombre débil y quebrantado, pero Dios le había transformado y la voz celestial proclamó: "No se llamará más tu nombre Jacob, sino Israel; porque has contendido con Dios y con los hombres y has prevalecido."

Mi buen amigo, ésta debe siempre ser una escena típica en la transformación de cada vida. Cada uno de nosotros tiene que atravesar una cierta hora de crisis si Dios nos ha llamado para lo mejor y más elevado. Pero cuando todos los recursos nos faltan, cuando estamos frente a la ruina o de algo peor que nosotros nunca pudiésemos haber soñado, cuando tenemos necesidad de ayuda infinita de Dios, antes de obtenerla tenemos que abandonar algo, tenemos que someternos por completo, tenemos que desistir de nuestra sabiduría, fortaleza y justicia y ser crucificados con Cristo y vivir en él. Dios sabe cómo conducirnos a esta crisis, y él también conoce cómo guiarnos por medio de ella.

¿Estás conduciéndote así? ¿Es ésta la intención de tu grande prueba, o del ambiente tan difícil que te rodea, o de aquella situación insoportable, o de aquel lugar tan tentador que no puedes atravesar sin su ayuda, y, sin embargo, no posees de él lo suficiente para obtener la victoria?

¡Oh, vuelve al Dios de Jacob! Arrójate desamparado a sus pies. Muere para tu fortaleza y sabiduría en sus amantes brazos y levántate como Jacob en la fortaleza de Dios. No hay ninguna salida tan difícil y estrecha del lugar en que te encuentras, sino por arriba. Tú debes obtener tu liberación elevándote más y pasando por una nueva experiencia con Dios. ¡Ojalá que puedas recibir y comprender todo lo que quiere decir la revelación del Todopoderoso de Jacob!

Solo Dios

El me sacó a un lugar espacioso; me libró, porque se agradó de mí (Sal. 18:19).

Busquemos ese lugar espacioso. ¿Qué otra cosa puede ser sino el mismo Dios, aquella existencia infinita en quien todas las demás personas y corrientes de la vida terminan? Verdaderamente, Dios es un lugar grandioso. David fue traído al mismo por medio de la humillación, la nada y el abatimiento.

Madame Guyon

"Os he levantado a vosotros sobre alas de águilas y os he traído a mí" (Exo. 19:4).

No atreviéndome a lanzar mi barca sobre la marea de un completo sometimiento, pregunté al Señor que a dónde conducirían sus aguas a mi barquita. ¿A aguas perturbadas? Me dio miedo. "A mí", él respondió.

Me paré con el alma abatida, llorando junto a una tumba abierta y pregunté a Dios a dónde conduce esta senda de aflicción que estoy pisando. "A mí", me respondió.

Amaba demasiado el trabajar con ahínco por ganar almas, hasta que vinieron las desilusiones y yo no podía comprender la razón de ello hasta que él dijo: "Yo soy tu todo, ven a mí."

Observé a aquellos héroes a quienes más amaba y vi que fracasaron por no poder soportar la prueba; aun por esto, por medio de no pocas lágrimas, el Señor me condujo a él.

¡En él! Ninguna lengua humana puede expresar la felicidad que gozo desde que moro en su corazón. Aquellas cosas que otras veces me encantaban, ahora no me atraen lo más mínimo.

Seleccionado

22 de AGOSTO

Y a los demás, unos en tablas, y otros en objetos de la nave. Así sucedió que todos llegaron salvos a tierra (Hech. 27:44).

La historia tan maravillosa del viaje de Pablo a Roma, con sus pruebas y triunfos, es un magnífico ejemplo de la luz y obscuridad del camino de la fe a través de la historia de la vida humana. Sus características predominantes son los lugares estrechos y difíciles que encontró, mezclados con la intervención y providencia de Dios de la forma más extraordinaria.

Generalmente se tiene la idea de que la senda de la fe está cubierta con flores y que cuando Dios se interpone en la vida de los suyos lo hace en una forma tan extraordinaria que nos eleva por completo y nos saca de todas las dificultades. No obstante, la verdadera experiencia nos muestra todo lo contrario. La historia de la Biblia está compuesta de una serie de pruebas y triunfos recíprocos, es el caso de cada uno de la multitud de testigos que encontramos desde Abel hasta el último mártir.

Pablo, mucho más que ningún otro, fue un ejemplo de lo mucho que un hijo de Dios puede sufrir, sin ser oprimido o quebrantado en espíritu. A causa de su testimonio en Damasco, fue perseguido por sus enemigos y obligado a huir para poder salvar su vida; pero no vemos a ninguna carroza celestial transportando al santo Apóstol por medio de un rayo de luz para evitar que lo cojan sus enemigos, sino que lo contemplamos "a través de una ventana, metido en un cesto" descolgándole por las paredes de Damasco, y así es como escapó de las manos de sus adversarios. Como si hubiese sido un lío de ropa sucia, o un paquete de comestibles, el siervo de Jesucristo fue metido en un cesto viejo, descolgado por la ventana y de una forma ignominiosa tuvo que huir del odio de sus enemigos.

Otra vez lo encontramos durante varios meses en calabozos solitarios; le hallamos contando sus vigilias, sus ayunos, el ser abandonado por amigos, la forma brutal y vergonzosa como fue apaleado, y aun después de haberle prometido Dios librarle, le vemos durante varios días luchando con un mar tempestuoso y obligado a tener cuidado del pérfido marinero. Por fin, cuando llega el rescate, no vemos que descienda de los cielos ninguna galera celestial para llevarse al noble prisionero, ni tampoco nada con forma de ángel andando sobre las aguas y apaciguando aquellas olas enfurecidas. No hay ninguna señal sobrenatural del gran milagro que se está obrando, sino que uno se ve obligado a agarrarse a un palo, el otro a un tablón flotante, otro a subirse sobre alguno de los trozos del barco naufragado, otro a luchar nadando para poder salvar su vida.

He aquí el modelo de Dios para con nuestras propias vidas. He aquí un evangelio para ayudar a aquellos que diariamente tienen que vivir en este mundo rodeados de verdaderas circunstancias, y tienen que resolver un millar de problemas de una forma adecuada y práctica.

Las promesas y la providencia de Dios no nos sacan del plano del sentido común y de la prueba ordinaria, sino que es por medio de estas mismas cosas como la fe se perfecciona, y Dios se complace en entretejer el hilo de oro de su amor entre las torceduras y textura de la experiencia diaria.

De Lugares difíciles en el camino de la fe

23 de AGOSTO ———————————————————————

Y salió sin saber a dónde iba (Heb. 11:8).

El creer sin ver es fe. Cuando podemos *ver*, entonces no es fe, sino raciocinio. Al cruzar el Atlántico observamos este principio esencial de la fe. No vimos senda alguna sobre el mar, ni señales de la costa. No obstante, día tras día marcábamos nuestra ruta sobre el mapa de navegar, con la misma exactitud que si nos hubiese seguido una gran línea marcada con tiza sobre el mar. Y cuando nos encontrábamos a unos treinta kilómetros de nuestro punto de desembarque, sabíamos dónde estábamos con la misma certidumbre que si lo hubiésemos estado viendo desde el principio del recorrido de cuatro mil quinientos kilómetros.

¿Cómo habíamos podido nosotros medir y señalar nuestro itinerario? Diariamente nuestro capitán tomaba sus instrumentos y miraba el cielo, marcaba su ruta por medio del sol. El navegaba guiado por lo celestial y no por las luces terrenales.

Así también, la fe eleva su mirada y navega hacia adelante, guiada por el sol majestuoso de Dios, sin ver la costa o el faro terrenal o senda en su camino. A veces sus pasos parecen conducir a la incertidumbre y aun al desastre y la obscuridad; pero él siempre abre el camino y a menudo convierte las horas de la media noche en las mismas puertas del día. Caminemos hacia adelante en este día, sin conocer, pero confiando.

De Días celestiales sobre la tierra

Muchos de nosotros queremos ver nuestro camino libre antes de empezar nuevas empresas. Si pudiésemos y lo hiciésemos, ¿de dónde iba a proceder el desarrollo de nuestras virtudes cristianas? La fe, la esperanza y el amor no pueden arrancarse de los árboles, lo mismo que las manzanas maduras. Después de las palabras "En el principio" viene la palabra "Dios". El primer paso dirige la llave a la casa poderosa de Dios; y no solamente es cierto que Dios ayuda a los que se ayudan a sí mismos, sino que *él también ayuda a aquellos que no pueden ayudarse a sí mismos.* Tú puedes depender de él en todas las ocasiones.

El *esperar* en Dios nos lleva más rápidamente al término de nuestro viaje que nuestros propios pies.

A menudo se pierde la oportunidad a causa de la deliberación.

24 de AGOSTO

Todo lo he recibido y tengo abundancia (Fil. 4:18).

En uno de mis libros de jardinería hay un capítulo con un encabezamiento muy interesante, que dice así, *Flores que crecen en la obscuridad.* Trata de aquellas partes del jardín a donde nunca llega la luz del sol. Y mi manual me dice la clase de flores que no tienen miedo a estos rincones obscuros y que aun les gustan y florecen en ellos.

En el mundo del espíritu existen cosas semejantes. Estas aparecen cuando las circunstancias materiales llegan a ser duras y severas. Crecen en la obscuridad y en la melancolía. ¿Cómo podríamos explicar de otra manera algunas de las experiencias del apóstol Pablo?

Aquí le encontramos en la cautividad en Roma. La suprema misión de su vida parece ser que estaba terminada. Pero es precisamente en este obscuro cercamiento donde las flores empiezan a mostrarse en su gloria brillante y fascinadora. El puede haberlas visto creciendo en medio del camino, pero nunca como ahora han aparecido en su fortaleza y con una belleza tan incomparable. Palabras de promesa abrieron sus tesoros como él nunca los había visto anteriormente.

Entre aquellos tesoros había cosas tan grandiosas como la gracia de Cristo, el amor de Cristo, el gozo y la paz de Cristo; y parecía que tenían necesidad de un "cerco obscuro" para poder sacar de ellos su secreto y su gloria interior. De cualquier forma, el reino de lo obscuro se convirtió en la casa de revelación, y Pablo empezó a darse cuenta, como no lo había hecho antes, de la clase y riqueza de su herencia espiritual.

¿Quién no ha visto a hombres y mujeres vestirse de fortaleza y esperanza, como si se pusiesen un vestido, cuando tienen que atravesar tiempos adversos y de soledad? A estas personas podéis encerrarlas en las prisiones que tengáis por conveniente, pero encerraréis sus tesoros con ellas. Sus tesoros no podéis dejarlos fuera. Podéis convertir su suerte material en un desierto, pero "el desierto y el lugar solitario estarán contentos, y el desierto se regocijará y florecerá como las rosas". *Jowett*

Todas sus flores, incluyendo las más hermosas, tienen sus sombras debajo de ellas al ser movidas en la luz del sol. *Donde hay mucha luz, hay mucha sombra.*

25 de AGOSTO _____

Reservados para la fe que había de ser revelada (Gál. 3:23).

En los tiempos pasados Dios puso al hombre bajo la protección de la ley para que pudiese aprender el camino excelentísimo de la fe. Porque por medio de la ley él podría ver la norma sagrada de Dios y por la ley vería su completa impotencia; entonces se alegraría en aprender el camino de fe en Dios.

Dios aún nos encierra para que aprendamos más acerca de la fe. Nuestra naturaleza, circunstancias, pruebas y desilusiones, todas sirven para encerrarnos y tenernos en custodia, hasta que veamos que el único camino de escape es el camino de fe en Dios. Moisés trató de obtener la libertad de su pueblo por medio de sus esfuerzos y aun por la violencia. Dios tuvo que encerrarlo durante cuarenta años en el desierto antes de estar preparado para llevar a cabo el trabajo de Dios.

Dios mandó a Pablo y Silas a predicar el evangelio en Europa. Cuando desembarcaron se dirigieron al país de los filipenses. Fueron azotados, encarcelados y sus pies fueron encadenados. Fueron encerrados para la fe. Confiaron en Dios, cantaron alabanzas a él en las horas más difíciles, y Dios los rescató y salvó.

Juan estuvo desterrado en la Isla de Patmos. Fue encerrado para crecer en la fe. Si no hubiese sido encerrado jamás habría visto visiones tan gloriosas de Dios.

Querido lector: ¿Te encuentras en alguna gran aflicción? ¿Has recibido alguna gran desilusión? ¿Has atravesado por alguna dificultad o alguna gran pérdida inexplicable? ¿Estás en algún sitio difícil? ¡Animo! Estás encerrado para la fe. No interpretes negativamente tus dificultades. Somételas a Dios. Pídele a él que haga que "todas las cosas contribuyan juntamente para bien" y que "Dios obre para aquél que espera en él". Habrá bendiciones, ayuda y revelaciones de Dios que vendrán a ti, las cuales no habrías recibido de otra manera. Y no solamente tú, sino muchos otros también recibirán una gran luz y bendición por haber estado tú encerrado para la fe. *C. H. P.*

Cuando los hombres y las montañas se encuentran se hacen grandes cosas, que no pueden hacerse empujándose en la calle.

26 DE AGOSTO

No está en mí (Job 28:14).

Recuerdo un verano en que dije: "Lo que yo necesito es el océano", y fui al océano. Pero parecía que me decía: "¡No está en mí!" El océano no hizo lo que yo pensaba que haría en mí. Entonces dije: "¿Dónde podré encontrar paz, será en las montañas?" Y me marché a las montañas. Al despertar a la mañana siguiente me encontré con la montaña que había ansiado tanto ver; pero dijo: "¡No está en mí!" No me satisfacía. Lo que yo necesitaba era el océano de su amor, juntamente con las elevadas montañas de su verdad. Era la sabiduría que las "profundidades" dijeron que no contenían, y que no podía compararse con alhajas, oro o piedras preciosas lo que yo necesitaba.

Cristo es sabiduría y nuestra necesidad más profunda. Nuestra inquietud interior sólo puede ser vencida por medio de la revelación de su amistad y amor para con nosotros. *Margaret Bottome*

Al águila no se la puede detener en el bosque. Podéis reunir a su alrededor el coro de pájaros más selecto; podéis ofrecerle una percha de la mejor madera para posarse; podéis encargar a mensajeros alados que le lleven las mejores golosinas; pero ella lo despreciará todo. Extenderá sus grandes alas y con el ojo puesto en los riscos alpinos se remontará a sus lugares hereditarios entre los baluartes de las rocas y la música de la tempestad y las cascadas.

250

El alma del hombre, al elevarse como el águila, no descansará en nada que sea inferior a la Roca de la eternidad. Sus corredores hereditarios son los corredores del cielo. Sus pertrechos son los atributos de Dios. La rapidez de su vuelo majestuoso es la eternidad. "Señor, tú has sido nuestro refugio de generación en generación." *Macduff*

27 de AGOSTO

Y tomándole aparte de la multitud (Mar. 7:33).

Pablo no solamente resistió las tentaciones en su actividad cristiana, sino también en la soledad de su cautiverio. Es posible que tú puedas resistir la opresión del trabajo más intenso, juntamente con grandes sufrimientos y, sin embargo, fracasar por completo cuando estés separado de todas las actividades religiosas; cuando estés obligado a permanecer en el lugar estrecho de alguna prisión.

Vemos que esos pájaros tan sublimes que se remontan por encima de las nubes y resisten grandísimos vuelos, caen en la desesperación cuando se les encierra en una jaula donde se ven forzados a golpear sus alas inútilmente contra los alambres de su prisión. Tú habrás visto a esas águilas grandes languidecer en sus estrechos jaulones, con sus cabezas encorvadas y sus alas caídas. Qué cuadro tan terrible se nos presenta aquí de la aflicción que causa la inactividad.

Pablo se encontraba en prisión. Aquello era otro aspecto de la vida. ¿Quieres saber lo que hacía allí? Yo le veo mirando por encima de lo alto de la pared de su prisión y por encima de las cabezas de sus enemigos. Le veo escribir un documento y firmarlo con su nombre y no poner el prisionero de Festo, o de César, o la víctima del Sanedrín, sino el "prisionero de Cristo Jesús". En todo esto él vio solamente la mano de Dios. La prisión para él se convirtió en un palacio. En sus corredores suenan gritos de triunfo, alabanza y gozo.

Privado del trabajo misionero que él amaba tanto, ahora construye un nuevo púlpito, un testigo nuevo se levanta y desde aquel lugar de esclavitud vienen algunos de los servicios mejores y más provechosos de libertad cristiana. ¡Qué mensajes tan valiosos e

251

iluminadores han procedido de aquellas sombras negras del cautiverio! Piensa en el gran número de santos encarcelados que han seguido el camino de Pablo. Durante más de doce años los labios de Bunyan permanecieron cerrados en la prisión de Bedford. Allí fue donde él hizo el trabajo más grande y mejor de su vida. Allí escribió el libro que ha sido más leído después de la Biblia. El dice: "En la prisión estaba como en casa. Me sentaba y escribía y escribía, porque el gozo me hacía escribir."

El ensueño maravilloso de aquella larga noche ha iluminado la senda de millones de cansados peregrinos.

El espíritu selecto de aquella señora francesa, Madame Guyon, estuvo encerrado entre las paredes de la prisión. Lo mismo que algunos pájaros enjaulados que cantan sus canciones más melodiosas en sus confinamientos, la música del alma de esta señora atravesó las paredes de la prisión y ha desterrado la aflicción de muchos corazones entristecidos.

¡Cuán grande ha sido el consuelo que ha procedido de lugares solitarios!   *S. C. Rees*

28 de AGOSTO ———————————————————————

Allí lo probó (Exo. 15:25).

Una vez visité el cuarto de prueba de una gran fábrica de acero. Todo a mi alrededor eran pequeñas divisiones y compartimentos. El acero había sido probado hasta lo extremo y marcado con cifras que señalaban su punto de rotura. Algunas piezas habían sido retorcidas hasta ser partidas y la fortaleza de su textura estaba marcada sobre ellas. Otras habían sido estiradas hasta el punto de rotura y la fuerza de su tirantez marcada. Otras habían sido comprimidas hasta su punto de opresión y también marcadas. El maestro de esta fábrica de acero sabía exactamente lo que cada una de esas piezas de acero podía sobrellevar bajo la presión. El sabía lo que podían soportar si eran colocadas en un buque, en un edificio o en un puente. El sabía esto porque el banco de pruebas se lo había revelado.

Así es también, a menudo, con los hijos de Dios. El no quiere que seamos semejantes a los vasos de cristal o de porcelana. Dios quiere que seamos parecidos a esas piezas de acero, endurecidas, capaces de soportar los retorcimientos y presiones hasta lo infinito, sin que caigamos.

El no quiere que seamos plantas de invernadero, sino robles golpeados por la tormenta; ni tampoco dunas de arena llevadas por cualquier soplo de aire, sino rocas de granito resistiendo las más terribles tormentas. Para moldearnos de esta forma, él necesita llevarnos a su banco de pruebas del sufrimiento.

Muchos de nosotros no necesitamos ningún otro argumento sino nuestra propia experiencia, para probar que el sufrimiento es verdaderamente la habitación de pruebas de fe de Dios.

J. H. McC

El hablar y teorizar acerca de la fe es una cosa muy fácil, pero frecuentemente Dios nos arroja en crisoles para probar nuestro oro y separarlo de la basura y de las demás mezclas. Somos dichosos si los huracanes que agitan el mar de la vida inquieta, producen el efecto de aumentar nuestro interés en su servicio y ver lo que él vale. Más vale la tormenta con Cristo que las aguas apacibles sin él.

Macduff

¿Qué pensarías si Dios no pudiese hacer que tu vida madurase sin el sufrimiento?

29 de AGOSTO ——————————————————————

Llevando su cruz (Juan 19:17).

Hay un poema titulado "La cruz cambiada". Representa a una persona fastidiada que pensaba que, con toda seguridad, su cruz era más pesada que la de todos aquellos que había a su alrededor y deseaba poder cambiarla por otra. Se quedó dormida y en su sueño fue conducida a un lugar donde había muchas cruces de diferentes clases y tamaños. Había una pequeña preciosísima, adornada con piedras muy valiosas y oro. Mirándola dijo: "Esta podré llevarla con gran comodidad." Así que la cogió y se la colocó, pero su cuerpo debilitado temblaba debajo de ella. Las joyas y el oro eran muy bellos, pero demasiado pesados para ella.

Después vio otra cruz magnífica con flores preciosas entrelazadas alrededor de su forma escultural. Con toda seguridad, ésta parecía ser la más apropiada para ella. La levantó, pero encontró que debajo de aquellas flores había espinas punzantes que rasgaron su carne.

Por último, cuando iba a marcharse, se encontró con una cruz muy sencilla, sin alhajas ni talladuras, pero sí con unas palabras amorosas inscritas sobre ella. La tomó y se convenció de que ésta era la mejor de todas y la podía llevar con más facilidad. Al mirar a esta cruz bañada con un esplendor celestial, reconoció que era su cruz antigua. Volvió a encontrarla y aquella cruz fue para ella la mejor y la menos pesada.

Dios sabe muy bien la clase de cruz que nosotros debemos llevar. Nosotros no sabemos cuál es el peso de las cruces de los demás. A veces envidiamos a alguna persona que es rica. Vemos que su cruz es de oro y está adornada con alhajas, pero ignoramos lo pesada que puede ser. Vemos a otras personas que parecen muy felices. Las cruces que llevan están entrelazadas con flores. Si pudiésemos probar todas aquellas cruces que creemos que son menos pesadas que las nuestras, llegaríamos a la conclusión de que ninguna de ellas nos sienta tan bien como la nuestra.

De Glimpses Through Life's Windows

30 de AGOSTO

Los que descienden al mar en los barcos y hacen negocios en los océanos, ellos han visto las obras de Jehovah y sus maravillas en lo profundo del mar (Sal. 107:23, 24).

Aquel que no ha aprendido que todos los vientos que soplan son favorables para el cielo es un aprendiz y no un maestro. La única cosa que no ayuda a nadie es una calma muerta. No importa de dónde proceda el viento, ya venga del norte o del sur, del este o del oeste, todo ayuda hacia aquel bendito puerto. Procura una cosa solamente: *Mantente bien dentro del mar* y entonces no tengas miedo a los vientos tormentosos. Imitemos en nuestras oraciones a aquel anciano de Cornwall, quien en sus oraciones decía: "Oh, Señor, envíanos dentro del mar, a las aguas profundas. Aquí estamos tan cerca de las rocas que con el soplo del viento más pequeño del diablo todos quedamos destrozados. Señor, envíanos dentro del mar, en la profundidad de las aguas donde tengamos espacio suficiente para obtener una gloriosa victoria."

Mark Guy Pearse

Recuerda que no poseemos más fe en cualquier otra ocasión que la que tenemos en la hora de la prueba. Todo lo que no pueda soportar ser probado es confianza carnal. Cuando todo nos viene bien, entonces la fe no es fe sino vista. *C. H. Spurgeon*

31 de AGOSTO

¡Bienaventurados los que no ven y creen! (Juan 20:29).

¡Cuán grande es la trampa que nos tienden las cosas visibles, y cuán necesario es para Dios el guardarnos en las cosas invisibles! Si Pedro tenía que andar sobre las aguas, necesariamente tendría que andar; si tenía que nadar, necesariamente tendría que nadar; pero lo que no le era posible era el hacer ambas cosas. Si el pájaro vuela, tiene que evitar las cercas y los árboles, y confiar en sus alas aleteadoras. Pero si trata de volar junto al terreno, entonces hará un vuelo demasiado pobre.

Dios, para probar a Abraham que con sus facultades físicas no podía hacer nada, le quitó su fortaleza. Tuvo que considerar su cuerpo como si estuviese muerto y dejar a Dios que hiciese todo el trabajo. Y cuando se dio cuenta de su impotencia y confió enteramente en Dios, entonces se persuadió por completo de que lo que él había prometido podía cumplirlo. Eso es lo que él quiere enseñarnos y evita el alentarnos con los resultados para que aprendamos a confiar sin ellos. Entonces el Señor se complace en probar la verdad de su palabra y el poder de la fe.

A. B. Simpson

1 de SEPTIEMBRE

Yo asentaré tus piedras sobre turquesas (Isa. 54:11).

Las piedras de la pared dijeron: "Venimos de las montañas lejanas, de los lugares de las colinas escabrosas. Durante mucho tiempo el fuego y el agua han operado sobre nosotras y nos han convertido en rocas. La mano del hombre nos ha transformado en una morada donde los hijos de vuestra raza inmortal nacen, sufren, se regocijan, hallan descanso y refugio, y aprenden las lecciones

255

preparadas por nuestro Hacedor y el vuestro. Pero para llegar a estar preparadas para esto hemos tenido que pasar por medio de muchas dificultades. La pólvora ha rasgado nuestros corazones, el pico nos ha dividido y quebrado. A menudo creíamos que no había en esto ningún designio o sentido mientras permanecíamos en la cantera deformadas; pero gradualmente fuimos cortadas en trozos, y algunas fuimos cinceladas con instrumentos más cortantes. Ahora ya estamos terminadas y prestando un gran servicio en nuestros sitios respectivos."

Tú aún continúas en la cantera sin completar, y habrá muchas cosas que no podrás comprender, como nos sucedía a nosotros. Pero tú estás destinado para un edificio más elevado, y algún día serás colocado en él, no por manos humanas, como una piedra viva en un templo celestial.

2 de SEPTIEMBRE

Porque se os ha concedido a vosotros. . . el privilegio. . . de sufrir (Fil. 1:29).

Dios mantiene una escuela muy costosa. Muchas de sus lecciones se deletrean por medio de lágrimas. Richard Baxter dijo: "Oh, Dios, te doy gracias por una disciplina corporal de cincuenta y ocho años"; y no es él el único hombre que ha convertido una dificultad en triunfo.

Esta escuela de nuestro Padre celestial se cerrará muy pronto para nosotros; el curso va acortándose cada día. No huyamos de ninguna lección por muy dura que sea, ni retrocedamos por temor a cualquier clase de disciplina. Lo más valioso ha de ser la corona, y lo más grato el cielo, si perseveramos alegremente hasta el fin y nos graduamos para la gloria.   *Theodore L. Cuyler*

La mejor porcelana es sometida a fuego tres veces por lo menos y alguna de ella más de tres veces. La porcelana de Dresden siempre se quema tres veces. ¿Por qué tiene que pasar por un fuego tan intenso? Una vez debiera ser suficiente; dos veces debiera ser la excepción. Pero no es quemada una ni dos veces, sino que es necesario meterla en el horno tres veces para que sus colores dorados y carmesí aparezcan más preciosos y permanezcan afirmados.

En la vida humana somos modelados bajo el mismo principio. Nuestras pruebas son quemadas en nosotros una, dos y hasta tres veces; y por medio de la gracia de Dios estos bellísimos colores están allí y han de permanecer allí para siempre.

Cortland Myers

3 de SEPTIEMBRE

Viendo que ellos se fatigaban remando (Mar. 6:48).

Un esfuerzo violento no puede ejecutar el trabajo que Dios ha dado al hombre para que lo haga. Solamente el mismo Dios, que siempre obra sin violencia y que nunca se fatiga, puede llevar a cabo el trabajo que él asigna a sus hijos. Cuando ellos tranquilamente confían en él para hacerlo, entonces el trabajo se hará bien y terminará. El procedimiento para permitir que él haga su trabajo por medio de nosotros consiste en participar plenamente de nuestro Señor Jesucristo a través de la fe, y él ha de llenar nuestras vidas con su Espíritu.

Un cierto hombre que aprendió este secreto dijo una vez: "Vine a Jesús y bebí, y creo que jamás volveré a estar sediento. Tengo ahora como divisa en mi vida *no trabajar con exceso, sino rebosar*, y esto ha causado una gran diferencia en ella." En el rebosar no existe esfuerzo. Es una quietud irresistible. Es la vida normal del cumplimiento omnipotente e incesante al cual Cristo nos invita hoy y siempre. *De Sunday School Times*

4 de SEPTIEMBRE

Y sucederá que cuando hagan sonar prolongadamente el cuerno de carnero, cuando oigáis el sonido de la corneta, todo el pueblo gritará a gran voz, y el muro de la ciudad se derrumbará. Entonces el pueblo subirá, cada uno hacia adelante (Jos. 6:5).

El grito de una fe firme está en oposición directa con los quejidos de la fe vacilante y los sollozos del corazón desalentado. Entre los muchos "secretos del Señor", no sé de ningún otro que sea más valioso que el secreto de este *grito de fe*. El Señor dijo a Josué:

257

"Mira, yo he entregado en tu mano a Jericó y a su rey, con sus varones de guerra." No dijo, "Te daré", sino "te he entregado". Ello ya les pertenecía y ahora fueron llamados para que tomasen posesión. Pero la dificultad ahora era, ¿cómo posesionarse de ello? Parecía imposible, pero el Señor reveló su plan.

Ahora nadie puede suponer, por un solo momento, que los gritos fueron los que causaron la caída de las paredes. Y, sin embargo, el secreto de su victoria está precisamente en estos gritos, porque fueron estos gritos de fe los que se atrevieron, con la autoridad de la palabra de Dios, a proclamar una victoria prometida, aunque aún no existían señales de que esta victoria se cumpliese. Y Dios les respondió en conformidad con su fe, así que, cuando gritaron, él hizo que cayesen las paredes.

Dios había declarado que les había *dado* la ciudad, y la fe lo creyó. Muchos siglos después, el Espíritu Santo recordó este triunfo de fe en la Epístola a los Hebreos: "Por la fe cayeron los muros de Jericó después de ser rodeados por siete días."

Hanna Whitall Smith

5 de SEPTIEMBRE ⎯⎯⎯⎯⎯⎯⎯⎯⎯⎯⎯⎯⎯⎯⎯⎯⎯⎯⎯⎯⎯

Jehovah espera para tener piedad de vosotros. . . ¡bienaventurados son todos los que esperan en él! (Isa. 30:18).

Oímos una infinidad de veces acerca del esperar en Dios. No obstante, hay otra parte. Cuando esperamos *en* Dios, él espera hasta que estamos prestos; cuando esperamos *a* Dios, esperamos hasta que él está dispuesto.

Hay algunas personas que dicen, y muchas más que lo creen, que tan pronto como cumplamos con todas las condiciones que Dios pide, él contestará nuestras oraciones. Ellos dicen que Dios vive en un *ahora* eterno; con él no hay pasado ni futuro; y que si pudiésemos cumplir con todo aquello que él requiere para obedecer su voluntad, *inmediatamente* nuestras necesidades serían suplidas, nuestros deseos cumplidos y nuestras oraciones contestadas.

En esta creencia hay mucho de verdad y, sin embargo, expresa solamente una parte de la verdad. Aunque Dios *vive* en un *ahora* eterno, no obstante, él *realiza* sus propósitos al cabo de un cierto *tiempo*. La petición que se pone delante de Dios es como la simiente que cae en la tierra. Fuerzas de arriba, y más allá de nuestro control, tienen que obrar sobre ella, antes de que se conceda la respuesta.   *The Still Small Voice*

"Y Paciencia estaba dispuesta a esperar."

De *El progreso del peregrino*, Juan Bunyan

6 de SEPTIEMBRE

Pero tú permaneces (Heb. 1:11).

Siempre existen hogares con fuegos solitarios. Y aquellos que se sientan a su alrededor, rodeados de sillas vacías que en otros tiempos ocuparon seres queridos, no pueden *retener* sus lágrimas. ¡Uno se sienta *solo* tantas veces! Pero, en verdad, *hay* uno invisible que se halla a nuestro alcance y que, por alguna razón, no nos damos *cuenta* de su presencia. El darse cuenta de ello es una verdadera bendición, pero es raro. Pertenece al estado de ánimo, a los sentimientos. Depende de las condiciones del tiempo y de las condiciones corporales. La lluvia, la niebla densa, el dolor agudo, el dormir malamente, todas esas cosas intervienen en el ánimo de uno y contribuyen a que no nos demos cuenta de la presencia del Invisible. Pero hay algo un poco más elevado que el darse cuenta. Causa aún mayor felicidad. Es independiente de las condiciones exteriores, es algo que permanece. Y es esto: *reconocer* aquella presencia invisible tan admirable y consoladora. Reconocer su presencia, la presencia del divino Maestro. El está aquí, junto a nosotros; su presencia es verdadera. El reconocer ayudará también a darse cuenta, pero nunca depende de ello. Sí, es cierto que la verdad es una presencia y no una cosa, un hecho o un relato. Alguien está presente, un amigo afectuoso, un Señor todopoderoso. Y esta es la verdad gozosa para los corazones que lloran en todas partes, cualquiera que sea la causa que les hace derramar lágrimas, para cualquier corriente donde se halle plantado tu sauce llorón.   *S. D. Gordon*

Dios es nuestro amparo y fortaleza, nuestro pronto auxilio en las tribulaciones (Sal. 46:1).

La duda se nos presenta a menudo en esta forma: "¿Por qué no me ayudó él antes?" Porque no consideró que era el momento oportuno. El primero debe acomodarte a la tribulación y hacer que aprendas tu lección por medio de ella. Su promesa es: "Estaré con él *en* la tribulación; le libraré y honraré." El debe estar contigo primeramente en la tribulación todo el día y toda la noche. Después, él te sacará de ella. Pero esto no acontecerá hasta que deseches tu inquietud y enojo acerca de ella y te calmes y tranquilices. Entonces él dirá: "Es suficiente."

Dios usa la tribulación para enseñar grandes lecciones a sus hijos. Su propósito es educarnos por medio de ella. Cuando la tribulación realiza su trabajo, entonces recibimos una recompensa gloriosa por su mediación. En ella hay un gran gozo y un verdadero valor. El no considera las tribulaciones como dificultades, sino como oportunidades.   *Seleccionado*

Una vez oímos decir a un anciano algo que jamás olvidaremos: "Cuando Dios te prueba, entonces es la ocasión oportuna para probarle a él poniendo a prueba sus promesas y reclamando de él lo necesario para vencer tus pruebas."

Hay dos caminos para salir de una prueba. Uno consiste en quitarse la prueba de encima y estar agradecido cuando haya pasado. El otro, en considerarla como un desafío por parte de Dios, para que reclamemos una bendición mayor que las que hasta ahora hemos obtenido y la saludemos con gozo como a una oportunidad que se nos presenta para obtener una medida mayor de gracia divina. Así que aun el enemigo se convierte en una ayuda, y las cosas que parecían estar contra nosotros se han transformado en instrumentos para asistirnos en el progreso de nuestro camino. De seguro que esto es más que ser vencedores por medio de aquel que nos amó.   *A. B. Simpson*

Tú que en la angustia ensanchaste mi camino (Sal. 4:1).

Este es el testimonio más grandioso que el hombre ha dado acerca de la intervención de Dios en nuestros asuntos. No es la acción de gracias de un hombre que ha sido liberado del sufrimiento. Es la acción de gracias por haber sido liberado por medio del sufrimiento: "Tú me has ensanchado cuando estaba angustiado." El declara que las aflicciones de la vida han sido, ellas mismas, la fuente del ensanchamiento de su vida. Y, ¿no hemos sentido más de mil veces tú y yo que esto es verdad? Está escrito acerca de José que, estando en el calabozo, "el hierro entró en su alma". Todos reconocemos que lo que José necesitaba para su alma era el hierro. El había visto solamente el relucir del oro. El había estado regocijándose en sueños juveniles, y el ensueño endurece el corazón. El que derrama lágrimas sobre un romance no es la persona más apta para ayudar en la realidad; la verdadera aflicción no tendría nada de poesía para él. Para ensanchar nuestra naturaleza necesitamos el hierro. El oro no es otra cosa sino una visión; el hierro es una experiencia. La cadena que me une a la humanidad debe ser una cadena de hierro. Aquella parte de la naturaleza que emparenta al mundo no es gozo, sino aflicción. El oro es parcial, pero el hierro es universal.

Alma mía, si quieres extenderte y estar en contacto con la humanidad, tienes que estrecharte en los límites de los sufrimientos humanos. El calabozo de José fue el camino que le condujo al trono. Si no has sido traspasado por el hierro, entonces no puedes levantar la carga de hierro de tu hermano. Tu limitación es lo que hará que progreses. Las sombras que cubren tu vida son el verdadero cumplimiento de tus sueños dorados. No murmures contra las sombras, son revelaciones mucho mejores que tus sueños. No digas que las sombras de la prisión te han encadenado. Tus cadenas son alas, alas que te llevan al fondo de la humanidad: La puerta de la casa de tu prisión es una puerta de entrada en el corazón del universo. Dios te ha ensanchado, atándote con la cadena de la aflicción.   *George Matheson*

Si José no hubiese sido el prisionero de Egipto, jamás habría sido el gobernador de Egipto. La cadena de hierro de sus pies fue la que colocó la cadena de oro sobre su cuello.   *Seleccionado*

No había mucha tierra (Mat. 13:5).

¡Poco profunda! Parece ser que de la enseñanza de esta parábola podemos deducir que tenemos que hacer algo con el terreno. La simiente fructífera cayó en "corazones buenos y sinceros". Supongo que las personas poco profundas en el conocimiento de Dios representan *el terreno que no tenía mucha tierra.* Es decir, aquellas personas que no tienen un verdadero propósito, que son movidas por un sentimiento sensible, un buen sermón, una melodía sentimental, etc. Al principio parece ser que han recibido un gran beneficio y prometen, *pero no tienen mucha tierra,* ninguna hondura, ninguna intención sincera y profunda, ningún deseo ardiente de conocer el deber con el fin de cumplirlo. Cuidemos del terreno de nuestros corazones.

Cuando a un soldado romano le dijo su guía que si insistía en hacer un cierto viaje, probablemente sería fatal, él respondió: "Para mí es necesario ir; pero para mí no es necesario vivir."

Eso era profundidad. Cuando tenemos una convicción semejante a esa, entonces es cuando podemos hacer algo. La naturaleza poco profunda vive de sus impulsos, impresiones, intuiciones, instintos, y sobre todo de la atmósfera que le rodea. El carácter profundo mira más allá de donde se encuentran estas cosas, se mueve firmemente, navegando, atraviesa las tormentas y nubes y pasa a la luz brillante del sol que siempre se encuentra al otro lado y espera al después, el cual siempre trae lo contrario de aflicción, de derrota aparente y fracaso.

Cuando Dios nos ha profundizado, entonces puede darnos sus verdades profundas, sus secretos más profundos y su mayor confianza. ¡Señor, condúceme a las profundidades de tu vida, y líbrame de la experiencia superficial!

Jehovah cumplirá su propósito en mí (Sal. 138:8).

En el sufrir existe un misterio y un cierto poder sobrenatural que nunca ha podido ser penetrado por razón humana. Nunca se ha oído de la gran santidad de un alma que no haya pasado por grandes sufrimientos. Cuando el alma que sufre alcanza una verdadera calma, cuando interiormente sonríe en su propio sufrimiento y aún así no pide a Dios que le libre de él, entonces es cuando ha realizado su bendito ministerio; entonces la paciencia obra con perfección; entonces la crucifixión empieza a tejerse en una corona.

Es en ese estado de perfección del sufrimiento cuando el Espíritu Santo obra muchas cosas grandiosas en nuestras almas. En tal estado, toda nuestra existencia permanece en calma bajo la protección de la mano de Dios; todas las facultades de nuestra mente, nuestra alma y nuestro corazón, al fin, son conquistadas. Un reposo eterno se fija en toda nuestra existencia; la lengua enmudece para muchas cosas y tiene muy pocas palabras que decir. Para en hacer preguntas a Dios; para en decir: "¿Por qué me has desamparado?"

La imaginación para en construir castillos en el aire o de cometer estupideces; la razón es sometida y suavizada; no tiene elección de otra cosa, sino de hacer la voluntad de Dios. La afección por todas las cosas y criaturas se retira; está tan muerta que nada puede dañarle, nada puede ofenderle, nada puede obstaculizarle, nada puede entremeterse en su camino; porque cualesquiera que sean las circunstancias, solamente busca a Dios y el hacer su voluntad y siente la certeza de que todo lo que Dios hace en el universo, bueno o malo, pasado o presente, trabaja juntamente para su bien.

¡Qué felicidad tan grande es ser conquistado por completo! El perder nuestra propia naturaleza, sabiduría, planes y deseos y que cada átomo de nuestra naturaleza sea como la Galilea apacible bajo las pisadas omnipotentes de nuestro Jesús.   *Soul Food*

Lo grandioso consiste en sufrir sin ser desalentado.

Fenelon

11 de SEPTIEMBRE ─────────────────────────

Y así Abraham, esperando con suma paciencia, alcanzó la promesa (Heb. 6:15).

Abraham fue probado durante mucho tiempo, pero fue ricamente recompensado. El Señor lo probó retardando el cumplimiento de su promesa. Satanás lo probó por medio de tentaciones. Los hombres lo probaron con la envidia, la oposición y la desconfianza. Sara lo probó con su mal humor. Pero él perseveró con paciencia. El no dudó de la veracidad de Dios, ni limitó su poder, ni dudó de su fidelidad, ni afligió su amor; sino que reverenció a la divinidad soberana, se sometió a la sabiduría infinita, permaneció silencioso a las tardanzas y esperó a que llegase el tiempo del Señor. Y de esta forma, perseverando con paciencia, obtuvo la promesa.

Las promesas de Dios no pueden dejar de ser cumplidas. Aquellos que esperan con paciencia no pueden ser engañados. La creencia que espera ha de ser satisfecha.

Amado en el Señor, la conducta de Abraham condena el espíritu precipitado, reprueba al que murmura, recomienda y alienta la sumisión al camino y la voluntad de Dios. Recuerda que Abraham fue satisfecho. Imita su ejemplo y participarás de la misma bendición.   *Seleccionado*

12 de SEPTIEMBRE

¿Quién es ésta que sube del desierto, recostada sobre su amado? (Cant. 8:5).

Cierta persona recibió una gran lección al asistir a un servicio de oración. Un hermano pidió al Señor por varias bendiciones, como tú y yo hacemos, y dio gracias por las muchas que había recibido, como tú y yo también hacemos, pero terminó con esta petición tan poco corriente: "Y, oh Señor, ayúdanos, sí ayúdanos Señor, en todos aquellos sitios en que nos recostamos." ¿Tienes algunos lados en donde recostarte? La oración de este hombre humilde nos lo presenta de una forma nueva y nos muestra al gran ayudador también bajo una nueva luz. El siempre camina al lado del cristiano, dispuesto a extenderle su brazo poderoso para afirmar al débil y dejarle que se recueste sobre él.

Dulce comunión la que gozo ya
En los brazos de mi Salvador;
¡Qué gran bendición en su paz me da!
¡Oh! yo siento en mí su tierno amor.

No hay que temer ni que desconfiar,
En los brazos de mi Salvador;

Por su gran poder él me guardará
De los lazos del engañador.

Libre, salvo, de cuidados y temor
Libre de penas, salvo de dudas
En los brazos de mi Salvador.

13 de SEPTIEMBRE

*Sube de mañana... y preséntate allí delante de mí sobre
la cumbre del monte (Exo. 34:2).*

La mañana es el tiempo señalado para que encuentre al Señor. La misma palabra mañana es como un buen racimo de uvas. Estrujémoslas y bebamos el vino sagrado. ¡Por la mañana! Entonces, Dios desea que me encuentre tan fortalecido como me sea posible y con una gran esperanza. No tengo que trepar con mi debilidad. Por la noche entierro las fatigas del ayer, y por la mañana renuevo mis energías. ¡Bienaventurado es el día cuya mañana ha sido santificada! ¡Dichoso es el día cuya primer victoria se ha ganado orando! ¡Santificado es el día cuya aurora te encuentra en la cumbre de la montaña!

Padre mío, a ti me dirijo. Nada que se encuentre en la vil llanura impedirá que llegue a las alturas sagradas. Acudo a tu llamamiento, así que estoy seguro de que tú me encontrarás. El ir por la mañana a la montaña me fortalecerá y alegrará todo el resto del día que he comenzado de tan buena manera.

Joseph Parker

Mi madre tenía la costumbre de marcharse todos los días a su habitación tan pronto como se terminaba el desayuno. Y allí se pasaba una hora leyendo la Biblia, meditando y orando. De aquella hora sacaba, como de una fuente de agua pura, la fortaleza y la dulzura que la habilitaba para cumplir con sus deberes y permanecer tranquila en las molestias y pequeñeces que a menudo son las pruebas con que hay que enfrentarse en ciertas vecindades. Al pensar en su vida y en todo lo que tuvo que sobrellevar, es cuando puedo ver el triunfo de la gracia cristiana en el grandioso ideal de una mujer cristiana. Jamás la vi enfadada, ni la oí pronunciar una palabra de ira, ni calumniar, ni criticar. Nunca observé en ella ninguna señal de un sentimiento impropio de un alma que había bebido del río de agua de la vida y que se había alimentado del maná del estéril desierto. *Farrar*

Da a Dios la flor del día. No le des las flores marchitadas.

14 de SEPTIEMBRE

Si alguno quiere venir en pos de mí, niéguese a sí mismo, tome su cruz y sígame (Mar. 8:34).

La cruz que mi Señor me pide que lleve puede adoptar distintas formas. Puede ser que tenga que contentarme permaneciendo en una esfera humilde y estrecha, cuando yo siento que poseo capacidad para hacer un trabajo más elevado. Puede ser que año tras año tenga que cultivar un terreno del cual parece ser que no obtendré recolección alguna. Puede ser que se me pida que tenga pensamientos amables y cariñosos para alguna persona que me ha causado mal, o que se me ordene que hable a dicha persona con cariño, o que le defienda contra sus enemigos y la corone con simpatía y ayuda. Puede ser que tenga que confesar a mi Maestro entre aquellos que no desean recordarle a él ni sus demandas. Puedo ser llamado para "vivir entre los de mi raza y para que muestre una cara alegre y risueña" cuando mi corazón está quebrantado.

Hay muchas cruces y cada una de ellas es dolorosa y pesada. No es probable que yo busque ninguna de ellas por mi propio capricho. Pero Jesús nunca está tan cerca de mí como cuando levanto mi cruz y la coloco con sumisión sobre mi hombro, y le doy la bienvenida en un espíritu paciente y no murmurador.

El viene cerca de mí para madurar mi sabiduría, para profundizar mi paz, para aumentar mi valor, para acrecentar mi poder, a fin de que sea útil a otros por medio de la misma experiencia tan grande y dolorosa. Y, entonces, al leer en el sello de uno de aquellos firmantes del pacto escocés de la reforma religiosa, a quienes Claverhouse aprisionó en un calabozo solitario, entonces *me elevo bajo mi carga.* *Alexander Smellie*

Usa tu cruz como una muleta para que te ayude, y no como una piedra de tropiezo que te haga caer.

266

Tú puedes hacer que otros pasen de la aflicción al gozo, si llevas tu cruz sonriendo.

15 de SEPTIEMBRE

Soplad en mi jardín, y despréndanse sus aromas (Cant. 4:16).

Algunas de las especias que se mencionan en este capítulo son enteramente sugestivas. El áloe era una especia amarga y nos habla de la dulzura de las cosas amargas, la dulceamargura, cuya aplicación especial sólo puede ser comprendida por aquellos que la han sentido. La mirra se usaba para embalsamar a los muertos y nos sugiere el morir para algo. Es la amabilidad y dulzura que entra en el corazón después que ha muerto a su obstinación, orgullo y pecado. Qué encanto tan indecible resplandece alrededor de aquellos cristianos que llevan sobre sus rostros purificados y sus espíritus melodiosos la impresión de la cruz, la evidencia sagrada de haber muerto a algo que en otra ocasión fue orgullo y vigor, pero que ahora ha sido colocado para siempre a los pies de Jesús. Es el encanto celestial de un espíritu quebrantado y un corazón contrito, la música que brota del tono menor, la dulzura que proviene del toque de la helada sobre el fruto maduro.

El incienso era la fragancia que salía a su contacto con el fuego. Era el polvo quemado que se levantaba en nubes de dulzura del seno de las llamas. Esto nos habla del corazón cuya dulzura ha sido probada quizá por las llamas de aflicción, hasta que el lugar santo del alma se ha llenado con nubes de alabanza y oración. Querido amigo, ¿exteriorizamos la dulzura, amabilidad y amor de nuestros corazones?   *De La vida de amor de nuestro Señor*

16 de SEPTIEMBRE

Escóndete junto al arroyo de Querit (1 Rey. 17:3).

Los siervos de Dios deben aprender el valor de la vida oculta. El hombre que ha de ocupar un lugar prominente entre sus compañeros debe ocupar un lugar humilde delante de su Dios. No debemos sorprendernos si algunas veces nuestro Padre dice: "Hijo, en ese lugar ya has tenido bastante agitación, publicidad y emoción; ahora vete de allí y escóndete en el arroyo; ocúltate tú mismo en el Querit del mal, o el Querit de la pérdida, o en algún lugar solitario de donde la multitud se ha retirado."

Dichoso es aquel que puede decir: "¡Tu voluntad es también la mía; acudo a ti para esconderme. Escóndeme en lo secreto de tu tabernáculo y bajo el refugio de tus alas!" Cualquier alma santa que quiera ejercer un gran poder con los hombres tiene que ganarlo escondido en un Querit. La adquisición del poder espiritual es imposible a no ser que podamos escondernos de los hombres y de nosotros mismos en un profundo abismo donde podamos absorber el poder del Dios eterno; lo mismo que la vegetación a través de los siglos absorbió las cualidades de la luz del sol y ahora los devuelve por medio de carbón ardiente.

El obispo Andrews tenía su Querit, en el que pasaba cinco horas diarias en oración y en devoción. John Welsh también lo tuvo. El creía que el día que transcurría sin haber pasado ocho o diez horas en comunión encerrado en su gabinete, era un día malgastado. David Brainerd tuvo su Querit en los bosques de Norteamérica. Christmas Evans lo tuvo en sus viajes largos y solitarios entre las colinas de Gales.

Podemos retroceder a aquella edad bendita de la cual empezamos a fechar los siglos. Patmos, el lugar de apartamiento de las prisiones romanas, el desierto de Arabia, las colinas y valles de Palestina, son memorables para siempre como Querits de aquellos que han formado nuestro mundo moderno.

Nuestro Señor encontró su Querit en Nazaret y en el desierto de Judea; entre las olivas de Betania y la soledad de Gadara. Por lo tanto, ninguno de nosotros puede quitarse de encima su Querit donde los sonidos de las voces humanas son cambiados por las aguas apacibles procedentes del trono, y donde podemos probar la dulzura y absorber del poder de una vida escondida en Cristo.

De *Elías*, de Meyer

17 de SEPTIEMBRE ⎯⎯⎯⎯⎯⎯⎯⎯⎯⎯⎯⎯⎯⎯⎯⎯⎯

¡El es Jehovah! Que haga lo que le parezca bien (1 Sam. 3:18).

"¡Ve a Dios en todas las cosas, y Dios calmará y dará colorido a todo aquello que ves." Puede ser que continúen las

268

circunstancias de nuestras aflicciones y que su condición no cambie; pero si Cristo, el Señor y Maestro de nuestra vida, interviene en nuestra pena y melancolía, "el nos rodeará con canciones libertadoras". El verle a él y estar seguro de que su sabiduría no puede errar, que su poder no puede fracasar, su amor no puede cambiar; el saber que aun la forma más dura de proceder con nosotros es para nuestra ganancia espiritual más profunda, es poder decir en medio del despojo, la aflicción, la pérdida y el dolor: "El Señor lo dio, y el Señor se lo ha llevado; bendito sea el nombre del Señor."

Lo único que puede hacer que tengamos paciencia para con aquellos que nos molestan y disgustan, es el ver a Dios en todas las cosas. Entonces estas personas serán para nosotros solamente instrumentos que hemos de utilizar para cumplir sus sabios y delicados propósitos para con nosotros, y aun hallaremos que interiormente les daremos gracias por las bendiciones que nos han traído. Ninguna otra cosa ha de poner fin completamente a todos nuestros pensamientos rebeldes y murmuradores. *H. W. Smith*

18 de SEPTIEMBRE ————————————————

Donde no hay visión, el pueblo se desenfrena (Prov. 29:18).

El esperar a Dios es necesario para verle y tener una visión de él. El elemento *tiempo* es esencial en una visión. Nuestros corazones son como la placa sensitiva de un fotógrafo; y, con el fin de ver a Dios allí revelado, tenemos que sentarnos a sus pies durante algún tiempo. La superficie agitada de un lago no puede reflejar ningún objeto.

Nuestras vidas deben ser tranquilas y reposadas si hemos de ver a Dios. La visión de algunas cosas tiene poder para transformar la vida humana. Una serena puesta de sol trae paz al corazón atormentado. De la misma manera, la visión de Dios siempre transforma la vida humana.

Jacob vio a Dios en el vado de Jaboc y se convirtió en Israel. La visión de Dios transformó a Gedeón de un cobarde en un soldado valiente. La visión de Cristo cambió a Tomás de un seguidor que duda en un discípulo leal y devoto.

Pero los hombres han tenido visiones desde los tiempos de la Biblia. Guillermo Carey vio a Dios y dejó su banco de zapatero y marchó a la India. David Livingstone vio a Dios y lo abandonó todo para seguirle y servirle en Africa. Centenares han tenido visiones de Dios y hoy están en las partes más remotas de la tierra trabajando por la rápida evangelización de los paganos. Difícilmente hay un silencio absoluto en el alma. Dios está muy cerca de nosotros susurrando sin cesar. Cuando quiera que el ruido mundanal muera en nuestra alma, entonces podremos oír el susurro de Dios. El siempre está susurrándonos, pero nosotros no le oímos a causa del ruido, apresuramiento y distracción que la vida nos causa con su precipitación. *F. W. Faber*

19 de SEPTIEMBRE

Mi Padre es el labrador (Juan 15:1).

Es consolador el pensar en la dificultad, en cualquiera que sea la forma que se nos presente, como si fuese un mensajero celestial que nos trae algo de Dios. En su aspecto terrenal podrá parecernos que es algo dañino y aun destructivo, pero en su trabajo espiritual nos proporciona bendiciones. Muchas de las mejores bendiciones que hemos obtenido en el pasado son el fruto de la aflicción o el dolor. Nunca debiéramos olvidar que la redención, la bendición más grande del mundo, es el fruto de la mayor aflicción del mundo. En todos los tiempos en que se poda, cuando la podadera corta profundamente y hace una gran herida, es inexplicable el consuelo que causa el leer: "Mi Padre es el labrador."

El doctor Vincent cuenta el haber estado en una casa invernadero donde había colgados por todas partes una infinidad de racimos de uvas dulces. El propietario dijo: "Cuando vino nuestro nuevo jardinero dijo que no podía hacer nada con estas vides a menos que cortase y limpiase algunos tallos; lo hizo y durante dos años no tuvimos uvas, pero he aquí ahora el resultado."

En esta interpretación del proceso de podadura hay una gran enseñanza al aplicarlo a la vida cristiana. Al podar, *parece ser que se destruye la vid, da la impresión de que* el jardinero está cortándolo todo, pero él mira al futuro y sabe que el resultado final será el enriquecimiento de la vid y el que dé una mayor producción de fruto.

Hay bendiciones que jamás podremos obtener a no ser que

estemos dispuestos a pagar con el precio del dolor. No hay otro camino para alcanzarlas, excepto por el sufrimiento.

Miller

20 de SEPTIEMBRE

¿No te dije que si crees verás la gloria de Dios? (Juan 11:40).

María y Marta no podían comprender lo que su Señor estaba haciendo. Ambas le dijeron: "Señor, si hubieras estado aquí, no habría muerto mi hermano." En el fondo de todo ello parece ser que podemos leer en sus pensamientos: "¡Señor, no podemos comprender *por qué* has estado ausente durante tanto tiempo. No podemos comprender *cómo* has permitido que muera el hombre a quien tú amabas. No podemos comprender cómo has permitido que nuestras vidas hayan sido atormentadas por la pena y el sufrimiento cuando podías haber evitado todo esto con tu presencia! *¿Por qué* no viniste? ¡Ahora es demasiado tarde, porque hace cuatro días que murió!"

Y para todo esto Jesús tenía una gran verdad: "Vosotras no podéis comprender; pero os digo, si *creéis*, vosotras *veréis*.

Abraham no podía comprender *por qué* pidió Dios el sacrificio de su hijo, pero confió y al fin *vio* la gloria de Dios en la restauración de su amor. Moisés no podía comprender por qué lo puso Dios durante cuarenta años en el desierto; pero él confió y *vio* cuando Dios lo llamó para conducir a Israel de la esclavitud.

José no podía comprender la crueldad de sus hermanos, el falso testimonio de una mujer desleal y los varios años que pasó encarcelado injustamente; pero confió y al fin *vio* la gloria de Dios en todo.

Jacob no podía comprender una providencia tan rara que permitió que el mismo José fuese arrebatado de su lado, pero *vio* la gloria de Dios cuando miró al rostro de José y lo vio como virrey de un gran rey, y salvador de su propia vida y de la vida de una gran nación.

Y así también tú quizás digas en tu vida: "No puedo comprender por qué ha permitido Dios que pierda a aquellos a quienes amo. No comprendo por qué permite que me atormente la aflicción. No comprendo los caminos desviados por los cuales el Señor me está conduciendo. No comprendo por qué tienen que ser frustrados planes y propósitos que parecían buenos ante mi vista. No comprendo por qué tardan tanto aquellas bendiciones de las que tengo tanta necesidad."

Mi buen amigo, tú no tienes que comprender todos los caminos de Dios para contigo. Dios no espera que tú puedas comprenderlos. Tú no esperas que tu hijo comprenda, sino solamente que crea. Algún día *verás* la gloria de Dios en las cosas que no comprendas.   *J. H. McC*

21 de SEPTIEMBRE _____

Considero como pérdida todas las cosas, en compara-
ción con lo incomparable que es conocer a Cristo Jesús
mi Señor (Fil. 3:8).

Esta es la estación feliz de la madurez de los sembrados, de la canción alegre de los sembradores, del grano seguro y almacenado. Pero, permíteme que escuche el sermón del campo. Esta es su palabra solemne para mí. Tú tienes que morir con el fin de poder vivir. Tienes que rehusar el consultar a tu propia comodidad y prosperidad. Tienes que ser crucificado no solamente en tus deseos y costumbres pecaminosas, sino también en muchas otras cosas que pueden parecer inocentes y rectas.

Si tú quieres salvar a otros no puedes salvarte a ti mismo. Si quieres llevar mucho fruto, tienes que ser enterrado en la obscuridad y soledad.

Mi corazón desfallece al escuchar. Pero, cuando Jesús lo pide, permite que me diga a mí mismo que es un privilegio muy grande para mí el participar de sus sufrimientos, y de esta manera entro en comunión con él y me hallo en la mejor compañía. Y permite que me diga nuevamente que todo está arreglado para que llegue a convertirme en un vaso digno de su uso. Su propio calvario ha producido una gran fertilidad y así ha de acontecer al mío. Mucho procede del sufrimiento y la vida de la muerte. ¿No es esta la ley del reino?   *De In the Hour of Silence*

¿Llamamos moribundo al capullo cuando se abre para convertirse en flor? *Seleccionado*

22 de SEPTIEMBRE

Simón, Simón, he aquí Satanás os ha pedido para zarandearos como a trigo. Pero yo he rogado por ti, que tu fe no falle (Luc. 22:31, 32).

Nuestra fe es el centro del blanco al cual Dios tira cuando nos prueba; y si alguna de las gracias que él nos concede quedan sin probar, con toda seguridad la fe nunca escapa. No hay ninguna otra forma semejante para probar la fe hasta su máximo, como el parecer que Dios nos abandona. Despójala de todos los goces que conozca y permite que los medios con que Dios la prueba se coloquen en orden de batalla contra ella. Y la fe verdadera es aquella que puede salir sin ser dañada de en medio del ataque. La fe, necesariamente, tiene que ser probada y el abandono aparente es el horno siete veces calentado al cual se la puede arrojar. ¡Dichoso es el hombre que puede soportar la prueba!

C. H. Spurgeon

Pablo dijo: "He guardado la fe." Pero le costó el perder su cabeza. Se la cortaron, pero no le hicieron perder la fe. Este gran apóstol de los gentiles se regocijó en tres cosas: "Había guardado la fe". ¿A qué equivale lo demás? San Pablo "ganó la carrera", "obtuvo el premio" y no solamente tiene hoy la admiración del mundo, sino también la admiración del cielo. ¿Por qué no actuamos de forma que nos cueste el perder todo para ganar a Cristo? ¿Por qué no somos leales a la verdad como él lo fue? ¡Ah!, nosotros no poseemos su aritmética. El contaba de una forma diferente que nosotros. Nosotros contamos como *ganancia* las cosas que él contó por pérdidas. Debemos tener su misma fe y guardarla si queremos llevar la misma corona.

El que cree en mí, como dice la Escritura, ríos de agua viva correrán de su interior (Juan 7:38).

Muchos de nosotros temblamos y nos preguntamos por qué no nos ha llenado el Espíritu Santo. Continuamente recibimos mucho de él, pero no lo compartimos o damos a otros. Da la bendición que posees, empieza planes en mayor escala que hasta ahora, para servicio y bendición, y muy pronto te darás cuenta de que el Espíritu Santo está delante de ti y te colmará de bendiciones para que las uses en servicio; y dará todo aquello que pueda confiarte para que lo des a otros.

Hay un hecho bellísimo en la naturaleza, que tiene sus paralelos espirituales. No existe música tan celestial como la del arpa Aeolina, y ésta no es otra cosa sino un conjunto de cuerdas musicales arregladas de una forma armoniosa y dejadas para ser tocadas por los dedos invisibles del viento pasajero. Al pasar el aliento celestial por aquellas cuerdas, se dice que fluyen notas casi divinas por los aires, lo mismo que si un coro de ángeles estuviese pasando a su alrededor tocando las cuerdas.

De la misma manera es posible guardar nuestros corazones tan abiertos al Espíritu Santo que él pueda tocar en ellos a su antojo, mientras esperamos calladamente en la senda de su servicio.

De *Días celestiales sobre la tierra*

Cuando los apóstoles recibieron el bautismo del Espíritu Santo, ellos no alquilaron el aposento alto y continuaron allí celebrando reuniones religiosas, sino que fueron a todas partes predicando el evangelio. *Will Huff*

Cuando llegaron a la frontera de Misia, procuraban entrar en Bitinia, pero el Espíritu de Jesús no se lo permitió (Hech. 16:7).

¡**Q**ué prohibición tan rara! Estos hombres iban a Bitinia para hacer el trabajo de Cristo y la puerta les es cerrada por el mismo Espíritu de Cristo. En algunos momentos yo también he experimentado esto. Algunas veces me he encontrado interrumpido en lo que me pareció una carrera de gran utilidad. Vino la oposición y me hizo retroceder, o me visitó la enfermedad y me obligó a retirarme aparte a un desierto.

En tales ocasiones era muy duro dejar mi trabajo sin hacer, cuando creía que aquel trabajo pertenecía al servicio del Espíritu. Pero llegué a recordar que el *Espíritu no tiene solamente un servicio de trabajo, sino también un servicio de espera.* Llegué a ver que en el reino de Cristo no solamente hay tiempos para accionar, sino también tiempos para abstenerse de obrar. Llegué a aprender que un lugar desierto, a menudo, es el sitio más rico en la recolección, que las estaciones en las que hay abundancia de trigo y de vino. He sido enseñado a dar gracias al Santo Espíritu porque muchos queridos bitinios se hayan quedado sin que les visite.

Y así, Espíritu divino, desearía que tú me guiaras. Y, sin embargo, todavía vienen a mí posibilidades desilusionantes de utilidad. Hoy dos puertas parecen abrirse para vivir y obrar para ti; el mañana se cierra para mí en el preciso momento en que voy a entrar en él.

Enséñame para que pueda ver otra puerta en la hora en que no haga nada. Enséñame y ayúdame en la prohibición de servirte, a encontrar una nueva entrada en tu servicio. Inspírame con el conocimiento de que un hombre puede ser llamado a cumplir con su deber y que éste consista en no hacer nada, en trabajar permaneciendo sin moverse, en servir esperando. Cuando recuerde el poder "de la voz pequeña y apacible", no murmuraré porque el Espíritu algunas veces *no* me permita ir. *George Matheson*

25 de SEPTIEMBRE ⸻

¿Por qué he de andar enlutado por la opresión del enemigo? (Sal. 42:9).

Creyente, ¿puedes contestar a eso? ¿Puedes encontrar alguna razón por la que te enlutas a menudo, en vez de regocijarte? ¿Por qué someterse a melancólicas anticipaciones? ¿Quién te ha dicho que la noche nunca terminará en día? ¿Quién te ha dicho que el invierno de tu descontento continuará de helada en helada, de nieve, hielo y granizo a una nieve más profunda y aun a una tempestad más pesada de desesperación? ¿No sabes que el día sigue a la noche, que el reflujo viene después del flujo y que la primavera y el verano siguen al invierno? ¡Espera entonces! ¡Espera siempre! ¡Porque Dios no puede fallarte!   *C. H. Spurgeon*

Tras la tormenta, el arco iris,
Y tras la obscuridad, la luz;
Tras la amargura, la alegría
Que a los creyentes da Jesús.

Tras el invierno, primavera;
Tras el combate rudo, paz;
Tras triste valle, excelsa cumbre;
Tras cautiverio, libertad.

Tras cuanto vemos, Dios el Padre,
Su amor que nunca faltará;
Tras este mundo, el cielo a donde
Jesús nos ha de trasladar.

Alegre canto el alma eleva
Pues tras el velo Cristo está
Sostiéneme la fe en su nombre,
Y he de mirar su hermosa faz.

Ernesto Barocio

26 de SEPTIEMBRE

Porque andamos por fe, no por vista (2 Cor. 5:7).

Por fe y no por apariencia. Dios nunca quiere que miremos a nuestros sentimientos. El yo puede quererlo; como también Satanás puede desearlo. Pero Dios quiere que hagamos frente a los hechos y no nos dejemos llevar por sentimientos; los hechos de Cristo y de su trabajo perfecto y terminado para nosotros.

Cuando hacemos frente a estos hechos grandiosos y los creemos porque Dios dice que son hechos, Dios se cuidará de nuestros sentimientos.

Dios nunca concede el sentimiento para habilitarnos a creer en él; Dios nunca da el sentimiento para alentarnos a confiar en él; Dios nunca nos da el sentimiento para mostrar que ya hemos confiado enteramente en él.

Dios solamente concede el sentimiento cuando ve que confiamos en él, aparte de toda clase de sentimientos; dependiendo de su propia Palabra y apoyándonos en la fidelidad de su promesa. Nunca hasta entonces puede el sentimiento (que procede de Dios) con toda posibilidad llegar a nosotros; y Dios concederá el sentimiento de la manera y en el tiempo en que su amor infinito vea que es mejor para el caso individual.

Tenemos que elegir entre el hacer frente a nuestros sentimientos y hacer frente a los hechos de Dios. Nuestros sentimientos pueden ser tan inciertos como el mar o como la arena transportable. Los hechos de Dios son tan ciertos como la Roca de los siglos, como el mismo Cristo, que es el mismo ayer, hoy y para siempre.

27 de SEPTIEMBRE

He hallado rescate (Job 33:24).

La vida divina es sanidad divina. Es la primacía de Cristo sobre el cuerpo. Es la vida de Cristo en el marco. Es la unión de nuestros miembros con el mismo cuerpo de Cristo y la afluencia de la vida de Cristo a nuestros miembros vivos. Esto es tan cierto como su cuerpo resucitado y glorificado. Es tan razonable como el hecho de que él fue resucitado de los muertos y es un Hombre vivo, con un cuerpo de verdad, un alma racional que hoy se encuentra a la diestra de Dios.

Aquel Cristo viviente nos pertenece con todos sus atributos y potestades. Somos miembros de su cuerpo, de su carne y de sus huesos, y con solamente que lo creamos y recibamos podremos vivir la misma vida del Hijo de Dios. Señor, ayúdame a conocer "al Señor por el cuerpo y al cuerpo por el Señor".

A. B. Simpson

"Jehovah tu Dios está en medio de ti: ¡Es poderoso; él salvará!" (Sof. 3:17).

Este es el texto que hace cerca de veinticinco años reveló la verdad de la sanidad divina a mi mente y cuerpo debilitado. Es aun la puerta, más abierta que nunca, por la cual el Cristo viviente pasa a cada momento a mi cuerpo redimido, llenándole, dándole energía, vitalizándole con la presencia y poder de su propia personalidad, transformando toda mi existencia en un "nuevo cielo y en una nueva tierra". "El Señor, tu Dios." Tu Dios. Mi Dios. Entonces todo lo que hay en Dios Todopoderoso es mío y está en mí en la medida que puedo y estoy dispuesto a apropiarme de él, y todo lo que a él pertenece. Este Dios, "poderoso", TODOPODE-ROSO, es nuestro Dios INTERIOR. El está en medio de mí, como Padre, Hijo y Espíritu Santo, con la misma certeza que el sol está en el centro de los cielos o como la dinamo ocupa el centro de la casa potencial de mi triple existencia. El está en medio, en el centro de mi existencia física. Está en medio de mi cerebro, está en medio de mis nervios.

Durante veinticinco años no solamente ha sido una realidad viviente para mí, sino una realidad que ha crecido y me ha enriquecido más profundamente hasta la edad de setenta años, haciendo que me sienta más joven y más dispuesto para todo que cuando tenía treinta años. Actualmente me encuentro fortalecido por Dios y haciendo a veces tanto trabajo mental y físico como hice en mis mejores tiempos pasados, y ten en cuenta que lo hago con la mitad de los esfuerzos necesarios. Mi vida física, mental y espiritual es semejante a un pozo artesiano, siempre lleno y rebosando. El hablar, enseñar, viajar de noche y de día en todos los tiempos, cualquiera que sea la temperatura que haga, no me causa mayor esfuerzo que a la rueda de molino el girar cuando la corriente rebosa, o al caño permitir que el agua pase por él.

Henry Wilson

28 de SEPTIEMBRE ───────────────────────────────

Que en mí tengáis paz (Juan 16:33).

Existe una gran diferencia entre felicidad y santidad. Pablo pasó hasta lo máximo por encarcelamientos y penas, sacrificio y sufrimiento; pero en medio de todo ello, era santo. Todas las beatitudes entraron en su corazón y en su vida, precisamente *en medio* de aquellas condiciones.

El gran violinista Paganini apareció un día ante su auditorio y, al terminar el público de aplaudirle, se dio cuenta de que le había sucedido algo a su violín. Lo miró por unos momentos y vio que aquel no era su afamado y valioso violín.

Por unos segundos se sintió paralizado, pero, inmediatamente, volvió y dijo a su audiencia que había sucedido un equívoco y que no tenía su propio violín. Retrocedió hasta detrás de la cortina, pensando que aún estaría su violín donde lo había dejado, y descubrió que alguien se lo había robado y había dejado aquel otro viejo en su lugar. Permaneció un momento detrás de la cortina y después salió delante del auditorio y dijo: "Señoras y caballeros, quiero probarles que la música no está en el instrumento, sino en el alma." Y tocó como jamás había tocado antes. De aquel instrumento de segunda mano fluyó tal música que hizo aplaudir a la audiencia con un entusiasmo imposible de describir, sólo porque el hombre les había revelado que la música no estaba en el violín, sino en su propia alma.

La misión de todo aquel que ha sido probado es aparecer en el escenario de este mundo y revelar a la tierra y al cielo que la música no consiste en condiciones, ni en cosas, ni en apariencias, sino que la música de la vida está en tu propia alma.

29 de SEPTIEMBRE ─────────────────────────────────

Yo oraba (Sal. 109:4).

Con mucha frecuencia hacemos nuestras devociones con un gran *apresuramiento religioso*. ¿Cuánto tiempo invertimos en ellas diariamente? ¿No podría calcularse fácilmente en minutos? ¿Quién ha conocido a un hombre eminentemente santo que *no* haya invertido mucho de su tiempo en oración? ¿Que no se haya verdaderamente entregado a la oración?

Whitefield dice: "Me he pasado días y semanas enteras postrado en el suelo y orando mental o verbalmente." "Echate sobre tus rodillas y *crece* allí." Este es el lenguaje de otro hombre que sabía dónde se había afirmado.

Se dice que jamás se ha hecho ningún trabajo literario o científico que valga la pena, que no proceda de un hombre que ame la soledad. Esto podemos considerarlo también como un principio elemental religioso y decir que jamás se ha ganado ningún gran crecimiento en santidad por ninguna persona que con frecuencia no haya pasado mucho tiempo *a solas con Dios.*

De The Still Hour

30 de SEPTIEMBRE

Como el águila que agita su nidada, revolotea sobre sus polluelos, extiende sus alas, los toma, y los lleva sobre sus plumas. Jehovah solo le guió; no hubo dioses extraños con él (Deut. 32:11, 12).

Nuestro Padre todopoderoso se complace en conducir los tiernos polluelos que tiene bajo su cuidado al mismo borde del precipicio, y aun les empuja por él en los aires, para que aprendan el poder de volar que tienen y que aún no han ejercitado. Y si en su tentativa se encuentran en peligro, él siempre está preparado para volar debajo de ellos y elevarlos en sus alas poderosas. Cuando Dios coloca a sus hijos en una posición de una dificultad sin igual, ellos siempre pueden contar con él para sacarlos del apuro.

De La canción de victoria

"Cuando Dios coloca una carga sobre ti, él siempre pone su propio brazo debajo."

Hay una planta pequeña y sin desarrollar que crece bajo la sombra de un roble frondoso; esta planta pequeñita atesora la sombra que la cubre y estima grandemente el reposo sosegado que su amigo tan generosamente le proporciona. Pero hay una gran bendición preparada para dicha plantita.

En cierta ocasión apareció el leñador y cortó el roble con su hacha muy afilada. Entonces la planta lloró y gritó: "¡Mi sombra se ha marchado; ahora todo viento áspero soplará sobre mí y todas las tormentas harán lo posible por desarraigarme!"

"No, no", dijo el ángel de aquella flor, "ahora el sol llegará a ti; ahora la lluvia caerá sobre ti en mayor abundancia que antes, ahora la forma que tienes sin desarrollar crecerá en hermosura y tu flor que nunca hubiese podido desarrollarse por sí misma con toda perfección, ahora se reirá a la luz del sol y los hombres dirán: '¡De qué manera tan grandiosa ha crecido esa planta! ¡Qué radiante se ha convertido su belleza, al quitarle aquello que era su sombra y su delicia!'"

¿Veis, entonces, cómo Dios pudo quitaros vuestras comodidades y privilegios para haceros mejores cristianos? El Señor siempre entrena a sus soldados, no permitiéndoles que reposen en colchones de plumas, sino arrojándoles fuera y usándolos en marchas forzadas y en servicios difíciles. El les hace vadear por las corrientes, nadar por los ríos, trepar montañas y andar muchas y largas caminatas con mochilas pesadas de aflicción sobre sus espaldas. Esta es la manera en que él los hace soldados. No vistiéndolos con uniformes bonitos para que presuman en las puertas de los cuarteles y para que aparezcan como grandes caballeros a la vista de aquellos que andan holgazaneando por los parques. Dios sabe que los soldados solamente se hacen en la batalla, ellos no mejoran en los tiempos de paz. Podemos aumentar las causas en las que se forman los soldados; pero los guerreros, verdaderamente, son educados con el olor de la pólvora, en medio del zumbido de las balas y el tronar de los cañones, no en tiempos apacibles y pacíficos.

Pues bien, cristiano, ¿no tiene todo esto cierta relación con la vida espiritual? ¿No está tu Señor usando tus dones y haciendo que crezcan? ¿No está desarrollando en ti las cualidades del soldado al arrojarte en lo peor de la batalla? ¿No debieras utilizar todos los recursos a tu alcance para salir de ella victorioso?

C. H. Spurgeon

1 de OCTUBRE ⸺⸺⸺⸺⸺⸺⸺⸺⸺⸺⸺⸺⸺⸺

Bueno me es haber sido afligido (Sal. 119:71).

Una circunstancia muy notable es que los colores más brillantes de las plantas se ven en las montañas más elevadas, en lugares expuestos a los tiempos más tempestuosos. Los líquenes y musgos de mejor colorido, los preciosísimos colores de las flores silvestres más atractivas abundan a la intemperie en las alturas, en los picos de las montañas limpiados por la tormenta.

Una de las mejores vistas de colorido orgánico que he visto en mi vida fue cerca de la cima del monte Chenebettaz, una montaña de unos 3.300 metros de altura que se encuentra inmediatamente sobre el hospicio San Bernardo, en Suiza. Toda la parte de una grandísima roca estaba cubierta con un vivísimo color amarillo de las flores de los líquenes, que brillaban a la luz del sol como las murallas doradas de un castillo encantado.

Allí, en aquella región elevada, entre la más ceñuda desolación, expuesta a las tempestades más terribles del cielo, estos líquenes exhibían un color de gloria, como jamás se ha visto en el valle cobijado. Al escribir estas líneas tengo delante de mí dos ejemplares del mismo liquen, uno del gran San Bernardo y el otro de la pared de un castillo escocés, profundamente incrustado entre los sicómoros; y la diferencia que existe entre ellos en su forma y colorido es de lo más sorprendente.

Los ejemplares creados entre las grandes tormentas de los picos de la montaña son de un color verde-amarillo precioso y su textura es suave y completa en perfil; mientras que los ejemplares que se crían entre los vientos apacibles y las lluvias delicadas de las tierras bajas de los valles, son de un color obscuro rojizo y de una textura costrosa, y de un contorno desigual.

¿No sucede lo mismo con el cristiano que es afligido, balanceado por la tormenta y que no es consolado? Hasta que las tormentas y vicisitudes de la providencia de Dios no lo golpean una y otra vez, su carácter aparece estropeado y nublado; pero las pruebas hacen que la obscuridad desaparezca, perfeccionan su manera de ser y dan claridad y bendiciones para su vida.

2 de OCTUBRE

Y él los tomó consigo y se retiró aparte (Luc. 9:10).

Con el fin de crecer en gracia tenemos que pasar a solas mucho tiempo. No es en sociedad donde el alma crece con vigor. En una sola hora de oración en silencio progresaremos más que pasando muchos días en compañía con otros. Es en el desierto donde el rocío cae más fresco y el aire es más puro.

Andrew Bonar

"Venid aparte y descansad un poco. Sé que estáis cansados de la opresión y apretones de las multitudes. Limpiad de vuestras frentes el sudor y el polvo del trabajo, y en mi fortaleza apacible volveréis a fortaleceros.

"Venid a un lugar aparte de todo aquello que el mundo ama, para conversar de lo que el mundo nunca ha conocido. Venid aquí, no a solas, sino conmigo y con mi Padre.

"Venid, contadme todo lo que habéis dicho y hecho, vuestras

victorias y fracasos, vuestras esperanzas y temores. Yo sé cuán difícil es ganar las almas. Mis coronas favoritas siempre están mojadas con lágrimas.

"Venid y descansad; el viaje es demasiado largo y podéis caer y sucumbir por el camino. Aquí está el pan de vida para que vosotros comáis y el vino del amor para que bebáis.

"Entonces, una vez que hayáis sido fortalecidos con la conversación de vuestro Señor, volved y trabajad hasta que la luz del día alcance la noche. No déis por perdidas las pocas horas en que aprendéis más acerca de vuestro Maestro y su descanso en el cielo."

3 de OCTUBRE

Después del viento hubo un terremoto, pero Jehovah no estaba en el terremoto. Después del terremoto hubo fuego, pero Jehovah no estaba en el fuego. Después del fuego hubo un sonido apacible y delicado (1 Rey. 19:11, 12).

Una vez se le preguntó a un alma que hizo un progreso rapidísimo en el conocimiento del Señor acerca del secreto que hacía que progresase con tanta facilidad. Entonces, ella replicó de una forma concisa: *Presta atención a las insinuaciones.* Y la razón por la cual muchos de nosotros no conocemos mejor al Señor y le comprendemos mejor es porque no prestamos atención a sus insinuaciones, a sus delicadas represiones y prohibiciones. Su voz es una voz apagada y pequeña.

Una voz apagada difícilmente puede oírse. Tiene que sentirse como una presión delicada y firme sobre tu corazón, como el toque del céfiro matutino sobre tu rostro. Es una voz pequeña, apacible, casi pronunciada con timidez sobre tu corazón, pero si se le presta atención, aumenta calladamente con más claridad y se hace sentir a tu oído interior.

Su voz es para el oído del amor, y el amor está presto a oír aun los susurros más débiles. Hay también un tiempo en que el amor cesa de hablar si no se le responde o se le cree. El es amor, y si tú quieres conocerle a él y a su voz, presta una atención constante a sus toques delicados. En la conversación, cuando vas a usar alguna palabra, presta atención a aquella voz suave, ten cuidado con las insinuaciones y sé moderado en tu forma de hablar. Cuando vas a emprender alguna empresa en la que te parece que todo está claro y es justo, y calladamente viene a tu espíritu una sugestión que lleva consigo casi la fuerza de la convicción, préstale atención aunque desde el punto de vista de la sabiduría humana te parezca una gran locura el tener que cambiar tus planes. Aprende también a esperar en Dios, para que te revele su voluntad. Deja que Dios forme todos tus planes en tu mente y en tu corazón, y entonces permítele que los lleve a cabo. No poseas ninguna sabiduría de ti mismo. Muchas veces su ejecución parecerá contradictoria al plan que él dio. Parecerá que obra contra él mismo. Lo que tienes que hacer es escuchar, obedecer y confiar en Dios, aunque el hacer esto parezca una locura mayor. Al fin él hará que "todas las cosas trabajen juntamente", pero muchas veces cuando empieza a ejecutar sus planes, él se complace en hacer como que pierde. Así que si conoces su voz, nunca pienses en los resultados o en los efectos posibles. Obedécele, aunque te pida que marches por la obscuridad. El resplandecerá en ti de una forma maravillosa. Y rápidamente nacerá en tu corazón con conocimiento y una comunión con Dios que te mantendrá junto a él, aun en las pruebas más severas y bajo las opresiones más terribles.   De *Way of Faith*

4 de OCTUBRE ⎯⎯⎯⎯⎯⎯⎯⎯⎯⎯⎯⎯⎯⎯⎯⎯⎯⎯

Y Jehovah bendijo los últimos días de Job más que los primeros (Job 42:12).

Job obtuvo su herencia por medio de sus sufrimientos. El fue probado para que su santidad fuese confirmada. ¿No es el propósito de mis aflicciones el profundizar mi carácter y revestirme con la gracia que antes poseía con gran escasez? Yo voy a mi gloria por medio de eclipses, lágrimas y muerte. Las aflicciones de Job le hicieron que tuviese una concepción más elevada de Dios y pensamientos más humildes acerca de sí mismo. "Ahora", gritó, "mis ojos te ven".

Y si por medio del dolor y la pérdida siento a Dios tan cerca en su majestuosidad que me inclino delante de él y oro: "Hágase tu voluntad", con ello gano muchísimo. Dios dio a Job señales de la gloria futura. En aquellos días y noches de tormento constante penetró a través del velo y pudo decir: "Yo sé que mi Redentor vive." Ciertamente, la postrimería de Job fue más bendecida que su principio. *De En la hora de silencio*

La aflicción jamás visita a un hombre sin traer en sus manos una pepita de oro. La adversidad aparente se convertirá, finalmente, en la ventaja de lo que es recto, con sólo que estemos dispuestos a continuar trabajando y a esperar con paciencia. ¡Con cuánta firmeza las almas vencedoras han continuado en su trabajo impertérritas y sin temor! Hay bendiciones que no podemos recibir si no podemos aceptar y soportar el sufrimiento. Hay gozos que sólo pueden llegar a nosotros por medio del sufrimiento. Hay revelaciones de la verdad divina que solamente podemos recibirlas cuando las luces terrenales están apagadas. Hay recolecciones que sólo pueden crecer cuando la reja del arado ha hecho su labor. *Seleccionado*

Las almas más vigorosas han salido del sufrimiento; los caracteres más sólidos están marcados con cicatrices. Los mártires se han puesto en su coronación vestidos resplandeciendo con fuego y, a través de sus lágrimas, el afligido ha visto las puertas del cielo. *Chapin*

5 de OCTUBRE ————————————————————

Después de algunos días se secó el arroyo (1 Rey. 17:7).

L a educación de nuestra fe es incompleta si no hemos aprendido que el perder puede contribuir a nuestra ganancia espiritual, que hay un ministerio de fracaso y de desvanecimiento de las cosas, y que es un don el ponerse a la disposición de otros. Las inseguridades materiales de la vida contribuyen a su establecimiento espiritual. El arroyo consumido junto al cual Elías se sentó y meditó es un verdadero cuadro de la vida de cada uno de nosotros. "Sucedió que. . . se secó el arroyo." Esa es la historia de nuestro ayer y una profecía de nuestros mañanas.

De una u otra manera tenemos que aprender la diferencia entre confiar en el don y confiar en el Dador. El don puede ser bueno durante un cierto tiempo, pero el Dador es el amor eterno.

Querit fue un problema muy difícil para Elías hasta que llegó a

285

Sarepta, y entonces todo fue tan claro como la luz del día. Las palabras duras de Dios nunca son sus últimas palabras. La aflicción, la pérdida y las lágrimas de la vida pertenecen al intermedio y no al final. Si Elías hubiese sido conducido directamente a Sarepta habría perdido algo que después le ayudó a convertirse en un profeta más sabio y en un hombre mejor. El vivió en Querit por fe. Y cuando quiera que en tu vida y la mía se haya secado alguna fuente terrenal y recursos exteriores, es para que aprendamos que nuestra esperanza y ayuda están en el Dios que hizo el cielo y la tierra.

F. B. Meyer

6 de OCTUBRE _____

Tampoco él abrió su boca (Isa. 53:7).

¡Cuánta gracia se requiere para soportar correctamente una mala interpretación y para recibir con dulzura sagrada un juicio descortés! Ninguna otra cosa prueba tanto el carácter cristiano como que se diga una cosa mala acerca de uno. Esta es la lima que prueba si somos un baño de plata u oro sólido. Si solamente pudiésemos saber las bendiciones que hay escondidas en nuestras pruebas, diríamos como David cuando Simei lo maldijo: "Dejadle que maldiga... Quizás Jehovah... me concederá bienestar a cambio de sus maldiciones."

Algunas personas se desvían fácilmente del gran trabajo que pueden hacer en sus vidas prestando atención a sus agravios y persiguiendo a sus enemigos, hasta que sus vidas se convierten en una continua y pequeña batalla. Es lo mismo que una nidada de abejones. Podéis dispersar los abejones, pero con toda seguridad que os aguijonearán terriblemente y no recibiréis nada por vuestros dolores, porque aun su miel no vale la pena buscarla.

Jesús nos concede más de su Espíritu, quien "cuando le maldecían, no respondía con maldición", sino que "se encomendaba al que juzga con justicia". "Considerad, pues, al que soportó tanta hostilidad de pecadores contra sí mismo."

A. B. Simpson

¿Quién entre vosotros teme a Jehovah y escucha la voz de su siervo? El que anda en tinieblas y carece de luz, confíe en el nombre de Jehovah y apóyese en su Dios (Isa. 50:10).

Los tiempos de tinieblas vienen también al discípulo fiel y creyente que camina obediente por la senda de la voluntad de Dios. Hay tiempos cuando él no sabe qué hacer o qué camino tomar. El cielo está obscurecido con nubes. La luz clara celestial no ilumina su senda. Se siente como si tuviese que atravesar su camino a tientas por la obscuridad.

Querido amigo, ¿te encuentras en esta situación? ¿Qué es lo que el creyente debe hacer en tiempos de obscuridad? ¡Escucha! "Déjale que confíe en el nombre del Señor, y que se eche en los brazos de su Dios."

Lo primero que tiene que hacer es nada. Para la pobre naturaleza humana esto es una cosa muy difícil de hacer. En el occidente circula un proverbio que quiere decir: "Cuando no sabes qué hacer, no lo hagas."

Cuando te abalanzas hacia un dique de niebla espiritual, no trates de quebrantarlo a la fuerza, sino acorta la velocidad de la maquinaria de tu vida. Si es necesario, ancla tu barca o déjala que se balancee amarrada. Simplemente, lo que tenemos que hacer es confiar en Dios y mientras confiamos Dios puede obrar. Al atormentarnos impedimos que Dios haga algo por nosotros. Si nuestras mentes están perturbadas y nuestros corazones afligidos; si las tinieblas que nos cubren nos causan espanto; si corremos de acá para allá haciendo esfuerzos vanos para encontrar una salida del lugar de prueba en que nos encontramos y donde hemos sido colocados por la providencia divina, entonces el Señor no puede hacer nada por nosotros.

La paz de Dios, necesariamente, tiene que sosegar nuestras mentes y dar descanso a nuestros corazones. Debemos dar nuestra mano a Dios, como hacen los niños pequeños, y dejar que él nos conduzca a la luz esplendorosa del sol de su amor.

El conoce el camino por los bosques. Así que apoyémonos en sus brazos y confiemos en que él nos sacará por el camino más corto y más seguro.   *Pardington*

Recuerda que cuando no sabemos conducir nunca nos falta un Piloto.

8 de octubre

Por nada estéis afanosos (Fil. 4:6).

No son pocos los cristianos que viven en un continuo estado de inquietud y otros en un estado de indignación y angustia. El vivir en paz perfecta en medio del tumulto de la vida, diariamente, es un secreto que vale la pena conocer. ¿Para qué sirve el atormentarse? Esto jamás fortaleció a nadie, ni ayudó a ninguno para hacer la voluntad de Dios; nunca abrió ningún camino para que alguien saliese de su perplejidad. El atormentarse arruina muchas vidas que de otra forma podrían ser muy útiles y bellas. La inquietud, el afán y la preocupación están en absoluto prohibidas por nuestro Señor, quien dijo: "No os afanéis", es decir, no os inquietéis, sobre "qué habéis de comer o qué habéis de beber; ni por vuestro cuerpo, qué habéis de vestir". El no quiere decir que no debemos premeditar en estas cosas y tener un plan o método en nuestras vidas, sino que no debemos atormentarnos por ellas. La gente sabe que vives en un estado de inquietud por las líneas de tu rostro, el tono de tu voz y la falta de alegría en tu espíritu. Escala las alturas de una vida entregada a Dios y entonces mirarás abajo, por las nubes que se encuentran debajo de tus pies.

Darlow

Siempre es una debilidad el indignarse y atormentarse, el dudar y la desconfianza. ¿Podemos ganar algo con ello? ¿No nos incapacitamos para accionar y desquiciamos nuestras mentes para tomar sabias decisiones? Nos sumergimos luchando cuando podríamos estar flotando por medio de la fe.

¡Oh, reposa por medio de su gracia! ¡Oh, cuánto vale el permanecer callado y conocer que Jehovah es Dios! El Santo de Israel defenderá y librará a los suyos. Podemos estar seguros de que todo aquello que es su voluntad permanece, aunque desaparezcan las montañas. Merece que confiemos en él. Ven, alma mía, vuelve a tu reposo y recuesta tu cabeza sobre el seno del Señor Jesús.

Seleccionado

Por tanto, Jehovah espera para tener piedad de vosotros (Isa. 30:18).

D onde cae más lluvia, allí la hierba es más verde. Supongo que las nieblas y las lloviznas de Irlanda son las que la hacen "La Isla de la Esmeralda". Y cuando quiera que encuentres grandes nieblas de aflicción y lloviznas de dolor, siempre encontrarás corazones verdes de esmeralda llenos del bellísimo verdor del consuelo y el amor de Dios.

Cristiano, no digas: "¿A dónde se han ido las golondrinas? Se han marchado, han muerto." No han muerto, han atravesado la superficie del mar purpurino y han ido a una tierra lejana; pero regresarán de aquí a poco. Hijo de Dios, no digas que el invierno las ha matado y que han desaparecido. ¡Oh, no! Aunque el invierno las haya cubierto con el armiño de su nieve, ellas volverán a levantar sus cabezas y muy pronto mostrarán que están vivas. No digas que el sol se ha extinguido porque la nube lo haya ocultado. No, él está allí haciendo el verano para ti; y para cuando vuelva a aparecer ya las nubes estarán preparadas para derramar los chaparrones de abril, los cuales son las madres de las flores preciosas de mayo.

Y, sobre todo, cuando tu Dios esconde su rostro, no digas que te ha olvidado. El se tarda un poco, para hacerte que le ames más, y cuando venga tendrás gozo en el Señor y te regocijarás con una alegría inexplicable. El esperar ejercita nuestra gracia, el esperar prueba nuestra fe; por lo tanto, espera con esperanza, porque aunque la promesa tarda, nunca llega demasiado tarde.

C. H. Spurgeon

No te impacientes (Sal. 37:1).

E sto para mí es un mandamiento divino, lo mismo que "No hurtarás". Ahora vamos a ver lo que esto quiere decir. Una definición es: "El aparecer intranquilo, sin sosiego, embarazado, o extenuado"; y una persona enojadiza, irracional, que busca las faltas, no sólo se cansa a sí misma, sino que es molesta para los demás. El impacientarse es estar en un cierto estado de molestia, y en este Salmo no solamente se nos dice que no nos impacientemos a causa de los obradores de iniquidad, sino que no nos impacientemos "por ninguna causa". Eso es dañino y Dios no quiere que nos dañemos a nosotros mismos.

Un médico te dirá que un arranque de ira es más perjudicial para tu organismo que la fiebre, y una disposición de impaciencia o indignación no conduce a un cuerpo saludable, y tú sabes que las reglas funcionan en ambas direcciones. El próximo escalón es el mal humor y éste conduce a la ira. Arreglemos este asunto y obedezcamos el mandamiento. *No te impacientes.*

Margaret Bottome

11 de OCTUBRE

Como muriendo, pero he aquí vivimos (2 Cor. 6:9).

El verano pasado tenía en el jardín de mi casa de campo una bellísima capa de flores extendida por todo él. ¡Con qué lozanía florecieron! Fueron plantas tardías. Por los alrededores del jardín aún había flores nuevas, mientras que las del centro se habían convertido en simiente. Vinieron las heladas tempranas y un día encontré que aquellas espléndidas filas de belleza radiante habían sido marchitadas y dije: "Este tiempo es demasiado duro para ellas; han perecido", y me despedí.

Me disgustaba el ir y mirar al lugar donde habían estado. Parecía como si fuese un cementerio de flores. Pero hace cuatro o cinco semanas, uno de mis empleados me llamó la atención al hecho de que en el mismo lugar estaban naciendo una infinidad de ellas. Miré y vi que por cada planta que yo creí que el invierno había destruido estaban brotando más de cincuenta plantas. ¿Qué es lo que habían hecho aquellas heladas y vientos tempestuosos? Agarraron mis flores, las mataron, las arrojaron al suelo, las pisotearon con la nieve de sus pies y, al terminar su obra, dijeron: "Este es vuestro fin." Pero, en la siguiente primavera, por cada raíz se levantaron más de cincuenta testigos y dijeron: "Por la muerte vivimos."

Lo mismo que en la vida floral, así también sucede en el reino de Dios. Por medio de la muerte vino la vida eterna. Por la crucifixión y el sepulcro vino el trono y el palacio del Dios eterno. Con el derrumbamiento vino la victoria. No tengas miedo al sufrimiento. No temas el ser derribado.

Es siendo abatidos pero no destruidos; es siendo sacudidos hasta despedazarlos y los pedazos desmenuzados que los hombres se convierten en hombres de poder y un solo hombre puede convertirse en un ejército; mientras que los hombres que se rinden a las apariencias de las cosas y siguen al mundo tienen un rápido florecimiento, una prosperidad momentánea, y, entonces, su fin, pero un fin que es un fin para siempre. *Beecher*

12 de OCTUBRE

Tomó su señor a José y lo metió en la cárcel... Pero Jehovah estaba con José... Lo que él hacía, Jehovah lo prosperaba (Gén. 39:20, 21, 23).

Cuando Dios permite que nos metan en la prisión porque le hemos servido y va allí con nosotros, entonces la prisión es el sitio más bendito en el que podemos estar. José experimentó esto. El no languideció, ni se desalentó, ni mostró ninguna rebeldía, aunque todas las cosas estaban contra él. Si le hubiese acontecido esto, el carcelero nunca habría confiado en él. José, al parecer, ni aun sintió lástima de sí mismo.

Recordemos que si permitimos que entre en nosotros *el compadecerse uno* de sí mismo, será nuestro fin, hasta que lo arrojemos por completo. José lo transformó todo en una confianza alegre en Dios, y así el carcelero de la prisión confió en él. Señor Jesús, cuando las puertas de la prisión se cierren detrás de mí, guárdame en un estado de confianza y haz que no solamente guarde mi gozo, sino auméntalo. Haz que tu trabajo prospere por medio de mí en la prisión: aun en la misma prisión, hazme verdaderamente libre. *Seleccionado*

He aprendido a amar la aflicción de la oscuridad, allí se puede ver el esplendor de su rostro. *Madame Guyon*

13 de OCTUBRE

Por nada estéis afanosos (Fil. 4:6).

En el creyente no debe de existir la ansiedad. Nuestras pruebas, aflicciones y dificultades pueden ser grandes, muchas y variadas y, sin embargo, no debemos sentir ansiedad bajo ninguna circunstancia, porque nuestro Padre que está en los cielos es Todopoderoso. El ama a sus hijos como ama a su Hijo unigénito, y su verdadero gozo y delicia es socorrerlos y ayudarles en todos los tiempos y bajo todas las circunstancias. Debiéramos prestar atención a la Palabra: "Por nada estéis afanosos; más bien, presentad vuestras peticiones delante de Dios en toda oración y ruego, con acción de gracias." *En todos los casos.* Es decir, no meramente cuando la casa está ardiendo, no sólo cuando la amada esposa y los hijos están a la orilla de la sepultura, sino que en los asuntos pequeños de la vida debes poner todas las cosas delante de Dios, las cosas pequeñas, por muy pequeñas que sean, lo que el mundo llama cosas sin importancia; en una palabra, debes poner todas las cosas en comunión sagrada con nuestro Padre celestial y con nuestro bendito Señor Jesús durante todo el día. Y cuando despertamos por la noche por una especie de instinto espiritual, debemos volver a él y hablarle, exponiéndole nuestros pequeños asuntos en la noche de desvelo, las dificultades en relación con la familia, nuestro negocio, nuestra profesión. Cualquiera que sea lo que nos pruebe y sea de la forma que sea, debemos acudir al Señor y hablarle acerca de ello.

En toda oración y ruego, ocupando el lugar de los pordioseros, con celo, con perseverancia, continuando y esperando con paciencia en Dios.

Con acción de gracias. En todo tiempo debemos establecer una buena base con acción de gracias. Aunque todo lo demás nos falte, siempre tengamos presente que él nos ha salvado del infierno. También, que él nos ha dado su santa Palabra; su Hijo, su don escogido, y el Santo Espíritu. Por lo tanto, tenemos razones más que sobradas para la acción de gracias. ¡Aspiremos a esto!

Y la paz de Dios, que sobrepasa todo entendimiento, guardará vuestros corazones y vuestras mentes en Cristo Jesús (Fil. 4:7). Esta es una bendición tan grande, tan verdadera y tan valiosa que para comprenderla hay que conocerla por experiencia, porque ella sobrepasa todo entendimiento. Guardemos estas cosas en nuestros corazones y tendremos el resultado de glorificar a Dios mucho más de lo que hasta aquí hemos hecho, si habitualmente andamos en ese espíritu. De George Muller en *Life of Trust*

Durante dos o tres veces en el día mira a ver si tu corazón está perturbado por algo, y si ves que lo está, inmediatamente haz lo posible porque la inquietud desaparezca. *Francisco de Sales*

14 de OCTUBRE

Y he aquí se presentó un ángel del Señor, y una luz resplandeció en la celda. Despertó a Pedro dándole un golpe en el costado y le dijo: "¡Levántate pronto!" Y las cadenas se le cayeron de las manos.
Como a la medianoche, Pablo y Silas estaban orando y cantando himnos a Dios. . . Entonces, de repente sobrevino un fuerte terremoto, de manera que los cimientos de la cárcel fueron sacudidos. Al instante, todas las puertas se abrieron, y las cadenas de todos se soltaron (Hech. 12:7; 16:25, 26).

Esta es la manera como Dios obra. En las horas más obscuras de la noche sus pisadas se aproximan a través de las olas. Cuando el día de la ejecución empieza a amanecer, el ángel viene a la celda de Pedro. Cuando el cadalso para Mardoqueo estaba preparado, el desvelamiento condujo a una reacción en beneficio de la raza favorecida.

Puede ser que tú tengas que pasar por algo peor antes de ser liberado; pero ten la seguridad de que serás rescatado. Dios puede hacerte que esperes, pero él siempre está atento a su pacto y aparecerá para cumplir su palabra inviolable. *F. B. Meyer*

Hay una cierta simplicidad en la forma en que Dios ejecuta sus planes, pero también tiene recursos iguales a cualquier dificultad que se nos pueda presentar. El posee una fidelidad inquebrantable para los que confían en él, y una firmeza inolvidable en el mantenimiento de sus designios. Por medio de un compañero de prisión y después por un sueño, él elevó a José de prisionero a gobernador. El tiempo que se pasa en la prisión evita después la ceguera en los lugares de responsabilidad en que se nos coloque. El confiar en los métodos de Dios y guiarse por su reloj siempre es seguro. *S. D. Gordon*

La providencia posee miles de llaves para abrir miles de puertas diferentes y libertar a los suyos aun en los casos de gran desesperación. Seamos fieles y procuremos hacer lo que nos corresponde de nuestra parte, sufriendo lo que sea necesario por él y dejemos que él cumpla con la suya. *George McDonald*

La dificultad es la señal del milagro. Es el milagro en su primer escalón. Si ha de ser un gran milagro, entonces la condición no será dificultad, sino imposibilidad.

Para Dios es un gozo cuando uno de sus hijos se agarra de su mano con confianza en una situación desesperada.

15 de OCTUBRE

Y retroceden ante el quebrantamiento (Job 41:25).

La mayor parte de las personas y cosas que Dios usa para su gloria son aquellas que han sido quebrantadas con mayor perfección. Los sacrificios que él acepta son corazones contritos y quebrantados. El quebrantamiento natural de la fortaleza de Jacob en Peniel fue lo que le colocó donde Dios podía vestirle con poder espiritual. El rompimiento de la superficie de la roca en Horeb, por el golpe de la vara de Moisés, fue lo que hizo que echase agua fresca para aquellas personas sedientas.

Cuando los 300 soldados elegidos bajo Gedeón rompieron sus cántaros, lo cual es una figura de quebrantarse a sí mismos, fue cuando las luces ocultas brillaron para la consternación de sus adversarios. Cuando la pobre viuda rompió la tapadera de su alcuza pequeña y derramó el aceite, fue cuando Dios lo multiplicó para que pagase sus deudas y proveyó los medios para su mantenimiento.

Cuando Ester arriesgó su vida y rompió la etiqueta de una corte pagana fue cuando obtuvo el beneficio de rescatar a los suyos de la muerte. Cuando Jesús tomó los cinco panes y los partió, entonces fue cuando el pan se multiplicó en el mismo acto del rompimiento y hubo lo suficiente para alimentar a cinco mil personas. Cuando María rompió su frasco precioso de alabastro, dejándolo inutilizado para siempre, entonces fue cuando el perfume se esparció y llenó toda la casa. Cuando Jesús permitió que su cuerpo bendito fuese quebrantado en pedazos por las espinas, los clavos y las lanzas, entonces fue cuando su vida interior se derramó como un océano de cristal, para que los pecadores sedientos bebiesen y viviesen.

Cuando un grano de trigo es quebrantado en la tierra por la MUERTE, entonces es cuando su corazón se abre y produce otros cien granos semejantes. Y, así, sucesivamente, Dios necesita tener COSAS QUEBRANTADAS en todos los tiempos, en toda biografía, en toda vegetación y en toda vida espiritual.

Aquellos que han sido quebrantados en su riqueza, en su obstinación, en sus ambiciones, en sus bellos ideales, en su reputación mundana, en sus afecciones y, a menudo, en salud; aquellos que son despreciados y parecen estar enteramente abandonados y sin ayuda son los que el Espíritu Santo toma y usa para la gloria de Dios. Isaías nos dice que "los cojos arrebatarán la presa".

16 de OCTUBRE _____

Despojémonos de todo peso y del pecado que tan fácilmente nos enreda y corramos con perseverancia la carrera que tenemos por delante (Heb. 12:1).

Hay pesos que no son pecados en sí mismos, pero que se convierten en obstáculos y piedras de tropiezo en el progreso de nuestra vida cristiana. Uno de los peores es el desaliento. El corazón melancólico es verdaderamente un peso que seguramente nos arrastrará de nuestra santidad y utilidad.

El fracaso de Israel para entrar en la tierra prometida empezó al murmurar, como literalmente dice el texto en Números: "que habéis murmurado". Sólo un pequeño deseo de quejarse y estar descontentos. Pero continuó hasta que floreció y maduró en rebelión y ruina. No nos permitamos jamás el dudar de Dios o de su amor y fidelidad para con nosotros en todo y para siempre. Podemos oponer nuestra voluntad contra toda clase de duda como lo hacemos contra otro cualquier pecado; y, al permanecer firmes y rehusar dudar, el Espíritu Santo vendrá en nuestra ayuda, nos dará la fe de Dios y nos coronará con gloria.

Es muy fácil caer en el hábito de dudar, de impacientarnos y preguntar si Dios nos ha desamparado y si después de todo nuestras esperanzas van a terminar en un fracaso. Rehusemos el ser desgraciados. Considerémoslo todo como gozo cuando no podemos sentir una emoción de felicidad. Regocijémonos por medio de la fe, del ánimo y consideremos el gozo como una realidad, y con toda seguridad hallaremos que Dios hará que nuestra consideración sea real. Seleccionado

El diablo tiene dos trampas maestras. Una consiste en *desalentarnos*; entonces, durante un cierto tiempo por lo menos, somos inútiles para los demás y somos derrotados. La otra consiste en *hacernos dudar* y romper de esta manera la fe con que estamos unidos con el Padre. Ten cuidado. No te dejes engañar de ninguna manera. *G. E. M.*

¡Alegría! Me gusta cultivar el espíritu de alegría. Ella vuelve a armonizar el alma y guardarla en armonía en tal forma que Satanás no se atreve a tocarla. Las cuerdas del alma se calientan demasiado o se llenan demasiado de electricidad celestial para que pueda tocarlas con sus dedos infernales, y se marcha a alguna otra parte. Satanás siempre teme el entremeterse conmigo cuando mi corazón está lleno de gozo y alegría con el Espíritu Santo.

Mi plan es el esquivar tanto al espíritu de *tristeza* como a Satanás. Pero, desgraciadamente, no siempre tengo éxito. Como el mismo diablo, me sale al encuentro en el camino principal de la *utilidad*, me mira tan fijamente a mi rostro hasta que mi pobre alma cambia de color.

La *tristeza* lo descolora todo, despoja a todos los objetos de su encanto, envuelve la perspectiva del futuro en tinieblas, priva al alma de todas sus aspiraciones, encadena todos sus poderes y produce una parálisis mental.

Un *creyente anciano* advirtió que el buen humor en la religión hace que se goce en todos sus servicios; y que nunca avanzamos tan rápidamente en el camino del deber como cuando somos llevados en las alas del *regocijo*; añadió que la melancolía recorta tales alas; o para alterar su forma, saca las ruedas de nuestra carroza y la hace semejante a aquellas de los egipcios, para que se arrastren muy pesadamente.

Pero lejos esté de mí el gloriarme sino en la cruz de nuestro Señor Jesucristo, por medio de quien el mundo me ha sido crucificado a mí y yo al mundo (Gál. 6:14).

Ellos vivían para sí mismos. El yo, con sus esperanzas, promesas y sueños aún los controlaba; pero el Señor empezó a contestar sus oraciones. La iglesia de Galacia había orado por contrición y el Señor les envió aflicción; pidieron pureza y él les envió una angustia conmovedora; pidieron ser humildes y él quebrantó sus corazones; pidieron morir para el mundo y él mató sus más vivas esperanzas; pidieron ser semejantes a él y los colocó en el horno, pero él se sentó junto a ellos "como un refinador y purificador de plata", hasta que ellos reflejasen su imagen; ellos pidieron el coger su cruz y, al dársela, sus manos fueron laceradas.

Pidieron el no saber el qué o cómo y él aceptó sus palabras y les concedió todas sus peticiones. Ellos estaban muy poco dispuestos a seguirle tan lejos o de aproximarse tan cerca a él. Estaban poseídos de un temor y espanto como el de Jacob en Betel y el de Elifaz en las visiones de la noche, o como el de los apóstoles cuando creyeron que habían visto un espíritu y no sabían que era Jesús. Ellos casi le rogaron que se marchase de su lado, ocultando el temor reverencial que les inspiraba. Encontraron más fácil obedecer que sufrir, hacer que dejar de hacer, llevar la cruz que estar crucificados sobre ella. Pero ya no podían retroceder porque habían llegado demasiado cerca de la cruz invisible y sus virtudes habían penetrado muy profundamente en ellos. El está cumpliéndoles su promesa: "Y yo, cuando sea levantado de la tierra, atraeré a todos a mí mismo" (Juan 12:32).

Pero ahora, al fin, había llegado su turno. Antes solamente habían oído del misterio, pero ahora lo sentían. El clavó en ellos su mirada de amor como hizo con María y Pedro y lo único que podían hacer era seguirle.

Poco a poco, de vez en cuando, el misterio de su cruz brilla sobre ellos con rápidos destellos. Le contemplaron resucitado, vieron la gloria que resplandece de las heridas de su pasión sagrada; y, a medida que miran, avanzan y son cambiados a su semejanza, y su nombre brilla por medio de ellos, porque él está en ellos. Viven solos, con él arriba, en una comunión inexplicable;

dispuestos a carecer de lo que otros poseen y ellos podían tener, y a ser diferentes a todo y sólo semejantes a él.

Así son en todas las edades aquellos "que siguen al Cordero dondequiera que vayan".

Si ellos o sus amigos hubiesen escogido para sí mismos, la elección habría sido diferente. Aquí habrían sido más ilustres, pero menos en su reino. Habrían tenido la porción de Lot, pero no la de Abraham. Si se hubiesen detenido en alguna parte, si Dios hubiese apartado su mano de ellos y los hubiera dejado descarriarse, ¿qué es lo que habrían perdido? ¿Qué se hubiese perdido en la resurrección? Muchas veces su pie estuvo a punto de deslizarse, pero él, en su misericordia, los sostuvo. Ahora, aún en esta vida, ellos saben que todo lo que él hizo estuvo bien hecho. Era sabio el sufrir aquí para poder llevar en el cielo la corona; y que se hiciese no la voluntad de ellos, sino la voluntad de Dios sobre ellos y en ellos.

Anónimo

18 de OCTUBRE

Ten por cierto que tus descendientes serán extranjeros en una tierra que no será suya, y los esclavizarán y los oprimirán 400 años. . . y después de esto saldrán con grandes riquezas (Gén. 15:13, 14).

Una parte segura de la bendición que Dios nos promete está basada en el retraso y el sufrimiento. Un retraso en la propia vida de Abraham que dio la impresión de que la promesa de Dios iba a quedarse sin cumplir, fue seguido de una tardanza aparentemente insoportable de los descendientes de Abraham. Pero eso fue solamente un retraso, porque "ellos salieron con gran riqueza". La promesa fue redimida.

Dios va a probarme con retrasos, y los retrasos vendrán acompañados del sufrimiento, pero en medio de todo ello permanecerá la promesa de Dios: Su nuevo pacto conmigo en Cristo y su promesa inviolable de toda bendición que necesite, por más pequeña que sea. El retraso y el sufrimiento forman parte de la bendición prometida; permíteme que hoy le alabe por ellos, y déjame que espere en el Señor y no me desaliente y él fortalecerá mi corazón.

C. G. Trumbull

19 de OCTUBRE

El arca del pacto de Jehovah iba delante de ellos (Núm. 10:33).

Dios nos da impresiones, pero no para que obremos con ellas como tales. Si la impresión procede de Dios, él mismo dará la evidencia suficiente para desterrar la posibilidad de cualquier duda. Qué bella es la historia de Jeremías referente a la impresión que recibió relacionada con la compra del campo de Anatot. Pero el profeta no obró según esta impresión hasta el día siguiente cuando un hijo de su tío vino a él y le trajo una evidencia externa al hacerle una proposición para la compra. Jeremías reaccionó diciendo: "Entonces comprendí que era palabra de Jehovah" (Jer. 32:7). El esperó hasta que Dios secundó la impresión con su providencia divina y entonces obró, en vista de aquellos hechos tan claros y convincentes tanto para él como para otros. Dios quiere que obremos en armonía con su mente. No vamos a ignorar la voz personal del Pastor, pero, lo mismo que Pablo y sus compañeros en Troas, vamos a escuchar todas las voces que hablan y "deducir" de todas las circunstancias, como ellos hicieron, cuál es el pensamiento del Señor. *A. B. Simpson*

Donde señala el dedo de Dios, allí abrirá su mano el camino.

No digas en tu corazón que harás o dejarás de hacer, sino espera en Dios hasta que te dé a conocer su camino. Mientras ese camino esté oculto, está claro que no es necesario actuar, así como también que él se considera responsable de todos los resultados de guardarte donde estás. *Seleccionado*

Dios conduce a los suyos por caminos que no conocemos.

20 de OCTUBRE

Y la paz de Dios, que sobrepasa todo entendimiento, guardará vuestros corazones y vuestras mentes en Cristo Jesús (Fil. 4:7).

Hay lo que se llama "el almohadón del mar". Debajo de la superficie que es agitada por las tormentas y llevada de un lado para otro por los vientos, hay una parte del mar que nunca es perturbada. Cuando rastreamos el fondo y sacamos los residuos de la vida animal y vegetal, encontramos que muestran señales de no haber sido agitadas lo más mínimo durante centenares y miles de años. La paz de Dios es aquella calma eterna que, como el almohadón del mar, se encuentra demasiado profunda para poder ser alcanzada por cualquier aflicción y perturbación; y el que entra en esa presencia de Dios se convierte en un participante de aquella paz apacible que jamás puede perturbarse.

A. T. Pierson

21 de OCTUBRE _____

Porque sabemos que si nuestra casa terrenal, esta tienda temporal, se deshace, tenemos un edificio de parte de Dios, una casa no hecha de manos, eterna en los cielos (2 Cor. 5:1).

El propietario del alojamiento que he ocupado durante muchos años, ha avisado que él no contribuirá ni con poco ni con mucho en las reparaciones. Se me ha notificado que esté preparado para marcharme.

Esto no fue una noticia muy placentera al principio. Los alrededores de por aquí son muy agradables, y, si no fuese por las señales de ruina con que amenaza el edificio, consideraría la casa lo suficientemente buena para vivir. Pero, aun un viento ligero haría que la casa temblase y se tambalease, y todos los puntales que se le pusiesen serían insuficientes para asegurarla. Así es que estoy preparándome para la mudanza.

Es extraordinaria la prontitud con que el interés de uno cambia hacia la nueva vivienda. He estado consultando mapas del nuevo distrito y leyendo descripciones acerca de sus habitantes. Una persona que lo visitó y ha regresado, me ha dicho que su belleza es tan grande que no es posible describirla. Dice que, con el fin de hacer allí una cierta inversión, ha tenido que sufrir la pérdida de todas las cosas que aquí poseía, y que se regocija en lo que otros llamarían un sacrificio. Otro amigo, cuyo cariño hacia mí me lo ha probado con la mayor de las pruebas, ahora está allí. Me ha enviado varios racimos de los frutos más deliciosos que por allí se cultivan. Después de probarlos, todo el alimento de por aquí me parece insípido

He bajado dos o tres veces por los bordes del río que forman el linde, y he sentido el deseo de encontrarme en la compañía de aquellos que cantaban alabanzas al Rey al otro lado. Muchos de mis amigos ya se han marchado allí. Antes de partir hablaron de que yo iría más tarde. He visto la sonrisa en sus rostros al perderlos de vista. Frecuentemente se me pide que haga aquí nuevas inversiones, pero la respuesta que siempre doy es ésta: "Estoy preparándome para la mudanza." *Seleccionado*

Las palabras que con cierta frecuencia estuvieron en los labios de Jesús durante sus últimos días expresan vivamente la idea de "ir al Padre". Nosotros, que también somos de Cristo, tenemos la visión de algo que está más allá de las dificultades y contrariedades de esta vida. Estamos viajando hacia un cumplimiento, una terminación, una extensión de la vida. Nosotros también "vamos al Padre". Referente a nuestra casa de campo hay mucho que es bastante obscuro, pero hay dos cosas muy claras. Que es una casa, "la casa del Padre", que es la presencia más próxima del Señor. Todos somos viajeros, pero el creyente lo sabe y lo acepta. El es un viajero, y no un colono. *R. G. Gillie*

22 de OCTUBRE

Apacentando Moisés las ovejas de su suegro Jetro, sacerdote de Madián, guió las ovejas más allá del desierto y llegó a Horeb, el monte de Dios. Entonces se le apareció el ángel de Jehovah en una llama de fuego en medio de una zarza (Exo. 3:1, 2).

La visión aconteció en medio del trabajo ordinario, y ahí es donde el Señor se complace en conceder sus revelaciones. El busca un hombre que se encuentre en el camino ordinario y el fuego divino salta de sus pies. La escalera mística puede levantarse del mercado al cielo. Puede conectar el reino del trabajo con el reino de la gracia.

Que Dios, mi Padre celestial, me ayude a esperarle en el camino ordinario. No pido por acontecimientos sensacionales, sólo que te comuniques conmigo por medio del trabajo ordinario y del deber. Acompáñame en mi viaje diario. Haz que la vida humilde sea transformada con tu presencia.

Algunos cristianos piensan que ellos siempre deben estar en la cima de montañas de un gozo y una revelación extraordinarios; esto no está en armonía con el método de Dios. Esas visitas espirituales a los lugares elevados y esa relación tan grandiosa con el mundo invisible no están en las promesas; pero la comunión de la vida diaria sí está. Esto es lo suficiente y si es conveniente para nosotros, entonces tendremos la revelación excepcional.

Solamente hubo tres discípulos a quienes se les permitió ver la transfiguración y aquellos tres participaron de la lobreguez de Getsemaní. Ninguno puede permanecer en la montaña del privilegio. Hay deberes que cumplir en el valle. Jesús encontró el trabajo de su vida no en la gloria, sino en el valle, y allí fue completa y enteramente el Mesías. El valor de la visión y de la gloria está en su don de adaptación para trabajar y sufrir con paciencia.

Seleccionado

23 de OCTUBRE ──────────────────────────

No ha fallado ninguna palabra de todas sus buenas promesas que expresó por medio de su siervo Moisés (1 Rey. 8:56).

Algún día comprenderemos que Dios tiene una razón para cada NO que él nos da a través del movimiento lento de la vida. Pero, de una u otra forma, Dios nos compensa y provee. Cuántas veces sucede que los suyos se atormentan y dudan porque Dios no ha contestado sus oraciones y, sin embargo, el no contestar es la respuesta que Dios les da, y les proporciona una bendición mucho mayor. Ocasionalmente vemos señales de esto, pero la revelación plena de ello permanece para el futuro.

¡Cuán grande es la fe que no se apresura y espera con paciencia en el Señor, espera la explicación que ha de venir al fin con la revelación de Cristo Jesús! ¿Cuándo ha tomado Dios algo de un hombre que no se lo haya devuelto multiplicado? Supón que la devolución ocurre inmediatamente. Entonces, ¿qué? ¿Es hoy el límite del tiempo que Dios tiene para obrar? ¿No tiene él provincias más allá de este mundo pequeño? ¿No se abre la puerta del sepulcro para otra cosa que no sea tinieblas infinitas y silencio eterno?

Sin embargo, aun limitando el juicio al tiempo de esta vida, lo cierto es que Dios nunca toca el corazón con una prueba, sin intentar sacar de ello un don mayor, una bendición más delicada. El que sabe cómo esperar ha alcanzado un grado eminente de la gracia cristiana. *Seleccionado*

24 de OCTUBRE

Yo te he puesto como trillo, como rastrillo nuevo lleno de dientes (Isa. 41:15).

El precio de una barra de acero es cinco dólares. Cuando se trasforma en herraduras, vale diez dólares. Si se transforma en agujas, vale trescientos cincuenta dólares; en hojas de cuchillos su precio asciende a treinta y dos mil dólares. Si con ello se hacen cuerdas para relojes, su precio se calcula en doscientos cincuenta mil dólares. ¡Qué de golpes tan terribles tiene que sobrellevar dicha barra para llegar a valer esto! Pero cuanto más manipulada ha sido, cuantos más martillazos ha recibido y ha sido pasada por el fuego, golpeada, machacada y pulimentada, su valor es mayor.

¡Ojalá que esta parábola nos ayude a guardar silencio, a permanecer quietos y a soportar el sufrimiento! Los que más sufren son más capaces y pueden producir más; el sufrimiento es el medio que Dios está utilizando para sacar cuanto puede de nosotros para su gloria y la bendición nuestra. *Seleccionado*

La vida es muy misteriosa. Verdaderamente sería inexplicable, a no ser que creyésemos que Dios nos estaba preparando para escenas y ministerios que se encuentran más allá del velo del sentido en el mundo eterno, donde espíritus grandemente templados serán requeridos para servicios especiales.

La maquinaria cortante que tiene las cuchillas más afiladas es la que produce el trabajo más refinado.

*Hasta ahora no habéis pedido nada en mi nombre. Pedid
y recibiréis, para que vuestro gozo sea completo (Juan
16:24).*

Durante la Guerra Civil en los Estados Unidos, un hombre tenía un solo hijo, el cual se alistó en el ejército de la Unión. El padre era un banquero y, aunque consintió en que su hijo se alistase, no obstante parecía que esto había partido su corazón.

Llegó a interesarse profundamente en los soldados, y dondequiera que veía un uniforme, su corazón se iba tras él pensando en su hijo querido. Gastó su tiempo, descuidó sus negocios, y dio su dinero para ayudar a que cuidasen de los soldados inválidos. Sus amigos lo amonestaron diciendo que no estaba bien que descuidara sus negocios e invirtiera tanto tiempo preocupándose de los soldados, así que decidió abandonarlo todo.

Después de haber llegado a esta decisión, un día entró en su banco un soldado con su uniforme casi descolorido y estropeado que mostraba en su cara y en sus manos las señales de haber estado en el hospital.

El pobre muchacho estaba tanteando en su bolsillo para coger alguna cosa; cuando el banquero lo vio y se dio cuenta de lo que intentaba hacer, le dijo:

"Lo siento muchacho, pero hoy no puedo hacer nada por ti. Estoy sumamente ocupado. Tendrás que ir a tus oficinas y los oficiales se cuidarán de ti."

El pobre convaleciente continuó buscando en su bolsillo, pareciendo que no había comprendido lo que se le había dicho, y al poco rato sacó un pedacito de papel bastante estropeado en el cual había algunas líneas escritas con lápiz. El banquero recibió el trozo de papel sucio y leyó estas palabras:

"Querido padre: Este es uno de mis compañeros que fue herido en la última batalla y ha estado en el hospital. Te suplico que lo recibas como si fuese yo mismo. Charlie."

En un momento desaparecieron todas las resoluciones de indiferencia que este hombre se había formado. Llevó al muchacho a su magnífica casa, lo colocó en la habitación de Charlie, le hizo que ocupase el asiento de Charlie en la mesa, y lo cuidó hasta que el alimento, el reposo y el amor le devolvieron la salud y lo pusieron en condiciones de volver a arriesgar su vida por la bandera.

Seleccionado

"Ahora VERAS lo que yo haré" (Exo. 6:1).

26 de OCTUBRE ─────────────────────────

Una vez despedida la gente, subió al monte para orar a solas; y cuando llegó la noche, estaba allí solo (Mat. 14:23).

El hombre Cristo Jesús sintió la necesidad de la soledad perfecta. El solo, enteramente solo consigo mismo. Sabemos muy bien que el trato con otros hace que nos distraigamos y termina con nuestros recursos. El hombre Cristo Jesús también sabía esto y sintió nuevamente la necesidad de estar solo, de reunir todos sus recursos, de darse cuenta plenamente de su elevado destino, de su debilidad humana, de su dependencia del Padre.

Cualquier hijo de Dios tiene una necesidad mucho mayor acerca de esto, de *estar solo* con las realidades espirituales, solo con Dios Padre. Si ha existido alguno que podía haber sido excluido de estar en la soledad para comunicarse con Dios, éste habría sido nuestro Señor, pero él no podía hacer su trabajo o mantener su comunión plenamente, sin tener su tiempo de oración y meditación en la soledad.

Dios haga que cada uno de sus siervos extienda y practique este arte bendito y que la iglesia sepa cómo entrenar a sus hijos en el sentido de este privilegio tan santo y tan elevado. ¡Oh, cuán grande y sublime es el pensar que Dios está solo conmigo y yo solo con él! *Andrew Murray*

Lamartine habla en uno de sus libros de un paseo solitario que su madre solía dar a cierta hora del día por el jardín y en el cual nadie hubiese soñado con entremeterse por un solo momento. Era para ella el jardín sagrado del Señor. ¡Pobres de aquellas almas que no tienen tal tierra de Beula! Jesús dice: busca tu habitación privada. Es en la soledad donde podemos oír las notas místicas que proceden del alma de las cosas.

UNA MEDITACION

¡Practica, alma mía, el estar a solas con Cristo! Está escrito que *cuando ellos estaban solos, él explicó todas las cosas a sus discípulos.* No dudes del dicho; es cierto en tu experiencia. Si quieres comprenderte a ti mismo, dí a la multitud que se marche. Déjales que se marchen uno a uno, hasta que te quedes solo con Jesús. ¿Te has imaginado a ti mismo como la única criatura que ha quedado en estos mundos? En tal universo, tu único pensamiento debiera ser "¡Dios y yo, Dios y yo!" El está muy cerca de ti, tan cerca como si en el espacio infinito no palpitase ningún otro corazón excepto el suyo y el tuyo. ¡Alma mía, practica esa soledad! ¡Practica la expulsión de la multitud! ¡Practica la tranquilidad de tu propio corazón! ¡Practica el refrenamiento solemne, Dios y yo! ¡Dios y yo! No permitas que nadie se interponga entre ti y tu ángel combatiente. Cuando encuentres a Jesús a solas entonces serás condenado y perdonado.

George Matheson

27 de OCTUBRE ————————————————————

Todas tus ondas y tus olas han pasado sobre mí (Sal. 42:7).

Sus olas pasan sobre nosotros, bien sea escondiendo su rostro en la espuma y el agua salpicante, o suaves y espumosas extendiendo una senda delante de nosotros y acercándose felizmente al puerto de nuestra casa.

El anda por en medio de sus olas para socorrernos y desterrar nuestros temores. Ellas acuden, cuando a nuestro grito no recibimos ayuda ni respuesta, ni hay nada cerca en el silencio apartado.

Cuando trabajamos en medio de aquellas corrientes incesantes, mientras un abismo llama a otro abismo con gritos clamorosos, entonces acuden sus olas para ayudarnos o para calmarnos por medio de su Palabra.

El puede dividir sus olas y hacernos pasar descalzos por donde el mar ha estado flotando, o puede permitir que las olas enormes se agiten a nuestro alrededor y se abalancen desenfrenadamente por nuestro único camino.

El ha prometido llevarnos por medio de sus olas y sabemos que nos ama y que lo cumplirá. El nos guarda y conduce, nos guía y defiende, y nos lleva a su puerto seguro. *Annie Johnson Flint*

Pero Dios, quien es rico en misericordia, a causa de su gran amor con que nos amó, aun estando nosotros muertos en delitos, nos dio vida juntamente con Cristo. . . Y juntamente con Cristo Jesús, nos resucitó y nos hizo sentar en los lugares celestiales (Ef. 2:4-6).

Este es nuestro sitio legítimo, el estar "sentados en los lugares celestiales con Cristo Jesús", y "sentarnos silenciosos" allí. Pero qué pocos son los que hacen de esto una experiencia real. Verdaderamente son muy pocos los que creen que es posible para ellos el "sentarse en silencio" en estos "lugares celestiales" de la vida diaria en un mundo tan tumultuoso como este.

Quizá podemos creer que el hacer una visita corta a estos lugares celestiales durante los domingos o de vez en cuando en las ocasiones de contentamiento espiritual, puede estar dentro de lo posible; pero el estar actualmente "sentados" *allí todos los días y durante todo el día,* es un asunto enteramente diferente. Y, no obstante, está clarísimo que debemos hacerlo durante los domingos y durante todos los días de la semana.

Un espíritu apacible es de un valor inestimable para realizar actividades exteriores; y no hay nada que dificulte tanto la labor de las fuerzas espirituales ocultas, de lo cual depende nuestro éxito en todo, como un espíritu inquieto y afanoso.

En la quietud existe un poder inmenso. "Todas las cosas ayudan a aquel que sabe cómo confiar y guardar silencio." Las palabras están llenas de un significado profundo. El conocimiento de este hecho cambiaría inmensamente nuestros métodos de trabajo. En vez de luchar con las inquietudes, nos "sentaríamos" delante del Señor y permitiríamos a las fuerzas divinas de su Espíritu que obrasen en silencio para obtener los fines que aspiramos. Puede ser que tú no veas o sientas la forma de obrar de esta fuerza silenciosa, pero ten la seguridad de que está siempre trabajando de una forma poderosa, y trabajará para ti, con sólo que tú aquietes tu espíritu lo suficiente para que pueda ser transportado por las corrientes de su poder.   *Hannah Whitall Smith*

Tu obligación es el aprender a estar tranquilo y seguro en Dios, en todas las situaciones en que te encuentres.

El se sentará para afinar y purificar la plata (Mal. 3:3).

Nuestro Padre, que constantemente busca el perfeccionar a sus santos en santidad, conoce el valor del fuego refinador. El ensayador se toma la mayor molestia con los metales más valiosos. Los somete al fuego abrasador, porque este fuego derrite el metal y solamente la masa derretida se desprende de su mezcla o adquiere con perfección su forma nueva en el molde. *El refinador anciano nunca abandona su crisol, sino que se sienta a su lado,* para evitar que pueda haber un grado de temperatura excesiva y estropee el metal. Pero tan pronto como limpia de la superficie lo último de la escoria y ve su cara reflejada, entonces apaga el fuego.

Arthur T. Pierson

Corramos con paciencia (Heb. 12:1 R V R 1960)

El correr con paciencia es una cosa muy difícil. El correr es apropiado para sugerir la *ausencia* de paciencia, el anhelo de alcanzar la meta. Corrientemente asociamos la paciencia con el decaimiento. Pensamos en ella como el ángel que guarda el lecho del inválido. Sin embargo, yo no creo que la paciencia del inválido sea la más difícil de alcanzar.

Hay una paciencia que yo creo que es aún más difícil y firme: la paciencia que puede correr. El reposar en el tiempo de la aflicción y el permanecer sin quejarse bajo el golpe de la adversidad de la fortuna, requiere una gran fortaleza; pero yo conozco algo que requiere una fortaleza aún mayor. Es el poder para *trabajar* bajo el golpe recibido. El tener un gran peso en tu corazón y correr aún; el tener un dolor profundo en tu espíritu y, sin embargo, cumplir con tu tarea cotidiana. Eso es algo parecido a Cristo.

Muchos de nosotros sobrellevaríamos nuestras aflicciones sin llorar, si se nos permitiese. Lo difícil está en que a la mayoría de nosotros se nos llama para ejercitar nuestra paciencia no en la cama, sino en la calle. Se nos llama para que enterremos nuestras afliciones no en el reposo aletargado, sino en el servicio activo, en la oficina, en la fábrica, en nuestro trato con otros, contribuyendo a la felicidad de otros. No hay enterramiento de aflicción tan difícil como ése; tal es el "correr con paciencia". ¡Hijo del Hombre, esta fue tu paciencia! Fue a la vez un esperar y un correr. Un esperar para la meta y un hacer mientras tanto las cosas menores. Te veo en Canaán convirtiendo el agua en vino para que la fiesta de boda no se nublase. Te veo en el desierto alimentando a una multitud con pan para aliviar una necesidad temporal. Todo, todo el tiempo sobrellevaste un grandísimo dolor, sin ser compartido con nadie y sin decir una palabra. Los hombres piden un arco iris en las nubes; pero yo quisiera pedir *más* de ti. Yo mismo quisiera ser en mi nube, un arco iris, un siervo para el gozo de otros. Mi paciencia será perfecta cuando pueda *trabajar* en la viña.   *George Matheson*

31 de OCTUBRE ⎯⎯⎯⎯⎯⎯⎯⎯⎯⎯⎯⎯⎯⎯⎯⎯⎯

Y asimismo, también el Espíritu nos ayuda en nuestras debilidades; porque cómo debiéramos orar, no lo sabemos; pero el Espíritu mismo intercede con gemidos indecibles. Y el que escudriña los corazones sabe cuál es el intento del Espíritu, porque él intercede por los santos conforme a la voluntad de Dios (Rom. 8:26, 27).

Este es el misterio profundo de la oración. Este es el mecanismo delicado divino que las palabras no pueden interpretar y la teología no puede explicar, pero el creyente más humilde lo conoce aunque no puede comprenderlo.

¡Benditas son aquellas cargas que amamos el llevar, y los deseos inarticulados de nuestros corazones por aquellas cosas que no podemos comprender! Y no obstante, sabemos que son un eco procedente del trono y un susurro del corazón de Dios. A menudo es un gemido más bien que una canción, una carga más bien que un ala revoloteando. Pero es una carga bendita y es un gemido cuyo tono bajo es alabanza y un gozo inexplicable. Es "un gemido que no puede ser explicado". Nosotros no podríamos explicarlo siempre, y algunas veces lo único que entendemos es que Dios está orando en nosotros por algo que tiene necesidad de su toque y que él entiende.

Y así podemos derramar la plenitud de nuestro corazón, la carga de nuestro espíritu, la aflicción que nos oprime y saber que él oye, él ama, él comprende, él recibe y él separa de nuestras oraciones todo lo que es imperfecto, ignorante y equivocado y presenta lo restante con el incienso del Sumo Sacerdote arriba delante del trono; y nuestras oraciones son oídas, aceptadas y contestadas en su nombre.   *A. B. Simpson*

1 de NOVIEMBRE

Cuando la nube se detenía. . . los hijos de Israel. . . no se ponían en marcha (Núm. 9:19).

Esta era la prueba suprema de obediencia. El desmontar tiendas era comparativamente fácil, cuando las plegaduras aborregadas de la nube paulatinamente se juntaban al lado del tabernáculo y se movían majestuosamente delante del ejército. El cambio siempre es delicioso; y había emoción e interés en el camino, en el paisaje y en la ubicación del siguiente sitio de parada. Pero, ¡hay de las detenciones!

Por muy malo y sofocante que fuese el calor del lugar, por muy penoso que fuese para la carne y la sangre, por muy molesto que resultase para los impacientes de ánimo, por muy grande que fuese el peligro a que estaban expuestos no había opción alguna sino el permanecer acampados.

Dice el salmista: "Pacientemente esperé a Jehovah, y él se inclinó a mí y oyó mi clamor." No debemos dudar por un solo momento que lo que él hizo por los santos del Antiguo Testamento lo hará también por los creyentes a través de todas las edades.

Dios aún nos hace que esperemos. A veces, frente a frente con enemigos que nos amenazan, en medio de alarmas, rodeados de peligros, debajo de la roca que amenaza destruirnos. ¿No podemos marcharnos? ¿No es tiempo de que desmontemos nuestras tientas? ¿No hemos sufrido ya hasta lo máximo? ¿No podemos cambiar el deslumbramiento y el calor por pastos verdes y aguas apacibles?

No hay respuesta para esto. La nube se detiene y debemos pararnos, aunque seguros del maná, del agua de la roca, de cobijo y de defensa. Dios nunca nos deja en un lugar sin asegurarnos de su presencia y enviarnos diariamente lo que necesitamos.

Joven, detente, no tengas prisa para hacer un cambio. Ministro, permanece en tu puesto; tú debes detenerte hasta que la nube se mueva con toda claridad. Espera, entonces, el perfecto plan de tu Señor. El llegará con tiempo más que sobrado.

De *Comentario diario devocional*

2 de NOVIEMBRE

Pero la iglesia sin cesar hacía oración a Dios por él (Hech. 12:5).

La oración es la cadena que nos conecta con Dios. Es el puente que une toda separación y nos conduce por encima de todo abismo peligroso y de toda necesidad.

Qué significativo es el cuadro que nos presenta la iglesia apostólica: a Pedro en la prisión, los judíos triunfadores, Herodes gozando de poder, la arena del martirio esperando el amanecer para beber la sangre del apóstol y todo lo demás contra ella. "Pero la iglesia sin cesar hacía oración a Dios por él." Y, ¿cuál fue el resultado? Que la prisión se abrió, el apóstol fue libertado, los judíos frustrados, el malvado rey fue comido por los gusanos, en fin, un espectáculo en el que había escondida una gran retribución y la Palabra de Dios alcanzaba una gran victoria.

¿Conocemos el poder de nuestra arma espiritual? ¿Nos atrevemos a utilizarla con la autoridad de una fe que manda y pide? Dios nos bautiza con audacia sagrada y confianza divina. El no quiere hombres grandes, sino hombres que se atrevan a probar la grandeza de su Dios. ¡Ninguna otra cosa sino Dios! ¡Oremos!

A. B. Simpson

En tus oraciones, sobre todo, ten mucho cuidado en no limitar a Dios. Esto puedes hacerlo no sólo por medio de tu incredulidad, sino también creyendo que tú sabes lo que él puede hacer. Aguarda a las cosas inesperadas, sobre todo aquello que pedimos o aquello en que pensamos. Cada vez que intercedes, primeramente está tranquilo y adora a Dios en su gloria. Piensa en lo que él puede hacer, de lo que él se complace en oír a Cristo, del lugar que ocupa en Cristo; y espera grandes cosas. *Andrew Murray*

Nuestras oraciones son las oportunidades de Dios.
¿Estás afligido? La oración puede hacer que la aflicción te sea agradable y te fortalezca. ¿Estás alegre? La oración puede añadir a

tu gozo cierto perfume celestial. ¿Te encuentras en gran peligro a causa de enemigos interiores y exteriores? La oración puede colocar a tu diestra un ángel, cuyo toque puede desmenuzar una piedra de molino en polvo más fino que la harina que muele, y cuya ojeada puede derrotar un ejército. ¿Qué hará la oración por ti? Mi respuesta es: Todo lo que Dios pueda hacer por ti. "Pide lo que yo te daré." *Farrar*

3 de NOVIEMBRE

Yo os he dado... todo lugar que pise la planta de vuestro pie... Solamente esfuérzate y sé muy valiente... No temas ni desmayes, porque Jehovah tu Dios estará contigo dondequiera que vayas (Jos. 1:3, 7, 9).

Los juguetes y las chucherías se obtienen fácilmente, pero hay que pagar un precio muy elevado por las cosas que valen. La cumbre más elevada del poder siempre se compra con sangre. Tú puedes llegar a la cumbre si tienes la sangre suficiente para pagar. Esa es la condición para conquistar las alturas sagradas en todas partes. La historia de los verdaderos heroísmos es la historia de la sangre sacrificada. Lo más valioso de la vida y el carácter no es algo que debemos al soplo de los vientos errantes. Las almas grandes pasan por medio de grandes aflicciones.

Las grandes verdades cuestan mucho; las verdades comunes, tales como las que el hombre da y recibe de un día a otro, se encuentran muy fácilmente en el camino de nuestra vida, transportadas por algún viento negligente.

Las grandes verdades cuestan mucho. No se obtienen por la casualidad, ni por medio de nuestros sueños dorados, sino que se obtienen en la gran batalla que el alma sostiene, luchando furiosamente contra los vientos y corrientes enemigas.

Dios, por medio de su mano poderosa en medio de nuestros conflictos, aflicciones y temores, labra el subsuelo del corazón estancado y hace que brote la semilla de la verdad aprisionada que allí se encuentra.

La verdad brota como la cosecha de un campo bien cultivado del espíritu afligido, de las horas difíciles en que estamos debilitados, de la soledad y quizás del dolor. Entonces el alma comprende que su llanto no ha sido en vano.

La capacidad para conocer a Dios se aumenta cuando él nos coloca en circunstancias que nos obligan a ejercitar la fe. Así que, cuando nuestro camino esté sitiado con dificultades, demos gracias a Dios por la molestia que se toma en esto por nosotros y recostémonos en él con firmeza.

"Cualquiera que procure salvar su vida, la perderá; y cualquiera que la pierda, la conservará" (Luc. 17:33).

4 de NOVIEMBRE _____

Estando yo en medio de los cautivos, junto al río Quebar, fueron abiertos los cielos, y vi visiones de Dios. . . Allí vino sobre mí la mano de Jehovah (Eze. 1:1, 3).

No hay ningún comentarista de las Escrituras que se compare con aquel que experimentó el cautiverio. Los salmos antiguos contienen para nosotros un nuevo sentimiento cuando nos sentamos junto a nuestro "arroyo de Babel", y su sonido nos produce un nuevo gozo al encontrar cambiada nuestra cautividad como las corrientes en el sur.

El hombre que ha visto mucha aflicción no se deja separar con muy buena gana de su ejemplar de la Palabra de Dios. Cualquier otro libro puede parecer a otros que es idéntico al suyo; pero para él no es así, porque sobre las páginas viejas, manchadas y estropeadas de su Biblia, él ha escrito, en caracteres invisibles para los demás, la historia de sus experiencias, y a menudo va a las columnas de Betel o a las palmeras de Elim, las cuales son para él los recuerdos de algún capítulo crítico de su historia.

Si queremos sacar algún beneficio de nuestra cautividad, entonces tenemos que aceptar la situación y hacer el mejor uso de ella. El enojarse porque se nos haya privado de algo o arrebatado cualquier cosa, no mejora las cosas, sino al contrario, lo que hace es impedir que puedan mejorarse aquellas cosas que han quedado. Si el lazo está apretado es porque lo hemos estirado hasta lo infinito.

El caballo impaciente que no sobrelleva su cabestro con sosiego, lo único que consigue es estrangularse en su pesebre. El animal fogoso que es reacio a su yugo, se hiere en el lomo. Todos sabemos la diferencia que existe entre el estornino impaciente del cual Sterne escribió: "Lastima sus alas contra los alambres de la jaula y grita: 'No puedo salir, no puedo salir'", y el canario apacible que se posa sobre su percha cantando como si sobrepujara en excelencia a la alondra que se remonta hasta las puertas del cielo. Ninguna calamidad puede ser para nosotros un mal si la colocamos delante de Dios en una oración directa y fervorosa. Porque lo mismo que una persona que se guarece de la lluvia debajo de un árbol puede encontrar fruto en sus ramas sin haberlo buscado, de la misma manera, al tratar de buscar refugio debajo de la sombra de las alas de Dios, siempre encontraremos en él más de lo que hemos visto o conocido anteriormente.

Es por medio de las pruebas y aflicciones como Dios se revela a nosotros muy a menudo; y el vado de Jaboc conduce a Peniel, donde nuestra lucha tiene como resultado el que "veamos a Dios cara a cara" y la preservación de nuestras vidas. ¡Oh, cautivo! Guarda esto para ti y él te concederá "canciones por la noche" y convertirá para ti "la sombra de muerte, en la mañana."

William Taylor

El sometimiento a la voluntad divina es la almohada más blanda en que podemos recostarnos.

5 de NOVIEMBRE ――――――――――――――――――――――

¿Acaso existe para Jehovah alguna cosa difícil? (Gén. 18:14).

He aquí un desafío afectuoso de Dios para ti y para mí hoy. El quiere que pensemos en los deseos y anhelos más profundos, más elevados y más dignos de nuestros corazones. Es algo que quizá fue un deseo para nosotros o para alguno de nuestros seres queridos, pero lo hemos dejado sin cumplir durante tanto tiempo que lo hemos considerado solamente como un deseo perdido; o algo que podía haber sido pero que ahora no puede ser, y hemos perdido toda la esperanza de verlo realizado en esta vida.

Esa cosa, si está en armonía con lo que sabemos que es su expresa voluntad (como lo fue un hijo para Abraham y Sara), Dios intenta hacerlo para nosotros, aun cuando sabemos que es algo tan imposible de realizar que nos reímos de la absurdidad de cualquiera que supusiese que tal cosa podría llevarse a cabo. Pues bien, *esa cosa* es la que Dios intenta hacer para nosotros si se lo permitimos.

¿Hay para Dios alguna cosa difícil? No, cuando creemos en él lo suficiente para continuar hacia adelante y hacer su voluntad y dejarle a él que haga lo imposible para nosotros. Aun Abraham y Sara podrían haber obstruido el plan de Dios si hubiesen continuado desconfiando. Lo único demasiado difícil para Jehovah es la incredulidad continua y deliberada en su amor y poder, y nuestro rechazo final de sus planes para con nosotros. No hay ninguna cosa difícil que Jehovah no pueda hacer para aquellos que confían en él.

De Messages for the Morning Watch

6 de NOVIEMBRE ──────────────────────────────

Yo reprendo y disciplino a todos los que amo (Apoc. 3:19).

D ios usa a sus siervos más selectos y elevados en las aflicciones más selectas y elevadas. Aquellos que han recibido más gracia de Dios pueden soportar mejor las aflicciones de Dios. La aflicción no llega al santo por una casualidad, sino que ha sido enviada para él. Dios no saca su arco a la aventura. Cada una de sus saetas va dirigida hacia una persona determinada, y no toca el seno de ningún otro, sino de aquel a quien se le ha enviado. No es solamente la gracia de un creyente la que manifiesta, sino también su gloria, cuando podemos sobrellevar las aflicciones con paciencia.

Joseph Caryl

¡Oh, Señor! yo no deseo
Tus misterios penetrar;
Yo tu omnipotencia veo
Y en tu omnipotencia creo;
Nada quiero preguntar.

Si tanto amor nos tuviste
Siendo la eterna razón,
Cristo, consuelo del triste,
Dame la luz que encendiste
En la santa redención.

Dirígeme, sé mi guía
En la densa obscuridad
Ilumina el alma mía,
Y a ella una chispa envía
Del sol de tu eternidad.

Los cristianos que tienen un conocimiento profundo de Dios, generalmente son aquellos cuyas almas han sido atormentadas grandemente. Si en tus oraciones has pedido el conocer más acerca de Cristo, entonces no te sorprendas si te lleva aparte, a un lugar desierto, o te conduce a un horno de aflicción. Señor, no me castigues quitándome mi cruz, sino consuélame sometiéndome a tu voluntad y haciéndome amar la cruz. Dame aquello con lo cual tú puedes estar mejor servido. . . y permíteme que lo posea para tu gloria, para que glorifiques tu nombre en mí según tu voluntad.

De Oración de un cautivo

7 de NOVIEMBRE

Pero las cosas que para mí eran ganancia, las he considerado pérdida a causa de Cristo (Fil. 3:7).

Cuando enterraron al predicador ciego George Matheson, rodearon su tumba con rosas rojas, en memoria de su vida de amor y sacrificio. Este hombre a quien se le honró de una manera tan significativa, fue el que escribió:

¡Oh! Amor que no me dejarás,
Descansa mi alma siempre en ti,
Es tuya y tú la guardarás,
Y en el océano de tu amor,
Más rica al fin será,

¡Oh! Gozo que a buscarme a mí,
Viniste con mortal dolor,
Tras la tormenta el arco vi,
Y ya el mañana, yo lo sé,
Sin lágrimas será.

¡Oh! cruz que miro sin cesar,
Mi orgullo, gloria y vanidad
Al polvo dejo por hallar
La vida que en su sangre dio
Jesús, mi Salvador.

Existe la leyenda de un cierto artista que descubrió el secreto de un rojo maravilloso, el cual ningún otro artista podía imitar. El secreto de su color murió con él. Pero después de su muerte se vio que tenía una herida antigua sobre su corazón. Esto reveló que era la fuente del color incomparable de los cuadros. La leyenda nos enseña que no puede hacerse nada grande, ni obtenerse nada elevado, ni hacerse nada que valga la pena por el mundo, a no ser que nos cueste la sangre del corazón.

8 de NOVIEMBRE

Tomó consigo a Pedro, a Juan y a Jacobo, y subió al monte a orar. Y mientras oraba, la apariencia de su rostro se hizo otra, y sus vestiduras se hicieron blancas y resplandecientes. . . Y vieron su gloria (Luc. 9:28, 29, 32).
Si he hallado gracia ante tus ojos, por favor muéstrame tu camino (Exo. 33:13).

Cuando Jesús tomó aparte en lo alto de aquella elevada montaña a estos tres discípulos, los llevó a una comunión íntima con él. Ellos no vieron a nadie sino a Jesús; y fue una experiencia especial el estar allí. El cielo no está muy retirado de aquellos que se detienen en el monte con su Señor.

¿Quién es el que no ha vislumbrado la abertura de la puerta en momentos de oración y meditación? ¿Quién no ha sentido en el lugar secreto de la sagrada comunión la ráfaga de algún oleaje emocional, un gozo por anticipado de lo sagrado?

El Maestro tuvo tiempos y lugares para conversar con tranquilidad con sus discípulos. Una vez lo hizo en la cumbre del Hermón, pero con más frecuencia en los declives sagrados del monte de los Olivos. Cada cristiano debiera tener su monte de los Olivos. La mayoría de nosotros, especialmente en las ciudades y pueblos grandes, vivimos en un gran apresuramiento. Desde por la mañana temprano hasta la hora de acostarnos estamos expuestos a girar

317

rápidamente de una parte para otra sin tener tranquilidad para nada. En medio de este barullo la oportunidad que tenemos para meditar, para orar, para la lectura de su Palabra y para comunicarnos con él es muy pequeña. Daniel tuvo necesidad de un monte de los Olivos en su habitación, en medio del ruido e idolatría de Babilonia. Pedro encontró el suyo en lo alto de la casa de Jope; y Martín Lutero halló el suyo en el "aposento alto", en Wittenberg, el cual aún se conserva como lugar sagrado.

Una vez, el doctor Joseph Parker dijo: "Si no volvemos a las visiones, a elevar nuestra mirada al cielo, a darnos cuenta de la gloria más excelsa y de la vida más elevada, entonces perderemos nuestra religión; nuestro altar se convertirá en una piedra desnuda y sin bendecir por los habitantes del cielo." Lo que el mundo necesita hoy es hombres que hayan visto a su Señor.

De *The Lost Art of Meditation*

Acércate a él. Dios puede llevarte hoy a lo alto de la montaña a donde llevó a Pedro a pesar de sus errores y a Santiago y a Juan, aquellos hijos del trueno que una y otra vez malinterpretaron por completo a su Maestro y su misión. No hay razón alguna por la que no pueda llevarte a ti. Así que no lo deseches y digas: "Estas visiones y revelaciones del Señor son para los espíritus escogidos." ¡Pueden ser para ti!

John McNeil

9 de NOVIEMBRE

Volverán y se sentarán bajo su sombra. Cultivarán el trigo y florecerán como la vid (Ose. 14:7).

El día se terminó con grandes chaparrones. Las plantas de mi jardín fueron golpeadas por la tormenta acometedora, y vi una flor a la que había admirado por su belleza y le había tomado cariño por su fragancia, expuesta a los golpes de aquella cruel tormenta. La flor cerró sus pétalos, inclinó su cabeza y vi cómo desaparecía toda su gloria. "Tendré que esperar hasta el próximo año", me dije, "antes de que vuelva a ver nuevamente una flor tan bella".

Transcurrió la noche y llegó la mañana. El sol resplandeció nuevamente y la mañana fortaleció a la flor. La luz la miró y la flor miró a la luz. Hubo contacto y comunión y un cierto poder se introdujo en la flor. Entonces levantó su cabeza, abrió sus pétalos, recuperó su gloria y parecía mucho más bonita que antes. No sé cómo sucedió que algo tan débil se pusiese en contacto con una fuerza tan potente, y que ganase fortaleza.

No puedo decir cómo es que por medio de la comunión con Dios podré recibir un cierto poder en mi ser para hacer y sobrellevar las cosas, pero lo que sí sé es que eso es un hecho.

¿Te encuentras en peligro a causa de alguna prueba aplastante? Busca esta comunión con Cristo y recibirás el poder suficiente para conquistar. "Yo te fortaleceré."

10 de NOVIEMBRE

Abraham creyó contra toda esperanza (Rom. 4:18).

La fe de Abraham parece ser que estuvo en armonía perfecta con el poder y la fidelidad constantes de Jehovah. En las circunstancias exteriores en que estuvo colocado no podía tener la menor idea de que se cumpliría la promesa. No obstante, él creyó en la Palabra de Dios y pensó en el tiempo venidero en que su simiente sería tan numerosa como las estrellas del cielo.

¡Alma mía! Tú no tienes solamente una promesa, como tuvo Abraham, *sino miles de promesas* y modelos de muchos creyentes fieles delante de ti. Por lo tanto, es muy importante y necesario que confíes enteramente en la Palabra de Dios. Y aunque él retrase su ayuda y parezca que el mal aumenta más y más, no te debilites por esto sino, al contrario, aumenta tus fuerzas y regocíjate porque las promesas más maravillosas de Dios generalmente se cumplen; cuando no hay la menor señal de ello, entonces es cuando Dios se presenta resueltamente y nos salva.

El usa este método con el fin de que no confiemos en nada de lo que vemos o sentimos, como siempre estamos inclinados a hacer, sino que confiemos plenamente en su Palabra, cualquiera que sea la circunstancia en que nos encontremos.

C. H. Von Bogatzky

Recuerda que el tiempo apropiado para que obre la fe es cuando cesa de hacerlo la vista. Cuanto mayores sean las dificultades, mucho más fácil es para la fe. En tanto que permanecen ciertas perspectivas naturales, la fe no obra tan fácilmente como cuando estas perspectivas fracasan.

George Mueller

Descenderá como lluvia sobre la hierba cortada (Sal. 72:6).

Amós habla de las siegas del rey. Nuestro Rey posee muchas guadañas con las que perpetuamente siega sus praderas. El sonido musical que la guadaña produce en su contacto con la piedra afiladora pronostica el cortamiento de millares de margaritas, de hierba verde y de multitud de flores. Tan bonitas como aparecían aquellas flores por la mañana y al cabo de una o dos horas yacen a lo largo marchitadas en hileras.

Así, en la vida humana, actuamos con heroicidad delante de la hoz del dolor, de las tijeras de las desilusiones y la guadaña de la muerte.

El único método con que se puede obtener un césped aterciopelado es segándolo repetidas veces; y no hay otro medio para desarrollar la ternura, la serenidad de ánimo y la simpatía sino pasando las guadañas de Dios. ¡Con cuánta constancia la Palabra de Dios compara al hombre con la hierba y su gloria con las flores! Pero cuando la hierba se ha secado y sangran sus tiernas ramas, cuando reina la desolación donde había infinidad de flores, entonces es el tiempo más favorable para que descienda la lluvia.

¡Oh, alma mía, tú has sido segada! Una y otra vez el Rey te ha visitado con su afilada guadaña. No temas a la guadaña porque de seguro será seguida por la lluvia.   *F. B. Meyer*

12 de NOVIEMBRE

Estos eran alfareros y habitaban en Netaím y Gedera. Allí habitaban cerca del rey, ocupados en su servicio (1 Crón. 4:23).

En cualquier parte y en todas partes podemos morar "con el Rey en su obra". Podemos estar en un lugar muy difícil y desfavorable para ello; puede ser haciendo verdadera vida de campo viendo muy poco de los "movimientos" del Rey a nuestro alrededor; puede ser entre cercados de todas clases y dificultades en todas direcciones; o, más aún, puede ser con nuestras manos llenas de toda clase de alfarería para hacer nuestra labor cotidiana.

Pero no importa. El Rey que nos colocó "allí" vendrá y morará con nosotros. Los cercados están en el lugar que les corresponde o, de lo contrario, él los habría quitado de allí. Y aquello que parece que va a dificultar nuestro camino nos sirve de protección; y con respecto a la alfarería es, precisamente, lo que él ha visto que debe poner en nuestras manos, y por lo tanto, por ahora ese es "su trabajo". *Frances Ridley Havergal*

El colorido de las puestas de sol y los cielos estrellados, las bellas montañas y mares resplandecientes, la fragancia de los bosques y el color de las flores, no contienen ni la mitad de belleza que posee el alma que sirve a Jesús por amor en el uso común de la vida. *Faber*

Los espíritus más piadosos existen con frecuencia en aquellos que nunca se han distinguido como autores, o han dejado alguna memoria que se haya convertido en un tema universal; sino en aquellas personas que han vivido una vida angélica interior y han ocultado la belleza de sus flores como el lirio recién nacido en el valle secuestrado por las orillas de un agua transparente. *Kenelm Digby*

13 de NOVIEMBRE

Porque yo le he escogido y sé que mandará a sus hijos (Gén. 18:19).

Dios quiere personas en quienes pueda confiar. El pudo decir a Abraham: "Yo lo he escogido, sé que mandará a sus hijos. . . para que Jehovah haga venir sobre Abraham lo que ha hablado acerca de él." En Dios se puede confiar y él desea que seamos tan decididos, tan fieles y tan constantes como él es.

Dios busca hombres en quienes él pueda colocar el peso de todo su amor, poder y fieles promesas. Las locomotoras de Dios son lo suficientemente poderosas para tirar de cualquier peso que podamos colgarles. Desgraciadamente, el cable que amarramos a la locomotora con frecuencia es demasiado débil para sostener el peso de nuestra oración. Por lo tanto, Dios nos está enseñando y disciplinando para que estemos firmes y ciertos en la vida de fe. Aprendamos nuestra lección y permanezcamos seguros. *A. B. Simpson*

Dios sabe que tú puedes soportar esa prueba; de lo contrario no te la habría mandado. Su confianza en ti explica las pruebas de la vida por muy amargas que puedan ser. Dios conoce nuestra fortaleza y él la mide hasta la última pulgada; y jamás se dio a un hombre una prueba que fuese mayor que su fortaleza para sobrellevarla por medio de Dios.

14 de NOVIEMBRE

De cierto, de cierto os digo que a menos que el grano de trigo caiga en la tierra y muera, queda solo; pero si muere, lleva mucho fruto (Juan 12:24).

Ve al cementerio antiguo de Northampton, Massachusetts, en los Estados Unidos, y mira en la tumba del joven David Brainerd que se encuentra junto a la de la bella Jerusha Edwards, a quien él amó y con quien no se pudo casar a causa de su muerte.

Cuántas esperanzas y expectativas para la causa de Cristo fueron a la sepultura con la pérdida del cuerpo de aquel joven misionero, de quien ahora no queda otra cosa sino su querido recuerdo y unos centenares de indios convertidos. Pero aquel majestuoso anciano y santo puritano, Jonathan Edwards, que esperaba poderlo llamar hijo, escribió en un libro pequeño los recuerdos de su vida. Dicho librito tomó vuelos, atravesó los mares y fue a parar a la mesa de un estudiante de Cambridge, Inglaterra, llamado Enrique Martyn.

¡Pobre Martyn! ¡Por qué tenía él que cortar con toda su erudición, su genio y sus oportunidades! ¿Qué es lo que él alcanzó cuando volvió gravemente enfermo de la India a su casa, y marchó sin poder a aquel lugar lejano y funesto de Tocat, junto al mar Negro, donde se agachaba bajo las redes amontonadas para refrescar su fiebre abrasadora contra la tierra, y donde murió aislado?

¿Con qué objeto se perdieron estos hombres? De la sepultura del joven Brainerd, y de la sepultura lejana y solitaria de Martyn, que se encuentra junto a la playa de Euxine, se ha levantado el ejército sublime de los misioneros modernos.

Leonard Woolsey Bacon

Fuimos abrumados sobremanera, más allá de nuestras
fuerzas. . . Porque mi poder se perfecciona en tu debili-
dad (2 Cor. 1:8; 12:9).

Dios permitió que la crisis rodease a Jacob la noche en que se inclinó suplicando, con el fin de colocarle en una posición en que pudiese recibir a Dios como él jamás lo habría hecho. Y por aquella salida estrecha y peligrosa Jacob aumentó su fe, su conocimiento de Dios y el poder de una vida nueva y victoriosa.

Dios tuvo que hacer pasar a David por medio de una disciplina dolorosa y de muchos años, para que aprendiese el gran poder y fidelidad de su Dios y progresase en los principios de fe y santidad establecidos, los cuales fueron indispensables para su gloriosa carrera como rey de Israel.

Y ninguna otra cosa sino nuestras pruebas y peligros podían habernos conducido a algunos de nosotros a obtener el conocimiento que de él tenemos, a confiar en él como lo hacemos y sacar de él la gracia suficiente que nos es indispensable para nuestras mayores dificultades.

Las dificultades y los obstáculos son las maneras en como Dios desafía la fe. Cuando los obstáculos se nos atraviesan en la senda del deber, debemos considerarlos como vasijas para la fe, que hemos de llenar con la plenitud y suficiencia de Jesús; y al continuar hacia adelante confiando enteramente en él, quizá seamos probados, quizá tengamos que esperar y permitir a la paciencia que realice su obra perfecta; pero al final encontraremos la piedra quitada de nuestro camino, y al Señor esperando para darnos el doble por el tiempo de nuestras pruebas.   *A. B. Simpson*

Y ellos lo han vencido por causa de la sangre del
Cordero. . . porque no amaron sus vidas hasta la muerte
(Apoc. 12:11).

Cuando Jacobo y Juan acudieron a Jesucristo con su madre, para pedirle que les concediese el mejor sitio en el reino, él no rechazó su petición, sino les dijo que se les concedería si podían hacer su trabajo, beber su copa y ser bautizados con su bautismo. ¿Queremos nosotros competir? Las cosas más elevadas siempre están cercadas por las cosas más difíciles, y nosotros también encontraremos montañas, bosques y carrozas de hierro. La opresión es el precio que hay que pagar por la coronación. Los arcos del triunfo no están siempre tejidos con capullos de rosas y cordones de seda, sino con señales sangrientas. Las mismas opresiones que hoy estás soportando en tu vida te han sido enviadas por el Maestro con el objeto de habilitarte para ganar tu corona.

No esperes ninguna situación ideal, dificultad romántica o salida lejana; sino levántate y enfréntate con las circunstancias actuales que la providencia de Dios ha colocado hoy a tu alrededor. Tu corona de gloria permanece escondida en el mismísimo corazón de estas cosas, de esas aflicciones y pruebas que te están oprimiendo en esta misma hora, semana y mes de tu vida. Las cosas peores no son aquellas que el mundo conoce. En lo profundo de lo secreto de tu alma hay una prueba pequeña, desconocida e invisible excepto para Jesús, que tú no te atreverías a mencionar y que te cuesta más trabajo soportarla que el martirio. Allí, mi amado, está tu corona. Que Dios te ayude a vencer para que al fin puedas ganarla. *Seleccionado*

17 de NOVIEMBRE _____

Oíd lo que dice el juez injusto. ¿Y Dios no hará justicia a sus escogidos que claman a él de día y de noche? ¿Les hará esperar? Os digo que los defenderá pronto (Luc. 18:6-8).

No podemos hacer que Dios obre cuando nosotros queremos. En el caso de que nuestro pedernal no produzca lumbre al primer golpe, debemos intentarlo de nuevo. Dios escucha nuestras oraciones, pero no las contesta en el tiempo que nosotros creemos que es el oportuno. El se revela a nuestros corazones escudriñadores, pero no exactamente en el tiempo y en el lugar que habíamos fijado en nuestras expectativas. He aquí la necesidad de la perseverancia e importunidad que debemos tener en la súplica.

En los tiempos pasados en que se utilizaba el pedernal, el eslabón y el azufre para encender el fuego, había que golpear una y otra vez, y hasta docenas de veces, antes de poder conseguir que una chispa encendiese la yesca; y si, al fin, conseguíamos esto, estábamos agradecidísimos por ello.

¿No debiéramos tener la misma perseverancia y esperanza en las cosas celestiales? En dichas cosas tenemos más seguridad de éxito que el que teníamos con el eslabón y el pedernal, porque tenemos las promesas de Dios en nuestro apoyo.

No desesperemos jamás. Ya llegará el día en que Dios mostrará su misericordia; y este día llegará en el momento en que creamos. Pide con fe, sin dudar en absoluto; pero nunca ceses de pedir porque el Rey tarde en contestarte. Golpea con tu eslabón nuevamente. Haz que salten las chispas y ten tu yesca preparada; no ha de tardarse mucho para que puedas obtener lumbre.

C. H. Spurgeon

No creo que exista en la historia del reino de Dios el que una oración hecha y ofrecida como se debe y con el debido espíritu haya quedado sin contestar para siempre. *Theodore L. Cuyler*

"Bienaventurado el hombre que persevera bajo la prueba; porque, cuando haya sido probado, recibirá la corona de vida que Dios ha prometido a los que le aman" (Stg. 1:12).

18 de NOVIEMBRE

Bienaventurado es el que no toma ofensa en mí (Luc. 7:23).

A veces es muy difícil el no escandalizarse en Jesucristo. Las ofensas pueden ser circunstanciales. Puede ser que me encuentre en una prisión, en una esfera demasiado estrecha, en un hospital, en una situación impopular cuando yo esperaba gozar de grandes oportunidades. No te preocupes por esto; él es el que determina el lugar en que debemos permanecer. El trata de esta manera de intensificar nuestra fe, de madurar nuestro poder y establecer una comunión más íntima con nosotros. Aun en el calabozo nuestras almas pueden prosperar.

La ofensa puede ser mental. Puedo encontrarme perturbado con embrollos y problemas que no puedo resolver. Esperaba que, al entregarme a él, mi cielo se esclarecería para siempre; pero a menudo está lleno de nubes y niebla. No obstante, permíteme que crea que si las dificultades permanecen son para que aprendas a confiar más en él y no tener miedo. Sí, por medio de mis conflictos intelectuales también me entreno para poder enseñar a otros que se encolerizan. La ofensa puede ser espiritual. Había pensado que encontrándome en su aprisco nunca sentiría el viento de la tentación; pero es mejor así. Su gracia se magnifica. Mi propio carácter se madura. Su cielo es más agradable al final del día. Allí volveré a mirar a las vueltas y pruebas del camino, y cantaré las alabanzas de mi Guía. Así venga lo que venga, su voluntad siempre es bienvenida y rehusaré el ser ofendido en mi amante Señor.

Alexander Smellie

19 de NOVIEMBRE ————————————————————

Tú que me has hecho ver muchas angustias y males, volverás a darme vida (Sal. 71:20).

Dios nos muestra las aflicciones. A veces, cuando esta parte de nuestra educación se está llevando hacia adelante, tenemos que descender a "las partes más profundas de la tierra", pasar por en medio de pasajes subterráneos, permanecer sepultados entre los muertos; pero jamás, por un solo momento, el lazo de amistad y comunión entre Dios y nosotros se atiranta para romperse; y después Dios vuelve a sacarnos de aquellas profundidades.

No dudes nunca de Dios. Nunca debes decir que él te ha olvidado o abandonado. No pienses jamás que él no se ocupa de nosotros. El *vivificará* nuevamente. En cada madeja de lana siempre existe un trozo alisado, por muy enmarañada que ésta pueda estar. Aun el día más largo termina por desaparecer. La nieve del invierno puede durar bastante, pero al fin desaparece.

Permanece firme, tu trabajo no es en vano. Dios vuelve nuevamente y consuela; y cuando él lo hace, el corazón que ha olvidado su salmodia pronuncia una canción de júbilo como el salmista: "Asimismo, oh Dios mío, te alabaré con la lira. Tu verdad cantaré con el arpa, oh Santo de Israel" (Sal. 71:22).

Seleccionado

20 de NOVIEMBRE

¡Bienaventurado el que espere! (Dan. 12:12).

Esperar puede parecer una cosa fácil, pero es una de las posturas que el soldado cristiano sólo puede aprender después de muchos años de instrucción. El caminar y las marchas ligeras son más fáciles para los guerreros de Dios que el permanecer parados.

Hay ciertas horas de perplejidad en que el espíritu más ardiente, deseando servir a Dios de todo corazón, no sabe qué camino tomar. ¿Qué debe hacer en este caso? ¿Dejarse llevar por la desesperación? ¿Retroceder acobardado? ¿Volver temeroso hacia la derecha o abalanzarse con presunción hacia adelante?

No, lo que debe hacer es esperar. *Esperar en oración,* como quiera que sea. Acudir a Dios y poner el asunto delante de él, contarle las dificultades e implorar su promesa de ayuda.

Espera con fe. Expresa una confianza firme en él. Cree que, aunque él te haga esperar hasta media noche, vendrá en el tiempo oportuno. La visión ha de llegar sin tardanza.

Espera cailadamente con paciencia. No murmures jamás contra las causas secundarias, como hicieron los hijos de Israel contra Moisés. Acepta tu situación tal como se te presenta y colócala con todo tu corazón y sin obstinación en la mano de tu Dios, diciendo: "Ahora, Señor, hágase no mi voluntad, sino la tuya." Yo no sé qué hacer, me encuentro completamente oprimido pero esperaré hasta que dividas los diluvios o hagas retroceder a mis enemigos. Esperaré si me preservas durante mucho tiempo. Mi corazón solamente te mira a ti y mi espíritu te espera con la completa convicción de que tú has de ser mi gozo, mi salvación, mi refugio y mi torre poderosa. De *Morning by Morning*

21 de NOVIEMBRE

Encomienda a Jehovah tu camino (Sal. 37:5).

Cuando te veas oprimido por cualquier cosa acude y cuéntaselo al Padre. Coloca el asunto enteramente en sus manos y te liberarás de la inquietud y perplejidad con que el mundo está lleno. Cuando vayas a hacer o a sufrir por algo, cuando intentes hacer

327

alguna cosa o asunto, háblale a Dios acerca de ello y tenle informado. *Sí, cárgale a él con ello y termina con tus inquietudes.* No hay que impacientarse por más tiempo, ahora lo que tienes que hacer es sosegarte, cumplir tu deber con diligencia y confiar en él, para que saque tus asuntos adelante. Encomienda tus inquietudes y tu ser como una sola carga a tu Dios.   *R. Leighton*

Encontraremos imposible el encomendar nuestro camino al Señor, a menos que sea un camino que él apruebe. La fe es el único medio por el cual el hombre puede encomendar su camino al Señor. Si existe en nuestro corazón la menor duda de que "nuestro camino" no es bueno, entonces la fe rechazará el intervenir lo más mínimo en ello. La encomienda de nuestro corazón no debe ser un acto aislado sino encomienda perpetua. Por muy extraordinaria e inesperada que pueda parecerte su guía, aunque te lleve junto al precipicio, no quites las riendas de sus manos. ¿Estamos dispuestos a someter a Dios todos nuestros caminos para que pronuncie su juicio sobre ellos? No hay nada tan necesario para un cristiano como el examinar cuidadosamente sus costumbres y su interpretación de la vida. El está demasiado predispuesto a suponer por adelantado la aprobación divina en ellos. ¿Por qué hay algunos cristianos tan afanosos y temerosos? Evidentemente, porque no han confiado su camino al Señor. Lo llevaron a él, pero se lo volvieron a llevar con ellos.   *Seleccionado*

22 de NOVIEMBRE ————————————————————

¿Creéis que puedo hacer esto? (Mat. 9:28).

Dios obra con las imposibilidades. Para él nunca es demasiado tarde, si lo que es imposible se le lleva con fe plena, por aquel en cuya vida y circunstancias debe operarse lo imposible para que Dios sea glorificado. Aunque en nuestra vida haya habido rebeldía, incredulidad, pecado y desastre, nunca es demasiado tarde para que Dios trate con triunfo todos estos hechos trágicos, si se le llevan a él con una rendición y confianza completas. A menudo se ha dicho con verdad que el cristianismo es la única religión que puede tratar con el pasado del hombre. Dios dice: "Yo os restituiré. . . los años que comieron la langosta" (Joel 2:25), y él hará esto cuando pongamos sin reservas nuestra situación y a nosotros mismos en sus manos, pero creyendo. Y él hará esto no por lo que nosotros somos, sino por lo que él es. Dios perdona, cura y restituye. El es "el Dios de toda gracia". Alabémosle y confiemos en él.

De Sunday School Times

Tenemos un Dios que se complace en las imposibilidades. No hay nada demasiado difícil para él. *Andrew Murray*

23 de NOVIEMBRE

Has hecho ver duras cosas a tu pueblo (Sal. 60:3).

Siempre me he alegrado de que el salmista dijese a Dios que algunas cosas eran duras. No hay duda acerca de ello; es cierto que hay cosas duras en la vida. Este verano me dieron algunas flores rojizas y, al tomarlas, pregunté: "¿Qué son?" Y me respondieron: "Son flores rocosas, solamente crecen y echan flores sobre las rocas donde no se ve la tierra." Entonces pensé en las flores de Dios que crecen en los lugares duros y sentí de cierta manera que él puede tener una ternura peculiar para sus "flores rocosas", que quizás no tenga para sus lirios y sus rosas. *Margaret Bottome*

Las pruebas de la vida son constructoras y no destructoras. Las adversidades pueden destruir los negocios de un hombre, pero forman su carácter. El golpe que recibe el hombre exterior puede ser la mejor bendición para el hombre interior. Entonces, si Dios coloca o permite algo duro en nuestras vidas, ten la seguridad de que el verdadero peligro y aflicción será lo que perdemos si huimos o nos rebelamos. *Maltbie D. Babcock*

Dios obtiene sus mejores soldados en las montañas elevadas de la aflicción.

24 de NOVIEMBRE

Estad quietos y reconoced que yo soy Dios (Sal. 46:10).

No se encuentra en todos los coros una nota musical tan poderosa como la pausa enfática. ¿Existe en el salterio alguna palabra tan elocuente como "Selah" (Pausa)? ¿Hay algo más conmovedor y terrible que el silencio que precede al romper de la tormenta y la calma tan extraña con que parece que se cubre toda la naturaleza antes de que haya alguna convulsión o fenómeno preternatural? ¿Hay alguna otra cosa que pueda conmover tanto nuestros corazones como el *poder del silencio?*

Para todo corazón que se entrega por completo a él existe "la paz de Dios que sobrepasa todo entendimiento", una "quietud y confianza" que es la fuente de toda fortaleza, una paz sosegada, "que no puede ser perturbada por nada en este mundo", un descanso profundo que "el mundo no puede dar ni quitar". En medio de lo más profundo del alma hay un aposento para la paz donde Dios mora y donde podemos oír su voz apagada y silenciosa, con solamente que entremos en él y acallemos los demás sonidos.

En la rueda más veloz que gira sobre su eje existe un lugar en el mismo centro donde no hay ningún movimiento. De la misma manera, en la vida más ocupada puede haber un lugar donde estemos a solas con Dios con una calma eterna. Hay solamente un camino para conocer a Dios. "Estad quietos y reconoced." "Dios está en su santo templo: ¡Calle delante de él toda la tierra!"

Seleccionado

"Nuestro buen Padre celestial, algunas veces hemos caminado bajo cielos nublados que han arrojado sobre nosotros tinieblas como diluvios. Desesperamos al no ver la luz de las estrellas, ni la luz de la luna, ni la salida del sol. La desagradable obscuridad se ha teñido sobre nosotros como si fuese a durar para siempre. De la obscuridad no se ha oído ninguna voz cariñosa que trate de consolar nuestros quebrantados corazones. De buena gana hubiese recibido el estampido de un trueno terrible para que rompiese la calma atormentadora de esa noche opresiva.

"Pero tu alegre susurro de amor eterno nos habló con más suavidad a nuestras almas magulladas y sangrantes que el viento que respira a través de las arpas aeolinas. Fue tu voz pequeña y apagada la que nos habló. Estábamos escuchando y oímos. Miramos y vimos tu rostro radiante con la luz de amor. Y cuando oímos tu voz y vimos tu rostro, vino una nueva vida a nosotros, como la vida que vuelve a las plantas secas que beben la lluvia de verano."

Toma las flechas. . . ¡Golpea la tierra! El golpeó la tierra tres veces y se detuvo. Entonces el hombre de Dios se enojó contra él y dijo: De haber golpeado cinco o seis veces, entonces habrías derrotado a Siria (2 Rey. 13:18, 19).

¡Qué notable y elocuente es el mensaje que encierran estas palabras! Joás pensó que él lo había hecho admirablemente cuando duplicó y triplicó lo que para él ciertamente era un acto extraordinario de fe. Pero el Señor y el profeta se disgustaron grandemente porque *él se paró en la mitad del camino.*

El consiguió algo. Obtuvo mucho. Obtuvo exactamente lo que creyó en la prueba final, pero no obtuvo todo lo que el profeta pensó y el Señor deseaba dar. El obtuvo algo que es mejor que lo humano, pero no obtuvo lo mejor de Dios.

Amado, ¡qué solemne es la aplicación! ¡Cómo escudriña el corazón el mensaje de Dios! ¡Qué importante es que aprendamos a orar con perseverancia! ¿Clamaremos por la plenitud de la promesa y todas las posibilidades de la oración que se hace creyendo?

A. B. Simpson

"A aquel que es poderoso para hacer todas las cosas mucho más abundantemente de lo que pedimos o pensamos" (Ef. 3:20).

En los escritos de Pablo no hay ninguna otra colección de palabras semejantes a éstas: "todas las cosas mucho más abundantemente", y cada palabra está llena con el amor y el poder infinito de "hacer" por sus santos que oran. Hay un límite, según "el poder que obra en nosotros". El *hará por nosotros tanto como le permitamos obrar en nosotros.* El poder que nos salvó, que nos lavó con su propia sangre, nos llenó con poder por medio de su Espíritu, nos guardó en infinidad de tentaciones, obrará por nosotros resolviendo nuestras necesidades más urgentes, nuestras crisis, nuestras circunstancias y ayudándonos en todas nuestras adversidades.

De The Alliance

Caleb le preguntó: "¿Qué quieres?"... "Ya que me has dado tierra en el Néguev, dame también fuentes de aguas." Entonces él le dio las fuentes de arriba y las fuentes de abajo (Jos. 15:18, 19).

Hay dos clases de fuentes, las de arriba y las de abajo. Son fuentes y no charcos estancados. Hay gozo y bendiciones que fluyen de lo alto en medio del verano más caluroso y el lugar más desierto de prueba y de aflicción. Las tierras de Acsa eran tierras del sur, situadas bajo un sol abrasador y a menudo secas por un calor fortísimo. Pero de las colinas vinieron fuentes inagotables que refrescaron y fertilizaron toda la tierra.

Hay fuentes que fluyen en los lugares profundos de la vida, en los lugares difíciles, desiertos y solitarios, en los lugares ordinarios, y, no importa cuál pueda ser nuestra situación, las fuentes de arriba siempre podemos encontrarlas.

Abraham las encontró en medio de las colinas de Canaán. Moisés las halló entre las rocas de Madián. David entre las cenizas de Siclag cuando perdió su propiedad, los esclavos de su familia y cuando los suyos hablaron de apedrearlo, pero "David se fortaleció en Jehovah su Dios".

Habacuc las encontró cuando se secó la higuera y los campos eran de color moreno, pero al beber de ellas pudo cantar: "Me alegraré en Jehovah y me gozaré en el Dios de mi salvación."

Isaías las encontró en aquellos días terribles de la invasión de Senaquerib, cuando parecía que las montañas habían sido arrojadas en medio de la mar, pero la fe pudo cantar: "Hay un río, cuyas corrientes alegran la ciudad de Dios. Dios está en medio de ella y no será cambiada."

Los mártires las encontraron en las llamas. Los reformadores entre sus enemigos y conflictos, y nosotros podemos hallarlas durante todo el año si tenemos al Consolador en nuestros corazones y hemos aprendido a decir con David: "¡Todas mis fuentes están en ti!"

¡Cuántas y cuán valiosas son estas fuentes, y cuán grande es lo que se puede poseer de la plenitud de Dios!   *A. B. Simpson*

⸺⸺⸺⸺⸺

Porque ninguna cosa será imposible para Dios (Luc. 1:37).

En los lejanos y elevados valles alpinos Dios obra, año tras año, una de sus obras maravillosas. Grandes trozos de nieve permanecen allí, con hielo sobre sus bordes, causado por la contienda de noches de frío y días calurosos. Sobre la costra de esos trozos de hielo florecen, sin ser dañadas, infinidad de flores. Durante los días de verano, una pequeña planta llamada soldanela extiende sus hojas ampliamente y las coloca sobre el terreno para absorber los rayos solares y guardarlos almacenados en sus raíces durante el invierno. Cuando llega la primavera se reaviva la planta aún debajo de la capa de nieve, y al germinar, se genera una cantidad de calor tan extraordinaria que termina por derretir la nieve que la cubre.

La planta crece cada vez más y más hasta que en su interior llega a formarse sin dificultad el capullo de la flor, y hace que la cubierta de hielo ceda y le permita gozar de los rayos solares. La textura cristalina de sus pétalos, reluciendo como la misma nieve, lleva en sí las huellas de la huida por la que ha tenido que atravesar.

Esta débil y preciosa flor produce un eco en nuestros corazones, como no puede hacerlo ninguna de las numerosas flores que crecen y se nutren de calor en bellísimos trozos de terreno. Nosotros nos complacemos en ver hecho lo imposible y lo mismo le sucede a Dios.

Persevera hasta el fin. Destierra toda sombra de esperanza que hayas puesto en lo humano y considéralo como un obstáculo para lo divino. Acumula todas las dificultades, no podrás ir más allá de lo imposible. Haz que tu fe llegue a él. El es el Dios de lo imposible.

Seleccionado

⸺⸺⸺⸺⸺

Tú haces cantar de júbilo a las salidas de la mañana y de la noche (Sal. 65:8).

Levántate temprano, márchate a una montaña, y observa cómo Dios hace la mañana. El gris obscuro desaparece a medida que

Dios empuja el sol hacia el horizonte, y aparecen matices y colores de todas las sombras, las cuales se mezclan en una luz perfecta a la salida del sol. Al moverse el rey matutino majestuosamente para inundar la tierra y todo el valle, escucha la canción que el coro celestial pronuncia acerca de la majestad de Dios y la gloria de la mañana. Durante el silencio sagrado del temprano amanecer oigo una voz que me dice: "Yo estoy contigo durante todo el día. ¡Regocíjate! ¡Regocíjate!"

La pura y clara luz matutina me hizo que anhelase el poseer la verdad en mi corazón, la cual solamente podía hacerme puro y claro como la mañana y ponerme en armonía con el nivel del concierto de la naturaleza que me rodea. Y el aire que sopló a la salida del sol me hizo que confiase en el Dios que había soplado primero en las ventanas de mi nariz el aliento de vida, para que, finalmente, me llenase de tal manera con su aliento, su mente, su espíritu, que yo no tuviese otro remedio sino pensar sus pensamientos y vivir su vida, encontrando en ella la mía glorificada de una forma indefinida. ¿Qué podríamos hacer sin las noches y mañanas de nuestro Dios?

George MacDonald

29 de NOVIEMBRE

Pero después da fruto (Heb. 12:11).

Existe la leyenda de un cierto barón alemán que poseía un castillo en el Rin. Se cuenta que solía tender alambres de una torre a otra, para que el aire los convirtiese en un arpa aeolina. Las brisas suaves fluían alrededor del castillo, pero sin producir el menor tono musical.

Una noche hubo una gran tempestad y la colina y el castillo fueron golpeados con el furor de vientos terribles. El barón salió al umbral para observar el furor de la tormenta y cuál no sería su sorpresa cuando oyó que el arpa aeolina estaba impregnando los aires con sonidos tan elevados que aún sobrepasaban el clamor de la tempestad. ¡Para obtener la música, hubo necesidad de la tormenta!

¿No hemos conocido a muchas personas cuyas vidas no han producido la menor nota musical en tiempos de calma y prosperidad, pero, cuando han sido golpeadas por la tormenta, han dejado entonces pasmados a sus compañeros por el poder y fortaleza de su música? Siempre puedes confiar en Dios para que haga lo que "sigue" a las dificultades. Si se vencen como se deben, más fructífero y bello será lo que sigue que lo que las precede. "Ninguna disciplina... parece ser causa de gozo... pero después da fruto apacible de justicia a los que por medio de ella han sido ejercitados."

30 de NOVIEMBRE

¿Y tú buscas para ti grandezas? No las busques, porque he aquí que yo traigo mal sobre todo mortal, dice Jehovah, pero a ti te daré tu vida por botín, en todos los lugares a donde vayas (Jer. 45:5).

He aquí la concesión de una promesa para los lugares difíciles en que podamos encontrarnos. Una promesa que asegura la vida en medio de las mayores opresiones, una vida "por botín". Puede adaptarse muy bien a los tiempos en que vivimos, los cuales se hacen más difíciles a medida que nos acercamos a su segunda venida y los tiempos de tribulación.

¿Qué quiere decir "una vida por despojo"? Significa el arrebatar una vida de las mismas mandíbulas del destructor, como David arrebató el cordero del león. No quiere decir un apartamiento del ruido de la batalla y de la presencia de nuestros enemigos; sino que quiere decir una mesa en medio de nuestros enemigos, un refugio para preservarnos de la tormenta, una fortaleza entre nuestros enemigos, una vida conservada en medio de la opresión continua. El saneamiento de Pablo, cuando estando oprimido hasta lo indecible llegó a desesperar de la vida. La ayuda divina de Pablo cuando le quedó introducida la espina, pero el poder de Cristo vino sobre él y la gracia de Cristo le bastó. Señor, dame mi vida por botín y ayúdame hoy en los lugares más difíciles a salir victorioso.

De Days of Heaven Upon Earth

Muy a menudo pedimos el ser liberados de las calamidades y aun confiamos en que lo seremos. Pero no pedimos el ser transformados en lo que debiéramos ser en la presencia misma de las calamidades; vivir entre ellas el tiempo que duren a sabiendas de que el Señor nos sostiene y cobija, y que, por lo tanto, podemos permanecer en medio de ellas hasta que se terminen sin que se nos cause daño alguno. Durante cuarenta días y cuarenta noches el Salvador estuvo en la presencia de Satanás en el desierto y bajo la prueba de circunstancias especiales, por estar debilitada su naturaleza humana a causa de la falta de alimentos y descanso. El horno fue calentado siete veces más de lo que era costumbre, pero los tres hebreos permanecieron durante todo el tiempo entre las llamas, con la misma calma y sosiego en la presencia de la última aplicación de tortura del tirano como lo estuvieron en su presencia antes de que llegase su tiempo de rescate. Daniel pasó la noche entera sentado entre los leones y cuando fue sacado del antro, "no tenía en su cuerpo la menor herida, porque él creyó en su Dios". Ellos moraron en la presencia del enemigo porque moraban en la presencia de Dios.

1 de DICIEMBRE _____

> *Por tanto, queda todavía un reposo sabático para el pueblo de Dios (Heb. 4:9).*
> *Jehovah les dio reposo alrededor. . . Jehovah entregó en su mano a todos sus enemigos (Jos. 21:44).*
> *A los humildes adornarán con salvación (Sal. 149:4).*

Un evangelista muy eminente nos relata acerca de su madre, quien era una cristiana muy inquieta e impaciente. El hablaba con ella horas y horas con el fin de convencerla de la pecaminosidad que existe en irritarse, pero todo era en vano. Ella era semejante a cierta anciana que dijo una vez que había sufrido muchísimo, especialmente por las aflicciones que nunca le llegaron.

Una mañana, la madre vino con su cara sonriente a tomar el desayuno. El le preguntó qué había sucedido y ella respondió que por la noche había tenido un sueño:

Soñó que caminaba por una carretera principal con una gran multitud que parecía estar muy cansada y cargada. Casi todos llevaban pequeños paquetes negros, y notó que había un gran número de personas repulsivas las cuales creía que eran demonios que dejaban caer estos fardos negros para que la gente los cogiese y los llevase.

Lo mismo que los demás, ella también cogió su carga innecesaria y fue cargada con los fardos del diablo. Al poco rato, miró hacia arriba y vio a un hombre con el rostro radiante y

cariñoso que iba de un lado para otro en medio de la multitud, consolando a la gente.
Al fin él se le acercó y vio que era su Salvador. Lo miró y le dijo lo cansadísima que estaba, y él con una triste sonrisa le respondió: "Hija mía, yo no te di esa carga; no tienes necesidad alguna de ella. Esa es una carga del diablo, la cual está atormentando toda tu vida. Arrójala, y rehúsa el tocarla aun con uno de tus dedos, y encontrarás fácil tu camino y como si fueses llevada sobre las alas de un águila."
El tocó su mano y fue llena de paz y gozo y estaba a punto de arrojarse a sus pies con un gran gozo en acción de gracias, cuando de repente despertó y se dio cuenta de que todas sus inquietudes habían desaparecido. Desde aquel día hasta el fin de su vida, ella fue la persona más contenta y feliz de la casa.

2 de DICIEMBRE

Perfeccionar. . . por medio de los padecimientos (Heb. 2:10).

El acero se hace con hierro y fuego. El suelo se forma con rocas y calor y con la apisonadora aplastante. Para obtener el lienzo es necesario el lino más el baño que lo limpia, el peine que lo separa, el mayal que lo machaca y la lanzadera que lo teje. El carácter humano no se forma sin dificultades. El mundo no olvida a los grandes personajes; pero los grandes personajes no llegan a serlo por medio de la lujuria, sino que se hacen con el sufrimiento.
Oí acerca de una madre que tenía en su casa como compañero de su hijo a un lisiado que también era jorobado. Advirtió a su niño que tuviese mucho cuidado en la forma de tratar a su compañero y que jugase con él sin herir sus sentimientos. Un día en que los niños jugaban, la señora oyó que su hijo decía al jorobado: "¿Sabes lo que tienes en tus espaldas?" El jorobadito dudó por unos momentos. Entonces el muchacho le dijo: "Es una caja donde tienes tus alas, y algún día Dios la abrirá y volarás y serás como un ángel."
Algún día Dios revelará a cada cristiano el hecho de que las cosas contra las cuales nos rebelamos han sido los instrumentos que él ha utilizado para perfeccionar y moldear nuestros caracteres y pulimentarlos para su gran edificio allí.   *Cortland Myers*

El sufrimiento es un fertilizador maravilloso para las raíces del carácter. Esta es la única cosa que podemos llevar a la eternidad. . . Ganar la mayor parte de ella y lo mejor de ella es objeto de la prueba.   *Austin Phelps*

Llegamos al monte de la visión por el camino espinoso.

3 de DICIEMBRE

¿Te va bien? ¿Le va bien a tu marido? ¿Le va bien a tu hijo? Y ella respondió: Bien (2 Rey. 4:26).

Durante sesenta y dos años y cinco meses he tenido una esposa muy amada y ahora me he quedado solo a los noventa y dos años. Pero al andar de un lado para otro en mi habitación, me vuelvo a Jesús, cuya presencia siempre me acompaña, y le digo: "Señor Jesús, estoy solo, pero no me siento solo, tú estás conmigo. Tú eres mi amigo. Ahora, Señor, consuélame, fortaléceme, concede a tu pobre siervo todo aquello que tú veas que necesita." Y nosotros no debiéramos estar satisfechos hasta llegar a tener la certeza de que conocemos que el Señor Jesucristo por nuestra experiencia es nuestro amigo diariamente.   *George Mueller*

Las aflicciones no pueden dañar cuando están fundidas con la sumisión.

El hielo rompe muchas ramas, y de la misma manera veo a muchas personas encorvadas y amilanadas a causa de sus aflicciones, pero de vez en cuando encuentro a alguna de ellas que canta en medio de su aflicción y, entonces, doy gracias a Dios tanto por ella, como por mí. No hay canción semejante a la que se hace cuando el alma está dolorida. Recuerdo la historia de cierta mujer quien, al morir su único hijo, elevó su mirada con gran gozo, como si tuviese el rostro de un ángel y dijo: "Adiós, amado, te entrego a la tierra de pleno gozo." Esta frase me ha avivado y fortalecido grandemente durante muchos años de mi vida.
                                                              Henry Ward Beecher

4 de DICIEMBRE

Subió al monte... a solas (Mat. 14:23).

Una de las bendiciones del sábado en los tiempos pasados era su calma, el reposo, su paz sagrada. En la soledad se concibe una fortaleza muy extraordinaria. Los cuervos van en manadas y los lobos en cuadrillas, pero el león y el águila son animales solitarios. La fortaleza no está en el escándalo y en el ruido. La fortaleza existe en la soledad. Para que los cielos se reflejen en la superficie del lago es necesario que haya calma en el mismo. Nuestro Señor amaba a la gente, pero leemos muy a menudo que la dejaba y se retiraba durante breves períodos a lugares solitarios. El siempre se retiraba a las colinas, por la noche, sin que nadie lo percibiese. La mayor parte de su ministerio lo llevó a cabo en pueblos y ciudades junto a la costa, pero lo que él más amaba eran las colinas y, frecuentemente, cuando llegaba la noche, se sumergía en la paz de sus profundidades. Sobre todas las demás cosas, lo que hoy se necesita es que nos retiremos aparte con nuestro Señor y nos sentemos junto a sus pies en el retiro sagrado de su bendita presencia. ¡Cuán grande y dañina es la pérdida de la meditación! ¡Cuán valioso es para el creyente conocer el secreto de la soledad! ¡Cuán saludable es el tónico de esperar en Dios! *Seleccionado*

Para que una vida sea poderosa es necesario que tenga su lugar santísimo donde solamente Dios entre.

5 de DICIEMBRE

Reconozco, oh Jehovah, que el hombre no es señor de su camino, ni el hombre que camina es capaz de afirmar sus pasos (Jer. 10:23).
Guíame por sendas de rectitud (Sal. 27:11).

Hay muchas personas que quieren dirigir a Dios en vez de resignarse y ser dirigidas por él. Quieren señalarle a él un camino en vez de seguir por donde él conduce.
Madame Guyon

Una vez dije:

—Déjame que camine por el campo.

Y Dios me respondió:

—No, marcha por la ciudad.

—Pero, allí no hay flores —le repliqué.

—Sí, es cierto que no hay flores, sino una corona —esta fue su respuesta—. El cielo está muy obscuro y allí no hay cosa alguna sino tumulto y ruido —continuó diciendo.

Entonces, él lloró mandándome volver y dijo:

—Hay algo mucho peor, hay pecado.

Dije:

—El aire está muy pesado y la niebla cubre el sol.

El contestó:

—Hay más, hay muchas almas enfermas y arruinadas.

Yo dije:

—Si pierdo la luz, mis amigos dicen que me perderán.

—Está bien —respondió—, pero esta noche elige entre perderme a mí o perderles a ellos.

Eché una mirada hacia los campos, y cuando después volví mi rostro y miré a la ciudad, él me preguntó:

—Hijo mío, ¿aceptas mi ofrecimiento? ¿Quieres abandonar las flores y substituirlas por una corona?

Entonces coloqué mi mano entre las suyas y él entró en mi corazón. Desde aquel instante caminé guiado con una luz divina, por la senda que yo temí contemplar.   *George MacDonald*

6 de DICIEMBRE ─────────────────────────────

Yo vengo pronto. Retén lo que tienes para que nadie tome tu corona (Apoc. 3:11).

George Mueller dio el siguiente testimonio: "Cuando en julio de 1829 Dios se complació en revelar a mi corazón la verdad de la segunda venida de nuestro Señor Jesús y de que yo había cometido una gran falta pensando en la conversión del mundo, me produjo este efecto: Desde lo más profundo de mi alma sentí una gran compasión por los pecadores que perecían y por el mundo adormecido que me rodeaba y se hallaba en la maldad. Entonces me pregunté: ¿No es mi deber para con mi Señor el hacer por él todo cuanto pueda mientras él viene y despertar a esta iglesia adormecida?

"Puede ser que haya muchos años de trabajo duro delante de nosotros antes de la consumación, pero las señales son tan alentadoras para mí que si hoy a la puesta del sol viese extenderse el ala del ángel apocalíptico para dar su último vuelo triunfante, lo creería; o si mañana por la mañana los cables transoceánicos nos conmoviesen con la noticia de que Cristo el Señor había descendido en el monte de los Olivos o en el monte Calvario para proclamar el dominio universal, no estaría desprevenido. ¡Despertad de vuestro letargo, iglesias! ¡Desciende, Señor! ¡Templos infamados, tomad la corona! ¡Mano magullada, toma el cetro! ¡Pie herido, avanza hacia el trono! El reino es tuyo."

T. DeWitt Talmage

7 de DICIEMBRE

No veréis viento ni lluvia, pero este valle se llenará de agua; y beberéis vosotros, vuestros animales y vuestro ganado. Esto es poca cosa a los ojos de Jehovah; él también entregará a los moabitas en vuestra mano (2 Rey. 3:17, 18).

Para el conocimiento humano era completamente imposible, pero para Dios nada es difícil.

Sin un sonido o señal vino una gran abundancia de agua durante toda la noche, de una manera imperceptible, procedente de fuentes invisibles. Cuando amaneció, aquellas zanjas rebosaron con agua cristalina y reflejaban los rayos del sol matutino de las colinas rojas de Edom.

Nuestra incredulidad siempre desea una *señal exterior*. La religión de muchos es principalmente sensacionalista y no se convence de su pureza sin manifestaciones, pero el mayor triunfo de la fe es el permanecer quieto y conocer que él es Dios.

La gran victoria de la fe es el permanecer delante de un mar Rojo intransitable y oír decir al Maestro: "Permanece quieto y ve la salvación del Señor", y "Marcha hacia adelante". Al avanzar sin señal o sonido alguno —ni una sola ola salpica— y al mojar nuestros pies, al dar nuestros primeros pasos por las aguas, veremos dividirse el mar, abriéndose el camino por medio de las mismas aguas.

Si contemplamos alguna de las obras milagrosas de Dios en algún caso extraordinario de cura o rescate providencial, estoy seguro de que la cosa que más nos impresiona es la quietud con que se realiza, la ausencia de ostentación y de lo sensacional, el darnos cuenta de nuestra inutilidad cuando permanecemos en la presencia de este Dios poderoso y el sentir lo fácil que es para él hacerlo todo sin el menor esfuerzo de su parte o nuestra ayuda. La función de la fe no es cuestionar, sino obedecer. Los cántaros se hicieron y el agua brotó de alguna fuente sobrenatural. ¡Qué lección tan ejemplar para nuestra fe! ¿Deseas una bendición espiritual? Abre tu corazón a Dios y él lo llenará en el lugar que menos puedas imaginarte, y de la forma que menos puedas pensar.

Pide a Dios que te conceda la fe que obra por fe y no por vista y confía en que Dios obra aunque no veamos señales de lluvia o viento. *A. B. Simpson*

8 de DICIEMBRE

Como escogidos de Dios. . . vestíos de profunda compasión (Col. 3:12).

Se cuenta la historia de un anciano que dondequiera que iba siempre llevaba consigo una alcuza pequeña. Cuando pasaba junto a alguna puerta que hacía ruido, por estar sin engrasar sus bisagras, solía derramar un poco de aceite sobre las mismas. Si encontraba dificultad para abrir la puerta de un cercado, aceitaba las aldabas. Y, de esta manera, pasó por el mundo engrasando todos los lugares difíciles que encontró para proporcionar facilidades a aquellos que habían de venir tras él.

La gente le llamó excéntrico, ridículo y loco; pero el anciano continuó llenando su alcuza cuando se vaciaba y engrasando los lugares difíciles que encontró.

Hay muchas vidas que un día tras otro crujen y rechinan ásperamente. Todo les sienta mal. Necesitan que se les engrase con el aceite de la alegría, de la mansedumbre o de la meditación. ¿Posees tu propia alcuza? ¿Estás presto con el aceite de la ayuda, para venir por la mañana temprano a aquel que se encuentre más cerca de ti? Puede ser que engrases todo el día para él. ¡Cuánto puede ayudar el aceite del buen humor al corazón que se encuentra abatido! ¡La palabra de aliento al que se encuentra en estado de desesperación! No enmudezcas y dila.

Quizá nuestras vidas entren solamente una vez en contacto con otras en el camino de la vida, puede ser que nuestros caminos se separen para no encontrarnos jamás. El aceite de la bondad ha gastado por completo los filos agudos de muchas vidas pecaminosas y las ha suavizado y preparado para la gracia redentora del Salvador.

Una palabra hablada con dulzura equivale a una gran porción de luz del sol en un corazón entristecido. Por lo tanto, da a otros la luz del sol, y cuenta a Jesús lo demás.

9 de DICIEMBRE

Porque nuestra momentánea y leve tribulación produce para nosotros un eterno peso de gloria más que incomparable (2 Cor. 4:17).

"Produce para nosotros." Nota esto especialmente. Con mucha frecuencia hay quien se pregunta por qué está la vida del hombre empapada con tanta sangre y anegada con tantas lágrimas. La respuesta se encuentra en la palabra "produce". Estas cosas están produciendo algo valioso para nosotros. No sólo nos enseñan el camino de la victoria sino lo que es mucho mejor, las leyes de la victoria. En cada aflicción hay compensación, y la aflicción es la que obra para obtener la compensación. Es el grito del himno antiguo tan amado:

Dios mío, más cerca de ti, más cerca de ti
Aunque haya una cruz que me levante.

Frecuentemente es necesario el dolor para que se produzca el gozo. Fanny Crosby jamás hubiese escrito aquel himno tan magnífico, "Le veré a él cara a cara", si no hubiese sido por el hecho de que ella nunca pudo contemplar la vista preciosa de los campos verdes, ni la puesta del sol al atardecer, ni la mirada amable y brillante de los ojos de su madre. La falta de la vista fue lo que le ayudó a ganar su extraordinario discernimiento espiritual.

El árbol que sufre es el que puede ser pulimentado. Cuando el leñador desea algunas líneas bellas en la madera, él siempre corta aquellos trozos que han sido acuchillados por el hacha y retorcidos por la tormenta. De esta manera asegura los nudos y la dureza que puede recibir el lustre. Es consolador el saber que la aflicción dura sólo por la noche y desaparece a la mañana siguiente. Una tronada es muy breve si se la compara con el día largo del verano. "El llanto puede durar toda la noche, pero por la mañana viene el gozo."

De *Songs in the Night*

10 de DICIEMBRE

Si somos atribulados. . ., lo es para vuestro consuelo y salvación; la cual resulta en que perseveráis bajo las mismas aflicciones que también nosotros padecemos. Y nuestra esperanza con respecto a vosotros es firme, porque sabemos que así como sois compañeros en las aflicciones, lo sois también en la consolación (2 Cor. 1:6, 7).

Seguro que hay algunos entre vuestros amigos a quienes recurrís en tiempos de pruebas y aflicciones. Parece ser que ellos siempre pronuncian la palabra apropiada o dan el consejo que uno necesita. Sin embargo, a veces uno no se da cuenta del precio que ellos tuvieron que pagar antes de llegar a ser tan diestros en vendar las heridas y secar las lágrimas. Pero si investigamos su historia encontraremos que ellos son los que más han sufrido. Ellos han observado el destorcimiento lento de alguna cuerda de plata sobre la cual colgaba la lámpara de la vida. Ellos han visto la taza dorada de la alegría destrozarse a sus pies y derramarse su contenido.

Ellos han permanecido en las mareas menguantes y en las puestas del sol del mediodía; pero todo esto ha sido necesario para convertirlos en las nodrizas, los médicos y presbíteros de los hombres. Las cajas que vienen de climas extranjeros son muy toscas, pero contienen especias que perfuman el aire con la fragancia del Oriente. Así, también, el sufrimiento es tosco y duro de sobrellevar; pero debajo de sí mismo oculta disciplina, educación y posibilidades, las cuales no solamente elevan nuestra nobleza, sino que nos perfeccionan para ayudar a otros. No te enojes, o impacientes, o esperes con aspereza que pase el sufrimiento, sino saca de él todo cuanto puedas para ti y para servir a tu generación, según sea la voluntad de Dios.

Seleccionado

11 de DICIEMBRE

Vosotros, todos los siervos de Jehovah que estáis en la casa de Jehovah por las noches. . . Jehovah, que hizo los cielos y la tierra, te bendiga desde Sion (Sal. 134:1, 3).

Tú dirás que es una hora muy extraña para permanecer en la casa de Dios en la noche, para adorar en la profundidad de la aflicción. Verdaderamente es algo arduo. Sí que lo es, y allí se encuentra la bendición; es la prueba de la fe perfecta. Si yo deseo conocer el amor de mi amigo, debo de saber lo que él haría por mí en la adversidad. Así tiene que ser con el amor divino. Para mí es muy fácil el adorar cuando la vida me sonríe y prospero en todo. Pero supón que cambiase la manera y me viese rodeado de dificultades y aflicciones. ¿Continuaría alegre y gozoso? ¿Permanecería en la casa del Señor por la noche? ¿Lo amaría en su propia noche? ¿Velaría siquiera una hora con él en su Getsemaní? ¿Ayudaría a llevar su cruz por la vía dolorosa? ¿Permanecería junto a él en sus últimos momentos de agonía, con María y el discípulo amado? ¿Podría tomar el cuerpo de Cristo con Nicodemo? Entonces mi adoración sería completa y mi bendición gloriosa. Mi amor lo hubiese encontrado en su humillación. Mi fe lo habría hallado en su mansedumbre. Mi corazón hubiese reconocido su majestad en medio de su humilde disfraz, y estoy cierto de que al fin habría deseado no el don, sino al Dador. Cuando pueda permanecer en su casa por la noche, entonces es cuando le habré aceptado por lo que él es solamente.

George Matheson

345

Porque yo ya estoy a punto de ser ofrecido en sacrificio, y el tiempo de mi partida ha llegado. He peleado la buena batalla; he acabado la carrera; he guardado la fe (2 Tim. 4:6, 7).

Lo mismo que los soldados muestran sus cicatrices y hablan de batallas cuando al fin regresan a sus casas para pasar la vejez en su país, así también haremos nosotros en la patria querida a que nos apresuramos. Allí hablaremos de la bondad y fidelidad de Dios que nos llevó por medio de todas las pruebas del camino. A mí no me gustaría estar con el vestido blanco de huésped y oír decir: "Estos son los que han venido de grande tribulación, todos *excepto uno.*"

¿Te gustaría estar allí y que fueses señalado como el único santo que nunca conoció un sufrimiento? ¡De ninguna manera! Porque entonces serías un extranjero en medio de una hermandad sagrada. Nos contentaremos con participar en la batalla, porque pronto llevaremos la corona y nos regocijaremos en la victoria.

C. H. Spurgeon

"¿En qué lugar fuiste herido?", preguntó el cirujano a un soldado en la montaña de Lookout. "Casi en lo alto", respondió. Lo único que recordaba era que había ganado las alturas, no tanto su herida aún sangrante. Dirijámonos hacia adelante con los esfuerzos más elevados para servir a Cristo, y no descansemos jamás hasta que podamos gritar desde la misma cima: "He peleado la buena batalla; he acabado la carrera; he guardado la fe."

No descanses hasta que termines la obra que Dios te ha mandado hacer. El reposo que Dios tiene para ti guardado es un descanso eterno.

Dios no se fijará en tus medallas, títulos o diplomas, sino en las marcas que han dejado en ti las cicatrices.

El trovador cantaba acerca de un héroe antiguo: "No llevaba ningún otro ornamento, sino su espada por compañera y las mellas que había en la hoja de su espada."

Ningún siervo de Dios puede buscar una decoración de honor más noble que las cicatrices de su servicio, sus pérdidas por la corona, sus reproches por la causa de Cristo, el debilitarse por completo en el servicio de su Maestro.

Yo te daré los tesoros. . . de la oscuridad (Isa. 45:3).

En las tiendas de encajes más famosas de Bruselas hay ciertas habitaciones dedicadas exclusivamente para la hiladura de los modelos más primorosos y delicados. Estas habitaciones están completamente obscurecidas. Sólo entra luz por una pequeña ventana, que va a dar directamente sobre el modelo. En la habitación sólo hay un hilador, el cual se sienta junto al lugar donde los rayos de luz dan sobre los hilos de su tejido. "De esta manera", nos dijo el guía, "aseguramos nuestra producción más refinada. El encaje siempre se teje de una forma más exquisita y preciosa cuando el obrero mismo está en la obscuridad y únicamente su modelo está en la luz". ¿No puede ser que suceda lo mismo con nosotros cuando tejemos? Algunas veces nos encontramos en situaciones muy negras. No podemos comprender lo que hacemos. No vemos el tejido que tejemos. En nuestra experiencia no podemos descubrir belleza o bien alguno. Sin embargo, si somos fieles y no fracasamos *ni desfallecemos*, llegará un día en que sabremos que el trabajo más refinado que hemos hecho en nuestra vida fue aquel que realizamos en aquellos días tan obscuros.

Si te encuentras en alguna dificultad a causa de una providencia extraña y misteriosa, no temas; marcha hacia adelante con tu fe y amor sin dudar jamás. Dios observa constantemente y él hará que de tus penas y lágrimas brote belleza y bien para ti y los que te rodean. *J. R. Miller*

Uno de sus discípulos le dijo: Señor, enséñanos a orar. . .
El les dijo: Cuando oréis, decid: ". . .Venga tu reino"
(Luc. 11:1, 2).

Cuando ellos dijeron "enséñanos a orar", el Maestro elevó su mirada y la pasó por el lejano horizonte de Dios. El reunió el sueño final de lo inmortal y recogiendo todo lo que Dios intenta hacer durante la vida del hombre, lo expresó en las siguientes breves y fértiles palabras: "Cuando oréis, orad de esta manera." El contraste que existe entre esto y las muchas oraciones que hemos oído es grandísimo. Cuando seguimos los designios de nuestro corazón, ¿qué pedimos?: "Oh, Señor, *bendíceme*, bendice a mi familia, a mi iglesia, a mi pueblo, a mi país", y al final, pedimos por la extensión de su reino a lo largo de la gran parroquia del mundo. El Maestro comienza donde nosotros terminamos. El mundo *primero*, mis necesidades personales después, es el orden que se sigue en esta oración. Cuando mi oración ha cruzado todos los continentes y las islas más lejanas de los mares, después que ha incluido al último hombre de la raza menos civilizada, después que ha expresado por completo el deseo y el propósito de Dios para el mundo, entonces solamente es cuando se me enseña que pida un pedazo de pan para mí.

Si Jesús se dio a sí mismo por nosotros y a nosotros en la sagrada extravagancia de la cruz, ¿es mucho si él nos pide que hagamos la misma cosa? Ningún hombre o mujer tiene valor alguno en el reino, ni ninguna alma jamás toca aun el borde de la zona del poder, hasta que aprende que lo que a Cristo le interesa es el supremo negocio de la vida y que todas las consideraciones personales, por muy queridas o importantes que puedan ser, están subordinadas a ella.   *Francis*

"Y de su reino no habrá fin" (Luc. 1:33).

La empresa misionera no es el plan de la iglesia, sino la previsión de Cristo.   Henry Van Dyke

15 de DICIEMBRE _____

Confía en Jehovah (Sal. 37:3).

La palabra *confianza* es la palabra fundamental de la fe. Es la palabra del Antiguo Testamento, la palabra dada a la fe temprana y naciente. La palabra fe expresa el acto de la voluntad, la palabra creer expresa más bien el acto de la mente o del intelecto, pero confiar es el lenguaje del corazón. Lo otro se refiere más bien a la verdad creída o a la cosa esperada.

La confianza implica mucho más que esto, ella ve, siente y coloca sobre una persona un corazón amoroso, vivo y verdadero. Así que, "confiemos también en él", en medio de las dilaciones, a pesar de todas las dificultades, frente a toda clase de repulsa, a pesar de todas las apariencias, aun cuando no podamos conocer el camino ni sepamos la salida; "confía" también en él y él te conducirá para que pases. El camino se abrirá, se encontrará la salida verdadera, el fin será paz, la nube desaparecerá y la luz de un meridiano eterno brillará al fin.

Confía y descansa cuando todo lo que te rodea haga pasar a tu fe por las pruebas más dolorosas. No permitas ser turbado por el temor o por el enemigo. Espera en Dios y confía y reposa. Confía y descansa con todo tu corazón, lo mismo que el guacharro en su nido. Oculto bajo sus plumas, pliega tus alas y confía y descansa.

16 de DICIEMBRE

También estaba allí la profetisa Ana. . . No se apartaba del templo, sirviendo con ayunos y oraciones de noche y de día (Luc. 2:36, 37).

No hay duda alguna de que orando aprendemos a orar y, cuanto más oramos, con más frecuencia podemos orar y mejor oramos. El que sólo ora de tarde en tarde nunca puede alcanzar aquel estado valioso de la oración fervorosa.

Tenemos a nuestro alcance un gran poder en la oración, pero tenemos que trabajar para obtenerlo. No imaginemos jamás que Abraham hubiese podido interceder por Sodoma con tanto éxito si durante todo el tiempo de su vida no hubiese estado constantemente en comunión con Dios.

Durante la noche que Jacob pasó en Peniel no fue la primera ocasión en que él encontró a su Dios. Aún podemos mirar a la oración más selecta y maravillosa de nuestro Señor con sus discípulos, antes de su pasión, como la flor y fruto de sus muchas noches de devoción y de la mucha frecuencia con que se levantó antes del amanecer para orar.

Si una persona sueña que va a llegar a ser tan poderosa como desee en la oración, sin esfuerzo, piensa muy equivocadamente. La oración de Elías que cerró el cielo y después abrió las puertas de sus aguas, fue una de las largas series de oraciones con que Elías suplicó al Señor. No olvidemos que la perseverancia en la oración es necesaria para prevalecer orando.

Aquellos grandes intercesores a quienes no se les nombra con la frecuencia que se debe en relación con los mártires, fueron no obstante los mayores bienhechores de la iglesia; pero el llegar a ser tal clase de canales de la misericordia para los hombres, lo consiguieron permaneciendo en el lugar de la oración. Para orar, tenemos que orar, y continuar en oración para que continúen nuestras oraciones.   *C. H. Spurgeon*

"Velad y orad, para que no entréis en tentación. El espíritu, a la verdad, está dispuesto; pero la carne es débil" (Mat. 26:41).

17 de DICIEMBRE

> *Y el mismo Dios de paz os santifique por completo; que todo vuestro ser —tanto espíritu, como alma y cuerpo— sea guardado sin mancha en la venida de nuestro Señor Jesucristo. Fiel es el que os llama, quien también lo logrará (1 Tes. 5:23, 24).*

Desde que hace años comprendí que "sin santidad ningún hombre verá al Señor", empecé a seguirle y a estimular a todos aquellos con quienes entré en contacto para que hicieran lo mismo. Diez años después, Dios me dio una visión más clara para obtenerla de lo que la que tuve antes; a saber, por medio de la fe en el Hijo de Dios. Inmediatamente declaré a todos: "Somos salvos del pecado, somos santificados por la fe." Testifiqué esto en privado, en público, por escrito y Dios lo confirmó con un millar de testigos. Durante más de treinta años he continuado declarándolo y Dios ha continuado confirmando mi trabajo.   *John Wesley (1771)*

Conocí a Jesús y fue muy querido para mi alma; pero había algo en mí que me impedía el ser paciente, amable y cariñoso. Hice lo posible por desterrar esto de mí, pero no lo conseguí. Rogué a Jesús que hiciese algo por mí y, cuando le entregué mi voluntad, él vino a mi corazón y quitó todo lo que no era amable, cariñoso y paciente, y después él cerró la puerta.   *George Fox*

Todo mi corazón está satisfecho por completo con lo que ha encontrado en Dios. No me siento sola con Dios; él llena el vacío; no poseo ni un solo deseo o inclinación que no esté dirigida hacia él. Muchas veces he pensado y me he maravillado de la conquista que Dios ha hecho con amor de todo lo más profundo de mi ser.

Lady Huntington

Inmediatamente sentí sobre mi frente algo parecido al tacto de una mano, no débil sino omnipotente; no de ira, sino de amor. La impresión que sentí no era exterior sino interior. Parecía oprimir toda mi existencia y difundir en mi ser una energía consumidora del pecado. Tanto mi corazón como mi cabeza se daban cuenta de la presencia purificadora de dicha energía, bajo cuya influencia caí al suelo y en la alegre sorpresa del momento, alcé mi voz. La mano poderosa aun obró interior y exteriormente y, por dondequiera que pasaba, parecía dejar la influencia gloriosa de la imagen del Salvador. Durante unos minutos el profundo océano del amor de Dios me tragó por completo; todas sus olas y ondas pasaron por encima de mí.

Bishop Hamline

Cuando escribí mis contemplaciones sobre la santidad, entonces me pareció ser de una naturaleza dulce, apacible, agradable, serena, la cual producía en el alma una pureza, una brillantez y una paz que no es posible describir. En otras palabras, convertía el alma en una especie de campo o jardín de Dios con toda clase de frutos y flores agradables, todas deliciosas y tranquilas, gozando de una calma apacible y de los rayos suaves y vivificadores del sol.

Jonathan Edwards

18 de DICIEMBRE

En todas estas cosas somos más que vencedores por medio de aquel que nos amó (Rom. 8:37).

El evangelio está arreglado de tal manera y el don de Dios es tan grandioso, que tú puedes hacer que los enemigos que te ataquen y las fuerzas ordenadas contra ti, marchen a las mismas puertas del cielo y a la presencia de Dios.

Sé como el águila que se posa en un despeñadero y observa la forma en como el cielo ennegrece y cruza el relámpago; no obstante permanece con una calma perfecta moviendo un ojo y el otro de vez en cuando hacia la tormenta. Pero nunca se mueve hasta que empieza a sentir los efectos de la brisa y sabe que es golpeada por el huracán. Entonces da una especie de grito, hace que su pechuga oscile sobre la tormenta y utiliza ésta para que le lleve hacia el cielo.

Eso es lo que Dios quiere de cada uno de sus hijos, que sean más que vencedores, que conviertan en una carroza la nube de la montaña. Cuando un ejército es más que vencedor, es probable que haga al otro huir, que coja la munición, alimento y provisiones y se posesione de todo. Eso es exactamente el significado de nuestro texto. ¡Hay despojos que tomar! ¿Los has cogido tú? Cuando fuiste a aquel valle profundo de sufrimiento, ¿saliste de él con despojos? Cuando fuiste herido por aquella injuria y pensaste que había desaparecido, ¿confiaste en Dios de tal manera que con ella fuiste espiritualmente enriquecido? Ser más que vencedor significa tomar los despojos del enemigo y apropiártelos. Lo que él había preparado para tu derrota tómalo y aprópialo para ti mismo.

Cuando el doctor Moon, de una ciudad de Inglaterra llamada Brighton, se quedó ciego, dijo: "Señor, acepto de ti este talento de ceguedad. Ayúdame a usarlo para tu gloria, con el fin de que a tu venida puedas recibir lo tuyo con usura." Después, Dios le habilitó para que inventase el Alfabeto Moon para los ciegos, por medio del cual miles de ciegos pudieron leer la Palabra de Dios, y muchos de ellos fueron salvos. *Seleccionado*

Dios no sacó la espina de Pablo; hizo algo mucho mejor, amaestró aquella espina y la convirtió en la sierva de Pablo. Con frecuencia, el ministerio de espinas y dificultades ha sido más valioso para el hombre que el ministerio de los tronos.

Seleccionado

19 de DICIEMBRE ─────────────────────

Esto os servirá para dar testimonio (Luc. 21:13).

La vida es semejante a la subida de una elevada montaña, y alienta mucho al corazón que alguien vuelva su cabeza y nos haga señas desde lo alto. Todos trepamos juntos y debemos ayudarnos los unos a los otros. El trepar por la montaña de la vida es un asunto serio pero muy glorioso. Para alcanzar la cima se necesita fortaleza y andar con firmeza. La vista se ensancha a medida que nos elevamos. Si alguno de nosotros ha encontrado algo que vale la pena, debe volver su cabeza y llamar a los demás.

A Jesucristo ven sin tardar,
Que entre nosotros hoy él está,
Y te convida con dulce afán,
Tierno diciendo: "Ven."

¡Oh, cuán grata es nuestra reunión,
Cuando allá, Señor, en tu mansión,
Contigo estemos en comunión,
Gozando eterno bien!

Piensa que él sólo puede colmar
Tu triste pecho de gozo y paz;
Y porque anhela tu bienestar,
Vuelve a decirte: "Ven."

Su voz escucha sin vacilar,
Y grato acepta lo que hoy te da
Tal vez mañana no habrá lugar,
No te detengas: "Ven."

20 de DICIEMBRE

Pero no estoy solo, porque el Padre está conmigo (Juan 16:32).

No es necesario decir que el poner en práctica una convicción es un sacrificio costoso. Ello puede requerir renuncias y separaciones que le dejan a uno con un sentido extraño de privación y soledad. Pero aquel que se eleve, como hace el águila, a los niveles más elevados donde el día carece de nubes y vive a la luz del sol de Dios, tiene que contentarse con vivir una vida de soledad.

Ningún pájaro vive tan solitario como el águila. Las águilas nunca vuelan en bandadas; a lo sumo solamente se ven una o dos al mismo tiempo. Pero la vida que se vive para Dios, aunque tenga que abandonar la compañía de seres humanos, *la sustituye por la compañía divina.*

Dios busca hombres semejantes a las águilas. Ningún hombre

que no ha aprendido a estar a solas con Dios puede darse cuenta de cuáles son las mejores cosas de Dios. A Abraham lo encontramos solo sobre las alturas de Horeb, pero a Lot lo encontramos morando en Sodoma. Moisés, a pesar de estar adiestrado con toda la sabiduría de Egipto, tuvo que pasar cuarenta años a solas con Dios en el desierto. Pablo, no obstante su gran conocimiento de la cultura griega y de haberse sentado a los pies de Gamaliel, tuvo que ir a Arabia y aprender con Dios la vida del desierto. Deja que Dios nos aísle. No quiero decir en el aislamiento de un monasterio. En la experiencia de este apartamiento él desarrolla tal independencia de fe y vida que hace que el alma no necesite por más tiempo la ayuda constante, la oración, la fe o cualquier otra atención del vecino. En el desarrollo de la vida cristiana, la ayuda e inspiración de los otros miembros es muy necesaria y ocupa su lugar, pero llega un tiempo cuando puede ser un obstáculo directo para el bienestar y la fe individual. Dios sabe cómo cambiar las circunstancias para darnos experiencias de recogimiento. Cuando nos rendimos a Dios él nos recibe por algún conducto, pero, una vez que esto se ha terminado, no dependemos por más tiempo de aquellos que nos rodean. Nos damos cuenta de que él ha obrado algo en nosotros y que las alas de nuestras almas han aprendido a batir el aire más elevado.

Debemos atrevernos a estar solos. Jacob tuvo que estar solo para que el ángel de Dios susurrase en su oído el nombre místico de Silo, Daniel tuvo que estar a solas para ver las visiones celestiales; Juan tuvo que ser desterrado a Patmos para tomar profundamente y guardar con firmeza la "impresión del cielo".

El solo pisó el lugar. ¿Estamos preparados para un espléndido aislamiento antes que faltarle a él?

21 de DICIEMBRE

A él y a sus hijos les daré la tierra que él pisó, porque siguió a Jehovah con integridad (Deut. 1:36).

Todo deber difícil de cumplir que se encuentra en tu camino, y que de buena gana no harías porque el cumplirlo ha de costarte mucho sufrimiento y dolor, encierra una gran bendición para ti. El dejar de cumplirlo, cueste lo que cueste, es perder la bendición.

En cada trozo de camino difícil en que ves la huella de la pisada del Maestro y por el cual él te manda seguirle, con toda certeza conduce a la bendición que no podrás obtener si no puedes caminar por el sendero pendiente y lleno de espinas.

En cualquier estado de lucha en que tengas que sacar tu espada para enfrentarte con el enemigo, hallarás la posibilidad de una victoria que tendrá por resultado una rica bendición para tu vida. Toda carga pesada que se te pide que levantes esconde en sí misma algún secreto extraño de fortaleza. *J. R. Miller*

Alma mía, no delires,
Ni suspires de dolor,
Que posees en el cielo
Tu consuelo, tu Señor.
Jesucristo, del pecado
Te ha librado en su cruz;
Y derrama sobre el alma
Gozo, calma, paz y luz.

El conoce tu conciencia,
Tu dolencia y frenesí
Y con ansia te bendice
Y te dice: "Ven a mí."
No más llanto, no más penas;
Tus cadenas romperás,
Y en el seno de tu dueño,
Dulce sueño dormirás.

22 de DICIEMBRE

Pero cuando el sol estaba por ponerse, cayó sobre Abraham un sueño profundo, y he aquí que se apoderó de él el terror de una gran oscuridad (Gén. 15:12).

Por último el sol desapareció y la noche veloz del oriente arrojó su pesado velo sobre el escenario. Cansado por conflictos mentales, las vigilias y los esfuerzos del día, Abraham se quedó profundamente dormido. En su sueño, su alma estaba oprimida por una obscuridad tan densa y terrible que casi le ahogó y se le colocó como una gran pesadilla sobre su corazón. ¿Comprendes algo acerca del horror de aquella obscuridad? Cuando alguna aflicción terrible parece tan difícil de reconciliar con el amor perfecto que llega a oprimir el alma y a arrancarle la paz y sosiego de la misericordia de Dios y la lanza a la mar, sin un rayo de esperanza; cuando la malicia y la crueldad maltratan al corazón que confía hasta que empieza a dudar de si existe un Dios arriba, que puede ver, y permite que esto acontezca, entonces es cuando se sabe algo del "terror de la gran obscuridad". El alma humana está hecha de esplendor y obscuridad; de sombra y sol; de grandes vestigios nebulosos seguidos de rayos esplendorosos de luz y, en medio de todo, la justicia divina está obrando sus propios planes, que afectan tanto a otros como al alma individual que parece ser el objeto de una disciplina especial. Todos los que estáis sitiados por el horror de las grandes tinieblas a causa de la manera en que Dios obra con el género humano, aprended a confiar en aquella sabiduría infalible la cual es coasesora con la justicia inmutable; y sabed que aquel que pasó por en medio del horror de las tinieblas del Calvario con el grito de abandono, está dispuesto a acompañarte por el valle de la sombra de muerte hasta que veas brillar el sol por el otro lado. Echemos hacia adelante, por medio de nuestro Precursor, el áncora de la esperanza, dentro del velo que nos separa de lo invisible, donde se agarrará y no se moverá hasta el día en que vislumbremos la aurora, y la seguiremos hasta el puerto que Dios nos ha garantizado con su admirable consejo inmutable.   *F. B. Meyer*

Los discípulos creyeron que la mar enfurecida los separaba de Jesús. Y, aún más, algunos de ellos pensaron peor todavía; creían que la aflicción en que se encontraban era una señal de que Jesús los había olvidado por completo y no se cuidaba de ellos. Querido amigo, ahí es donde la aflicción tiene su estímulo, cuando el diablo susurra y dice: "Dios te ha olvidado; Dios te ha abandonado", cuando tu incrédulo corazón grita como lo hizo el de Gedeón: "Si Jehovah está con nosotros, ¿por qué nos ha sobrevenido todo esto?" El mal te ha visitado para acercarte más a Dios. El mal no te ha sobrevenido para separarte de Jesús, sino para adherirte a él con más fidelidad, tenacidad y más simpleza.   *F. S. Webster*

Cuando parece que Dios nos ha abandonado es cuando debemos confiar más en él. Regocijémonos en la luz y en el consuelo cuando a él le place darnos esto, pero no nos apeguemos a sus dádivas, sino a él, y cuando él nos lanza a la obscuridad para que utilicemos la fe pura, empujemos hacia adelante por medio de la obscuridad que agoniza.

*Levántate, come, porque el camino es demasiado largo
para ti. Se levantó, comió y bebió. Luego, con las fuerzas
de aquella comida, caminó cuarenta días y cuarenta
noches (1 Rey. 19:7, 8).*

V ed ahora lo que Dios hizo con su cansado siervo. Le dio bien de
comer y le recomendó que durmiese. Elías había hecho un
trabajo espléndido, había corrido al lado de la carroza, y como
resultado, se hallaba cansado y abatido. Las necesidades físicas
deben ser atendidas. Lo que muchas personas desean es dormir y
que se les atiendan sus dolencias físicas. Hay muchos hombres y
mujeres que van a donde estuvo Elías, debajo del enebro. Para los
tales es muy consolador el oír las palabras del Maestro: "El camino
es demasiado largo para ti y yo voy a refrescarte." No confundamos
el cansancio físico con la debilidad espiritual.

Peregrino en el desierto,
Guárdame, gran Jehovah;
Yo soy débil, tú potente;
Tu diestra me sostendrá.
Nútreme con pan del cielo
Que alimento al alma da.

Abreme la fuente pura
Que mi mal ha de curar,
Y la columna de fuego
Sea mi guía inmortal.
¡Oh, Defensor! Sé mi fuerza,
Mi escudo y seguridad.

Líbrame de todo miedo
Cuando me acerque al Jordán,
Y al morir, contento y salvo
Desembárcame en Canaán;
Y cantares de alabanza
Eternos he de entonar

Hacia el atardecer Isaac había salido al campo para meditar (Gén. 24:63).

Seríamos mejores cristianos si estuviésemos a solas más tiempo con Dios. Haríamos mucho más si intentásemos hacer menos y gastásemos más tiempo en la soledad esperando en Dios. Estamos demasiado apegados al mundo. Nos afligimos con la idea de que no hacemos nada a no ser que estemos alborotando de una parte para otra. No creemos en el "retirarse a la soledad, en la sombra silenciosa". Como personas tenemos una mentalidad muy práctica. Creemos que desperdiciamos todo el tiempo que no invertimos haciendo algo. Sin embargo, no hay tiempo más provechoso que el que se invierte en la meditación a solas, en hablar con Dios, en mirar hacia el cielo. Nunca es demasiado el tiempo que se gasta en la vida haciendo que el alma se comunique con Dios para que él la influencie como mejor le plazca.

Se ha dicho que "la meditación es el domingo de la mente". Demos con frecuencia en estos días un "domingo" a nuestra mente, durante el cual no hará ninguna clase de trabajo sino simplemente permanecer en calma, mirar hacia arriba y extenderse delante del Señor lo mismo que el vellón de Gedeón, para ser mojada y empapada con el rocío del cielo. Permitamos que haya intervalos cuando no tengamos nada que hacer, pensar o planear sino simplemente recostarnos en el regazo de la naturaleza y "descansar un poco".

El tiempo que así se gasta no es tiempo perdido. No puede decirse que el pescador desperdicia su tiempo cuando remienda su red, o el guadañero cuando se toma unos minutos para afilar su guadaña en lo alto de una cumbre. Aquellos que viven en la ciudad lo mejor que pueden hacer es seguir el ejemplo de Isaac, abandonar, con la frecuencia que les sea posible, el alboroto y tumulto de la ciudad y marcharse al campo a meditar. Cuando uno está cansado a consecuencia del calor y del tumulto, la comunión con la naturaleza es muy consoladora y ejerce una gran influencia de paz y cura sobre el paciente. Un paseo por el campo o por la costa, a través de las margaritas que se encuentran esparcidas por las praderas te refrescarán por completo y hará que tu corazón palpite con un nuevo gozo y esperanza.

*Y llamarán su nombre Emanuel. . . Dios con nosotros
(Mat. 1:23).
Príncipe de Paz (Isa. 9:6).*

Hace algunos años se publicó una postal de Navidad que llamó mucho la atención. Dicha postal se titulaba: "Si Cristo no hubiese venido." Tenía su fundamento en las palabras de nuestro Salvador: "Si yo no hubiese venido". La postal representaba a un pastor evangélico que en la mañana de Navidad se había quedado dormido en su despacho y soñaba con un mundo al que Jesús nunca había venido.

En su sueño creía estar en su casa y no podía ver las botas y calcetines que en dicha festividad los niños colocan junto a la chimenea, ni campanitas de Navidad, ni coronas de acebo, ni Jesús para consolar, alegrar y salvar. Salió por las calles y no encontró templos con sus torres señalando hacia el cielo. Volvió a casa, se sentó en su biblioteca y todos los libros que hablaban del Maestro habían desaparecido.

Sonó la campanilla de la puerta y un joven le dijo que fuese a visitar a su pobre madre que estaba muriendo. Inmediatamente se fue con el hijo desconsolado para confortar a la madre, y al llegar a la casa, se sentó a la cabecera de la cama y dijo: "Tengo algo que podrá consolarla." Abrió su Biblia para buscar una promesa familiar, pero ella terminaba en Malaquías y no había ni evangelio ni promesa de esperanza y salvación, así que lo único que pudo hacer fue inclinar su cabeza y llorar con ella con amargura y desesperación.

Dos días después se encontraba junto al ataúd de la mujer, conduciendo su funeral, pero no había ningún mensaje de consuelo, ni palabras referentes a la gloriosa resurrección, ni un cielo abierto, sino solamente "el polvo al polvo, y una larga y eterna despedida". Finalmente, se dio cuenta de que "él no había venido" y comenzó a llorar amargamente en su sueño pesaroso.

De repente despertó y un gran grito de gozo y alabanza salió de sus labios cuando oyó cantar al coro de su iglesia que estaba junto a su casa:

Venid, fieles todos, a Belén marchemos:
De gozo triunfantes y henchidos de amor,

Y al Rey de los cielos contemplar podremos
Venid, adoremos a Cristo el Señor.

Alegrémonos y gocémonos hoy porque "él ha venido". Y recordemos la anunciación del ángel: "He aquí os doy buenas nuevas de gran gozo, que será para todo el pueblo: que hoy, en la ciudad de David, os ha nacido un Salvador, que es Cristo el Señor" (Luc. 2:10, 11).

Pidamos a Dios que nos utilice para ayudar a extender su reino entre aquellos que viven en países paganos y carecen de un bendito día de Navidad. "Id, comed ricos manjares, bebed bebidas dulces y ENVIAD PORCIONES A LOS QUE NO TIENEN NADA" (Neh. 8:10).

26 de DICIEMBRE _____

Sentaos aquí, hasta que yo vaya allá y ore (Mat. 26:36).

Es una cosa muy penosa el no poder hacer nada en tiempo de crisis. En el jardín de Getsemaní, a ocho de los once discípulos se les dejó sin hacer nada. Jesús marchó al frente a orar; Pedro, Santiago y Juan se fueron al centro para velar y los demás discípulos se sentaron en la parte posterior para esperar. Yo creo que aquellos que se quedaron detrás murmuraron. Estuvieron en el jardín, pero eso es todo lo que hicieron, en el cultivo de sus flores no tomaron parte alguna. Era un tiempo de crisis, de tempestad y de tensión; y no obstante no se les permitió hacer trabajo alguno.

Tanto tú como yo a menudo hemos sentido esa experiencia y disgusto. Puede suceder que ahí se nos presente una gran oportunidad para servir cristianamente. A algunos se les envía al frente, a otros al centro, pero a nosotros se nos ha formado para que permanezcamos detrás. Quizás nos ha visitado la enfermedad, la pobreza o la deshonra y nos sentimos muy apenados. No podemos comprender el porqué se nos ha excluido de tomar parte en la vida cristiana. Parece injusto que después de habérsenos permitido entrar en el jardín no se nos haya asignado el hacer algo en el mismo.

¡Cálmate, alma mía, tú interpretas erróneamente los designios de Dios! Tú no estás excluido de tomar una parte en la vida cristiana. ¿Crees que en el jardín del Señor existe un lugar solamente para aquellos que andan y para aquellos que permanecen derechos? No, posee un lugar consagrado para aquellos que están obligados a sentarse. En un verbo hay tres voces, activa, pasiva y neutra. Así, también, hay tres voces en el verbo "vivir" en Cristo. Hay la voz activa, que es la de las almas que velan, van al frente y luchan hasta el amanecer. La voz pasiva, o sea la de las almas que velan, permanecen en el centro y cuentan a otros el progreso de la lucha. Y, por último, existen las almas neutrales, que son aquellas que ni luchan ni son espectadoras de la lucha, sino simplemente lo que tienen que hacer es recostarse.

Cuando paséis por esa experiencia, recordad que no estáis excluidos. Recordad que es Cristo el que dice: "Sentaos aquí." Vuestro lugar en el jardín también ha sido consagrado. Posee un lugar especial. No es "el lugar de la lucha" ni "el lugar de velar", sino "el lugar de esperar". Muchas personas vienen a este mundo no para realizar grandes obras, ni para llevar grandes cargas, sino solamente para existir; ellas representan los verbos en la forma neutra. Son las flores del jardín que no se les ha asignado una misión activa. No han adornado ninguna mesa y han pasado desapercibidas de Pedro, Santiago y Juan. Pero han alegrado la vista de Jesús. Meramente con su perfume y belleza han agradado a Jesús; con sólo la preservación de su amabilidad en el valle han elevado el corazón del Maestro. Tú no tienes necesidad de murmurar si eres una de esas flores.   *Seleccionado*

27 de DICIEMBRE

Y a su cuello pusieron cadena de hierro (Sal. 105:18).

Si tomas esta frase y la traduces a nuestro lenguaje corriente, puedes leerla del modo siguiente: "El hierro penetró en su alma." ¿No es esto cierto? La aflicción y las privaciones, el yugo llevado en la juventud y el refrenamiento forzado en el alma, son cosas que conducen a una tenacidad de hierro, a un grandísimo propósito y a una perseverancia y fortaleza que son la fundación indispensable y el armazón de un carácter noble.

No huyas del sufrimiento, sopórtalo silenciosamente con paciencia y resignación, y ten la seguridad de que es el medio que Dios está utilizando para infundir hierro en tu vida espiritual. El mundo desea batallones de hierro, tendones de hierro y músculos de acero. *Dios desea santos de hierro*, y como el único medio de introducir hierro en la naturaleza moral del hombre es el sufrimiento, es por lo que le permite que sufra.

¿Estás pasando los mejores años de tu vida en una forzada monotonía? ¿Te encuentras sitiado por la oposición, la mala interpretación y el desprecio, lo mismo que el explorador de los bosques se encuentra sitiado por la maleza espesa? Entonces, aliéntate, no estás desperdiciando el tiempo, Dios está haciendo que pases por un régimen de hierro. La corona de hierro del sufrimiento precede a la corona de oro de la gloria. El hierro se está introduciendo en tu alma para fortalecerte y darte valor.

F. B. Meyer

28 de DICIEMBRE _____

¡Regocijaos en el Señor siempre! Otra vez lo digo: ¡Regocijaos! (Fil. 4:4).

Alegría, cristianos,
Alegría y valor.
Que el Señor
Las cadenas quebrantó
Que preso retenían
Al mísero mortal;
Y del mal
Para siempre le libró.

Alegría, cristianos,
Alegría y valor,
Que el Señor
Fue colgado en una cruz,
En el cruel madero
Las culpas del infiel
Pagó él;
Para darnos paz y luz, poniendo al pecador
Corona de laurel,
Para que more en su verjel.

Alegría, cristianos,
Alegría y valor,
Que el Señor
Por nosotros bajará
Y nuestros pobres cuerpos
Habrá de transformar,
Y a gozar
A Sión nos llevará.
Dulcísimo Pastor
No tardes en llegar,
Ven, tus ovejas a buscar

29 de DICIEMBRE

¡Levantaos... porque hemos visto la tierra, y he aquí que es muy buena! Vosotros, ¿por qué os quedáis quietos? ¡No vaciléis para poneros en marcha a fin de entrar y tomar posesión de la tierra!... tierra extensa que Dios ha entregado en vuestra mano. Es un lugar donde no falta ninguna cosa de lo que hay en la tierra (Jue. 18:9, 10).

¡Levantaos! Luego, entonces, hay algo definitivo que tenemos que hacer. Nada es nuestro a no ser que lo tomemos. "*Recibieron su heredad* los hijos de José: Efraín y Manasés" (Jos. 16:4). "La casa de Jacob poseerá las posesiones de ellos" (Abd. 1:17). El recto poseerá buenas cosas.

Necesitamos tener la fe de posesión con respecto a las promesas de Dios. Debemos hacer de la Palabra de Dios nuestra propia posesión personal. Una vez se le preguntó a un niño en qué consistía la fe de posesión y respondió: "Consiste en tomar un lápiz y subrayar en la Biblia lo que dice que es mío, y que me pertenece."

Toma cualquier palabra que te guste de las que él ha hablado y di: "Esa palabra es mía." Pon tu dedo sobre una promesa y di: "Es mía." ¿Cuántos deseos de Cristo has cumplido durante tu vida?

"Hijo, tú siempre estás conmigo y todo lo que yo tengo es tuyo." No pierdas tu herencia por descuido y falta de fe poseedora activa.

Pedro estaba bajo guardia en la cárcel, pero la iglesia sin cesar hacía oración a Dios por él (Hech. 12:5).

Pedro estaba en la prisión esperando su ejecución. La iglesia no poseía ni influencia ni poder humano para salvarle. No había ayuda terrenal, pero había ayuda que podía obtenerse del cielo, y para obtenerla, los miembros de la iglesia se pusieron a orar con mucho fervor. Dios envió su ángel, quien despertó a Pedro de su sueño y lo condujo hasta la puerta de hierro, la cual se abrió por sí misma y Pedro fue libertado. Quizás haya alguna puerta de hierro en tu vida que te ha cerrado el camino y lo mismo que el pájaro enjaulado te has golpeado contra los barrotes, pero en vez de ayudarte, te has caído lastimado y cansado por completo. Hay un secreto que tienes que aprender, y es el de la oración que *cree*, y una vez que lo descubras y llegues a la puerta de hierro, ésta se te abrirá por sí misma. Cuánto desperdicio de energía y disgustos desagradables te evitarías si aprendieses a orar de la forma que lo hizo la iglesia en el aposento alto. Si tú aprendes a orar, no con tu propia fe, sino con la fe de Dios, entonces las dificultades insuperables desaparecerán y las circunstancias adversas te serán favorables. Almas aprisionadas han esperado que se les abra la puerta durante muchos años; los seres queridos que están apartados de Cristo y atados por Satanás serán libertados cuando oren y crean definitivamente en Dios. *C. H. P.*

Las necesidades urgentes requieren una oración muy intensa. *Cuando el hombre se convierte a la oración*, entonces no hay nada que pueda resistir su contacto. Una oración que abarcó todo un ser fue la de Elías cuando estaba inclinado sobre la tierra en el Carmelo, con el rostro entre sus rodillas. No se mencionan ningunas palabras. A veces no es posible expresar la oración con palabras cuando los sentimientos son demasiado profundos. Todo su ser estaba en contacto con Dios y dirigido contra todas las fuerzas diabólicas, las cuales no podían resistir tal forma de oración. Hay una grandísima necesidad de esta clase de oración.

"Frecuentemente, los gemidos que no pueden expresarse son oraciones que no se pueden rehusar." *C. H. Spurgeon*

¡Hasta aquí nos ayudó Jehovah! (1 Sam. 7:12).

Las palabras "hasta aquí" se parecen a una mano señalando al pasado. ¡Veinte años o setenta, y no obstante, "hasta aquí nos ayudó Jehovah!" En estado de pobreza, en la riqueza, enfermedad, salud; en nuestro país o en el extranjero, en tierra o mar; en la honra y la deshonra; en la perplejidad, en la alegría, en la prueba, en el triunfo, en la oración, en la tentación, "¡hasta aquí nos ayudó Jehovah!".

Nosotros nos gozamos mirando a lo largo de una avenida de árboles. Es delicioso el contemplar desde el extremo de una larga vista, una especie de templo verde con columnas de ramas de árboles y arcos de hojas. Aún así, echa una mirada retrospectiva a los largos sufrimientos de tus años, a las ramas verdes de misericordia que han ceñido tu cabeza y a las columnas fuertes, cariñosas y fieles que sostienen tu alegría.

¿No hay en las ramas de más allá algunos pájaros cantando? Con toda seguridad debe haber muchos y todos cantan acerca de la gloria que "hasta aquí" han recibido.

Pero la palabra también señala hacia *adelante*. Porque cuando una persona llega hasta un cierto lugar y escribe "hasta aquí", aún no ha llegado al fin, hay que atravesar otras distancias para ello. Más pruebas, más alegrías, más tentaciones, más triunfos, más oraciones, más victorias y, después, viene la enfermedad, la vejez y la muerte.

Pero, ¿termina aquí todo? ¡No! hay más aún; un despertamiento a la semejanza de Jesús, tronos, arpas, canciones, salmos, vestidos blancos, el rostro de Jesús, la sociedad de los santos, la gloria de Dios, la plenitud de la eternidad, la felicidad sin límites. Oh, creyente, toma aliento y eleva con confianza y gratitud tu "Ebenezer", porque "el que hasta aquí te ha ayudado, te ayudará a través de todo el camino."

Qué perspectiva tan gloriosa y maravillosa ha de revelar a tu ojo agradecido tu "hasta aquí", cuando lo leas con la luz celestial.

C. H. Spurgeon

Los pastores alpinos tienen la magnífica costumbre de terminar el día cantándose el uno al otro una canción nocturna de despedida. El aire es tan cristalino que hace que la canción se oiga a largas distancias. Cuando empieza a anochecer reúnen el ganado y lo conducen cantando por los senderos: "Hasta aquí el Señor me ha ayudado. ¡Alabemos su nombre!"

Y, por último, con gran amabilidad cantan los unos a los otros la amistosa despedida: "¡Buenas noches, buenas noches!" El eco de estas palabras pasa resonando suavemente de una parte a otra hasta que desaparece a larga distancia.

Así que, llamémonos los unos a los otros por medio de la oscuridad, hasta que la oscuridad adquiera el sonido de muchas voces que alientan al ejército peregrino. Deja que los ecos se reúnan hasta que truene una verdadera tormenta de aleluyas alrededor del trono de zafiro y al amanecer nos encontraremos al borde del mar de cristal, gritando con el ejército redimido: "Al que está sentado en el trono y al Cordero sean la bendición y la honra y la gloria y el poder por los siglos de los siglos."

Esta es mi canción a través de los siglos sin fin, Jesús me guió por todo el camino.

"Y por segunda vez dijeron: '¡Aleluya!'" (Apoc. 19:3).